Revue historique vaudoise

Tome 117, 2009

Revue
historique
vaudoise

Tome 117, 2009

Éducation et société

Société vaudoise
d'histoire et d'archéologie
Lausanne, 2009

Fondée en 1893, la *Revue historique vaudoise* est l'organe officiel de la Société vaudoise d'histoire et d'archéologie. Elle paraît une fois par an.

Rédaction: Nicole Staremberg

Le comité de la Société vaudoise d'histoire et d'archéologie tient à remercier pour leur soutien financier la Direction de l'enfance, de la jeunesse et de l'éducation de la Ville de Lausanne, le Département de la formation, de la jeunesse et de la culture de l'État de Vaud, la Fondation Marcel Regamey à Lausanne et la Loterie Romande.

Abonnement annuel (non-membres): 50 francs + port.

Les membres de la Société vaudoise d'histoire et d'archéologie paient une cotisation annuelle de 25 francs. Avec la *Revue historique vaudoise*, ils paient 50 francs (étranger 50 francs) et 30 francs s'ils sont étudiants.

CCP: 10-4287-9, Société vaudoise d'histoire et d'archéologie, Lausanne
Société vaudoise d'histoire et d'archéologie
p. a. Archives cantonales vaudoises, rue de la Mouline 32, 1022 Chavannes-près-Renens
www.svha-vd.ch, info@svha-vd.ch

Couverture: Carte de jeu sur les activités féminines, XIXe siècle, lithographie couleur, 4,7 × 8 × 13,8 cm, Musée national suisse – Château de Prangins.
Mise en page: Claudine Daulte, www.mise-en-page.ch
Diffusion en Suisse: Zoé, rue des Moraines 11, 1227 Carouge
Diffusion hors de Suisse: CID, boulevard Saint-Michel 131, 75005 Paris
Tous droits de traduction, d'adaptation et de reproduction (intégrales ou partielles) par tous procédés réservés pour tous pays
© 2008, Éditions Antipodes, case postale 100, 1000 Lausanne 7
www.antipodes.ch – editions@antipodes.ch
ISSN 1013-6924
ISBN 978-2-88901-031-8

ABRÉVIATIONS

AC	Archives communales
ACC	Archives communales de Cully
ACL	Archives communales de Lutry
ACM	Archives communales de Montreux
ACV	Archives cantonales vaudoises
ACY	Archives communales d'Yverdon
ADS	Archives départementales de Savoie
AÉB	Archives de l'État de Berne
AÉG	Archives de l'État de Genève
AST/C	Archivio di Stato, Torino, archivio di Corte
AST/SR	Archivio di Stato, Torino, sezioni riunite, camerale Savoia
AVL	Archives de la Ville de Lausanne
BBB	Bibliothèque de la bourgeoisie de Berne
BCU	Bibliothèque cantonale universitaire
BCUD	Bibliothèque cantonale universitaire, Dorigny
BCUR	Bibliothèque cantonale universitaire, Riponne
BHV	Bibliothèque historique vaudoise
CAR	Cahiers d'archéologie romande
CLHM	Cahiers lausannois d'histoire médiévale
MDR	Mémoires et documents publiés par la Société d'histoire de la Suisse romande
MHL	Musée historique de Lausanne
RHV	Revue historique vaudoise
SVHA	Société vaudoise d'histoire et d'archéologie

ÉDITORIAL

Dans cette édition 2009, la *Revue historique vaudoise* consacre son dossier thématique à l'éducation et à la société dans le territoire vaudois du Moyen Âge à nos jours. Ce dossier réunit des contributions d'historiens, sociologues et historiens de l'éducation qui nous livrent ici les résultats de recherches menées ou en cours dans les hautes écoles vaudoises et au sein de l'Université de Lausanne. Il est placé sous la responsabilité scientifique de la professeure Danièle Tosato-Rigo, qui en précise, dans une introduction, les orientations et les enjeux. Inscrits dans une démarche globale, celle de l'histoire sociale de l'éducation dès les années 1960 et celle, plus récente, de l'histoire culturelle, les principaux objets d'études sont les relations d'interdépendance entre des champs différents, ceux de l'économie, du politique et du social, grâce à une large chronologie et à une orientation interdisciplinaire. La définition de l'éducation proposée ici englobe à la fois le corps et l'esprit mais également les mœurs, entendus comme comportements sociaux, et s'applique aussi bien aux enfants qu'aux adultes. À l'aide d'études de cas, se manifestent, au-delà de la diversité des sujets, des approches et des contextes, des convergences telles que la contradiction entre volonté éducative et mesures normatives ou répressives, l'invocation d'impératifs économiques pour réformer un système scolaire et la permanence d'utopies pédagogiques, soit autant de réflexions toujours au cœur des préoccupations de notre époque tant l'éducation renvoie à la fois à une représentation de la collectivité par l'élaboration de valeurs et à la mise en œuvre de programmes sociaux sollicitant des acteurs, qui sont révélateurs des forces en présence, des structures existantes, des moyens disponibles et, enfin, des finalités sociales que celles-ci soient invoquées au nom de la perfectibilité individuelle et/ou de l'utilitarisme social.

Dans les Mélanges, Jean-Pierre Bastian présente les nouveaux résultats de ses recherches sur les courants migratoires des artisans dans la région lémanique à partir de la fin du Moyen Âge. À l'aide d'une riche documentation, il démontre que la colonisation des monts de Lavaux et du Jorat commence dès les deux dernières décennies du XVe siècle. D'abord temporaire en réponse à des pressions démographiques, elle est due à des migrants – des paysans surtout – en provenance de la haute vallée du Giffre dans le Faucigny, qui sont devenus maçons seulement à partir de la seconde moitié du XVIe siècle. Grâce à l'existence d'un registre de comptes, qui permet une analyse quantitative et socio-économique des membres de la confrérie Sainte-Anne, Théodora Delacrétaz constate, à Lausanne, un taux de renouvellement élevé des confrères, ce qui constitue un indice probant de pratiques religieuses, progressivement vidées de leur sens, à la veille de la Réforme. Cette première étude lausannoise sur la religion et la piété populaire, à une période encore largement méconnue, ouvre la voie à des nouvelles recherches, mobilisant historiens médiévistes et modernistes. Dans son article, qui mêle à l'histoire la littérature et la peinture, Sylvie Doriot Galofaro retrace l'amitié et les échanges à Lens, village valaisan, entre le peintre Albert Muret et l'écrivain Charles Ferdinand Ramuz, ainsi que la relation amoureuse que le second entretient avec la servante du premier. Autour de cette histoire d'amour qui n'a pas manqué d'intriguer les esprits, l'auteure met en scène la vie quotidienne des deux hommes, leur réseau de sociabilité et leurs recherches artistiques. Dans son étude, Martine Clerc s'interroge sur les buts du Bureau central d'assistance de Lausanne, un service social laïc d'inspiration chrétienne, de sa création en 1910 à son intégration, en 1961, au Centre social des Églises protestantes de la ville. En se focalisant sur la question primordiale du contrôle des pauvres, elle met en évidence la prépondérance d'une aide de proximité destinée à distinguer les «méritants» des «profiteurs» et à réprimer la mendicité, des questions qui conduisent périodiquement à une redéfinition des moyens et des missions de cette institution et trouvent une actualité nouvelle à partir de la Première Guerre mondiale.

Nicole Staremberg

Danièle Tosato-Rigo

ÉDUCATION ET SOCIÉTÉ

Introduction

L'approche historienne de la thématique éducative, à la croisée de plusieurs disciplines, a ses particularités. Elle ne vise pas l'étude des doctrines pédagogiques ou des institutions éducatives, à proprement parler, ni celle de la didactique, à laquelle il y a près de quatre siècles Comenius donnait ses lettres d'or[1]. Elle se distingue tout autant du champ des sciences de l'éducation. C'est l'essor de l'histoire sociale, dans les années 1960, qui marque son profond renouvellement. L'histoire sociale de l'éducation, puisque c'est d'elle qu'il s'agit, a été signalée comme nouveau champ de la recherche parmi les premiers par John E. Talbott, qui en a relevé les avancées dans les divers pays européens[2]. Entre-temps la production historiographique concernée a pris une ampleur qui défie toute tentative de survol, et l'histoire de l'éducation s'est autonomisée dans le champ de la recherche[3]. Les orientations de départ, enrichies par l'histoire culturelle, subsistent, quoi qu'il en soit: celles d'inscrire l'éducation dans ses rapports multiples avec le développement économique, les rapports politiques et les réalités sociales sur l'axe du temps. C'est la perspective globale dans laquelle s'inscrit ce numéro thématique «Éducation et société»[4].

L'élaboration de ce volume, alimenté par des recherches réalisées ou encore en cours dans des hautes écoles vaudoises et à l'Université de Lausanne (Faculté des lettres, Faculté des sciences sociales et politiques) a donné lieu à deux fructueuses rencontres entre ses contributeurs, historiens, sociologues et historiens de l'éducation. Nous tenons à les remercier vivement de leur engagement dans cette entreprise éditoriale.

1 «Didactique› signifie: art d'enseigner. C'est ce que depuis peu, certains hommes éminents, pris de pitié pour les écoliers condamnés comme Sisyphe à rouler sans succès le rocher du savoir, ont entrepris d'explorer différemment, avec plus ou moins de succès.» (Jean Amos Comenius, *La grande didactique ou l'art universel de tout enseigner à tous* (1632), traduction de Marie-Françoise Bosquet-Frigout, Dominique Saget, Bernard Jolibert, Paris: Klincksieck, 1992, p. 29).
2 John E. Talbott, «The History of Education», *Daedalus*, N° 100, hiver 1971, pp. 133-150. Il signalait en particulier les travaux pionniers de Lawrence Stone pour l'Angleterre et de François de Dainville pour la France.

Interdisciplinaire, ce volume offre une perspective de longue durée. De la période savoyarde, où il analyse les traces des structures éducatives conservées dans les sources, jusqu'à l'introduction récente de l'informatique à l'école, c'est plus de huit siècles qu'il prend en considération. On comprendra aisément qu'il n'ait aucune prétention à l'exhaustivité. N'entendant pas davantage introduire une quelconque continuité narrative entre le Moyen Âge et nos jours, il privilégie les éclairages, et donc plutôt des études de cas, susceptibles de révéler des aspects du rapport entre éducation et société en territoire vaudois.

Le lien étroit unissant les deux termes saute aux yeux. Nombre de questions qui sont aujourd'hui débattues dans l'espace public suffisent à l'illustrer: qu'il s'agisse du statut des enseignants, des objectifs de la formation (scolaire, professionnelle ou académique) ou de la délinquance juvénile, pour ne citer que quelques exemples. Ces débats sont en eux-mêmes révélateurs des représentations du social que cristallise l'éducation. Peu de domaines touchent peut-être autant à la société que l'éducation, qui transmet des valeurs, sélectionne et distingue tout en étant une voie d'intégration, voire d'ascension sociale. Et de nouvelles structures éducatives renvoient toujours, en définitive, à des projets de société et aux acteurs qui les imposent à un moment donné. Ainsi, pour n'en donner que quelques illustrations tirées des pages qui suivent, c'est une nouvelle

---

3   (Note de la p. 9.) Cf. Pierre Caspard, «La Recherche en histoire de l'éducation: résultats d'une enquête», *Histoire de l'éducation*, N° 2-3, avril 1979, pp. 5-17, et, sous la direction du même auteur, *Guide international de la recherche en histoire de l'éducation = International Guide for Research in the History of Education*, Paris: Institut national de recherche pédagogique, Berne: P. Lang, 1995², ouvrage converti (2003) en base de données en ligne: http://www.inrp.fr/she/guide/index.htm; Pierre Caspard, «L'histoire de l'éducation aujourd'hui», postface à l'*Histoire générale de l'éducation et de l'enseignement en France*, Paris: Nouvelle Librairie de France, t. IV, 1982, pp. 665-676 (Rééd. Paris: Perrin, 2004, pp. 769-781); Marie-Madeleine Compère, *L'histoire de l'éducation en Europe. Essai comparatif sur la façon dont elle s'écrit*, Paris: Institut national de recherche pédagogique, Berne; Berlin [etc.]: P. Lang, 1995; Antonio Novoa, «La nouvelle histoire américaine de l'éducation», *Histoire de l'éducation*, N° 73, janvier 1997, pp. 3-48; Charles Magnin, «L'histoire de l'éducation en Suisse: esquisse d'un bilan et quelques perspectives d'avenir», *Annali di storia dell'educazione*, N° 12, 2005, pp. 309-315; Vincent Alamercery, «L'historiographie française de l'éducation. Essai de cartographie de ses objets et de ses auteurs. Histoire de l'éducation», *Histoire de l'éducation*, N° 117, janvier-mars, 2008, pp. 97-116. Notons que cette revue publie annuellement une très utile *Bibliographie d'histoire de l'éducation française*, intégrée à une base de données qui recense de la manière la plus exhaustive possible entre 1200 et 1400 ouvrages, contributions à un ouvrage collectif, articles de revues, thèses, etc., paraissant en France et dans le monde: http://www.inrp.fr/she/bhef/

4   (Note de la p. 9.) Dans une perspective similaire, cf. le N° 3, 2002 de la revue d'histoire *Traverse: Les divisions du monde de la formation. Geteilte (Aus-)Bildungswelt*, dirigé par Muriel Surdez, Thomas David, Thomas Hildbrand et Thomas Ch. Müller, avec comptes rendus thématiques.

conception du rôle de l'Église médiévale – davantage axée sur l'encadrement des laïques et sur une population urbaine en pleine croissance – qui provoque la création d'un prototype d'école secondaire. L'Académie de Lausanne est issue de la volonté du nouveau souverain bernois de former un pastorat local susceptible de propager la nouvelle foi à laquelle seule une faible partie du clergé autochtone s'était ralliée. Le contrôle du corps, instauré en milieu scolaire, et qui s'étendra rapidement à la sphère familiale, est indissociable, quant à lui, du contexte hygiéniste voire eugénique qui conditionne dès la seconde moitié du XIXe siècle les exigences éducatives et sanitaires. Sans multiplier les exemples, notons que des propositions de tous ordres viennent aussi aisément s'inscrire dans un discours éducatif. Si les médecins spécialistes de la scoliose y profilent leurs compétences, avant eux, les philosophes l'ont amplement utilisé pour y développer des considérations à caractère politique que la censure les empêchait d'exposer ouvertement. Ainsi dans l'article «collège» qu'il a rédigé pour l'*Encyclopédie* (1753), D'Alembert prépare son lecteur à un large débat d'intérêt public, non sans prendre les précautions d'usage:

«Il est un autre objet bien plus important dont nous voulons ici nous occuper: c'est celui de l'éducation qu'on y donne à la jeunesse. […] La matière dont je vais parler intéresse le gouvernement & la religion, & mérite bien qu'on en parle avec liberté, sans que cela puisse offenser personne: après cette précaution j'entre en matière».

Le volume présenté ici s'inspire d'une définition large de l'éducation, héritée des Lumières qui lui attribue trois objets: «1° la santé & la bonne conformation du corps; 2° ce qui regarde la droiture & l'instruction de l'esprit; 3° les mœurs, c'est-à-dire la conduite de la vie, & les qualités sociales»[5]. Il entend poser quelques jalons d'une réflexion sur la triple mission des institutions et des acteurs de l'éducation – celle des enfants comme celle des adultes –, tenant compte du contexte social qui les environne. Une triple mission bien sûr formulée en de tout autres termes avant le XVIIIe siècle au Moyen Âge et au début de l'époque moderne – où la dimension religieuse prédomine, mais aussi plus tard et jusqu'à nos jours, à l'issue d'une différenciation accrue entre sphère publique et sphère privée, comme d'une demande grandissante en savoirs plus spécialisés, voire technologiques tels que l'informatique. Une mission interprétée différemment aussi à une même époque par les divers protagonistes de débats contradictoires qui n'ont cessé d'accompagner la mise en place et la réforme des structures éducatives.

---

5 *Encyclopédie ou Dictionnaire raisonné des Sciences, des Arts et des Métiers […]*, t. V, Paris, 1755, article «Éducation» (Dumarsais), p. 397.

Davantage que sur les institutions, l'accent est mis sur les acteurs, qui font les institutions et nous donnent à comprendre les enjeux auxquels ils sont confrontés. L'intervention des autorités politiques dans le domaine éducatif remonte au Moyen Âge, lorsque les conseils de bourgs s'attachent les services de maîtres d'école ou par le biais de la cour de Savoie qui veille à faire instruire princes savoyards et nobles vaudois. Elle démontre qu'au XIIIe siècle déjà, l'Église n'avait plus le monopole de l'enseignement. Plus massive sous le régime bernois avec la Réforme, qui dans sa variante zwinglienne subordonne l'Église à l'État, elle garde un poids décisif jusqu'à aujourd'hui, analysable notamment dans les débats de 1976 autour de l'introduction d'une formation gymnasiale pour les enseignants. Mais nombre d'autres agents incontournables du paysage éducatif vaudois sont mis en avant tout au long de ce numéro: les pasteurs, succédant au clergé catholique, et dont l'influence est loin de disparaître avec la révolution; les institutrices privées, intégrées dans le cadre familial; les responsables d'établissements éducatifs; les communes, maillon sensible de l'articulation entre législation et pratiques locales; les milieux économiques qui organisent la formation d'apprenti, sans oublier les associations professionnelles – celles des enseignants tout particulièrement – ni les médecins scolaires.

Ces acteurs ont laissé des traces dans les archives, souvent moins disertes sur les «éduqués». On relèvera à cet égard la grande diversité des sources convoquées ici: comptes, procès-verbaux, rapports d'activité, textes législatifs, dossiers et journaux personnels, correspondances, discours, traités, pamphlets, presse écrite, enquêtes et témoignages, films livrent tour à tour leurs informations, par le biais de diverses approches méthodologiques tenant compte des spécificités de cette documentation. Elles offrent, autant que la possibilité de réfléchir sur les médias eux-mêmes, des synthèses spécifiques et de nombreuses pistes de recherches ultérieures.

La perspective de longue durée, comme on pourra le constater, fait apparaître le rebondissement ou la permanence d'un certain nombre de problématiques.

La tension entre action éducative et normative, voire répressive, en est une. Elle est au cœur du dispositif qui forme une jeune fille de bonne famille telle que Cécile Constant. Présente dans les réflexions de responsables d'établissements correctionnels, elle revient régulièrement, bien avant, par exemple dans celles des pasteurs vaudois, agents de la justice ecclésiastique qui voudraient laisser au bras séculier amendes et autres punitions, pour n'œuvrer qu'à la rééducation par l'amendement personnel des contrevenants.

Autre fil rouge: la question de la restructuration d'un système scolaire en fonction de nouvelles exigences économiques. Elle est dictée au XIXe siècle par le processus d'industrialisation. Le souci de préparer de futurs acteurs économiques compétents conduit alors à la formation, dès l'école primaire, des enfants aux travaux manuels et pratiques, à l'émergence de nouvelles filières secondaires tel l'enseignement secondaire professionnel et industriel, ainsi qu'à la longue réorganisation de l'apprentissage. Mais l'utilitarisme social, il faut le relever, est déjà au cœur du projet éducatif des Lumières. On peut le lire dans l'article «Éducation» de l'*Encyclopédie œconomique*, axé sur celle «des enfants en général, & en particulier de ceux des paysans»: «accoutumez vos enfants à exécuter leurs petits ouvrages avec exactitude & propreté. Il faut leur faire aimer leur vocation & leurs travaux champêtres, afin de les fixer dans leur état»[6].

Enfin, on relèvera pour conclure que ce qui s'apparente, d'une certaine manière, à des utopies pédagogiques traverse également les siècles. Celle qui dérive de l'humanisme porte une attention soutenue au comportement de l'étudiant *(vita)* et à son érudition *(doctrina)*. Celle de la période révolutionnaire, héritée des Lumières et d'une forme de foi dans la perfectibilité humaine, veut former un nouvel être humain dans le cadre d'une société tout entière pédagogique. Celle des promoteurs de l'école active des années 1920, s'appuyant sur le postulat d'une «biosociabilité» enfantine, voit dans l'enfant au développement non entravé le germe du nouvel humain. Quant à la dernière en date, serait-ce, à notre époque de foi dans la technologie, celle de l'«humain connecté», adapté par sa formation, dès son plus jeune âge, à la «société de l'information et du savoir»?

Si ce volume peut mettre en lumière quelques aspects méconnus du riche passé éducatif vaudois, susciter la discussion et contribuer, en y intégrant une réflexion historique et donc nécessairement critique, aux débats d'aujourd'hui, il aura rempli ses objectifs.

---

6 Fortuné-Barthélémy de Félice, *Encyclopédie œconomique, ou système général d'œconomie rustique, contenant les meilleures pratiques pour fertiliser les terres etc.*, Yverdon, 1770-1771, 16 vol., vol. VI, p. 470.

1 Les différents types d'éducation.
Aristote, *Politique, Éthique et Économie*, XVe siècle, Paris, BnF, départements des Manuscrits, Français 22500, f. 248.

Bernard Andenmatten, Prisca Lehmann, Eva Pibiri

LES ÉCOLES ET L'ENSEIGNEMENT À LAUSANNE ET DANS LE PAYS DE VAUD AU MOYEN ÂGE

L'avènement du régime bernois et l'introduction de la Réforme constituent indéniablement les signes, sinon d'une rupture, du moins d'un tournant essentiel dans l'histoire de l'enseignement en terre vaudoise. Il serait toutefois prématuré d'en conclure, comme l'a longtemps fait une tradition historiographique d'inspiration réformée, que les nouvelles institutions furent mises en place dans un paysage scolaire indigent. Prenant appui sur les études publiées en 1987 à l'occasion du 450e anniversaire de l'Académie lausannoise et consacrées aux *Écoles et vie intellectuelle à Lausanne au Moyen Âge*[1], la présente contribution entend faire le point de nos connaissances sur les écoles et l'enseignement à Lausanne et dans le pays de Vaud durant l'époque médiévale, tout en y intégrant les acquis de la recherche récente et quelques découvertes fortuites.

En raison de la nature des sources disponibles, constituées essentiellement de chartes isolées et d'écritures comptables, trois milieux seront privilégiés: tout d'abord les institutions ecclésiastiques, en particulier celles établies à Lausanne, la capitale du diocèse; la cour princière des Savoie ensuite, qui resta longtemps itinérante et qui séjournait régulièrement dans ses châteaux établis au bord du Léman; les nombreux bourgs enfin, sièges de châtellenies savoyardes ou d'autres seigneuries laïques, milieux où se développèrent au XVe siècle des institutions communales qui firent preuve d'une étonnante vitalité politique et culturelle. Pour ces raisons documentaires, c'est cette fin du Moyen Âge qui retiendra l'attention, même si des indices d'une organisation scolaire, ou du moins l'existence d'enseignants, sont perceptibles dès le XIIIe siècle.

---

[1] Agostino Paravicini Bagliani (éd.), *Écoles et vie intellectuelle à Lausanne au Moyen Âge*, Lausanne: Université de Lausanne, Études et documents pour servir à l'histoire de l'Université de Lausanne XII, 1987, dont les contributions complètent et corrigent sur de nombreux points les données exposées dans Maxime Reymond, «Écoles et bibliothèques du pays de Vaud au Moyen Âge», *Revue d'histoire ecclésiastique suisse*, N° 29, 1935, pp. 26-44, 101-111 et 197-212.

L'Église de Lausanne: du *scolasticus* capitulaire à la fondation de la maîtrise des Innocents

Du fait du monopole que l'Église s'était réservé en matière de culture savante dès le haut Moyen Âge, c'est auprès des institutions ecclésiastiques qu'il faut chercher les premières traces d'un enseignement organisé. Reprenant une tradition ancienne, les troisième (1179) et quatrième (1215) conciles du Latran avaient rappelé aux évêques leur obligation de favoriser la diffusion du savoir par l'instauration d'écoles, installées au sein de leur église cathédrale et confiées à un dignitaire du chapitre, qui porte selon les cas le titre de chantre, chancelier ou écolâtre[2]. Nous savons en effet qu'à Genève et à Sion, les chapitres se chargeaient des responsabilités scolaires par l'intermédiaire du *cantor* (le chantre) dont les compétences s'étendaient aussi au-delà des villes épiscopales[3].

L'Église de Lausanne ne faisait pas exception à la règle, mais ses attributions en matière d'enseignement se limitaient aux environs de la cathédrale et des bâtiments capitulaires où furent probablement dispensées les premières bribes de la culture savante, caractérisant ainsi la vocation académique du quartier de la Cité qui s'est maintenue jusqu'à l'époque contemporaine. Du *doctus scriptor* Gisoenus de l'époque carolingienne[4] à certains chanoines s'intitulant *magister* à partir du milieu du XIIe siècle en passant par un mystérieux *Adalbertus scolasticus* cité vers l'an Mil[5], les dignitaires affublés d'un titre renvoyant à une formation académique et peut-être à une activité enseignante ne sont pas rares[6]. Il est cependant bien téméraire d'en conclure à l'existence d'une véritable «école épiscopale», institution bien structurée qui aurait dispensé de manière régulière un enseignement supérieur de théologie et de droit. Il est certain en tout cas que des impératifs de gestion et de défense des droits de l'Église de Lausanne

---

2   Michel Sot, Jean-Patrice Boudet, Anita Guerreau-Jalabert, *Histoire culturelle de la France*, t. 1, *Le Moyen Âge*, Paris: Éditions du Seuil, 2005 (1997[1]), pp. 122 ss.
3   Cf. Pierre Dubuis, «Les écoles en Suisse romande à la fin du Moyen Âge: quelques jalons», in Agostino Paravicini Bagliani (éd.), *op. cit.*, pp. 95-130, version revue et augmentée dans Pierre Dubuis, «Les écoles en Suisse romande à la fin du Moyen Âge», in Eva Pibiri, *Sous la férule du maître: les écoles d'Yverdon (14e-16e siècles)*, Lausanne: Université de Lausanne, CLHM 23, 1998, p. 10; c'est cette seconde version qui est citée dans le présent travail.
4   Claire Huguenin, Gaëtan Cassina, Dave Lüthi (éds), *Destins de pierre: le patrimoine funéraire de la cathédrale de Lausanne*, Lausanne: CAR 104, 2006, pp. 142-143.
5   Charles Roth (éd.), *Cartulaire du chapitre de Notre-Dame de Lausanne*, Lausanne: Payot, MDR III/3, 1948, p. 412, N° 477.
6   Maxime Reymond, *op. cit.*, pp. 107-110, dont les conclusions hâtives sur «l'école épiscopale» de Lausanne ont été corrigées par Jean-Daniel Morerod, «Le Pays de Vaud et les Universités aux XIIe et XIIIe siècles», in Agostino Paravicini Bagliani (éd.), *op. cit.*, pp. 25-71, spécialement pp. 28-38.

ont dû favoriser la transmission, parmi ses cadres dirigeants, de compétences supérieures, notamment en matière juridique, quel que soit l'endroit où ces dernières avaient été acquises, sur place à Lausanne ou ailleurs dans des universités étrangères. La mention d'un chanoine qualifié d'écolâtre *(scolasticus)* dès les années 1240 atteste par ailleurs d'un intérêt accru pour la transmission des connaissances, à une époque caractérisée aussi bien par le recours massif à l'écrit dans la gestion quotidienne que par la mise en place du chantier de la cathédrale actuelle[7]. Il est enfin impossible de déceler à travers ces attestations éparses les indices d'un quelconque projet pédagogique ou didactique, dans la mesure où ces éléments de formation dispensés à Lausanne ou acquis à l'étranger concernaient des personnes adultes qui cherchaient surtout à bénéficier de compétences nouvelles, aptes à favoriser leur carrière.

Dans cette perspective, la fondation à la cathédrale, au début du XVe siècle, d'une structure d'enseignement ayant pour vocation spécifique l'apprentissage du chant liturgique à de jeunes garçons apparaît comme une véritable nouveauté. En 1419, l'évêque Guillaume de Challant exprima la volonté de fonder une maîtrise et d'édifier dans la cathédrale une chapelle dédiée aux Saints-Innocents[8], desservie par un clergé composé de garçons qui résideront dans une maison spécifique, léguée par l'évêque et située dans la Cité près du cloître de la cathédrale.

La présence d'enfants pour le service du chœur remonte à une ancienne tradition, mais jusqu'à la fin du XIIIe siècle ils n'étaient pas spécialement institués à cet effet. À partir de cette date – en particulier en France – nous retrouvons de plus en plus d'attestations d'enfants recrutés et entretenus par les chapitres pour assurer un service choral. Ils étaient dotés d'un maître particulier – d'où le nom de maîtrise – avec des revenus et un règlement propres. En Italie, c'est surtout au début du XVe siècle, à la suite du développement de la musique polyphonique en relation avec le service liturgique, que l'on commença à instruire des enfants, grâce aussi à la décision du pape Eugène IV (1431-1447) qui imposa l'institution d'une *schola puerorum* au sein des chapitres cathédraux[9].

---

7 Jean-Daniel Morerod, «Influences extérieures et innovation dans l'Église de Lausanne. Le rôle d'un évêque ‹étranger›, Roger de Vico-Pisano (1178-1212), et de son entourage», *Studi medievali*, N° 36/III, 1995, pp. 151-168.

8 Pour plus d'informations et pour l'édition des sources, cf. Prisca Lehmann, «La chapelle des Saints-Innocents. Les aspects matériels d'une importante fondation à la cathédrale de Lausanne au XVe siècle», in Bernard Andenmatten, Catherine Chène, Martine Ostorero, Eva Pibiri (éds), *Mémoires de cours. Études offertes à Agostino Paravicini Bagliani par ses collègues et élèves de l'Université de Lausanne*, Lausanne: Université de Lausanne, CLHM 48, 2008, pp. 159-187.

9 Osvaldo Gambassi, *«Pueri cantores» nelle cattedrali d'Italia tra Medioevo e età moderna. Le scuole eugeniane: scuole di canto annesse alle cappelle musicali*, Florence: L. S. Olschki, Historiae musicae cultores Biblioteca LXXX, 1997.

La fondation de 1419 s'inscrit donc dans cette nouvelle tendance, typique de la fin du Moyen Âge, visant à l'amplification du faste des cérémonies liturgiques; elle n'en est pas moins l'une des premières institutions de ce genre dans les États de Savoie. En effet, à Chambéry et à Turin, on ne trouve aucun document attestant l'existence d'établissement semblable à cette époque: la duchesse Yolande de Savoie, épouse du duc Amédée IX, ne constituera qu'en 1469 le collège des Innocents, associé à la chapelle ducale de Chambéry [10].

La maîtrise lausannoise fit des émules en Suisse romande. En 1441, par exemple, quelques bourgeois de la ville d'Yverdon fondèrent une messe de prime [11] à l'autel Saint-Éloi dans la chapelle Notre-Dame, en donnant la somme de 120 livres pour l'achat d'une rente pour le maître de chant et les quatre enfants qui devaient se charger de cette messe chantée [12]. À Moudon, la présence d'un maître de chant est attestée en 1459, mais elle fut de courte durée; ensuite, dès 1482, une rente fut dévolue par un bourgeois à l'entretien de deux jeunes garçons et d'un chapelain chargé de leur enseigner l'art de la musique. Cette dotation étant insuffisante, elle fut augmentée en 1519 par le chapelain Jean Vuicherens qui créa une fondation de deux Innocents chargés de desservir les offices divins dans l'église Saint-Étienne [13]. Dans les comptes de la ville d'Estavayer-le-Lac, on trouve aussi une mention en 1483 d'un *magister cantus* qui devait instruire deux élèves [14] et, grâce à un acte de 1554, on découvre que l'église Notre-Dame d'Orbe avait aussi été dotée, au cours du XVe siècle, d'une maîtrise semblable [15].

---

10 Marie-Thérèse Bouquet, «La cappella musicale dei duchi di Savoia», *Rivista italiana di musicologia*, N° 3/2, 1968, pp. 233-285. À la cathédrale Saint-Pierre de Genève, un collège existait déjà en 1418, mais les enfants ne seront qualifiés d'innocents qu'en 1484, cf. Louis Binz, *Vie religieuse et réforme ecclésiastique dans le diocèse de Genève pendant le Grand Schisme et la crise conciliaire (1378-1450)*, Genève: A. Jullien, Mémoires et documents publiés par la Société d'histoire et d'archéologie de Genève 46, 1973, p. 499; Marie-Thérèse Bouquet-Boyer, «Étude comparative des chapelles musicales», in Michel Fol, Christian Sorrel, Hélène Viallet (éds), *Chemins d'histoire alpine. Mélanges dédiés à la mémoire de Roger Devos*, Annecy: Association des amis de Roger Devos, 1997, p. 429.
11 C'est la première messe du matin, célébrée vers 6 heures.
12 Eva Pibiri, *op. cit.*, pp. 136 et 204-205.
13 Bernard de Cérenville, Charles Gilliard, *Moudon sous le régime savoyard*, Lausanne; Genève: Payot, MDR II/14, 1929, pp. 549-553.
14 Peter Jäggi, *Untersuchungen zum Klerus und religiösen Leben in Estavayer, Murten und Romont im Spätmittelalter (ca. 1300-ca. 1530)*, Einsiedeln: [s. n.], 1994, p. 133.
15 Peter Rück, «Das Archiv des Klerus von Orbe im 16. Jahrhundert», *Revue d'histoire ecclésiastique suisse*, N° 66, 1972, p. 298.

Bernard Andenmatten, Prisca Lehmann, Eva Pibiri | 19

2 Ce manuscrit célèbre, complété vers 1489 pour la Maison de Savoie, présente une image de la Sainte-Chapelle de Chambéry; on remarque au deuxième plan sur la droite un groupe de cinq chanteurs.
Les Très Riches Heures du duc de Berry. Les Heures de l'Année Liturgique: la Messe de Noël, Chantilly, Musée Condé, Ms 65, f. 158r, © RMN, photographie René-Gabriel Ojéda.

Par son contenu très détaillé, l'acte de la fondation [16] de Guillaume de Challant [17] permet de dresser un tableau précis de la maîtrise [chorale] qu'il entendait instituer. Son effectif sera composé de six garçons, appelés *innocentes*, qui seront choisis à la suite d'un examen approfondi sur la base des qualités morales de leurs parents; ils devront être issus de mariage légitime et de parents de bonne renommée. Ils devront aussi être dotés d'une solide constitution, en particulier d'une belle voix adaptée au chant; ils devront avoir une bonne faculté d'élocution et ne pas être affectés de difformité physique ou de maladie. Leur âge d'admission est fixé à 8 ans, et ils pourront rester jusqu'à 16 ans, le moment de la mue de la voix.

Une attention particulière est portée à leur tenue vestimentaire: dans l'église, ils revêtiront le même habit que les clercs, à l'exception de la tonsure qui sera plus grande que celles des autres ecclésiastiques. Leur robe ira jusqu'à terre et la collerette devra être assez basse pour que le cou reste découvert afin de favoriser la pratique du chant. Ils devront tous avoir des habits de la même couleur, y compris le capuchon et les chausses qui seront de la même couleur que la robe.

Ce souci de discipline collective se retrouve dans les nombreuses indications relatives au comportement que les Innocents devront adopter dans leurs contacts avec l'extérieur, intégrant explicitement ces garçons dans le milieu clérical. Les sorties en ville seront ainsi limitées et notamment les occasions de rencontre avec les femmes.

Ces jeunes devront accomplir chaque jour le service liturgique et ne pas être distraits pendant la messe. Outre le chant, leur instruction occupe une place importante dans le programme défini par l'évêque. Ils seront en effet instruits par deux maîtres, l'un de grammaire et l'autre de musique. On insiste particulièrement sur le choix de ces derniers qui devront être pourvus des connaissances nécessaires à enseigner leur discipline mais aussi à initier les jeunes au service divin. Constituant un modèle pour leurs élèves, ils devront être reconnus pour leurs qualités physiques et morales. Dotés d'une bonne constitution et issus d'un mariage légitime, ils auront aussi les aptitudes considérées comme nécessaires à l'enseignement: la fermeté, la patience et la stabilité.

Ce projet s'est concrétisé dans une institution qui a connu un vif succès jusqu'à la Réforme, comme le montrent de nombreuses mentions documentaires. Malgré son

16 Cf. Emmanuel Dupraz, *La cathédrale de Lausanne, étude historique*, Lausanne: T. Sack, 1906, pp. 193-204; Maxime Reymond, *op. cit.*, pp. 26-44, 101-111 et 197-212; Alfred Theodor Bruckner, *Scriptoria Medii Aevi Helvetica. Denkmäler schweizerischer Schreibkunst des Mittelalters*, t. 11, *Schreibschulen der Diözese Lausanne*, Genève: Roto-Sadag, 1967, pp. 122-123; Prisca Lehmann, *op. cit.*, pp. 159-187.

17 Pour un aperçu biographique de Guillaume de Challant, cf. *Le diocèse de Lausanne (VIe siècle-1821), de Lausanne et Genève (1821-1925) et de Lausanne, Genève et Fribourg (depuis 1925)*, Bâle; Francfort-sur-le-Main: Helbing & Lichtenhahn, Helvetia Sacra I/4, 1988, pp. 134-135.

orientation délibérément liturgique et cléricale, il semblerait que la maîtrise soit devenue occasionnellement un lieu d'enseignement pour de jeunes laïques, à l'image de ce Sébastien Loys, fils du jurisconsulte lausannois Étienne Loys, qui fut admis en 1534 comme *commensal* dans la maison des Innocents [18].

Une formation en théologie au service de la pastorale : les *studia* des ordres mendiants

Malgré leur vitalité et leur niveau intellectuel que l'on peut supposer honorable, les institutions scolaires lausannoises n'étaient pas de type universitaire, ce qui contraignait ceux qui voulaient entreprendre des études de niveau supérieur à s'expatrier. À partir de la fin du XIIe et au XIIIe siècle, c'est surtout à Paris et à Bologne que se rendaient les rejetons des élites vaudoises afin d'acquérir une formation supérieure, en théologie, mais plus souvent encore en droit [19]. Le destin de certains de ces étudiants est bien connu, du moins pour le XIIIe siècle, alors que le cursus universitaire des Vaudois à la fin du Moyen Âge reste à étudier. La multiplication des universités en Europe à partir du XIVe siècle ne changea pas fondamentalement la situation car le pays de Vaud en restait relativement éloigné, qu'il s'agisse de Paris, du sud de la France ou de l'Italie du nord. La ville franc-comtoise de Dole était le centre universitaire le plus proche, et on verra plus loin le rôle important qu'elle a joué dans la formation des maîtres vaudois.

Lausanne abritait cependant des institutions spécifiques, qui dispensaient un savoir théologique d'une certaine qualité et qui, de par leur insertion dans des ordres religieux centralisés, entretenaient des contacts réguliers avec les grands centres universitaires. Il s'agit des *studia* établis dans les deux couvents mendiants de la ville, celui de la Madeleine où s'installèrent les dominicains (frères prêcheurs) en 1234 et celui de Saint-François qui abritait dès 1258 une communauté de franciscains (frères mineurs) [20]. La naissance et le développement des ordres mendiants dans la société occidentale du XIIIe siècle doivent être mis en relation avec une nouvelle conception du rôle de l'Église, davantage axée sur la pastorale et l'encadrement des laïques, notamment de la population

---

18 ACV, P Loys 2588, cité dans Maxime Reymond, *op. cit.*, p. 103.
19 Cf. notamment Jean-Daniel Morerod, «Le Pays de Vaud et les Universités…», *op. cit.*, pp. 25-71.
20 Bernard Andenmatten, «Les *Studia* des ordres mendiants à Lausanne (XIIIe-XVIe siècles)», in Agostino Paravicini Bagliani (éd.), *op. cit.*, pp. 75-93; quelques compléments concernant le couvent des dominicains dans Bernard Andenmatten, «Lausanne», in *Die Dominikaner und Dominikanerinnen in der Schweiz*, Basel: Schwabe, Helvetia Sacra IV/5, 1999, pp. 420-458, spécialement pp. 425 et 436-437.

urbaine alors en pleine croissance. Une formation théologique plus poussée que celle dispensée habituellement au clergé paroissial était considérée comme l'un des moyens d'atteindre cet objectif.

C'est ainsi que, dès 1220, soit très peu de temps après la fondation de l'ordre, les constitutions dominicaines prescrivirent que chaque établissement devait être pourvu d'un supérieur, appelé prieur, mais aussi d'un docteur, le lecteur chargé de diriger l'école conventuelle, le *studium*. Chaque province de l'ordre devait par ailleurs établir un *studium solemne*, qui avait comme mission la formation des lecteurs conventuels; les plus brillants d'entre eux poursuivaient leurs études dans quelques grands centres intellectuels, notamment celui établi au couvent parisien de Saint-Jacques. Ce dernier entretenait des rapports étroits et parfois conflictuels avec l'Université de Paris qui constituait alors le plus important centre de réflexion théologique d'Europe occidentale. Quant aux franciscains, s'ils n'avaient pas à l'origine une vocation intellectuelle aussi prononcée que celle des dominicains, la cléricalisation progressive de leur ordre au cours du XIIIe siècle les amena à se doter d'une organisation scolaire calquée en partie sur celle des prêcheurs, chaque couvent étant en principe lui aussi doté d'un *studium* confié à un lecteur.

De Guillaume, premier lecteur cité en 1270, à Benoît de Tarentaise (attesté de 1521 à 1525) qui cumule, à la veille de la Réforme et de la suppression du couvent des prêcheurs, sa fonction de prieur et les titres de docteur, maître et professeur en théologie, près d'une trentaine de lecteurs sont mentionnés comme ayant exercé leur fonction dans le *studium* dominicain de la Madeleine[21]. Faute de programme ou d'inventaire de bibliothèque, on ne connaît pas précisément l'enseignement qui y était donné, mais on peut supposer, sur la base des prescriptions générales de l'ordre en la matière, qu'il se basait essentiellement sur l'étude de la Bible et de ses commentaires. Au XVe siècle, l'enseignement semble s'être diversifié puisque la titulature en vigueur, plus précise, laisse apparaître une hiérarchie relativement articulée: un «lecteur principal» est désormais flanqué d'un sous-lecteur, voire d'un lecteur des *Sentences*, ou encore d'un maître des étudiants. Dans un acte de 1453, ceux-ci sont au nombre de cinq, cités en compagnie de trois novices. Ces derniers pouvaient être relativement jeunes puisque d'autres sources les qualifient d'enfants *(pueri)*[22]. Le *studium* dominicain lausannois dispensait donc un cursus relativement large, allant probablement d'un enseignement

---

[21] Liste dans *idem*, «Les *Studia* des ordres mendiants…», *op. cit.*, pp. 91-92, reprise et complétée dans *idem*, «Lausanne», *op. cit.*, pp. 455-458.

[22] *Ibid.*, p. 425.

de base de la grammaire et du latin à une formation supérieure en théologie, comprenant notamment l'étude du principal commentaire de la Bible au Moyen Âge, les *Sentences* de Pierre Lombard. Selon les constitutions de l'ordre, cet enseignement n'était en principe pas réservé aux seuls frères du couvent[23], même si les indices de son ouverture au clergé séculier et aux laïques lausannois sont ténus. Il n'en reste pas moins significatif que sur l'un des rares manuscrits aujourd'hui connus comme provenant du couvent de la Madeleine – un commentaire d'Albert le Grand à l'*Éthique* d'Aristote – figure la mention selon laquelle le codex a été prêté par Thomas Bertrand, lecteur en 1449, au recteur des écoles de Lausanne contre un exemple des *Sentences*[24].

Il va de soi que certains des frères lausannois poursuivaient leur formation supérieure dans des *studia* plus importants, essentiellement à Paris. Jacques de Vuadens, connu par l'érudition sous le nom de Jacques de Lausanne, est sans conteste le plus célèbre d'entre eux. Maître en théologie et auteur de près de 1400 sermons, il fut élu à la tête de la province dominicaine de France en 1318[25]. Sa brillante carrière eut des répercussions sur son couvent d'origine, puisqu'il lui légua l'ensemble de sa bibliothèque, dont il ne reste aujourd'hui que de rares mentions isolées[26].

Les informations relatives au *studium* des frères mineurs de Saint-François et à sa bibliothèque sont beaucoup plus clairsemées[27]. On sait très peu de choses de son activité intellectuelle, si ce n'est les noms d'une vingtaine de lecteurs attestés de 1270 à 1536[28]. Quelques-uns sont explicitement cités avec un titre académique faisant état de la fréquentation d'une université: bachelier, maître, docteur ou encore professeur en théologie. Ce titre est porté par un certain Humbert Anselmi (ou Ansermi) en 1448, alors que Lausanne connaissait une période exceptionnelle du point de vue ecclésiastique,

---

23 Alfonso Maierù, «Formazione culturale e tecniche d'insegnamento nelle scuole degli Ordini mendicanti», in *Studio e studia: le scuole degli ordini mendicanti tra XIII e XIV secolo*, Atti del XXIX Convegno internazionale. Assisi, 11-13 ottobre 2001, Spoleto: Centro italiano di studi sull'alto Medioevo, 2002, p. 11, citant les constitutions dominicaines de 1220; cf. aussi les actes d'un colloque plus ancien: *Le scuole degli ordini mendicanti: secoli XIII-XIV*. 11-14 ottobre 1976, Todi: Accademia Tudertina, Convegni del Centro di studi sulla spiritualità medievale 17, 1978.

24 Bibliothèque cantonale et universitaire, Lausanne, ms. V 966, brièvement décrit dans Alfred Theodor Bruckner, *op. cit.*, t. 11, p. 23, note 63.

25 Sur Jacques de Lausanne, cf. la notice dans Thomas Käppeli, *Scriptores Ordinis Praedicatorum Medii Aevi*, t. 2, Rome: Istituto storico domenicano, 1975, pp. 323-329.

26 Sur la bibliothèque de la Madeleine, cf. Bernard Andenmatten, «Lausanne», *op. cit.*, pp. 436-437.

27 Sur le couvent, cf. Hans Rudof Schneider, «Franziskanerkloster Lausanne», in *Die Franziskaner, die Klarissen und die regulierten Franziskanerterziarinnen in der Schweiz*, Berne: Francke, Helvetia Sacra V/1, 1978, pp. 391-399, qui n'aborde cependant pas ce problème.

28 Liste dans Bernard Andenmatten, «Les *Studia* des ordres mendiants...», *op. cit.*, pp. 92-93.

puisqu'elle abritait la cour pontificale du duc de Savoie Amédée VIII, élu pape par le concile de Bâle sous le nom de Félix V [29]. Quant aux autres établissements réguliers du pays de Vaud médiéval, ils dispensaient probablement à leurs novices une formation élémentaire, mais il est bien difficile dans l'état actuel de la recherche de parler à leur propos de véritables écoles [30].

Éducation et instruction à la cour de Savoie

En dépit de cette tradition ecclésiastique en matière d'enseignement, l'Église n'en conserva pas le monopole durant tout le Moyen Âge. Dès le XIIIe siècle, les élites laïques se sont préoccupées de l'éducation de leur progéniture, comme le montrent les exemples bien documentés de la cour de Savoie, mais aussi des milieux aristocratiques vaudois.

Les premières attestations concernant les maîtres et l'éducation des petits princes de la cour de Savoie datent de la fin du XIIIe siècle. Le maître d'Édouard, fils d'Amédée V et futur comte de Savoie, alors âgé de 13 ans, figure en effet dans la comptabilité en 1297. À cette même date, le frère d'Édouard, Aymon, reçoit deux livres de musique et de grammaire pour le prix de 7 sous viennois [31]. Les exemples sont encore ponctuels au cours du XIVe siècle, mais deviennent plus nombreux au siècle suivant. La documentation, notamment comptable, nous apprend que l'éducation des garçons était l'affaire de gouverneurs et de maîtres d'école. Les gouverneurs connus pour le XVe siècle étaient en général des écuyers issus de la noblesse des États de Savoie, tels Jean et Louis d'Avanchy, Guigue Gerbais, Louis de la Ravoire et François de Compeys. Ils devaient gérer le personnel attaché à chaque prince, ainsi que les sommes nécessaires à son hôtel, les enfants vivant très souvent dans un autre château que leurs parents [32]. Les gouverneurs, en tant que spécialistes de la guerre, des chevaux et des armes, étaient aptes à donner aux garçons un enseignement chevaleresque (chasse, tir à l'arc, joute et équitation) [33]. Chaque prince avait son propre gouverneur, tandis qu'un maître d'école avait

---

29 Elisa Mongiano, *La cancelleria di un antipapa. Il bollario di Felice V (Amedeo VIII di Savoia)*, Turin: Deputazione subalpina di Storia patria, Biblioteca storica subalpina 204, 1988, pp. 150-151.

30 Pierre Dubuis, *op. cit.*, p. 15, critiquant les interprétations abusives de Maxime Reymond, *op. cit.*, pp. 104-107.

31 Mario Zucchi, *I governatori dei reali di Savoia illustrati nella loro serie con documenti inediti*, Turin: Tipografia del collegio degli Artigianelli, 1925, p. 6.

32 Nathalie Blancardi, *Les petits princes. Enfance noble à la cour de Savoie (XVe siècle)*, Lausanne: Université de Lausanne, CLHM 28, 2001, p. 18.

en charge plusieurs enfants. C'était d'ailleurs les gouverneurs qui choisissaient l'enseignant.

Quant aux filles, elles étaient suivies par une gouvernante, puis par un maître d'école, mais différent de celui de leurs frères. L'éducation des enfants de la famille ducale était en effet totalement séparée entre garçons et filles. Ils commençaient leur éducation à l'âge de 5 ou 7 ans, après avoir reçu les soins d'une nourrice et d'une gouvernante. Cette dernière continuait à s'occuper des petites princesses, mais leurs frères quittaient le monde féminin pour être instruits uniquement par des hommes.

Les gouverneurs touchaient une rémunération de 100 florins par an ; les maîtres, d'extraction plus humble, étaient bien loin de jouir du même traitement. On ne trouve pas de salaire annuel pour eux dans la comptabilité, mais des dons occasionnels de 10 ou 20 florins[34]. Outre ces gratifications occasionnelles, certains d'entre eux jouissaient vraisemblablement d'un bénéfice ecclésiastique qui leur assurait un revenu plus régulier. Bien que les informations au sujet des maîtres soient encore lacunaires, il apparaît que certains d'entre eux restèrent plusieurs années à leur poste, à l'instar de Girard de Gaules qui occupa sa charge de 1441 à 1447 au moins. Une étude systématique devrait être entreprise afin de mieux percevoir le groupe social des enseignants à la cour de Savoie.

La scolarité des petits princes commençait par l'apprentissage des lettres de l'alphabet et des syllabes. Les sources comptables, qui rapportent des frais engagés pour le matériel scolaire et les livres, nous donnent un aperçu des supports de l'éducation princière. Des tablettes ou des livres abécédaires étaient ainsi achetés, de même que des psautiers, notamment afin de servir à l'initiation à la lecture et au chant. Il était en effet d'usage de chanter les prières pour les apprendre[35]. Les enfants bénéficiaient aussi très jeunes de bibles, de livres d'heures et de missels[36]. Des ouvrages profanes, tels les *Distiques* de Caton – une collection de proverbes moraux compilée au IIIe siècle – et l'*Isopet* – l'adaptation des fables d'Ésope – étaient aussi régulièrement présents dans leur bibliothèque, mais c'était avec l'*Ars Minor* de Donat[37] que les petits princes faisaient leurs premières armes en latin entre 7 et 10 ans déjà[38]. Les filles, pour leur part,

---

[33] (Note de la p. 24.) *Ibid.*, p. 19.

[34] *Ibid.*, p. 22.

[35] Danièle Alexandre-Bidon, « La lettre volée. Apprendre à lire à l'enfant au Moyen Âge », *Annales ESC*, N° 44, 1989, pp. 953-992.

[36] Nathalie Blancardi, *op. cit.*, p. 24.

[37] Il s'agit d'un manuel de grammaire du IVe siècle. Pour les livres de la bibliothèque médiévale de la Maison de Savoie, cf. Sheila Edmunds, « The Medieval Library of Savoy », *Scriptorium*, N° 24, 1970, pp. 318-327.

[38] Nathalie Blancardi, *op. cit.*, pp. 25-26.

recevaient surtout des livres d'heures et bénéficiaient visiblement moins d'ouvrages profanes; leurs lectures avaient comme but essentiel le développement de leurs sentiments religieux et non l'acquisition d'une culture savante[39].

La comptabilité recense aussi des achats de papier, de cahiers, de plumes, de tranche-plumes et de pupitres, tant pour les garçons que les filles, car les princesses de la Maison de Savoie, contrairement à d'autres cours où les filles apprenaient uniquement à lire[40], recevaient des leçons d'écriture. Elles commençaient entre 7 et 11 ans[41]. Yolande de France, arrivée à l'âge de 2 ans en Savoie pour être élevée à la cour et devenir l'épouse du futur duc de Savoie Amédée IX, a d'ailleurs laissé plusieurs lettres témoignant des cours d'écriture reçus pendant son enfance[42].

L'instruction dans le milieu aristocratique

La dynastie savoyarde ne veillait pas seulement à l'éducation de ses propres enfants. La comptabilité renferme également des dons octroyés à des membres de la cour afin de leur permettre d'envoyer leur progéniture à l'école. Ainsi, en 1415, l'écuyer Jacques de La Fléchère reçut la somme respectable de 100 florins à cet effet[43]. On ignore où ses enfants devaient suivre leurs cours, mais il est possible qu'ils aient été placés dans une école communale. En effet, il n'était pas exceptionnel que les rejetons de la haute aristocratie fréquentent une école que l'on pourrait qualifier de publique. Des fragments de comptes de la seigneurie de Cossonay, conservés pour les années 1379-1380, nous apprennent ainsi que Louis II, seigneur de Cossonay, faisait verser régulièrement au maître des écoles de cette localité une somme d'argent ainsi qu'une rente importante de 12 muids de froment pour la nourriture et l'entretien de ses beaux-fils, héritiers de la seigneurie de La Sarraz, et de leur précepteur[44]. Les futurs détenteurs de l'une des plus

---

39 *Ibid.*, pp. 32-37. C'est aussi ce qui apparaît dans l'ouvrage rédigé en 1372 par le chevalier de La Tour Landry pour ses filles: *Le Livre du Chevalier de la Tour Landry pour l'éducation de ses filles*, publié d'après les manuscrits de Paris et de Londres par Anatole de Montaiglon, Paris: P. Jannet, 1854, p. 178.

40 Yves Grandeau, «Les enfants de Charles VI: essai sur la vie privée des princes et des princesses de la maison de France à la fin du Moyen Âge», *Bulletin philologique et historique*, 1967, p. 832; Nicholas Orme, *From Childhood to Chivalry: the Education of the English Kings and Aristocracy, 1010-1530*, Londres; New York: Methuen, 1984, pp. 158-159.

41 Nathalie Blancardi, *op. cit.*, pp. 28 et 34-36 et AST/SR, inventario 16, N° 99, 1451-1452, f. 480r.

42 Paris, Bibliothèque nationale de France, ms. français 18 983, f. 6 et 18.

43 «[…] *dono sibi per dominum semel graciose facto pro liberis suis in scolis tenendis et sustinendis*», AST/SR, inventario 16, N° 61, 1414-1416, f. 458r.

importantes seigneuries vaudoises étaient donc instruits et peut-être logés dans une structure collective, leur supériorité sociale se manifestant toutefois par la présence permanente à leurs côtés de leur gouverneur-précepteur. À la différence de l'éducation dispensée à la cour de Savoie, où les enfants du couple princier bénéficiaient d'un encadrement éducatif propre, les fils des nobles vaudois recevaient donc une instruction scolaire guère différente de celle dispensée aux rejetons des petits notables habitant les bourgs vaudois. Faute de sources, il est impossible de savoir si cette éducation était complétée par l'acquisition de connaissances spécifiquement nobiliaires, comme la chasse, le tir à l'arc, l'entraînement aux tournois et à la guerre.

Cette relative promiscuité sociale se manifeste davantage encore au sein de la noblesse de plus modeste extraction de la fin du Moyen Âge, comme le montre le testament d'un maître d'école de Moudon, Guillaume Depierre, dicté le 6 mai 1489[45]. On y apprend que des seigneurs des environs, tels que Rodolphe de Saint-Germain, Girard de Vuippens, Pierre de Prez, le châtelain de Bulle, et Jean Maillardoz, donzel de Rue, envoyaient leurs fils à l'école communale. Ils y étaient même en pension[46]. Guillaume Depierre avait été maître à Romont avant de venir à Moudon et certains enfants l'avaient suivi, comme ceux de Girard de Vuippens. Son testament nous permet aussi de savoir qu'il avait en gage de certains de ses élèves pour des sommes impayées un manuscrit sur parchemin contenant un texte d'Aristote, non identifié, ainsi que le *Catholicon* du dominicain Jean de Gênes[47], traité de grammaire du XIIIe siècle, utilisé également à la cour de Savoie[48]. Très détaillé, ce testament nous permet d'entrevoir l'univers d'un maître d'école vaudois de la fin du Moyen Âge, son niveau culturel, les relations qu'il entretenait avec ses élèves et leurs parents, témoignant ainsi de la vitalité et du dynamisme des écoles communales du pays de Vaud aux XIVe et XVe siècles.

---

44 (Note de la p. 26.) «*[...] libravit per tempus de quo computat rectori scolarum de Cossonay de duodecim modiis frumenti in quibus eidem dominus tenebatur pro pastu et expensis dominorum de Serrata et magistri eorum pro duobus annis finiendis circa festum Nativitatis Beate Marie Virginis, anno octuagesimo primo; [...] libravit rectori scolarum de Cossonay de mandato domini ad expensas dominorum de Serrata in viginti florenis*» (AST/SR, inventario 70, folio 49, mazzo 1, comptes de la seigneurie de Cossonay, 1379-1380); Louis II de Cossonay avait épousé Marguerite, veuve de François de La Sarraz.
45 Cité et commenté dans Eva Pibiri, *op. cit.*, pp. 132-133 et 206-209.
46 *Ibid.*, pp. 132 et 206-209.
47 *Ibid.*, p. 208.
48 Nathalie Blancardi, *op. cit.*, p. 27.

Les autorités communales et la pérennisation des structures scolaires[49]

Dans le pays de Vaud[50], l'école était une institution communale, dont les bourgeois avaient la charge. Ils choisissaient les maîtres, leur versaient un salaire, les logeaient et les révoquaient au besoin. À l'exception de quelques attestations isolées concernant Vevey et le Chablais[51], la plupart des mentions débutent au XIVe siècle. À Yverdon, une école est citée en 1327[52], à Moudon en 1336[53], à La Sarraz en 1340[54] et à Lausanne en 1381[55].

Ces premières mentions rapportent plus souvent l'existence des maîtres *(rectores scolarum)* et permettent d'établir le profil de certains d'entre eux. Quand on connaît leur origine, on constate que la plupart provenaient de Bourgogne, de Franche-Comté, de Savoie ou de Maurienne.

D'ailleurs, si l'on s'attache de plus près à la formation des enseignants, il faut signaler que c'est une information rarement divulguée dans les sources à disposition. Le titre de *magister* ou de *rector scolarum* n'impliquait pas nécessairement que l'enseignant soit détenteur d'une maîtrise universitaire. Les rares cas connus pour le pays de Vaud concernent des maîtres bacheliers ou licenciés ès arts[56], des titres plutôt modestes, étant donné que la Faculté des arts, premier échelon du cursus universitaire, était la plus abordable. Il fallait en effet passer par elle avant de s'orienter vers une des trois autres facultés: théologie, droit et médecine. Suivre un tel parcours rallongeait considérablement les études et en augmentait le prix; il était donc l'apanage d'une élite.

Dans la mesure où le pays de Vaud ne comportait pas d'université, une formation supérieure n'était accessible qu'à ceux qui avaient des moyens suffisants. Ceux qui pouvaient se permettre un tel investissement visaient à leur retour des postes plus prestigieux et plus lucratifs que l'enseignement dans une école communale, ce qui explique que les maîtres indigènes étaient peu nombreux.

---

49 Pour en savoir plus sur les écoles communales d'Yverdon et du pays de Vaud, cf. Eva Pibiri, *op. cit.*, et Maxime Reymond, *op. cit.*, qu'il faut toutefois utiliser avec prudence.
50 À l'exception du quartier de la Cité à Lausanne, cf. Pierre Dubuis, *op. cit.*, p. 12.
51 Guillaume de Morrens, *rector scolarum* de Vevey en 1287, cité par Maxime Reymond, *op. cit.*, p. 29, qui renvoie aux Archives communales de Vevey; pour le Chablais, cf. Pierre Dubuis, *op. cit.*, p. 17.
52 Eva Pibiri, *op. cit.*, p. 75.
53 Maître Thomas, *scolasticus* de Moudon (AST/C, Baronnie de Vaud 29 Montagny 54).
54 Maître Guillaume, *rector scolarum* de La Sarraz (AST/C, Baronnie de Vaud 26 Loce 1).
55 Ernest Chavannes, *Extraits des manuaux du Conseil de Lausanne de 1383 à 1564*, Lausanne: G. Bridel, MDR, 1re série, t. 35, 1881, p. 190.
56 Eva Pibiri, *op. cit.*, p. 100.

Pour combler ce manque, des villes comme Yverdon effectuaient leur recrutement auprès de l'université la plus proche, Dole, fondée en 1422 par Philippe le Bon, duc de Bourgogne, afin de former ses fonctionnaires [57]. Cette université était dotée de quatre facultés: droit civil, droit canon, «arts» et médecine. À son inauguration, en 1423, cet établissement fit parvenir des lettres, entre autres, aux villes de Berne, Lausanne et Fribourg, afin d'attirer maîtres et élèves [58]. Cette propagande fut efficacement menée, car, dès 1426, le Conseil d'Yverdon chargea un frère mineur de Grandson, Jean Clementy, de se rendre à Dole et de revenir avec un bon maître. Depuis cette date, les mentions de la cité universitaire dans les comptes communaux yverdonnois sont régulières, lorsqu'il s'agit de chercher un enseignant [59]. Les villes du pays de Vaud avaient toutes leur terrain privilégié d'investigation: Dole et la Franche-Comté reviennent souvent dans les textes [60]. En 1498, 26 étudiants provenant de territoires aujourd'hui incorporés à la Confédération étaient inscrits à Dole. L'absence de matricule pour les années précédentes ne permet pas d'avancer des chiffres avant cette date [61].

Les communes ne voulaient pas seulement trouver des maîtres; elles voulaient aussi qu'ils soient capables et qu'ils aient des titres en règle. Dans ce sens, les villes choisissaient avec soin les personnes chargées d'aller chercher un enseignant, afin qu'elles aient les compétences et la culture requises pour reconnaître ses qualifications. En cas de doute, les communes pouvaient demander à l'enseignant d'exhiber ses diplômes. C'est ce qui arrive à Yverdon en 1431, lorsque le Conseil demande au maître Jean Monget d'aller chercher à Dole son baccalauréat [62].

Les maîtres percevaient un salaire annuel réglé par les communes, en général en plusieurs versements. Il oscillait entre 6 et 10 livres 16 sous à Yverdon entre 1426 et 1455, puis fut définitivement fixé à 6 livres après cette date jusqu'en 1534 [63]. Les écarts étaient probablement dus à une hiérarchie entre les maîtres. Ces émoluments, versés par la commune, étaient complétés par les écolages payés par les familles pour chaque enfant. On apprend l'existence de ces taxes au hasard de la documentation, les archives

---

57 Jacky Theurot, «L'Université de Dole au XVe siècle», *Société d'émulation du Jura. Travaux*, 1981-1982, pp. 506-507.
58 Henri Beaune, *Jean d'Arbaumont, Les universités de Franche-Comté. Gray, Dole Besançon*, Dijon: J. Marchand, 1870, p. XXII.
59 Eva Pibiri, *op. cit.*, pp. 55-56.
60 Un représentant de Moudon va chercher un maître à Dole en 1427 ou 1428, cf. Pierre Dubuis, *op. cit.*, p. 20.
61 Sven Stelling-Michaud, «La Suisse et les universités européennes, du XIIIe au XVIe siècle. Essai d'une statistique de fréquentation», *Revue universitaire suisse*, N° 12, 1938-1939, pp. 148-149.
62 Eva Pibiri, *op. cit.*, pp. 57-58.
63 *Ibid.*, pp. 75-76.

privées des maîtres n'ayant pas été conservées. Ainsi, en 1450, à Yverdon, le maître Bertrand Roullandi, par l'entremise du châtelain de Moudon, fait saisir une vache de Jean Chassot, car ce dernier ne lui avait pas versé les écolages pour ses enfants[64]. À Lausanne, au début du XVe siècle, les salaires variaient entre 4 livres 4 sous et 11 livres 12 sous, mais, en 1467, le Conseil décida que les parents d'élèves devaient se charger seuls de payer les maîtres en versant 8 sous de bonne monnaie lausannoise par an pour les plus jeunes écoliers et 12 sous pour les plus âgés[65]. Les enseignants pouvaient aussi compter sur des avantages en nature. Dans certaines communes (Yverdon, Romont), du bois de chauffage ainsi que du vin et du blé faisaient partie du salaire des maîtres qui bénéficiaient également de dispenses fiscales, étant exemptés des charges communales[66].

Les écoles communales présentent toutes le même parcours quant à la genèse de leur sédentarisation. Jusqu'au XVe siècle, les communes eurent en effet recours à des maisons de location pour loger les maîtres et les enfants[67]. Les villes étaient néanmoins tributaires des propriétaires des demeures et, de fait, le lieu de l'école connut une grande mobilité pendant cette période. Cette instabilité fut à l'origine de nombreux désagréments, étant donné que les communes devaient parfois louer des demeures qui ne répondaient pas nécessairement aux besoins des enseignants et des élèves. En 1431 ou 1432, par exemple, un maître d'Orbe quitta la ville, car il n'y avait pas de logement pour lui[68].

Comprenant l'importance de l'éducation pour leur commune, les villes se dotèrent de bâtiments exclusivement dévolus à l'enseignement: la Ville inférieure de Lausanne en 1452-1453[69], Yverdon en 1453[70], Orbe en 1461[71] et Moudon avant 1475[72]. Pour certaines communes, ce fut un investissement conséquent. Ainsi, à Yverdon, le syndic emprunta 100 livres au recteur de l'hôpital pour acheter le nouvel établissement[73].

---

64 *Ibid.*, pp. 82-83.
65 Ernest Chavannes, *Extraits des manuaux du Conseil, op. cit.*, pp. 70-73; Pierre Dubuis, *op. cit.*, p. 31.
66 Eva Pibiri, *op. cit.*, pp. 90-91.
67 Pierre Dubuis, *op. cit.*, pp. 36-38; Eva Pibiri, *op. cit.*, pp. 155-162; Samuel Walter Poget, *Les écoles et le collège d'Orbe, étude historique d'après les archives locales*, Lausanne: F. Rouge, BHV 16, 1954, pp. 109; Louis de Charrière, «Chronique de la ville de Cossonay», MDR, Ire série, V, 1847, pp. 59 et 61; Georges Rapp, «Nyon sous le régime savoyard, du milieu du XVe siècle jusqu'au lendemain des guerres de Bourgogne», in Agostino Paravicini Bagliani, Jean-François Poudret (dir.), *La Maison de Savoie et le Pays de Vaud*, Lausanne: BHV 97, 1989, p. 197.
68 Pierre Dubuis, *op. cit.*, p. 16.
69 *Ibid.*, p. 37.
70 Eva Pibiri, *op. cit.*, pp. 155-176.
71 Samuel Walter Poget, *op. cit.*, pp. 109-110.
72 Bernard Cérenville, Charles Gilliard, *op. cit.*, pp. 639-640.
73 Eva Pibiri, *op. cit.*, p. 161.

3 Deux écoliers en route pour l'école; celui de droite porte une tablette à écrire.
Valère Maxime, *Livre des Vices et des Vertus*, XVe siècle, Paris, BnF, département des Manuscrits, Français 20320, f. 177v.

De plus, des travaux durent être effectués pendant près de deux ans afin de le restaurer. En 1455, 14,4 % du budget annuel de la commune furent destinés à ce chantier[74]. À Lausanne également, ce n'est qu'après l'achèvement de travaux considérables que deux maisons jointives, achetées pour devenir la nouvelle école et situées non loin de la porte de Pépinet, furent fonctionnelles[75]. Cette stabilisation du lieu de l'école eut une influence prépondérante sur les maîtres, dont les départs précipités cessèrent. Avant le milieu du XVe siècle, rares étaient les enseignants qui restaient plus d'un, deux ou trois ans à leur poste[76]. Cette mobilité n'était pas une caractéristique propre au pays de Vaud car elle se retrouve aussi un peu partout en Europe[77]. Les causes de ces départs étaient multiples: les épidémies de peste et les incendies faisaient fuir les enseignants, les salaires n'étaient pas très élevés, les communes et les parents réglaient souvent en retard les émoluments des maîtres; souvent mal logés dans des demeures qui ne leur permettaient pas de pratiquer l'internat, ceux-ci préféraient sans doute accepter une meilleure offre d'une commune voisine. En effet, en manque de maîtres, les villes n'hésitaient pas à débaucher des enseignants. En 1467 par exemple, Lausanne engagea les deux maîtres de Moudon et, trente ans plus tard, ce fut au tour de Moudon de détourner le maître de Lausanne[78].

En guise de bilan: quelques caractéristiques du paysage scolaire vaudois à la veille de la Réforme

Tel qu'il vient d'être esquissé dans ses grandes lignes, le réseau scolaire vaudois occupe une place tout à fait honorable par rapport à ce que l'on sait d'autres régions de l'Europe médiévale[79]. La quête obstinée de maîtres compétents et bien formés par les communes

---

[74] *Ibid.*, p. 166.
[75] Pierre Dubuis, *op. cit.*, p. 37.
[76] Eva Pibiri, *op. cit.*, p. 101.
[77] Pour la région de Venise, cf. Gherardo Ortalli, *Scuole, maestri e istituzioni di base tra Medioevo e Rinascimento: il caso veneziano*, Venise: Neri Pozza Editore, 1993, p. 16; pour les pays bourguignons, cf. Dominique Viaux, «L'école élémentaire dans les pays bourguignons à la fin du Moyen Âge (XIVe-XVe siècles)», *Annales de Bourgogne*, N° 59, 1987, p. 14; pour la Champagne, cf. Sylvette Guilbert, «Les écoles rurales en Champagne au XVe siècle», in *Les entrées dans la vie: initiations et apprentissages*, Actes du congrès de l'association des médiévistes de l'enseignement supérieur, 1981, Nancy: Presses universitaires de Nancy, 1982, pp. 132-133; pour Florence, cf. Robert Black, *Education and Society in Florentine Tuscany. I: Teachers, Pupils and Schools, c. 1250-1500*, Leiden: Brill, Education and Society in the Middle Ages and Renaissance 29, 2007.
[78] Bernard Cérenville, Charles Gilliard, *op. cit.*, p. 649; Eva Pibiri, *op. cit.*, p. 102.

vaudoises témoigne d'une forte exigence en matière scolaire et plus généralement culturelle. Ce phénomène est conforme à une tendance générale de la société du bas Moyen Âge, dans laquelle on reconnaît par exemple une cause essentielle de l'éclosion vers 1450 du livre imprimé, puis de sa très rapide diffusion durant la seconde moitié du XVe siècle[80]. Cette vitalité de la demande ne doit cependant pas dissimuler la faiblesse de l'offre locale, comme en témoigne la proportion importante des enseignants étrangers, quoique la nature même des sources comptables a peut-être tendance à mettre davantage en évidence la recherche de ces maîtres au détriment de l'activité du personnel indigène. Dans cette perspective, il est évident que la rapide fondation de l'Académie, dès 1537, est destinée à combler une importante lacune en matière de formation du personnel enseignant, dont les autorités étaient probablement pleinement conscientes.

Même si les premiers *rectores scolarum* sont déjà attestés au XIVe siècle, voire au XIIIe siècle, il serait erroné d'en conclure à une mise en place, dès cette époque, d'un réseau scolaire qui n'aurait guère subi d'évolution ultérieure. Pendant longtemps, l'itinérance des maîtres et la brièveté de leurs mandats ne sont pas sans similitude avec ce que l'on peut observer pour les détenteurs d'autres types de savoirs professionnels spécialisés, comme les médecins, voire les musiciens de cour[81]. Toutefois, un tournant semble se dessiner vers le milieu du XVe siècle. On observe à cette époque l'acquisition et l'aménagement par les autorités de locaux spécifiquement destinés à l'enseignement ainsi qu'une réglementation plus précise des modalités de rétribution des maîtres[82]. Ceux-ci reçoivent désormais un écolage versé par les parents, qui complète ou parfois remplace les émoluments très divers dont ils bénéficiaient auparavant. Plutôt que de conclure prématurément à une privatisation de l'enseignement qui serait un signe de modernité, cette évolution traduit le désir des autorités de stabiliser l'institution scolaire en lui fournissant un cadre spatial approprié et un recrutement régulier de son personnel enseignant.

La population écolière reste évidemment beaucoup moins connue que ses enseignants. Il est probable que l'instruction était réservée à une certaine élite sociale, même si l'instruction de base ne semble pas avoir constitué un luxe hors de portée de la

---

79 (Note de la p. 32.) Faute de synthèse générale sur l'enseignement non universitaire, cf. le tableau dressé, pour la France, dans Michel Sot, Jean-Patrice Boudet, Anita Guerreau-Jalabert, *op. cit.*, pp. 268-274 («Un réseau plus dense de petites et de grandes écoles»). Les exemples cités ne sont guère antérieurs au XIVe siècle, même pour des villes relativement importantes.
80 *Ibid.*, pp. 389 ss.
81 Comparaison effectuée dans Pierre Dubuis, *op. cit.*, p. 21.
82 *Ibid.*, p. 38 (pour Lausanne) et Eva Pibiri, *op. cit.*, pp. 155 ss. (pour Yverdon).

4 Exercice de la lecture sous la direction d'une maîtresse, religieuse ou béguine.
Valère Maxime, XVe siècle, Paris, BnF, département des Manuscrits, français 290, f. 197v.

plupart de la population. L'exemple des jeunes seigneurs de La Sarraz fréquentant l'école communale fait pressentir une relative promiscuité sociale, assez normale au fond dans ces bourgs campagnards de petite dimension. La discrimination selon le genre semble en revanche tout à fait réelle et tant les maîtresses d'école que leurs élèves filles sont, dans l'état actuel de la recherche, presque totalement absentes de notre documentation. On a vu que même dans le cas très particulier des enfants princiers savoyards, les filles apprenaient à lire et à écrire, mais que les quelques livres qui leur étaient destinés restaient cantonnés à la sphère religieuse. Grâce aux *Mémoires* de Pierrefleur, on connaît cependant le cas d'une certaine Françoise Pugin qui, durant la première moitié du XVIe siècle, avait été instruite à la lecture et à l'écriture par un prêtre avant de devenir elle-même «maîtresse des filles», tenant à sa table «cinq ou six filles des seigneurs gentilshommes» de la région[83]. Une mention de ce genre est tardive et exceptionnelle. On est bien en peine de déterminer dans quelle mesure le caractère unique de cette source dissimule d'autres écoles pour filles, dont on sait qu'elles existaient pourtant dans l'Europe médiévale[84]. Il est certain en tout cas que des femmes vaudoises savaient lire, sinon écrire, comme le montre le testament de cette béguine lausannoise qui légua en 1307 à sa nièce «tous ses petits livres», ce qui prouve l'existence et la transmission en ligne féminine d'un patrimoine livresque dont on ignore toutefois le contenu[85]. Le lien entre béguines et instruction des filles étant par ailleurs bien attesté à la même époque, notamment à Fribourg, il est tentant d'imaginer une activité enseignante de ce type à Lausanne[86].

Il conviendrait enfin d'évaluer le poids réel qu'aurait maintenu sur l'enseignement l'institution ecclésiastique jusqu'à la fin du Moyen Âge. Si l'on excepte les cas évidents de la maîtrise des Innocents installée à la cathédrale ou des *studia* des ordres mendiants, il n'y a guère que le Chablais à être institutionnellement placé sous l'autorité de l'abbé de Saint-Maurice qui prétendait ainsi, par l'exercice de son droit de nomination, exercer un contrôle sur l'enseignement[87]. Ailleurs, ce sont les autorités communales

---

[83] Louis Junod (éd.), *Mémoires de Pierrefleur*, Lausanne: La Concorde, 1933, p. 161, commenté dans Pierre Dubuis, *op. cit.*, p. 161.

[84] Des maîtresses sont attestées à Reims dès 1318, il y en a 21 à Paris en 1380, exemples cités dans Michel Sot, Jean-Patrice Boudet, Anita Guerreau-Jalabert, *op. cit.*, p. 270.

[85] Bernard Andenmatten, «Les béguines à Lausanne au XIVe siècle», *Revue d'histoire ecclésiastique suisse*, N° 80, 1986, pp. 3-29, spécialement p. 14; les béguines étaient des laïques menant une vie dévote tout en n'étant pas intégrées dans une communauté religieuse.

[86] Nicolas Morard, «Grande et petite école: *magister et magistra* à Fribourg (1249-1425)», *Revue d'histoire ecclésiastique suisse*, N° 81, 1987, pp. 83-104.

[87] Pierre Dubuis, *op. cit.*, pp. 10-11.

laïques qui ont depuis longtemps pris le contrôle de l'instruction, y compris dans la Ville inférieure de Lausanne pourtant soumise à l'autorité de son évêque. Il est certain en revanche que les élites ecclésiastiques, même les plus rétives à la nouvelle foi, n'étaient pas fermées à la culture humaniste ou encore à l'instruction de la jeunesse. En témoignent la riche bibliothèque du chanoine François des Vernets[88] ou encore le passage d'une lettre écrite en 1539 par Pierre de Dompierre, le dernier prieur de la chartreuse de la Lance près de Concise. Il y fait allusion aux «livres de poésie et de grammaire» que lui-même avait écrits dans sa jeunesse pour l'instruction des enfants[89]. Cet aveu, émanant d'un adversaire résolu de la Réforme et membre d'un ordre réputé pour sa fermeture au siècle et à ses innovations, témoigne de l'influence réelle d'une certaine culture humaniste et d'un goût pour la didactique, dont on ne peut que constater l'existence à défaut d'en connaître le contenu.

---

88 Olivier Pichard, «La culture d'un clerc lausannois: François des Vernets et les inventaires de sa bibliothèque», in Agostino Paravicini Bagliani (éd.), *op. cit.*, pp. 131-173.

89 «[...] de mes livres que javes escript à l'estude [...] qui sont poetes et de grammaire, que sont bons pour apprendre les enfans, les queulx jay escript a ma jeunesse» (Jean Gremaud (éd.), *Nécrologe de la chartreuse de La Lance, précédé d'une notice historique et suivi de documents*, Lausanne: [s. n.], MDR 34, 1879, p. 579); sur le personnage, cf. Bernard Andenmatten, «La Lance», in *Les chartreux en Suisse*, Bâle: Schwabe, Helvetia Sacra III/4, 2006, pp. 169-172.

Karine Crousaz

LIEUX DE POUVOIR DE L'ACADÉMIE DE LAUSANNE AU XVIe SIÈCLE

Les questions de compétences en matière d'organisation des universités sont, aujourd'hui encore, fort débattues. On peut en effet se demander qui a le droit de diriger une université. Est-ce l'État? L'université elle-même? Et, dans ce cas, par qui est-elle représentée: le recteur, le corps professoral, les étudiants? Dans cet article, nous allons réfléchir à la manière dont les questions de compétences ont été réglées il y a cinq siècles à l'Académie de Lausanne, haute école financée par le souverain bernois et ancêtre direct de l'actuelle Université de Lausanne. Deux processus qui occupent une place centrale dans le fonctionnement de l'institution éclaireront ses lieux de pouvoir: la nomination des professeurs et le choix des bénéficiaires de bourses d'études. Nous accorderons ensuite une attention particulière au langage utilisé par les sources, de manière à percevoir comment les compétences de chacun des acteurs étaient conçues à l'époque.

Nous emploierons comme sources pour cet article les documents rapportant les décisions du souverain et la correspondance (officielle et privée) échangée au sujet de l'Académie. Ces pièces sont tirées principalement des Archives d'État de Berne, de la correspondance des réformateurs éditée par Herminjard et de l'édition des œuvres de Calvin[1]. La période concernée recouvre celle de notre thèse en cours[2]: elle va de la phase de création de l'Académie, depuis les premiers cours en 1537 jusqu'à 1559, année qui marque une rupture nette dans l'histoire de l'Académie avec la démission en bloc des professeurs qui suivent à Genève le pasteur de Lausanne Pierre Viret, condamné à l'exil au terme de plusieurs mois de conflit autour de la Cène avec MM. de

---

1 Aimé-Louis Herminjard (éd.), *Correspondance des Réformateurs dans les pays de langue française*, Genève [etc.]: H. Georg [etc.], 1866-1897, 9 vol. Ci-après: Herminjard. Guilielmus Baum, Eduardus Cunitz, Eduardus Reuss (éds), *Johannis Calvini Opera quae supersunt omnia*, Brunswick; Berlin: C. A. Schwetschke, 1863-1900, 59 tomes. Ci-après: CO.
2 *L'Académie de Lausanne entre Humanisme et Réforme, ca. 1537-1560*, thèse inscrite à la section d'histoire de l'Université de Lausanne, sous la direction de Danièle Tosato-Rigo.

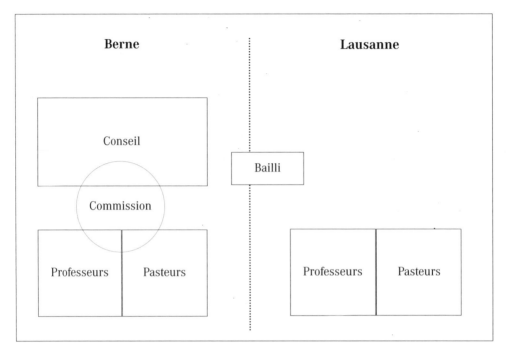

Lieux de pouvoir de l'Académie de Lausanne au XVIe siècle.

Berne[3]. C'est aussi la période où la Haute École lausannoise, pionnière dans l'éducation protestante et humaniste européenne, exerce une attraction majeure sur les étudiants suisses, français et d'autres pays.

La nomination des professeurs

Remarquons avant d'entrer dans le vif du sujet que les acteurs de l'académie lausannoise du XVIe siècle, ne sont pas entièrement les mêmes qu'aujourd'hui. L'un d'eux, qui jouait un rôle essentiel dans la gestion de la haute école, a entre-temps disparu: le pastorat. Un coup d'œil au schéma ci-dessus suffit pour s'en rendre compte:

Les intervenants sont à l'époque localisés non seulement à Lausanne, mais également à Berne, ville qui exerce sa souveraineté sur le Pays de Vaud depuis 1536.

3   Cf. Henri Vuilleumier, *Histoire de l'Église réformée du Pays de Vaud sous le régime bernois*, Lausanne: La Concorde, 1927, t. 1 et Michael W. Bruening, *Calvinism's First Battleground: Conflict and Reform in the Pays de Vaud, 1528-1559*, Dordrecht [etc.]: Springer, 2005, pp. 212-255.

À Lausanne, pasteurs et professeurs réunis forment un corps, appelé *Colloque*, lui-même l'un des sous-ensembles formant la *Classe* de Lausanne: cette dernière rassemble tous les pasteurs et enseignants entre la région lausannoise et Aigle.

Un second lieu de pouvoir de l'Académie est constitué par les autorités politiques bernoises, en particulier par son Petit Conseil, composé de vingt-sept membres, qui se réunissent presque quotidiennement pour régler les affaires de l'État[4]. Des commissions mixtes, regroupant des conseillers et des pasteurs bernois, interviennent également de manière ponctuelle dans la prise de décisions concernant l'Académie lausannoise. Le bailli de Lausanne, représenté sur le schéma entre Berne et Lausanne en raison de sa fonction de relais, réside à Lausanne pour la durée de son mandat, en général de cinq ans. Les autorités politiques de la ville de Lausanne ne jouent quant à elles aucun rôle dans la gestion de l'Académie.

Le processus de nomination des professeurs peut se décomposer en sept étapes bien distinctes: la recherche du candidat (1), suivie de son élection par le Colloque de Lausanne (2), de sa présentation au souverain (3). Puis vient son examen par les pasteurs de Berne (4), et la confirmation de son élection par le souverain (5). Le processus se conclut par l'information au bailli de Lausanne (6) et l'entrée en fonction du nouvel élu (7). La première de ces étapes peut se révéler longue: jusqu'à près d'un an pour déterminer un successeur au professeur d'hébreu décédé vers septembre 1548; mais les suivantes se déroulent en l'espace d'à peine quelques semaines.

En situation de fonctionnement normal de l'Académie, ce sont les pasteurs et professeurs lausannois qui sont chargés du recrutement par le Conseil de Berne. Mais lorsqu'il s'agit de nommer les premiers professeurs en 1537 ou comme lors des vives tensions de 1558-1559, le souverain confie cette tâche à des commissaires ou aux pasteurs de Berne. Ainsi, le 17 août 1558, ayant compris que le point de non-retour était atteint avec les pasteurs et professeurs de Lausanne, le souverain ordonne aux pasteurs bernois de rechercher secrètement de nouveaux professeurs[5]. Les démarches entreprises s'étant avérées infructueuses, il nomme en 1559 une délégation extraordinaire, composée du trésorier romand Hans Steiger, du conseiller Hieronymus Manuel (ancien bailli de Lausanne), ainsi que de trois pasteurs et professeurs bernois (Johannes Haller, Wolfgang Musculus et Benedikt Aretius) pour repourvoir les postes vacants. Si l'on

---

[4] Barbara Braun-Bucher, «Im Zentrum der Macht: Schultheiss, Rät und Burger», in André Holenstein *et al.* (éds), *Berns mächtige Zeit. Das 16. und 17. Jahrhundert neu entdeckt*, Bern: Stämpfli, 2006, pp. 30-38.

[5] Archives d'État de Berne, Ratsmanuale, (ci-après AÉB, RM), 17.08.1558, p. 302, *«Den hiegien predicanten ein zedel sich ettwan vmb ein griechischen vnd hebraischen professorn tütscher nation in gheim zeumsächen vnd minen hern anzöigen.»*

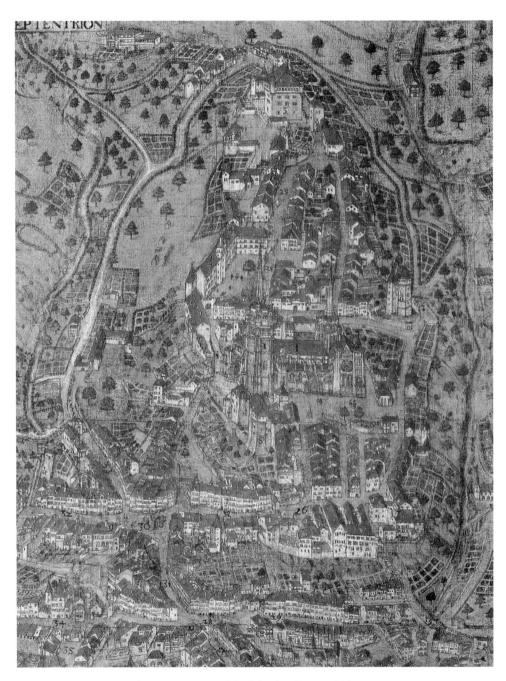

1 La cathédrale et l'Académie de Lausanne. Détail du plan Buttet, 1638.
© Musée historique de Lausanne.

excepte ces moments particuliers, la responsabilité de trouver un nouveau professeur incombe au Colloque de Lausanne. Pierre Viret, pasteur de Lausanne entre 1537 et 1559, s'implique beaucoup dans ces recherches pour lesquelles il sollicite son réseau de connaissances. Il écrit par exemple à Calvin au sujet de la succession d'Hymbert Pacolet, le professeur d'hébreu décédé en 1548: «La réunion de la Classe a de nouveau été fixée à dans 15 jours. Combien je voudrais que nous ayons à ce moment-là un professeur d'hébreu! Je te prie encore et encore de te consacrer totalement à cette affaire!»[6] Directement informé de chacune des démarches de Viret et souhaitant placer à Lausanne des professeurs de son propre camp théologique, Calvin mobilise lui aussi ses relations[7].

Une deuxième phase prend place lorsqu'un potentiel professeur a accepté de venir enseigner à Lausanne. Le candidat est alors proposé au Colloque de Lausanne, souvent même à l'ensemble de la Classe, qui l'élit formellement. En 1552, les Lausannois désignent Eustache du Quesnoy, un médecin français protestant, comme professeur des arts et «maître des douze», c'est-à-dire responsable du pensionnat de douze étudiants financés par Berne, sur lesquels nous reviendrons. Viret rapporte la situation à son ami Rudolf Gwalther, un pasteur zurichois:

«Tu n'ignores pas quelle perte nous avons subie en la personne de notre frère Quintin qui nous a été arraché par une mort prématurée. Nous avons élu à sa place Eustache du Quesnoy, un homme d'une remarquable piété et tout à fait accompli dans l'ensemble des lettres. J'espère que notre élection ne déplaira pas à nos princes vers lesquels il est parti avec notre lettre.»[8]

La dernière phrase de cet extrait fait référence à la phase suivante du processus de nomination, au cours de laquelle le candidat se présente devant MM. de Berne, muni d'une lettre du Colloque ou de la Classe de Lausanne. Nous connaissons le contenu de l'une de ces lettres de recommandation particulière grâce à un carnet de minutes ayant appartenu au recteur de l'Académie Jean Ribit. Il s'agit de la lettre mentionnée par Viret, qu'Eustache du Quesnoy a apportée à Berne. Nous transcrivons en entier ce document qui a été conservé par un hasard exceptionnel:

6 CO N° 1225, Pierre Viret à Jean Calvin, 17.07.1549, *«Conventus classis rursum indictus est ad 15 abhinc diem. Quam cuperem ad id tempus nobis in manu esse hebraeum professorem. Huic rei totum ut te impendas iterum atque iterum rogo.»*
7 Cf. par exemple CO N° 1078.
8 CO N° 1686, Pierre Viret à Rudolf Gwalther, 12.12.1552, *«Non ignoras quam iacturam fecimus in fratre nostro Quintino praematura nobis morte surrepto. Eius vice elegimus D. Eustatium Quercetanum, virum pietate eximia et omni literarum genere ornatissimum. Spero fore ut electio nostra principibus nostris non displiceat, ad quos profectus est cum nostris litteris.»*

« Tresredoubtez puissants et Magnifiques Seigneurs,

Comme ainsi soit que le Seigneur de touts esprits ait retiré de ce monde a soy nostre frere Quintin le Boyteux qui estoit ordonné par vouz maistre des douze escholiers entretenuz par voz magnificences, nous auons aueques prieres et oraison cherché homme le plus propre que nous auons peu pour ceste charge et auec grand accord et consentement auons esleu en sa place le present messager Eustache du Quesnoy, homme de bon tesmoignage qui a conuersé icy longtemps sans reprehension et scandale et de bonne conscience, lequel ha faict residence icy a Lausanne sans reprehension et scandale, tres expert aux ars de rethorique, dialectique et aux matehmatiques que doibt enseigner celuy qui ha telle charge selon voz ordonnances. Et esperons bien que cest homme congneu de longtemps et experimenté fera toutes choses appertenantes a son office. Parquoy treshonnorez Seigneurs vous supplions l'accepter et confermer et avoir pour recommendé l'homme qui se dedie voluntier aux seruice de Dieu et de voz seigneuries. Sur ce prions tres affectueusement voz Seigneuries etc. »[9]

Nous voyons que la lettre de recommandation du candidat est articulée en trois points. Elle mentionne tout d'abord que du Quesnoy a été formellement élu par l'assemblée. Le deuxième point fournit les garanties de bonnes mœurs et de compétences censées assurer que le futur professeur remplira sa charge à satisfaction. Finalement, la lettre contient la supplique proprement dite, par laquelle les Lausannois prient le souverain de confirmer l'élection réalisée.

La phase suivante du processus de nomination consiste en un examen, effectué sur ordre du souverain par les pasteurs de Berne. Nous sommes peu renseignés sur le contenu de cet examen, qui consistait probablement à tester les connaissances du candidat dans la matière qu'il devait enseigner. De plus, pour contrôler la conformité religieuse avec la Réforme en vigueur à Berne, le conseil décide en mai 1546 que tous les pasteurs, maîtres d'écoles et professeurs doivent souscrire aux conclusions de la Dispute de Berne (1528) en signant le *Predicantenrodel* lors de leur venue à Berne[10].

Avant que le nouveau professeur ne signe ce registre, sa nomination devait être formellement ratifiée par le Conseil de Berne. Il est très rare que le souverain ne confirme pas un candidat présenté par le Colloque de Lausanne. C'est le cas cependant pour le réformateur Guillaume Farel que MM. de Berne refusent à deux reprises pour le poste de professeur en théologie. À Pierre Viret qui avait tenté de les fléchir après le premier rejet, ils répondent de manière catégorique :

---

9 [Les pasteurs et professeurs de LS] à [MM. de Berne], [vers le 5.12.1552], Bibliothèque nationale de France, ms latin 8641, f. 63v. Nous n'avons pas retranscrit les éléments biffés dans cette minute.

10 AÉB, RM, 25.05.1546, p. 318. *Predicantenrodel* : AÉB, B III 21.

«Nous auons entenduz ce que tu nous az escript sur nous lectres touchant l'election de maistre Guillaume Farel pour estre professeur en theologie en notre Cité de Lausanne. Surquoy respondons que par euidentes raysons ne nous est loysible de confirmer ladicte election. Dont de rechieff vous donnons comme parauant charge de proceder en nouuelle election.»[11]

Les «évidentes raisons» évoquées par le souverain sont loin d'être claires pour nous. On craignait probablement à Berne un renforcement du courant «calviniste» à Lausanne. De plus, la réputation de Farel n'était pas au plus haut, et Calvin note dans une lettre privée à Viret: «il désaprend de jour en jour à être populaire.»[12]

Farel représente une exception: d'ordinaire, le Conseil confirme les candidats qui lui sont présentés et en informe sur le champ le bailli de Lausanne. Ce dernier annonce officiellement l'issue favorable au Colloque de Lausanne et exécute la décision de MM. de Berne en versant le salaire (payé trimestriellement en argent, vin et céréales) aux professeurs nommés.

Le processus de nomination se déroule en fait de manière presque identique pour les professeurs et les pasteurs du Pays de Vaud. Un point diffère, mais il a son importance: pour ce qui est des professeurs, la procédure n'est pas codifiée par écrit; en revanche, celle des pasteurs a été adoptée par un synode ecclésiastique et acceptée par le souverain. Elle précise que c'est toujours la Classe de Lausanne qui élit un candidat et qui le présente au souverain pour confirmation. En 1549, lorsque les pasteurs bernois menacent la Classe de Lausanne de lui retirer cette compétence, la réaction des pasteurs et professeurs de Lausanne est immédiate: ils s'opposent vigoureusement à cette idée «tyrannique»[13]. Pour un poste de professeur en revanche, le souverain bernois peut, lorsqu'il le souhaite, décider de confier aux pasteurs de Berne plutôt qu'à leurs homologues lausannois la compétence de sélectionner un candidat. Cette prérogative n'ayant pas fait l'objet d'une décision synodale et n'ayant pas été codifiée par le souverain, les Lausannois ne peuvent exiger de l'exercer eux-mêmes.

---

[11] AÉB, Welschmissivenbuch, l'Avoyer et Conseil de Berne à Pierre Viret, 11.02.1547.
[12] CO N° 816, 9.08.1546, Jean Calvin à Pierre Viret, *«Indies enim magis dediscit esse popularis.»*
[13] CO N° 1314, 28.11.1549, Pierre Viret *et al.*, au nom de la Classe de Lausanne, aux pasteurs et professeurs de Berne.

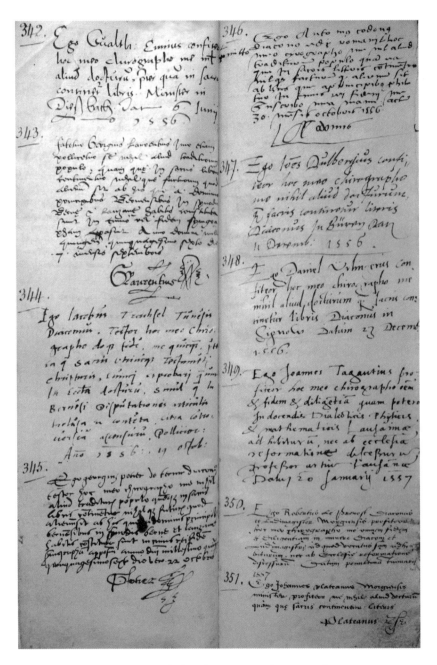

3 *Predicantenrodel*, promesses écrites des pasteurs, diacres, professeurs et maîtres d'écoles lors de leur premier engagement par le conseil de Berne. Sur la page de droite (N° 349), promesse de Jean Tagaut, professeur des arts à l'Académie de Lausanne, datée du 20 janvier 1557.
AÉB, B III 21, f. 53v-54r.

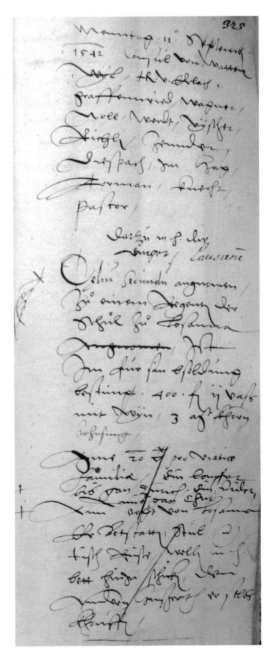

2 Manuaux du conseil de Berne, le 11 septembre 1542 : confirmation de l'élection de Celio Secondo Curione comme professeur des arts et détermination de son salaire.
AÉB, A II 151, p. 325.

Attribution des bourses d'études

Les étudiants boursiers relèvent de deux catégories distinctes. La première consiste en un petit noyau de douze élèves, appelés parfois « les douze enfants de MM. de Berne » ou simplement « les douze ». Ces boursiers sont les plus privilégiés puisque l'intégralité de leurs frais d'études est prise en charge par le souverain. Nourris, vêtus, blanchis, pourvus de livres scolaires, les douze sont logés dans un pensionnat dirigé par le professeur des arts. En contrepartie, ils doivent s'engager à servir le souverain après leur formation (en tant que diacre, pasteurs, maître d'école etc.). La deuxième catégorie de boursiers, souvent qualifiés de boursiers « extraordinaires », réunit tous les étudiants à l'Académie de Lausanne recevant un subside mensuel de Berne sans pour autant faire partie des douze. Leur nombre croît d'une trentaine dans les années 1540 à plus de cent en 1559 et 1560.

Le processus d'attribution des bourses d'étude présente de nombreuses similitudes avec celui de nomination des professeurs. Les pasteurs et les professeurs de Lausanne obtiennent à nouveau d'importantes compétences dans le choix des candidats. Elles sont cette fois codifiées par écrit. Le mandat du 30 octobre 1540 qui organise les structures académiques délègue en effet le choix des douze aux pasteurs de Lausanne, en collaboration avec le bailli[14]. Dans la pratique, le souverain interviendra néanmoins à plusieurs reprises pour réorienter la sélection opérée à Lausanne. En janvier 1541 déjà, les conseillers bernois font part au bailli de leur mécontentement quant aux candidats qui leur sont présentés pour les bourses d'études : les pasteurs lausannois ne retiendraient que des Français. Le souverain demande au bailli de faire en sorte que des « enfants du pays » soient également sélectionnés[15]. Les réorientations suivantes commandées par le souverain concernent l'âge des boursiers : le Conseil de Berne veut limiter les coûts en ne finançant que ceux qui sont déjà avancés dans leurs études, donc employables rapidement. Le bailli de Lausanne se fait ainsi remettre au pas en 1545 :

« C'est notre volonté et avis que dorénavant tu ne choisisses plus de garçons aussi jeunes que les deux [nommés] Vernaix et Georgeron au nombre des 12, de sorte que

---

14 AÉB, Deutschmissivenbuch (DMB), 30.10.1540, l'avoyer et Conseil de Berne au [bailli de Lausanne], *« Wir habenn ouch angesächen das beid predicanten by dir vnd du dieselbigen knaben uſserwellen, examinerenn vnnd demnach vnns presentiert werdind. »* Cf. aussi AÉB, RM, 30.10.1540, pp. 85-86 : « Les pasteurs et le directeur de l'école [doivent] examiner les 12 en présence du bailli. » *« Die predicanten vnnd schulmeyster die xii in bysin des Landtvogts examinieren. »*
15 AÉB, RM, 29.01.1541.

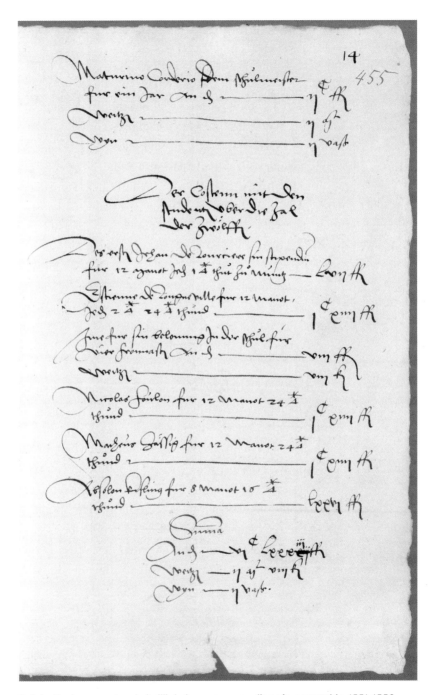

4 Extraits des comptes du bailli de Lausanne pour l'année comptable 1551-1552.
Salaire de Mathurin Cordier et diverses bourses d'études.
ACV, Bp 32/3, p. 455.

nous ne soyons pas obligé de faire longtemps de grosses dépenses pour eux. Sache te comporter en conséquence!»[16]

Les étudiants sélectionnés par le Colloque de Lausanne et le bailli doivent tous se présenter devant le souverain, munis d'une lettre de recommandation. Il arrive également que des étudiants ou leurs parents s'adressent directement à MM. de Berne. Lorsque cela se produit, et que des boursiers potentiels se présentent à Berne sans lettre de recommandation des Lausannois, le Conseil ordonne leur examen par les pasteurs bernois. Cette compétence accordée aux pasteurs de Berne peut incommoder parfois les Lausannois, qui ont l'impression d'être court-circuités. Par exemple, Viret décrit dans une lettre privée à Calvin comment deux anciens moines franciscains (qui avaient fait mauvaise impression lors de leur premier passage à Genève et à Lausanne) se sont rendus à Berne sur conseil du diacre de Nyon et comment le Conseil leur a accordé, suite à l'examen des pasteurs bernois, une bourse pour étudier à Lausanne. Viret critique: «Ceux qui sont recommandés par toute la Classe sont méprisés; ceux qui ont des recommandations privées obtiennent [une place de boursier]. Je ne l'ai pas caché à Sulzer qui a raconté que ceux-ci leur avaient été présentés par le Conseil.»[17]

En fin de compte, c'est le souverain qui décide si l'étudiant reçoit une bourse ou un simple dédommagement pour son déplacement à Berne. Les plus heureux sont reçus parmi les douze; à moins que leur mauvais comportement ne les fasse démettre de cette position, ils seront automatiquement financés jusqu'à la fin de leurs études, sans avoir besoin de se représenter devant MM. de Berne. Les autres stipendiés reçoivent, pour une durée généralement fixée à un an, une bourse mensuelle d'un montant variable. Le souverain demande dans ce cas au bailli de verser la bourse et d'en surveiller les bénéficiaires. À la fin de la période établie, en effet, ceux qui souhaitent une prolongation de leur bourse se présentent à nouveau devant le Conseil de Berne, munis d'une lettre d'attestation rédigée par le recteur ou par le bailli de Lausanne. Le carnet de minutes du recteur Jean Ribit nous permet de connaître la teneur des lettres écrites pour ces étudiants se rendant à Berne pour obtenir un renouvellement de leur bourse[18]. Ces

---

16 L'Avoyer et Conseil de Berne au bailli de Lausanne, 3.06.1545, ACV, Ba 14/1, f. 37 r°, «*Es ist unnser will unnd meynung das du hinfuro, khein so junng knaben, alls die zwen Vernaix unnd Georgeron gsin, inn die zal der zwölffenn erwellist, damit wir nitt lannge zytt grossenn costenn mitt inenn habenn müssennd. Des wüsß dich zehallttenn.*» Voir aussi AÉB, RM, 3.06.1545 et 30.08.1560; DMB, 30.08.1560 et 22.10.1560.

17 CO N° 512, Viret à Calvin, [vers octobre 1543] «*Duo illi Franciscani, qui Godellarii diaconi Nidunensis consilium sequuti sunt, quibus ipse dux ad Bernam fuit, opera Sultzeri et commendatione ministrorum admissi sunt ad scholasticam conditionem. Commendati a totis classibus contemnuntur: qui privatas habent commendationes, impetrant. Quod non dissimulavi apud Sultzerum, qui se eos senatui obtulisse narravit.*»

18 BNF, ms latin 8641, f. 31v et f. 48r.

attestations concernent deux éléments principaux. Le recteur décrit d'une part le comportement de l'étudiant *(vita)*, attestant qu'il est de bonne réputation et qu'il vit en bon chrétien ; il informe d'autre part des progrès scolaires et de l'érudition du boursier *(doctrina)*. Le souverain n'a jamais, à notre connaissance, refusé de prolonger la bourse d'un étudiant muni d'une telle lettre de soutien.

L'intervention des acteurs selon la terminologie des sources

Nous allons maintenant reprendre l'un après l'autre chacun des acteurs considérés dans cet article, en nous focalisant sur les verbes employés dans les sources pour décrire leurs actions en lien avec l'Académie de Lausanne. Nous avons en effet constaté une grande régularité de leur utilisation, que ce soit dans les documents officiels bernois ou dans la correspondance des réformateurs. Ces verbes d'action peuvent donc nous servir de révélateurs pour dégager les compétences respectives des acteurs.

Le Colloque de Lausanne constitue une force de proposition très importante pour l'Académie. La grande majorité des professeurs qui enseigne à Lausanne entre 1537 et 1559 a été repérée et attirée à Lausanne par ses membres, qui emploient au besoin leurs réseaux de correspondants à Genève (en particulier Calvin) et en France. Le Colloque recherche les candidats *(quaerere, reperire, invenire, accersere; lugen, nachfragens umb ein schulmeyster han)* qui doivent repourvoir les postes vacants, il les élit *(eligere; erwellen)* et les présente à Berne *(mittere; presentieren)* en les recommandant *(commendare)*. Les professeurs et pasteurs de Lausanne sélectionnent et examinent aussi une partie des boursiers *(examinieren, erwellen)* et les présentent à Berne *(presentieren)*.

Le corps des pasteurs et des professeurs bernois joue lui aussi un rôle important. Sa fonction courante consiste à interroger *(examinieren)* les candidats pour les postes de professeurs sélectionnés par le Colloque de Lausanne ainsi que les boursiers qui se présentent devant le souverain sans avoir été examinés au préalable à Lausanne. En situations de crise, il se voit confier des missions bien plus larges et se substitue au Colloque de Lausanne autant pour la prospection de nouveaux professeurs *(sich um professoren umsächen, erwellen)* que pour leur présentation à MM. de Berne *(minen hern anzöigen, minen hern antragen)*.

Le bailli de Lausanne ne joue pas un grand rôle au niveau décisionnel ni pour ce qui est de concevoir des projets ; sa fonction principale est d'observer la situation à Lausanne *(achten, sich erkhundigen)* pour en informer MM. de Berne *(brichten)*.

Il annonce également aux Lausannois les décisions prises par le souverain et sert véritablement de relais entre Berne et Lausanne. Le souverain lui a certes délégué la sélection et la recommandation des étudiants boursiers, en collaboration avec les pasteurs et les professeurs de Lausanne, mais il semble que, dans ce domaine, les membres du Colloque s'impliquent bien plus activement que lui. Le bailli se contente le plus souvent de confirmer leur choix par un mot de recommandation. Ses fonctions vis-à-vis de l'Académie relèvent surtout du domaine administratif: il gère le versement des bourses d'études et le paiement des salaires des professeurs. Globalement, il exécute *(ußrichten, volstrecken, exequtieren)* les décisions prises par le Conseil bernois qui concernent Lausanne.

Les commissions de conseillers et de pasteurs bernois délégués à Lausanne interviennent surtout lorsqu'il s'agit de proposer des améliorations structurelles pour l'Académie. Les ambassadeurs enquêtent *(nachfragens haben, fürsechung thun, insechenns thun, lugen, besechen, besichttigen, erkhunden, erfaren, visitieren)* et discutent avec les acteurs lausannois avant de rédiger des projets qu'ils présentent au souverain. On pourrait les qualifier d'organisateurs en chefs: ils jouent un rôle considérable dans la conception de nouveaux règlements académiques *(die statuten stellen, uffrichten, [die Schul zu Losen] ordnen, ein ordnung stellen/machen)*, que ceux-ci concernent la détermination du montant des bourses d'études *(besolldung bestimmen)*, des salaires versés aux professeurs *(ein stipendium ordnen/machen)* ou des programme de cours.

Par exemple, en juin 1546, à leur retour d'un séjour à Lausanne, trois délégués bernois (les conseillers Wingarten et Steiger ainsi que le pasteur Sulzer) soumettent au Conseil de Berne un long mémoire proposant diverses mesures de réforme pour l'Académie, dont la plus notable consiste en la création d'un poste de professeur en théologie[19]. Le souverain accorde parfois aux commissaires des compétences plus étendues pour qu'ils puissent prendre des mesures concrètes immédiates lors de leur ambassade à Lausanne *(gwallt hann nach irem guttduncken zehandlen)*.

Le Conseil de Berne reste toutefois incontestablement l'organe suprême: c'est lui qui donne tous les ordres et prend formellement toutes les décisions concernant l'Académie. Plus concrètement, le Conseil de Berne valide tous les projets de lois académiques *(placere; bestätten/bestättigen, approbieren)*, confirme l'élection des professeurs *(confirmare, admittere; bestättigen, annemen, ordnen)*, ou, rarement, la refuse *(repudieren)* et accepte les nouveaux boursiers *(annemen, uffnemen, zusagen)*. En revanche, le Conseil bernois n'est pas un organe de proposition ou d'élaboration de décisions précises

---

19 AÉB, RM, 29.06.1546.

concernant la Haute École lausannoise. Il délègue ces tâches aux autres acteurs considérés ci-dessus, principalement aux commissaires nommés ad hoc. Ce rôle d'organe suprême de l'Académie de Lausanne attribué au souverain a d'ailleurs perduré dans le canton de Vaud au moins jusqu'en 2004, année de l'adoption de la nouvelle loi sur l'Université de Lausanne (LUL). Jusqu'à cette date, en effet, chaque nomination de professeur devait obligatoirement être ratifiée par le Conseil d'État. Aujourd'hui, c'est toujours lui qui fixe, par le biais de la LUL, les «missions» de l'université ainsi que le cadre légal dans lequel elle peut s'«organiser elle-même»[20].

Les divers lieux de pouvoir de l'Académie lausannoise du XVIe siècle s'avèrent moins cloisonnés qu'on pourrait le penser. Des luttes communes pour implanter la Réforme en Suisse et en Europe ainsi que de leurs études humanistes conjointes sont souvent nées des relations personnelles durables entre les membres de l'élite politique suisse et les membres de l'élite intellectuelle. Par exemple, les patriciens bernois Hieronymus Manuel et Hans Steiger ont étudié à Bourges dans le pensionnat de l'humaniste Melchior Volmar en même temps que les futurs professeurs de Lausanne Konrad Gessner et Théodore de Bèze. Lorsqu'on relit les lettres échangées durant la période 1537 et 1560 au sujet de l'Académie de Lausanne, on ne peut manquer de remarquer la force des relations personnelles entre, d'une part, plusieurs hommes politiques bernois de premier plan et, d'autre part, les pasteurs et les professeurs bernois, genevois, zurichois et lausannois (avant tout Jean Ribit, Théodore de Bèze et Pierre Viret). Ces relations privées sont régulièrement utilisées pour sonder le terrain et pour échanger des informations de manière informelle. Les pasteurs et professeurs lausannois les emploient pour appuyer des requêtes soumises parallèlement au souverain de manière officielle, soit directement, en écrivant à leurs connaissances bernoises, soit de manière détournée, en priant les pasteurs bernois ou zurichois de réaliser eux-mêmes ce travail de lobbying auprès du souverain.

On relèvera enfin que si plusieurs textes normatifs ont été élaborés parallèlement au développement des structures académiques, de nombreuses pratiques échappent néanmoins à la codification au XVIe siècle. Malgré quelques chevauchements de responsabilités (qui ont parfois engendré des tensions) entre le Colloque de Lausanne et les pasteurs de Berne, les compétences de chacun des acteurs de l'Académie paraissent toujours clairement délimitées à leurs yeux, sans avoir nécessairement été fixées par des réglementations écrites.

---

20 Loi du 6 juillet 2004 sur l'Université de Lausanne (LUL), extraits des articles 2 et 5.

1 Cons[istoire]: «– Voyons, Hans, qu'as-tu à dire?
Hans: – Ah, Monsieur, c'est une affaire embrouillée, parlons-en le moins possible.»
Heinrich von Arx, *Le Consistoire*, vers 1850, collection particulière, copyright collection particulière.

Nicole Staremberg

CONTRÔLE SOCIAL, RELIGION ET ÉDUCATION À L'ÉPOQUE DES LUMIÈRES

Débats sur la discipline ecclésiastique et projets de réforme des consistoires vaudois

La crise de la conscience européenne, en particulier la remise en cause d'une conception religieuse de l'existence, accompagnée d'une laïcisation de la société, a des incidences profondes, dès la fin du XVIIe siècle et plus encore à partir des années 1740, sur le contrôle de la morale, dévolu principalement aux consistoires, dans le pays de Vaud sous administration de la Ville et République de Berne. Ces tribunaux de mœurs, composés en majorité de magistrats ou de notables ainsi que d'un ou des pasteurs de la paroisse, sont l'instrument privilégié pour la réalisation d'un programme social, établi au lendemain de la Réforme et en vigueur jusqu'à la fin de l'Ancien Régime, qui vise à la domination de la chair et de ses plaisirs au nom du salut collectif. Au sein d'un espace culturel vaudois, à la fois marqué par le zwinglianisme et ouvert aux Lumières suisses et étrangères, ils sont au cœur de réflexions sur le rôle du gouvernement, le poids de la religion et l'importance de l'éducation à une époque où la nature perfectible de l'homme est érigée en un véritable credo. De telles idées sont d'abord émises dans le huis clos des délibérations pastorales puis portées à la connaissance d'une opinion publique issue, au cours du XVIIIe siècle, de réseaux intellectuels réunissant laïques et ecclésiastiques telles que des sociétés de pensées et une presse d'opinion naissantes. Bien que tous s'accordent à dénoncer une action disciplinaire plus répressive qu'éducative, ils divergent sur les solutions proposées, sans pour autant jamais remettre en cause l'utilité du contrôle des mœurs, gage de stabilité sociale[1].

[1] Cette contribution est issue d'une thèse de doctorat en cours à la Faculté des lettres de l'Université de Lausanne et d'une recherche financée par le Fonds national de la recherche suisse, intitulée *Contrôle social et pratique consistoriale lausannoise. La gestion d'un espace urbain réformé à l'époque des Lumières*. Sur le contrôle social et les consistoires, cf. en particulier Herman Roodenburg, Pieter Spierenburg (éds), *Social Control in Europe 1500-1800*, Columbus: Ohio State Univ. Press, 2004, 2 vol.; Heinrich Richard Schmidt, *Dorf und Religion. Reformierte Sittenzucht in Berner Landgemeinde der Frühen Neuzeit*, Stuttgart/Jena/New York: Gustav Fischer, 1995; Danièle Tosato-Rigo, Nicole Staremberg Goy (éds), *Sous l'œil du consistoire: sources consistoriales et histoire du contrôle social sous l'Ancien Régime*, Lausanne:

Les revendications des ministres en faveur d'une pédagogie du repentir

En 1712, alors qu'ils prennent pour exemple des changements introduits dans les Églises romandes voisines, les pasteurs vaudois, sous la conduite de Gabriel Bergier, un représentant du protestantisme éclairé à l'instar de ses homologues genevois et neuchâtelois François-Alphonse Turrettini et Jean-Frédéric Ostervald, se réunissent de leur propre chef en synode. À son terme, ils soumettent au souverain un vaste projet de réorganisation de l'Église, qui s'apparente à une seconde Réforme par ses ambitions et ses sujets, et demandent que des améliorations soient faites dans les domaines du ministère, de la liturgie, du chant sacré, de l'instruction religieuse, des mœurs et de la discipline ecclésiastique. Attentif à lutter contre des vices persistants que l'adhésion à la foi réformée n'a pas encore éradiqués, le corps pastoral du début du siècle met en cause de manière explicite l'exercice de la justice consistoriale: législation obsolète, surveillants insuffisants, impunité des catégories sociales supérieures et pénalités inadaptées[2]. La critique de ces dernières leur permet de demander que des mesures soient prises en faveur des consistoires pour qu'ils fassent un usage prépondérant des peines ecclésiastiques et non de sanctions pécuniaires ou de châtiments corporels, les tribunaux de mœurs vaudois disposant d'un vaste éventail de punitions à l'aulne duquel sont mesurés les péchés[3].

Les pasteurs estiment en effet que le choix des peines décernées par les consistoires doivent refléter «un peu plus de la Discipline ecclésiastique qui étoit en usage parmi les prémiers Chrêtiens, et qui l'est encore aujourd'hui en divers endroits avec beaucoup de fruit & d'utilité»[4]. Ses fondements ne doivent pas reposer uniquement sur la législation et la jurisprudence, mais sur la Bible et la doctrine qui en ont guidé l'élaboration. Les ministres vaudois citent en particulier l'évangile de Mathieu XVIII, 15-17, qui enjoint de procéder par degrés, en privilégiant l'exhortation charitable: d'abord en privé, puis à l'aide d'un ou deux témoins et, enfin, devant l'Église représentée par le consistoire[5].

Études de Lettres 3, 2004, pp. 137-155. Au sujet de la crise de la conscience européenne et de Berne à l'époque des Lumières, cf. Paul Hazard, *La pensée européenne au XVIIIe siècle. De Montesquieu à Lessing*, Paris: Fayard, 1963; André Holenstein *et al.* (éds), *Berns Goldene Zeit. Das 18. Jahrhundert neu entdeckt*, Berne: Stämpfli, 2008.

2 Archives cantonales vaudoises (dorénavant ACV), Bdb 73, Divers articles représentés à LL.EE. de la part des cinq Classes, Lausanne, 1712, pp. 159-176; Henri Vuilleumier, *Histoire de l'Église réformée du pays de Vaud*, Lausanne: La Concorde, 1930, t. 3, pp. 585-607.

3 Cf. notamment ACV, Bd 39, *Loix et ordonnances du Consistoire de la ville et république de Berne*, Berne: Estienne Fabry Imprimeur de LL.EE., 1640, en vigueur lors des critiques pastorales.

4 ACV, Bdb 73, p. 169.

5 *Ibid.*

Lorsqu'un repentir est impossible à obtenir, le pécheur est la source d'un mauvais exemple. Il constitue, aux yeux des ministres, une menace qui requiert la peine ecclésiastique la plus rigoureuse, l'exclusion de la Cène temporaire ou permanente, un droit à disposition des consistoires calviniens dont sont exempts les tribunaux de mœurs zwingliens et en particulier berno-vaudois[6]. Destinée à punir les pécheurs invétérés, ceux dont le repentir a été impossible à obtenir et qui bafouent l'autorité divine, souveraine et consistoriale, pour lesquels les pasteurs s'interrogent «s'il leur reste quelque conscience»[7], cette peine met celui ou celle qui en est frappé hors de la communauté des croyants et s'accompagne d'un ostracisme social, autant de raisons qui ont conduit le souverain à la refuser au lendemain de la Réforme, une position maintenue en 1719 dans la réponse qu'il adresse aux pasteurs[8].

Bien que ce refus renvoie à une volonté de maintenir le zwinglianisme dont la forme la plus aboutie est incarnée par la République de Berne, il est surtout une manière pour le gouvernement de réaffirmer sa pleine autorité dans le domaine religieux et d'éviter que la discipline soit aux mains d'une instance consistoriale dominée par de nouveaux «guerriers de Dieu»; un droit d'exclusion de la Cène les doterait d'une arme pour un renouveau spirituel qu'ils appellent de leurs vœux pour lutter contre les progrès de la laïcisation. À l'opposé, selon les ministres, seules l'admonestation, la censure, l'amende honorable et, si nécessaire, l'exclusion de la Cène sont aptes à susciter un repentir déjà préparé par l'instruction religieuse, en plus de distinguer l'exercice de la discipline de l'action punitive des cours séculières. Une contrition volontaire est non seulement un gage d'amendement futur, mais elle permet d'éviter toute récidive, ramène le fautif dans l'Église et préserve, au final, la société chrétienne des scandales qui en perturbe l'ordre[9]. Dans les catégories sociales supérieures, la pratique de l'écriture souvent quotidienne, progressivement individualisée, sous la forme d'un journal, relève de cette même volonté. Instance de proximité à l'échelle de la paroisse, le consistoire devrait

---

6 Sur les deux modèles de consistoires, cf. Walther Köhler, *Zürcher Ehegericht und Genfer Konsistorium*, Leipzig: M. Heinsius, 1932, 1942, 2 vol.; Robert M. Kingdon, «La discipline ecclésiastique vue de Zurich et Genève au temps de la Réformation: l'usage de Matthieu 18, 15-17 par les Réformateurs», *Revue de théologie et de philosophie*, N° 133, 2001, pp. 343-355.

7 ACV, Bdb 71, pp. 185-186.

8 *Ibid.*, pp. 193-201. Pour plus de précisions, cf. Nicole Staremberg Goy, «L'exclusion de la Cène: une nécessité pour le contrôle des mœurs? Débats et pratique consistoriale dans le pays de Vaud au XVIIIe siècle», in Philippe Chareyre, Raymond A. Mentzer, Françoise Moreil (éds), *Dire l'interdit: le vocabulaire de la censure et de l'exclusion dans l'Europe réformée XVIe-XVIIIe siècles* (à paraître chez Brill).

9 Cf. Nicole Staremberg Goy, «Pour savoir s'il y a scandale›. Contrôle des mœurs et lutte contre l'incroyance à Lausanne à l'époque des Lumières», *Mémoire vive, pages d'histoire lausannoise. Tous les états du corps*, N° 17, 2008, pp. 34-38.

permettre, par son action disciplinaire, cette conscience plus grande du péché comme agent régulateur de la vie quotidienne et le maintien de la pureté rituelle parmi tous les croyants [10].

L'instruction religieuse de la jeunesse contre l'ignorance et l'immoralité

Face à cet échec des ministres à obtenir une justice consistoriale revivifiée, ainsi qu'à un dialogue avec le souverain encore plus difficile après la rébellion du major Davel en 1722 proche du milieu pastoral hétérodoxe, des ecclésiastiques auxquels se joignent des laïques aspirant à participer d'une manière plus active à la gestion du pays de Vaud se rassemblent pour débattre de sujets tels que les formes de gouvernement, les modalités du commerce, l'usage de l'assistance et l'utilité de la religion [11]. De leurs échanges d'idées naissent de nouveaux projets de réformes, qui sont autant d'initiatives individuelles inspirées de l'étranger et des États voisins. Elles obtiendront ultérieurement le soutien des pouvoirs publics en raison d'un intérêt commun pour une instruction publique encore essentiellement religieuse, qui consiste surtout en la prière, la lecture et l'apprentissage par cœur de la Bible et de catéchismes ainsi qu'à une pratique rudimentaire de l'écriture.

Alors que l'école est devenue obligatoire depuis 1676, par ordre souverain [12], afin de lutter contre une superstition jugée encore trop largement répandue, la scolarisation du plus grand nombre et la catéchisation de la jeunesse se heurtent à un manque de moyens financiers des différentes communes et paroisses vaudoises. En particulier, pour des parents appartenant aux catégories sociales les plus modestes, il est difficile, voire impossible, de s'acquitter des frais d'écolage. Ainsi, bien que Lausanne, la plus importante ville du pays de Vaud, compte sept établissements publics dont l'enseignement diffère selon l'âge et le sexe [13], des écoles de charité sont créées en 1726 à l'attention des enfants les plus démunis auxquels il faut inculquer une discipline chrétienne et un goût du travail pour en faire des sujets obéissants et productifs, seul moyen d'enrayer la pauvreté et le libertinage aux yeux de leurs fondateurs. Elles sont

---

10 Cf. en particulier Ulrich Pfister, « Croyance et espace dans le contexte alpin : les Grisons, XVIIe et XVIIIe siècles », *Revue d'histoire moderne et contemporaine*, N° 52(2), 2005, pp. 50-51.
11 Henri Vuilleumler, *op. cit.* ; Jean-Daniel Candaux, « Les ‹sociétés de pensée› du Pays de Vaud (1760-1790) : un bref état de la question », *Annales Benjamin Constant*, N° 14, 1993, pp. 67-69.
12 Regula Matzinger-Pfister, *Les sources du droit du canton de Vaud. C, Époque bernoise. 1, Les mandats généraux bernois pour le Pays de Vaud, 1536-1798*, Bâle : Schwabe & Co, Les sources du droit suisse, 19e partie C, 2003, pp. 464-468.

dues à l'initiative conjointe de Georges Polier de Bottens, pasteur puis professeur de grec et de morale ainsi que d'hébreu et de catéchèse à l'Académie de Lausanne, et de Théodore Crinsoz de Bionnens, lui aussi ministre et orientaliste. Ces deux théologiens libéraux ont su gagner à leur cause une dizaine de personnes, en majorité des ecclésiastiques parmi lesquels on retrouve Gabriel Bergier, fer de lance du synode de 1712, et de pieux magistrats progressistes à l'instar du jeune Gabriel Seigneux de Correvon. S'inspirant d'un modèle anglais, celui de la Society for Promoting Christian Knowledge (SPCK), les fondateurs lausannois reprennent à leur compte l'objectif originel « de promouvoir la foi chrétienne en l'utilisant comme antidote contre le vice et l'immoralité qui étaient alors attribués à l'ignorance grossière des principes à la base de la religion chrétienne »[14]. Aussi, la formation dispensée, grâce à des dons en provenance de particuliers, privilégie-t-elle l'acquisition de connaissances religieuses essentielles et l'apprentissage d'un métier en rapport avec la condition sociale des élèves, celle reçue par les filles les préparant en outre à leur futur rôle d'épouse et de mère. L'idée de la nécessité d'un contrôle des catégories sociales pauvres, décrites comme les plus à même de susciter un désordre social par leur oisiveté et le relâchement des mœurs qui en découle, relève d'une position conservatrice et de stéréotypes qui remontent, comme le discours pastoral de 1712, à la Réforme[15]. Toutefois, en raison de son caractère novateur, cette initiative lausannoise participe des idées des Lumières, marquées à la fois par la défense de l'utilité de la religion pour la collectivité – dont la philanthropie est l'une des plus importantes manifestations jusqu'à la fin de la première moitié du XVIIIe siècle – et par l'importance de l'instruction élémentaire pour les élites cultivées dont découle des exigences pédagogiques particulières[16].

Quelques années plus tard, en 1745, c'est une meilleure éducation religieuse de l'ensemble de la jeunesse lausannoise pour lutter contre les vices qui est visée par l'instauration d'un poste de catéchiste. L'impulsion décisive provient cette fois-ci d'un laïc, le baron de Caussade, connu pour sa grande piété, membre de la société de réflexion

---

13 (Note de la p. 56.) Sur l'instruction publique à Lausanne au XVIIIe siècle et dans le pays de Vaud sous administration bernoise, cf. Valérie Modoux, *Les écoles de Charité de Lausanne: une filière de formation féminine?*, Université de Lausanne: mémoire de licence de la Faculté des lettres, 2004, pp. 18-20 ; *eadem*, « Les Écoles de Charité de Lausanne », in André Holenstein *et al.* (éds), *op. cit.*, p. 269 ; André Gindroz, *Histoire de l'instruction publique dans le Pays de Vaud*, Lausanne: Georges Bridel, 1853.

14 David Owen, *English Philanthropy, 1660-1960*, Londres: Oxford University Press, 1965, p. 23. Cité et traduit par Valérie Modoux, *ibid.*, p. 22.

15 Cf. notamment Bernard de Cérenville, « Un document sur l'assistance publique à Lausanne en 1550 », *Revue historique vaudoise*, N° 24, 1916, pp. 1-24.

16 Pour plus de précisions sur les écoles de charité lausannoises, cf. Valérie Modoux, *op. cit.*

formée autour d'un jeune prince allemand, le comte Simon-Auguste de Lippe, venu parfaire son éducation dans la capitale vaudoise de 1742 à 1744, où il côtoie notamment Georges Polier de Bottens[17]. Sa proposition de créer un nouveau poste, entièrement dédié à l'enseignement du catéchisme qu'il financerait lui-même, a trouvé un écho des plus favorables auprès du cofondateur des Écoles de charité qui se charge d'en rédiger le projet. Dans une Église d'État, ce dernier doit être approuvé par les pasteurs lausannois, le bailli en tant que représentant local du souverain et les autorités municipales chargées de la gestion de la paroisse. Après un examen attentif des uns et des autres, et quelques modifications secondaires, il est décidé que chaque sous-diacre ferait durant une année, à tour de rôle, un cours de religion adapté à ses auditeurs, deux fois par semaine, à l'Église Saint-François, l'un des trois temples de la ville. Bien que le contenu ne soit pas détaillé, cette attention plus grande portée aux compétences pédagogiques et à la transmission des connaissances, qui se manifeste encore dans la volonté des autorités municipales de ne nommer définitivement à ce poste que celui d'entre les sous-diacres qui en aura fait la preuve au terme de cette période probatoire[18], est caractéristique de cette première moitié du XVIIIe siècle et occupera une place encore plus importante dans les réflexions ultérieures menées sur l'action disciplinaire.

La création d'une assemblée pastorale pour «faire régner un bon ordre»

Soucieux de renforcer l'action du Consistoire et profitant de l'excellente disposition du bailli en poste, Friedrich Rhyner, envers le contrôle des mœurs – il s'inquiète de la difficulté à le maintenir dans une ville dont la population ne cesse de croître –, les sept ministres lausannois se saisissent de l'occasion pour former «un conseil pastoral, qui devra s'assembler au moins quatre fois l'année avant chaque communion, sous la présidence de sa M[agnifique] S[eigneurie] B[aillivale] si elle veut l'honorer de sa présence. On s'y entretiendra de l'état de l'Église et des moyens d'y faire régner un bon ordre»[19]. Alors que l'activité la plus importante est d'abord l'examen des catéchumènes qui souhaitent se présenter à la Cène, le spectre des tâches de l'assemblée s'élargit progressivement: assistance régulière aux malades, visites des écoles deux fois par année, organisation des interrogations avant Noël, choix des textes pour les fêtes religieuses et

---

17 Cf. Ernest Lugrin, «La médaille de Simon-Auguste comte de Lippe et la Société littéraire fondée par ce prince à Lausanne en 1742», *Revue suisse de numismatique*, N° 17, 1911, pp. 255-268.
18 Archives de la ville de Lausanne, D 87, 13.07.1745, f. 251r. Cf. aussi *ibid.*, f. 151r-152v.
19 ACV, Bdb 94, Livre des actes de l'assemblée pastorale de l'Église de Lausanne, 5.07.1745, p. 1.

stigmatisation des vices les plus répandus «contre lesquels mess[ieu]rs les pasteurs doivent déclamer un peu fortement le jour du Jeûne»[20].

Dès 1754, les pasteurs obtiennent du bailli «qu'il se tiendroit une assemblée pastorale régulièrement tous les lundi du moi» chez le premier pasteur ou doyen et que ses compétences soient étendues[21], une démarche qui résulte de leur prise de conscience d'un danger nouveau, celui de la laïcisation de la société rendue manifeste par l'augmentation du jeu, du luxe et de l'amour des plaisirs dans les catégories aisées, ainsi que de l'ivrognerie, l'infidélité et l'indévotion dans les couches populaires[22]. Face à une instruction religieuse insuffisante et à des tribunaux de mœurs inaptes à endiguer un tel phénomène – d'autant plus que l'obligation de scolarité n'est pas toujours respectée, que les temples ne sont plus autant remplis que par le passé et que les laïcs profanant le Sabbat sont ceux-là même chargés d'exercer la discipline –, l'assemblée pastorale cherche à prendre en charge toute l'organisation de la paroisse et à renforcer l'action consistoriale, voire à s'y substituer[23]. Elle fonctionne désormais comme une instance disciplinaire de premier niveau, celle de prévention des transgressions par la surveillance des ouailles qui sont exhortées à mieux se conduire et traduits devant le Consistoire lors de refus d'obéissance. En outre, l'assemblée pastorale devient un espace de contrôle du personnel ecclésiastique ou para-ecclésiastique, puisqu'elle examine la manière dont les ministres s'acquittent de leurs tâches et évalue l'assiduité des membres du Consistoire. Quatre ans plus tard, les ministres décident encore d'intervenir dans de nouveaux domaines: contrôle des personnes étrangères, des libraires et des comptes de la Bourse des pauvres habitants français[24]. Cette instance urbaine appelée à durer semble être sans précédent dans le pays de Vaud et s'ajoute aux structures ecclésiastiques traditionnelles (paroisses, colloques et classes); elle s'inspire d'un exemple voisin, celui la Compagnie des pasteurs à Genève, responsable surtout de la censure, du culte et de l'enseignement ainsi que du maintien de la discipline ecclésiastique et de l'orthodoxie du corps pastoral[25].

---

20 *Ibid.*, 28.08.1747, p. 8. Cf. également *Ibid.*, 28.08.1747, p. 8; 16.12.1745, p. 3; 30.11.1751, p. 23; 27.03.1752, p. 25; 21.05.1759, p. 68.
21 ACV, Bdb 94, 1.07.1754, p. 35.
22 *Ibid.*, 28.08.1747, p. 8, 4.09.1752, p. 27, 3.09.1753, p. 30, 29.03.1770, s.p.
23 *Ibid.*, 1.7.1754, p. 35; Bibliothèque cantonale universitaire, manuscrits, A 912/1, François-Louis Allamand, *Mémoire sur la profanation du dimanche*, s.l., 1755, pp. 80-87.
24 *Ibid.*, 3.09.1753, p. 30, 1.07.1754, p. 35, 7.09.1754, p. 37., 21.05.1759, p. 69, 06.12.1761, pp. 99-100.
25 Au sujet de la Compagnie genevoise des pasteurs, cf. Francis Higman, «Les origines de la Compagnie des pasteurs de Genève», *Bulletin de la Compagnie de 1602*, N° 283, 1991, pp. 277-287 et pour plus de précisions sur l'assemblée pastorale lausannoise, cf. Nicole Staremberg Goy, «L'exclusion de la Cène», *op. cit.*

Un Conseil des mœurs destiné à la promotion de la vertu

Deux décennies plus tard, le bourgmestre Antoine Polier de Saint-Germain propose une version laïque de l'assemblée pastorale lausannoise et de son homologue genevoise dans *Du gouvernement des mœurs*, un livre qu'il a publié en 1784 sans nom d'auteur en raison de son caractère subversif, ne s'attendant pas au succès qu'il remporte, et pour lequel il sera récompensé par Berne. Bourgeois de Lausanne, membre d'une puissante famille noble, il est au bénéfice d'une formation de théologien, avant de s'orienter vers la magistrature et d'occuper à partir 1766 et durant trente ans la plus haute charge municipale, celle de bourgmestre de la principale ville vaudoise. Désireux de concilier l'esprit du siècle avec une religion plus intériorisée et expurgée de son intolérance dogmatique, il participe de manière active aux réflexions sur les idées des Lumières qui émanent des élites dirigeantes locales, en étant membre de sociétés de pensée, notamment celle du comte de Lippe, et en collaborant à des journaux tels que *L'Aristide ou le citoyen* publié de 1766 à 1767.

Dans son essai, le haut magistrat lausannois réaffirme que «les Mœurs peuvent & doivent contribuer au bonheur des individus & des familles, comme à celui des sociétés & des Nations»[26]. Elles sont le rempart à un égoïsme individuel grandissant qui sape le bien général et qu'il impute à une laïcisation manifeste dans la libéralisation des conduites, l'émancipation des pensées et l'instabilité politique. Pourtant, le bourgmestre ne partage pas l'opinion de ceux qui associent les Lumières à la corruption généralisée, affirmant «qu'on y rend encor une espèce d'hommage aux Mœurs» et que le «nombre de ceux qui les bravent ouvertement est petit, en comparaison de ceux qui paroissent les respecter»[27]. Ce sont surtout les consistoires qui sont inaptes à les préserver, car l'autorité des magistrats qui y siègent n'est guère reconnue, et, pire encore, ces derniers sont parfois peu exemplaires, ne répriment au mieux que les atteintes à la moralité les plus manifestes et renoncent à poursuivre ceux qui appartiennent aux catégories sociales élevées, autant d'échos à un discours pastoral amplifié depuis le début du siècle. Tributaire également de Montesquieu, en particulier de son ouvrage *De l'esprit des lois*, et des auteurs antiques comme bon nombre de ses contemporains, il prend principalement pour modèle la censure exercée à Rome au temps de la République et propose de remplacer l'institution consistoriale dans chaque ville ou département par «un Corps de Magistrature» qu'il nomme Conseil des mœurs, «proportionné au nombre

---

[26] Antoine Polier de Saint-Germain, *Du gouvernement des mœurs*, Lausanne: chez Jules Henri Pott et Comp., 1784, p. 2.

[27] *Ibid.*, p. 1.

d'habitants qu'il renferme […] de manière que le militaire, le négociant, le simple citoyen puissent y prendre place, tout comme le magistrat ou l'homme d'Église, s'ils y sont appelés par leur mérite & désignés par la voix publique»[28]. En vertu de ces impératifs de représentativité sociale et de qualités morales, une prépondérance n'est plus accordée aux acteurs traditionnels de la discipline, magistrats et pasteurs, ce qui constitue une remise en cause de l'ordre social à une période prérévolutionnaire.

Une autre rupture importante est décelable dans les moyens avancés pour la préservation des mœurs qui se distinguent de ceux préconisés durant la première moitié du siècle. Sans pour autant sous-estimer l'ancrage traditionnel, biblique et doctrinal, de ses observations pédagogiques, celles-ci relèvent davantage, à un siècle de la découverte de l'altérité, de la psychologie comportementale. Ainsi souligne-t-il que l'homme cherche surtout à imiter des modes de vie qui sont ceux des catégories sociales supérieures enclines à privilégier des divertissements à la mode (jeu, danse, théâtre) que le respect des obligations religieuses et morales: «Delà cette foule de singes qui les copient jusques dans leurs travers, leurs caprices & leurs inepties, & qui semblent se consoler par-là de l'impuissance où ils se voyent, de les égaler & de les atteindre.»[29] Par l'appropriation de pratiques culturelles des élites, les couches populaires recherchent une égalité dont est exempte la vie politique dans une société où l'accès aux charges les plus hautes est tributaire de la naissance. Aussi le bourgmestre en appelle-t-il à l'exemplarité des dirigeants et fait-il de l'émulation, fort discutée à cette époque, le principe pédagogique fondamental au maintien de la morale, car «dans le bien comme dans le mal, l'homme est également enclin à faire comme ses semblables»[30]. À une époque où l'opinion publique ne cesse de gagner en importance, il propose que chaque conseil de mœurs œuvre à la promotion de la vertu, en récompensant les actions louables pour qu'elles soient connues de tous[31]. Comme ses prédécesseurs, il est convaincu qu'une telle action disciplinaire doit être renforcée par une instruction religieuse généralisée, à l'aide de catéchismes présentant des «idées nettes & faciles à saisir, à ce qu'ils portent la lumière dans les esprits, à ce qu'ils fassent impression sur les cœurs»[32], mais il s'en distingue par la revendication préromantique d'une intériorisation des normes sociales fondée sur l'union de la raison et des sentiments et non plus de la foi et du salut.

28 *Ibid.*, p. 308.
29 *Ibid.*, p. 67.
30 *Ibid.*, p. 70.
31 *Ibid.*, pp. 259-272.
32 *Ibid.*, p. 128.

À la fin de l'Ancien Régime, le contrôle des mœurs, renforcé par une instruction encore essentiellement religieuse, que prônent ses défenseurs, à l'instar du bourgmestre Antoine Polier de Saint-Germain, relève paradoxalement d'une sécularisation progressive de la société tant par les solutions institutionnelles que les moyens pédagogiques avancés ; elle est déjà perceptible dans les décennies précédentes et annonciatrice d'un ordre neuf au sein duquel des individus proches du pouvoir à défaut d'en être au centre doivent jouer un rôle prépondérant. Alors que le souverain a été attentif à leurs inquiétudes et a apporté des changements aux lois consistoriales à la fin du siècle, soulignant le rôle préventif et éducatif des tribunaux de mœurs dans un climat politique propice aux troubles sociaux, il propose peu de changements véritables à ces relais qui en ont pensé ou expérimenté bien d'autres. Ils ont dû certainement être déçus par des mesures qui ne parviendront pas à éviter une remise en cause du lien entre État et religion dont les consistoires, abolis au lendemain de la Révolution vaudoise, sont les premières victimes, tant l'association entre régime bernois et action disciplinaire est étroite aux yeux des nouveaux citoyens qui vont, à leur tour, rêver un monde meilleur dont une éducation laïque devrait être désormais la clé de voûte.

Danièle Tosato-Rigo

ÉDUQUER LE NOUVEAU CITOYEN : UN DÉFI DE L'ÈRE RÉVOLUTIONNAIRE EN TERRITOIRE LÉMANIQUE

L'établissement de la République helvétique (1798-1803), qui a mis fin à l'Ancien Régime en Suisse, a profondément modifié la conception des finalités de l'instruction. L'introduction de l'égalité des droits faisait des anciens « sujets » des citoyens actifs. Le nouveau ministre des Arts et des Sciences Philipp Albert Stapfer en a clairement formulé les enjeux : « là où la faveur du Peuple peut élever chacun indistinctement aux premiers emplois, & lui donner une influence, qui, dans les mains de l'ignorance ou de la cupidité tourneroit à la perte de la chose publique, ce seroit hazarder de la manière la plus inexcusable le salut de la Patrie, que de ne pas faire de *l'instruction & du perfectionnement moral du Peuple* le principal objet du Gouvernement. »[1] D'une part, le nouveau système politique représentatif nécessitait un peuple éduqué. D'autre part, l'État, en tant que somme de tous les citoyens, devenait éducateur. Si brève et peu concrétisée dans l'immédiat qu'ait été cette première tentative d'une éducation citoyenne à l'échelle nationale, elle a laissé des traces en terre lémanique qui mériteraient une recherche : cette contribution n'a d'autre ambition que d'en proposer quelques pistes, sur la base notamment de l'examen des registres du Conseil d'éducation du Léman, des documents des archives de l'Helvétique publiés par Johannes Strickler et Alfred Rufer[2] et d'imprimés d'époque.

---

[1] *Message du Directoire exécutif au Corps législatif* (18 novembre 1798), cité par Georges Panchaud, *Les écoles vaudoises à la fin du régime bernois*, Lausanne : F. Rouge, 1952, p. 375.
[2] *Amtliche Sammlung der Acten aus der Zeit der Helvetischen Republik* (1798-1803), t. 2, Berne : Stämpflische Buchdruckerei, 1887, et t. 16, Fribourg : Fragnière, 1966 (désormais cité *ASHR*). Un travail de séminaire basé sur les registres du Conseil de l'éducation du Léman – que M. Gilbert Coutaz a eu l'amabilité de nous signaler – est déposé aux Archives cantonales vaudoises (désormais ACV) : Joël Graf, *« Soutenir et perfectionner »* – *Der Erziehungsrat und das Volksschulwesen im Kanton Léman*, 2007. Pour une synthèse récente du discours sur le système de formation pendant la République helvétique, cf. Anna Bütikofer, *Staat und Wissen. Ursprünge des modernen schweizerischen Bildungssystem im Diskurs der Helvetischen Republik*, Berne : P. Haupt, 2006.

Le Conseil d'éducation du canton du Léman

C'est en prévision d'une loi jamais entérinée sur l'instruction publique «appliquant la théorie du gouvernement représentatif» que le Directoire helvétique délègue sous son autorité directe la surveillance et le développement du système scolaire à des conseils cantonaux d'éducation [3]. Conjuguant l'influence gouvernementale à celle des autorités cantonales, ils survivront à tous les régimes. De leurs huit membres, tous du chef-lieu, deux enseignants sont choisis directement par le Ministre. Le canton leur adjoint un ecclésiastique et propose dix candidats parmi lesquels le Ministre en retiendra cinq. Il doit s'agir d'hommes «distingués par leurs lumières et leurs vertus, pères de famille pris dans toutes les professions, surtout des hommes qui aient des connaissances commerciales et rurales, théoriques et pratiques» [4]. Les conseils ont le droit de proposition pour les postes académiques, repourvus par le Ministre, et celui de nomination des instituteurs. Ils nomment dans chaque district un inspecteur, responsable notamment des visites d'écoles, qui peut être un ecclésiastique : ce sera le cas pour les trois quarts d'entre eux dans le Léman.

Plutôt qu'un large panel de professions, le conseil du Léman réunit la fine fleur du pastorat et des métiers libéraux, avec notamment ses deux membres les plus actifs, les professeurs de théologie pratique Jean-Alphonse-Guillaume Leresche et François Pichard – futurs recteurs de l'Académie de Lausanne –, épaulés par le médecin François Verdeil et le professeur de chimie de l'Académie Henri Struve. Parmi les premiers en fonction en Suisse [5], ce conseil engage, alors qu'il n'est lui-même pas rétribué, un secrétaire pour la tenue de ses procès-verbaux qui témoignent de la régularité de ses séances et du suivi des affaires tout au long de l'Helvétique. Les propositions qu'il envoie en haut lieu, qui mériteraient une étude à part entière, embrassent discipline, matières à enseigner et manuels, bâtiments, composition des classes, formation des régents, assistance aux élèves démunis, mesures d'émulation et amélioration des collèges, pour n'en citer que l'essentiel. La vie scolaire dans les communes fait l'objet de sa surveillance attentive.

---

3 *Einsetzung von kantonalen Erziehungsräten und Bezirksinspektoren* (24 juillet 1798) : ASHR, t. 2, pp. 607-613.
4 *Ibid.*, p. 607.
5 À titre de comparaison cf. Carl Bossard, *Bildungs- und Schulgeschichte von Stadt und Land Zug. Eine kulturgeschichtliche Darstellung der zugerischen Schulverhältnisse im Übergang vom Ancien Régime zur Moderne*, Zoug : Zürcher, 1984 ; Sebastian Brandli, Pius Landolt, Peter Wertli, *Die Bildung des wahren republikanischen Bürgers. Der Aargauische Erziehungsrat 1798-1998*, Aarau : Sauerländer, 1998 ; Hermann Landolt, *Die Schule der Helvetik im Kanton Linth 1798-1803*, Zurich : Juris-Verlag, 1973.

Dans l'exercice de ces nouvelles fonctions, le Conseil du Léman peut se rattacher à une double expérience. D'une part, il convient de rappeler que les pasteurs étaient au cœur du dispositif éducatif sous l'Ancien Régime. Dans le cadre de l'Église d'État instaurée par Berne suite à la Réforme zwinglienne, les pasteurs vaudois se sont amplement familiarisés avec une certaine emprise gouvernementale dans le domaine éducatif: qu'il s'agisse d'instruction scolaire proprement dite, ou d'instruction morale et religieuse par le biais des consistoires. S'ils n'ont pas toujours apprécié le rôle de relais de l'État qui leur était attribué (et certainement pas l'obligation de lire des mandats souverains du haut de la chaire), ils n'en ont pas moins largement intériorisé cette fonction. Dans la forme même des conseils d'éducation, ils retrouvent au reste pratiquement le «Schulrat» bernois – qui associait représentants du gouvernement et de l'Académie – bien plus que les conseils français auxquels on attribue volontiers une influence sur le système éducatif helvétique. D'autre part, non seulement les pasteurs vaudois bénéficient d'une longue expérience en matière scolaire, mais les plus éclairés d'entre eux sont activement intervenus dans des projets réformateurs, tel celui des Écoles de charité de Lausanne, liant instruction et formation professionnelle[6], ou ceux d'écoles de villes ou de villages qu'ils ont essayé d'orienter sur l'acquisition de savoirs pratiques, à l'instar d'un François-Louis Allamand[7] ou d'un François-Barthélémy Ducros[8]. À ce clergé éclairé, la République helvétique offre un terrain de reconnaissance sociale et de mise en pratique de ses idées. C'est la gestion d'une partie de l'administration publique que le gouvernement lui confie, une aspiration non satisfaite sous le régime bernois.

Religion *versus* morale

La Constitution helvétique de 1798 inaugure sur le modèle français la séparation de l'Église et de l'État et promulgue la liberté de conscience. Or, alors qu'en France la notion de laïcité naît des projets révolutionnaires et notamment de celui de Condorcet

---

6   Cf. Valérie Modoux, *Les Écoles de Charité de Lausanne: une filière de formation féminine?* Mémoire de licence de l'Université de Lausanne, 2004, et *eadem*, «Les Écoles de Charité de Lausanne», in André Holenstein *et al.* (éds), *Berns Goldene Zeit. Das 18. Jahrhundert neu entdeckt*, Berne: Stämpfli, 2008, p. 269.
7   Cf. son compte rendu «sur les moyens de rendre les écoles de campagne plus fructueuses» (1768). Bibliothèque cantonale et universitaire de Lausanne, Ms A 912/1, pp. 214-233.
8   Cf. ses «Observations sur le projet d'améliorer l'éducation de la jeunesse dans la ville de Nyon (1790)», (Bibliothèque publique de Genève, Ms. suppl. 758), ainsi que François de Capitani, Chantal de Schoulepnikoff, «Mettre en pratique les idées du siècle des Lumières: la petite école de Prangins», *Annales Pestalozzi: recherches en histoire de l'éducation*, N° 2, 2003, pp. 21-31.

qui sépare l'instruction civique donnée à l'école de l'enseignement religieux, extérieur à celle-ci[9], dans le Léman c'est loin d'être le cas. Les rapports des inspecteurs scolaires confirment que la lecture du catéchisme et le chant des psaumes continuent de résonner dans les écoles tout au long de l'Helvétique. Le Conseil d'éducation, interrogé sur les possibilités d'étendre les matières d'enseignement, insiste régulièrement dans ses rapports sur le maintien des matières qu'il estime de première nécessité, parmi lesquelles figurent, après la lecture, l'écriture, et l'arithmétique, le chant sacré et la religion. Ainsi n'a-t-il pas été confronté, contrairement à son homologue argovien par exemple, à l'opposition de parents qui résistent à l'introduction des abécédaires aux dépens du catéchisme, et voient d'un mauvais œil l'abandon de la transmission par l'école de contenus religieux[10].

Nous avons relevé que le gouvernement helvétique a d'emblée associé le clergé aux nouvelles instances éducatives: une mesure d'autant plus remarquable que la constitution de 1798 avait pour sa part privé les ecclésiastiques du droit d'éligibilité. Sans doute Stapfer, lui-même théologien de formation, a-t-il mesuré la difficulté qu'aurait le jeune État helvétique à promouvoir l'éducation sans le secours de ceux qui en avaient constitué le principal pilier sous l'Ancien Régime. Il n'entendait toutefois pas leur laisser le champ libre dans l'espace public. Certains ministres s'étaient en effet montrés peu favorables, voire franchement hostiles au nouveau gouvernement. Ainsi, à l'occasion du Jeûne fédéral, Philipp Albert Stapfer rappelle-t-il au préfet national Henri Polier l'interdiction signifiée aux ministres du culte de faire imprimer ou réciter des prières qui n'auraient pas été soumises à la censure du gouvernement. Enjoignant les hommes d'Église à méditer lors de cette journée sur l'état moral de la nation, il leur demande de faire ressortir en particulier

«l'influence propice que l'abolition des privilèges, le rappel à l'égalité & le charme que les belles ames doivent trouver dans le régime de la fraternité, auront nécessairement sur les mœurs de la nation & sur la prospérité publique.»

Les instructions du Ministre s'accompagnent d'un intéressant exposé de ce que la religion était censée représenter sous le nouveau régime:

«Le Christianisme dans sa pureté originaire, est le moyen le plus efficace de développer le sens moral, d'inspirer aux hommes le sentiment de leur dignité, de combattre l'égoïsme et de faire germer les vertus qui sont l'ornement de la nature humaine & sans lesquelles le républicanisme n'est qu'un vain nom. Il est l'ennemi de tout ce qui est vil & bas, il apprend à subordonner l'intérêt personnel à la chose publique.»[11]

---

9 Cf. Dominique Julia, «Éducation», dans Jean-René Suratteau et François Gendron (éds), *Dictionnaire historique de la Révolution française*, Paris: PUF, p. 581.

10 Cf. Sebastian Brandli, Pius Landolt et Peter Wertli, *op. cit.*, p. 11.

11 Instructions de Stapfer à Polier, juillet 1798, ACV, H 166/G.

Divers textes gouvernementaux – dont le projet de plan d'éducation morale et religieuse accompagnant l'arrêté sur l'instauration des conseils d'éducation [12] – montrent l'importance dévolue à l'encadrement moral et religieux. On note cependant dans ces discours un incontestable déplacement de la religion vers la morale. Et cette dernière s'avère indissociable des plans éducatifs. L'étroitesse de ce lien ressort clairement de la déclaration de Stapfer citée au début de cet article, qui fait dépendre le salut de la patrie de *l'instruction & du perfectionnement moral du Peuple*. Le Conseil d'éducation du Léman ne dit pas autre chose lorsqu'il définit l'objet de sa mission :

«Améliorer l'éducation publique, et par cette amélioration contribuer à rendre plus éclairé un peuple qui l'est déjà en partie; mais qui n'en a peut-être que plus besoin de le devenir davantage, pour faire servir à son bonheur l'exercice des droits que la liberté lui donne; contribuer à le rendre plus moral et plus vertueux par l'influence bienfaisante des lumières; cimenter dès-là même l'union et la concorde, qui ne peut régner qu'entre des Citoyens qu'un bon esprit anime, et chez un peuple qui a des mœurs.» [13]

La mission attribuée à l'éducation inclut celle de ciment national. Elle suppose, par le biais de la moralisation du citoyen, la formation d'un homme nouveau doté d'un habitus républicain. Le développement des facultés humaines est indissociable de l'apprentissage d'un bon usage de ces facultés, déterminé par le bien public. Une telle inflexion ne peut se comprendre sans la rattacher à l'héritage des Lumières. En effet, la formation du citoyen vertueux est au cœur de la révolution pédagogique qui se déroule, bien avant les bouleversements politiques de 1789, dès la seconde moitié du XVIIIe siècle. Johann Heinrich Pestalozzi en particulier, dont l'influence est particulièrement importante à cet égard – et auquel le gouvernement helvétique envoie des régents pour qu'ils se forment dans son établissement de Berthoud – a fortement mis l'accent sur l'éducation morale du peuple, seule réponse possible à ses yeux au développement de la société commerciale [14]. La rupture politique qui a entraîné la fin de l'Ancien Régime, en

---

12 *ASHR*, t. 16, p. 611.
13 *Rapport du Conseil d'Éducation du Léman, sur l'état des Écoles dans ce Canton, sur ses travaux, et sur les vues qui l'ont dirigé*, Lausanne : Hignou, 1801, p. 17.
14 Cf. Daniel Tröhler, *Republikanismus und Pädagogik. Pestalozzi im historischen Kontext*, Bad Heilbrunn : Julius Klinkhardt, 2006 ; Ernst Martin, *Philipp Albert Stapfer, Henrich Pestalozzi und die helvetische Schulreform. Eine kontextuelle Analyse*, Zurich : Verlag Pestalozzianum, 2004 ; Fritz Osterwalder, *Pestalozzi – ein pädagogischer Kult*, Weinheim ; Bâle : Beltz, 1996. L'influence importante exercée par Pestalozzi dans le pays de Vaud, dont témoigne notamment Daniel-Alexandre Chavannes (*Exposé de la méthode élémentaire de H. Pestalozzi, suivi d'une notice sur les travaux de cet homme célèbre etc.*, Vevey : Lörtscher, 1805) reste à étudier.

élargissant la catégorie des citoyens à toutes les classes de la société rend plus aiguë encore la question de l'éducation populaire.

Éclairer le citoyen sur ses droits

Le programme éducatif de l'Helvétique comprend dans la mission d'instruire le citoyen celle de l'éclairer sur ses droits et devoirs, qui dépasse largement les murs de l'école: la nouvelle constitution requérait des électeurs avisés dans les plus brefs délais et imposait dès lors de ne pas négliger la formation des adultes. Dans les multiples formes qu'a revêtu cette dernière, Holger Böning a souligné les interventions de Stapfer dans la nouvelle *Feuille populaire helvétique*, comme celles de Pestalozzi, plus adaptées au public visé par le recours à la forme de dialogues entre paysans illustrant les bienfaits de la révolution[15]. C'est celle qui est également retenue dans le Léman pour des brochures expliquant la constitution[16], ou les premières élections[17]. Avec les nouveaux journaux qui informent la population sur ses droits (tels la *Gazette des campagnes* ou *Le Régénérateur* de Louis Reymond) et les innombrables pamphlets d'époque, ils mériteraient d'être étudiés.

Pour en revenir au cadre scolaire, le projet de loi sur l'instruction publique de novembre 1798 prévoyait en matière d'enseignement qu'on expliquerait la constitution, comme les lois dont la connaissance était nécessaire aux citoyens de toutes les classes sociales. Forts de cette incitation, quelques régents inscrivent les projets constitutionnels dans leur programme. L'instituteur de Vallorbe, cité par G. Panchaud[18], entend étudier le projet de constitution pour le faire comprendre à ses élèves. À Aubonne et à Chêne-Paquier, c'est un catéchisme de la Constitution helvétique qui est donné à lire. De tels textes, dont plusieurs éditions avec des variantes ont été recensées, font l'exégèse de notions nouvelles pour le citoyen vaudois sous forme de questions-réponses. L'idée d'un impôt généralisé, par exemple, leur étant largement étrangère, les «contributions publiques» y figurent en bonne place. L'aspect équitable de ces dernières, autant dans leur répartition proportionnelle que dans leur usage pour les besoins de la collectivité, y est longuement discuté.

---

15 Holger Böning, *Der Traum von Freiheit und Gleichheit*, Zurich: Orell Füssli, 1998, pp. 201-206.
16 Par exemple l'*Esprit de la nouvelle constitution helvétique. En dialogue du bon père Nicolas avec ses paroissiens*, Lausanne: Hignou, 1799.
17 Cf. *Les Trois Compères* (février 1798) publié dans Danièle Tosato-Rigo et Silvio Corsini (éds), *Bon peuple vaudois, écoute tes vrais amis! Discours, proclamations et pamphlets diffusés dans le Pays de Vaud au temps de la révolution*, Lausanne: Presses Centrales, 1999, pp. 222-234.
18 Georges Panchaud, *op. cit.*, p. 211.

1 *Le véritable messager boiteux de Vevey*, Vevey, Chez Chenebié & Lörtscher, 1799, s.p.
© BCU, photographie Laurent Dubois.

Il en va de même pour d'autres innovations, à l'instar de «révolution» ou «gouvernement libre» présentés en ces termes dans un opuscule paru chez Fischer et Vincent:

«D. Qu'est-ce que la Révolution?

R. C'est le changement heureux qui s'est opéré dans la manière dont le Pays de Vaud était gouverné.

D. Pourquoi a-t-on fait ce changement?

R. Pour lui donner un gouvernement libre.

D. Qu'est-ce qu'un gouvernement libre?

R. Celui qui est fondé sur les droits de l'homme et du citoyen, et sur une Constitution sage.»[19]

---

19 *Constitution helvétique, suivie d'une explication, etc.*, Lausanne: Fischer et Vincent, 1798. Extraits dans Ch[arles] Burnier, *La vie vaudoise et la révolution*, Lausanne: Georges Bridel, 1905, pp. 177, 203-207.

L'emploi scolaire, on l'a vu, très confidentiel de tels catéchismes s'explique, outre par le fait qu'ils ont peut-être été rejetés en tant que véhicules de sécularisation, par une nette volonté de garder l'école hors du débat politique qui divisait alors l'opinion. C'est pour des raisons semblables que le Conseil d'éducation du Léman refuse notamment d'y introduire le livre d'histoire de Georges Favey, pourtant vivement loué par Stapfer[20]. Touchant au point « trop délicat des derniers événements politiques », l'ouvrage aurait à ses yeux « pu servir de prétexte aux animosités des partis ». À ce titre, ni le Conseil d'éducation ni les régents n'ont dès lors, dans leur grande majorité, joué le rôle de relais de l'État.

Le Conseil s'est montré beaucoup plus zélé, en revanche, pour inscrire l'obligation de fréquenter l'école dans les devoirs du nouveau citoyen. Ses démarches répétées à l'adresse de la population[21], puis du Ministre des Arts et des Sciences visant à ancrer légalement l'école obligatoire – paradoxalement absente de la Constitution helvétique – aboutissent à la publication d'un arrêté gouvernemental. Jugé timoré par les Vaudois, il prévoit d'amender les parents qui n'enverraient pas leurs enfants à l'école en hiver pendant une semaine. De telles dispositions, il faut le rappeler, sont loin d'être originales, l'école obligatoire ayant été introduite avec la Réforme sous le régime bernois. Mais la légitimation de l'intervention de l'État revêt un accent nouveau. On peut le lire notamment sous la plume du Conseil d'éducation appelant les géniteurs qui n'envoient pas leurs enfants à l'école

« des parens assez aveuglés, ou assez mauvais Citoyens, pour ne prendre aucun soin de leur instruction, et les exposer à tous les dangers de l'ignorance et de l'oisiveté. »[22]

Faisant de l'instruction un attribut indispensable au futur citoyen, outre un instrument de contrôle social, ce nouveau discours incrimine les parents pris en faute non plus d'être des géniteurs négligents ou de mauvais chrétiens, mais de mauvais citoyens eux-mêmes. Il doit amener l'opinion publique à admettre que l'instruction répond à un intérêt supérieur de la société et, partant, qu'elle mérite tous les sacrifices financiers requis par un système scolaire qui, dans la foulée de l'Ancien Régime, n'est toujours pas gratuit.

---

20 ACV, KXIII 1/3, p. 195. Sur Favey et son *Abrégé de l'histoire des Helvétiens connus sous le nom de Suisses*, cf. Georges Duplain, *Le Gouverneur du Milieu du Monde*, Lausanne : Éditions 24 Heures, 1976, pp. 166-180.

21 *Le Conseil d'Éducation publique aux instituteurs et aux pères et mères de famille*, proclamation sur le maintien et la fréquentation des écoles (26.11.1799). *ASHR*, t. 16, p. 14.

22 *Rapport du Conseil d'Éducation du Léman, op. cit.*, pp. 10-11.

Une dynamique éducative

Le défi de former un nouveau citoyen a stimulé une dynamique éducative à laquelle les Vaudois semblent avoir massivement participé. Les réponses des régents à l'enquête du Ministre Stapfer sur l'état des écoles[23] témoignent du fait qu'isolément, dans l'enseignement secondaire surtout, quelques-uns ont cherché à élargir l'horizon de leurs élèves, tel celui de la 2e classe du collège d'Aubonne Marc-Louis Vionnet:

« Ci-devant c'était seulement le Testament pour la lecture, le catéchisme d'Ostervald pour la récitation et l'exercice de la mémoire. Depuis la Révolution, le Régent a pris sur lui de faire les leçons de lecture à ses écoliers alternativement sur l'Écriture Sainte, sur l'Histoire par Roustan, sur les œuvres de Condillac en supprimant le mot Monseigneur, qu'il donnait trop fréquemment à son jeune élève. Pour l'exercice de la mémoire, l'instituteur a engagé autant que cela a pu dépendre de lui ses écoliers à se procurer des abrégés de Géographie et de Grammaire française qu'il fait alterner avec le catéchisme. »[24]

D'autres enseignants s'emparent de la question des manuels scolaires, cruciale dans la mise en place d'une éducation nationale. Un régent de Vevey propose une méthode d'orthographe, à laquelle le Conseil d'éducation trouve cependant trop d'imperfections pour en autoriser l'impression[25]. Celui de Ballaigues annonce un abrégé de géographie historique qu'il destine aux écoles de campagne: un public difficilement adapté à un tel ouvrage, selon le conseil[26]. Le professeur Develey compose des abrégés d'arithmétique: autant d'initiatives qui attendent leur historien, dans le cadre d'une histoire à venir de la lecture en Suisse romande.

Les projets envoyés directement au Ministre affluent. Le Doyen Bridel soumet ses idées sur les écoles de villages. Le professeur François veut transformer l'Académie, selon un plan adapté à la constitution républicaine. Il s'agit de la délivrer «de ses formes pédantesques» pour en faire «un institut national utile à toutes les classes de citoyens, puisqu'il n'en est aucune aujourd'hui qui n'ait intérêt et qui ne puisse prendre part à la chose publique»:

« L'opinion générale serait que pour réunir davantage par des études communes les Helvétiens des deux langues, il y eût un institut national français à Lausanne et un ou

---

23 Cf. Hans-Ulrich Grunder, «Stapfers Enquête und das helvetische Schulprogramm», *Bildungsforschung und Bildungspraxis*, N° 22(3), 1998, pp. 348-363.
24 *ASHR*, t. 16, p. 37. Cf. également Georges Panchaud, *op. cit.*, pp. 212-217.
25 ACV, KXIII 1/1, pp. 47 et 54-55.
26 ACV, KXIII 1/2, p. 401.

plusieurs dans la Suisse allemande: les Suisses allemands viendraient apprendre le français et recevoir l'instruction chez nous, et nos jeunes gens iraient à leur tour à l'institut allemand. »[27]

L'État éducateur, dans lequel peut s'incarner l'helvétisme de l'élite intellectuelle éclairée, se heurte toutefois à des résistances. Les procès-verbaux du Conseil d'éducation donnent à entendre surtout les réactions des communes. Le bilan d'activité du conseil pour 1801 en fournit un bon aperçu, lorsqu'il dénonce le désordre que la révolution aurait introduit dans les écoles:

«Dans quelques Communes, sous le prétexte spécieux de réformes, on altéroit l'organisation des Écoles; ailleurs, on projettoit, ou même on annonçoit ouvertement des suppressions; ailleurs, une économie mal entendue tendoit à diminuer les pensions déjà trop chétives; ailleurs, enfin, les Communes se croyoient en droit d'inquiéter, ou même de destituer les Instituteurs; l'esprit de parti occasionnoit des querelles, et des idées fausses de liberté faisoient fermenter un levain d'insubordination. »[28]

La rupture politique de 1798, outre qu'elle a polarisé l'espace public, a mis en cause les anciennes hiérarchies. Elle a élargi à toutes les classes sociales la participation au pouvoir. Or, en vertu de la haute conception de sa mission selon laquelle l'État était l'éducateur du peuple, puisque le peuple c'était lui… ce peuple entendait aussi intervenir dans la question de l'éducation. Dans le canton de Zurich de nombreuses communes, se déclarant compétentes pour l'élection des instituteurs en vertu des principes de liberté et d'égalité, ont licencié ceux qui étaient en place[29]. En Argovie il en va de même[30]. Le Conseil d'éducation du Léman combat nombre d'initiatives similaires. Ici la nomination des régents s'avère un enjeu d'autant plus essentiel que les Ordonnances ecclésiastiques bernoises de 1773 avaient fini par concéder aux conseils de villes, à l'issue d'un long bras de fer, le privilège de nomination. Avec la nouvelle autorité des Conseils d'éducation on faisait marche arrière…

Au-delà des enjeux conjugués de pouvoir et d'argent, la conception même que les divers interlocuteurs se faisaient de la formation scolaire mériterait qu'on s'y arrête. Le Conseil d'éducation promeut inlassablement la professionnalisation du régent, la diminution des effectifs et la séparation entre les sexes. Quels objectifs défendent les communes? Deux exemples de divergences de vues typiques à ce propos devraient inciter à se pencher plus en détail sur cette question. Ainsi, fin 1798, tandis que le Conseil

---

27 *ASHR*, t. 16, p. 71.
28 *Rapport du Conseil d'Éducation du Léman, op. cit.*, p. 9.
29 *ASHR*, t. 16, p. 51.
30 Sebastian Brandli, Pius Landolt et Peter Wertli, *op. cit.*, p. 20.

d'éducation choisit pour la régence de Jouxtens et Mézery le candidat qui a fait le moins mauvaise figure aux examens, les autorités locales veulent quant à elles nommer leur communier «alléguant qu'il était extrêmement pauvre, que sa santé délicate ne lui permet plus de continuer des ouvrages pénibles, et qu'enfin lui et ses enfants ne manqueraient pas de tomber bientôt à la charge de sa misérable commune»[31]. Une année plus tard, le Conseil d'éducation voudrait confier la seconde régence de Crissier à une institutrice, non seulement en vertu du principe selon lequel «la séparation des garçons d'avec les filles est une mesure que la décence recommande», mais parce que «les instructions qu'une maîtresse d'école peut donner aux filles sur les ouvrages essentiels de leur sexe sont un avantage précieux.» La commune, elle, veut un maître: outre que la réunion des filles et des garçons dans la même école ne lui paraît pas opposée à la décence, elle estime pour sa part que «l'éducation des filles peut être mieux soignée par un instituteur que par une institutrice.»[32]

Loin d'être les interlocutrices passives de la campagne éducative de l'État, les communes interviennent dans le choix des régents, la fixation de leurs tâches et salaires, comme en matière de bâtiments scolaires: autant de domaines dans lesquels le régime bernois leur avait laissé une grande autonomie et, à vrai dire, une lourde responsabilité. Elles n'hésitent pas à s'adresser directement au gouvernement helvétique pour atteindre leurs objectifs. «Le peuple, déplore le Conseil d'éducation, récemment caressé et flatté, se plie avec peine à la subordination et entrave les mesures les plus salutaires par des réclamations, des pétitions, des adresses au Gouvernement[33].» Devenu citoyen, et utilisant les nouveaux outils à sa disposition, ce peuple n'est-il pas précisément en train d'exercer ses nouveaux droits?

---

31 Cité par Charles Burnier, *op. cit.*, pp. 101-104.
32 Cité par Georges Panchaud, *op. cit.*, p. 137.
33 *Rapport du Conseil d'Éducation du Léman, op. cit.*, p. 15.

Sylvie Moret Petrini

LE « JOURNAL DE CÉCILE CONSTANT », MIROIR D'UNE ÉDUCATION ÉCLAIRÉE DANS L'ÉLITE VAUDOISE AU DÉBUT DU XIXe SIÈCLE

Le XVIIIe siècle vit une révolution pédagogique qui donne naissance à de nombreux débats autour de la question de l'éducation[1] et pose la question de l'éducation des filles. Le constat que l'éducation des filles est négligée remonte à la fin du XVIIe siècle. Plusieurs personnalités, laïques ou ecclésiastiques, tels que Madame de Maintenon, l'Abbé Fleury et Fénelon prennent la plume pour proposer d'y remédier[2]. On s'interroge sur les sciences convenant aux femmes avec l'idée que si l'instruction féminine est une nécessité, celle-ci doit être strictement contrôlée et limitée. La femme savante est l'objet de toutes les critiques alors que l'instruction soignée et l'amour de la vertu sont mis en corrélation.

En 1693, le philosophe anglais John Locke introduit les bases d'une nouvelle vision de l'enfant et de l'éducation dans son ouvrage *Some Thoughts concerning Education*[3] qui exercera une profonde influence sur les auteurs du XVIIIe siècle. Voyant l'âme enfantine comme une *« tabula rasa »*, le philosophe donne à l'éducation une importance considérable puisqu'elle permet de modeler l'enfant. L'empirisme – l'acquisition des connaissances par l'expérience pratique – et le sensualisme – l'acquisition des connaissances par les sens – sont prônés. Pour Locke, l'éducation doit tendre à trois objectifs : donner à l'enfant une saine vigueur, lui fournir les connaissances qui lui sont nécessaires et élever son âme. Comparant l'éducation domestique et l'éducation dispensée dans les collèges – débat qui se prolongera tout au long du XVIIIe siècle – il conclut que l'éducation domestique est la meilleure voie pour développer et protéger les

1 Cf. Gaston Mialaret, Jean Vial (éds), *Histoire mondiale de l'éducation 2. De 1515 à 1815*, Paris : PUF, 1981.
2 Cf. Chantal Grell, « France et Angleterre : l'héritage du Grand Siècle », in *eadem*, Arnaud Ramière de Fortanier (dir.), *L'éducation des jeunes filles nobles en Europe, XVIIe-XVIIIe siècle*, Paris : Presses de l'Université Paris-Sorbonne, 2004.
3 La première édition parut en 1693 et fut traduite en français par P. Coste en 1695. Cf. John Locke, *Quelques pensées sur l'éducation*, trad. de G. Compayré, Paris : Librairie philosophique J. Vrin, 2007.

mœurs et la vertu de l'enfant. Il se concentre sur l'éducation des *gentlemen*: les filles sont absentes de sa réflexion.

La date qui marque en France un tournant dans le débat pédagogique est 1762, année de la publication et de la condamnation de l'*Émile* de Jean-Jacques Rousseau. Dans son ouvrage, qui connaîtra un grand succès, le philosophe développe l'idée que l'homme est «naturellement bon» et que c'est la société qui le corrompt. Dès lors, il milite pour l'éducation domestique. La mère assumera ses fonctions naturelles qui consistent à soigner, nourrir et éduquer son enfant durant les premières années, puis le père prendra le relais, entendu qu'il n'y a aucune autre tâche plus importante que celle-ci. De nombreuses familles «éclairées» tenteront de mettre en pratique les idées rousseauistes qui portent, à l'instar de Locke, sur une conception tripartite de l'éducation destinée à former le corps, le cœur et l'esprit.

Rousseau consacre la dernière partie de son ouvrage à l'instruction des filles[4] par le récit de l'éducation de Sophie, prédestinée à devenir la femme d'Émile. Pour lui, la femme, conformément à sa nature biologique, doit être élevée pour devenir une épouse parfaite et une bonne mère; c'est dans cette seule fonction qu'elle peut trouver le bonheur. Considérée comme la première éducatrice de ses enfants, il est important qu'elle ait des connaissances suffisantes pour assumer cette charge. Comme compagne de l'homme, il lui faut aussi les connaissances nécessaires à la gestion de la maison et susceptibles de créer une harmonie au sein du couple. Pour Rousseau, par conséquent, les femmes n'accèdent pas au savoir pour elles-mêmes, mais pour rendre leur présence agréable à leur mari et à ceux qui les entourent; c'est la nature qui les destine à plaire et les parents sont encouragés à entretenir ce penchant.

La vision de la femme développée dans l'*Émile* de Rousseau ne reçoit pas de sérieuses objections du côté des pédagogues, même de la part des femmes ayant à cœur de publier des ouvrages éducatifs. Madame d'Épinay ou Madame de Genlis, qui par leur immersion dans la sphère publique entrent en contradiction avec les idées de Rousseau, ne remettront pas en cause la finalité domestique de l'éducation féminine dans leurs ouvrages[5]. Ces limites mises à l'éducation féminine permettent à Martine Sonnet de parler de «rendez-vous manqué de l'éducation des filles et des Lumières»[6]. Même si

---

4   Sur la vision rousseauiste de l'éducation des filles, cf. Gilbert Py, *Rousseau et les éducateurs. Étude sur la fortune des idées pédagogiques de Jean-Jacques Rousseau en France et en Europe au XVIIIe siècle,* Oxford: Voltaire foundation, 1997, pp. 338-407.

5   Madame d'Épinay, *Les conversations d'Émilie,* dont le premier tome fut publié en 1774 et Madame de Genlis, *Adèle et Théodore ou Lettres sur l'éducation contenant tous les principes relatifs aux trois différents plans d'éducation des Princes et des jeunes personnes de l'un et l'autre sexe,* publié pour la première fois en 1782.

6   Martine Sonnet, *L'éducation des filles au temps des Lumières,* Paris: Éditions du Cerf, 1987, p. 287.

certaines familles font le choix d'offrir à leur fille l'instruction la plus poussée, celle-ci reste « gratuite » attendu qu'elle n'ouvre pas la porte des universités et qu'elle ne permet l'accès à aucune fonction[7]. Pour Dominique Godineau, l'instruction et le savoir féminin continuent, durant tout le XVIIIe siècle, à être évalués à l'aune du rôle social de la femme ; elle voit néanmoins une évolution dans « le contenu du bagage demandé à une femme aisée pour bien accomplir ses fonctions ; parce que le monde a changé, une bonne mère et épouse doit en savoir plus qu'autrefois »[8].

L'éducation d'une jeune fille de bonne famille

Dans quelles limites les conceptions éducatives des Lumières ont-elles influencé les pratiques quotidiennes des familles et par quel moyen le paradigme d'une « nature féminine » appelant une éducation particulière s'est-il imposé ? À ces questions, le « journal de Cécile Constant », rédigé au quotidien pendant plus de dix ans – de 1809 à 1819 – par les deux institutrices qui se sont relayées auprès de cette jeune Lausannoise, apporte un éclairage intéressant et une étude de cas exceptionnelle[9], compte tenu de la rareté de telles sources à l'époque. La jeune fille n'a que 6 ans lorsque la plume sans concession de son institutrice commence à consigner, à la demande de son père, ses journées, stigmatisant ses fautes et louant ses progrès. Elle a presque 17 ans quand s'achève le 22e et dernier carnet[10]. Par sa durée, l'âge de Cécile au début de cette relation quotidienne et son angle d'approche, ce journal offre un aperçu inédit sur la pratique d'une éducation domestique au tournant des XVIIIe et XIXe siècles.

Cécile Constant naît à Lausanne le 27 décembre 1802. Ses parents, César François Constant de Rebecque et Sophie Marie Antoinette Rosset, appartiennent à la bonne société lausannoise et sont au bénéfice d'une situation financière confortable. Elle leur permet d'offrir à leur fille unique une éducation domestique soignée. L'appartenance sociale de Cécile détermine son éducation : elle doit acquérir le savoir, le savoir-être et les savoir-faire qui conviennent à son rang et à sa nature féminine avec l'objectif qu'elle

---

[7] Cf. Martine Sonnet, « Le savoir d'une demoiselle de qualité : Geneviève Randon de Malboissière (1746-1766) », *Memorie Dell'accademia delle scienze di Torino*, Vol. 24, 2000, pp. 167-185.

[8] Dominique Godineau, *Les femmes dans la société française, 16e-18e siècle*, Paris : Armand Colin, 2003, p. 186.

[9] Cette source sera exploitée dans la thèse que je prépare sur l'éducation domestique des filles au début du XIXe siècle (Projet de thèse déposée à la Faculté des lettres de l'Université de Lausanne).

[10] Ces cahiers sont conservés aux Archives cantonales vaudoises [par la suite ACV] dans le fonds P Constant sous la cote Ci 1.

> Mon excellent papa,
> Que je suis fâchée d'avoir été si sotte cette année et de ne pouvoir compter un seul défaut de moins depuis ton dernier jour de naissance! mais je tacherai d'être plus sage dès aujourd'hui pour te récompenser des peines que je te donnes. Bénis ta,
> 26 8bre 1811
> Cécile

1 Lettre écrite par Cécile Constant pour son père à l'occasion de son anniversaire, le 26 octobre 1811, ACV, P Constant, Ba 10 (photo Rémy Gindroz)

devienne au plus vite une personne raisonnable capable de prendre et de tenir sa place dans la société.

Conscients de l'importance de l'éducation, les parents, mais également les membres de la famille élargie (grand-maman, oncle, tante…) s'allient, par force de conseils, pour enjoindre la jeune fille à adopter le comportement attendu. À ce titre, l'éducation domestique offre aux parents l'avantage de profiter de la présence de leur enfant tout en surveillant au plus près son éducation. L'intérêt constant des parents de Cécile pour l'éducation de leur fille ne les incite toutefois pas à adhérer à la tentation de se consacrer exclusivement à cette tâche – pratique vivement encouragée par de nombreux traités éducatifs du XVIIIe siècle, à l'instar de l'*Émile* de Rousseau ou du roman éducatif *Adèle et Théodore* de Mme de Genlis – préférant, pragmatiquement, la déléguer en partie à deux institutrices qui se relayeront auprès d'elle. La première institutrice, Mlle Clémentine Wittel, accompagne Cécile de ses 6 ans à ses 9 ans et la seconde, Mlle Antoinette Benoît, assume cette charge jusqu'au mois de mai 1819.

Dans le contrat qu'il signe avec cette dernière, Monsieur Constant définit la tâche de l'institutrice dans les termes suivants:

«Elle lui donnera toutes les leçons d'utilité et d'agrément dont elle sera capable, et assistera à celles qu'elle ne pourra donner elle-même. Elle fera tous ses efforts pour former le caractère de son élève, et lui imprimer les préceptes et les exemples de morale et de vertu.»[11]

Éducation morale et instruction sont associées et les vertus du bon exemple clairement prônées. Influencées, à l'instar de César Constant, par les idées sensualistes, les institutrices rendent Cécile attentive au profit qu'elle peut tirer de l'observation et de l'imitation du comportement des personnes qui l'entourent. Ayant sous les yeux l'exemple de sa mère, qui partage sa vie entre les soins accordés à sa fille, la pratique d'une sociabilité active et la gestion de la maison, Cécile est encouragée à intégrer progressivement les composantes du mode de vie qui lui est destiné. À mesure qu'elle grandit, Mme Constant participe davantage à la formation de sa fille, l'impliquant progressivement dans les soins du ménage. Bien que Cécile soit une fille, son père lui consacre une attention continue. Les institutrices ne se lassent pas de souligner à quel point M. Constant est un père attentionné pour sa fille, qu'il reçoit à sa table, accompagne en promenade et avec laquelle il joue. Il apparaît également comme le véritable maître d'œuvre de son instruction qu'il dirige en établissant le programme de la semaine tout en lui fournissant les livres de cours. Malgré la forte implication des parents, ce sont

---

[11] ACV, P Constant Ci 1-4, Contrat passé entre Mlle Antoinette Benoît et César Constant, 14 juillet 1812.

les institutrices qui, par leur temps de présence auprès de la jeune fille, ont au quotidien la primauté dans l'éducation de Cécile. Les parents leur témoignent une grande confiance en leur laissant toute latitude pour punir la jeune fille qui – bien que le recours aux châtiments corporels ait été remis en cause dans les ouvrages pédagogiques depuis John Locke – pourra, à l'occasion, recevoir le fouet.

L'éducation dispensée à Cécile n'épargne aucun moment de la journée ni aucune activité, la jeune fille étant constamment sous la surveillance de ses institutrices ou de ses parents. Les comptes rendus quotidiens laissent apparaître une perception totalitaire de l'éducation qui fait que le contrôle pédagogique doit s'exercer sur chaque instant de la vie de l'enfant, ce que traduit la pratique même du journal. On attend de Cécile que toute heure de sa journée soit occupée par une activité bénéfique (leçons, jeux, ouvrages, balades, visites données ou reçues, lectures…). L'oisiveté étant perçue comme particulièrement nocive, elle est à proscrire. À ce titre, la pratique d'ouvrages, tels que le tricot, la broderie ou la couture, qui ont une place non négligeable dans les journées de Cécile, semble avoir pour principale fonction le fait de s'assurer que la jeune fille ne reste jamais inactive.

Les menaces de punitions et les promesses de récompenses soutiennent les exigences des institutrices. La journée est rythmée par l'attribution de bonnes et de mauvaises notes pour les leçons suivies par Cécile mais également pour son comportement. Chaque semaine, on additionne les notes et, si les bonnes notes ont surpassé les mauvaises, César Constant récompense Cécile par le versement de quelques batz. Inversement, recevoir trop de mauvaises notes est sanctionné et la jeune fille doit alors payer son père.

Corollaire de son éducation domestique, Cécile Constant est formée dans le monde et, dès son plus jeune âge, elle passe ses soirées dans le salon familial, où ses parents reçoivent de nombreuses personnes. Les concessions faites à l'âge de Cécile sont peu nombreuses et on attend d'elle – même si cet espoir est souvent déçu – qu'elle adopte un comportement bienséant et raisonnable légitimant l'éducation qui lui est dispensée.

Former le corps, le cœur et l'esprit

Conformément aux idées du temps, l'éducation dispensée à Cécile entend former son corps, son cœur et son esprit. Inquiets de la vulnérabilité des enfants, les parents de Cécile désirent donner une saine constitution à leur fille, par de bonnes habitudes alimentaires et par la pratique quotidienne d'activités physiques. Rares sont les jours où

Cécile ne sort pas de la maison pour faire une longue promenade avec ses parents ou avec sa gouvernante. Le journal répertorie également de nombreuses activités en plein air telles que le patinage sur le lac gelé, les promenades en traîneau et les baignades dans le lac qui témoignent de la sensibilité nouvelle associant santé et bon air. Mais former le corps de Cécile, c'est aussi le contraindre à prendre une position adéquate. La danse et la pratique de l'écriture – activité pendant laquelle le dos de Cécile est attaché à la chaise – contribuent à lui donner un maintien correct. Elles sont complétées par l'usage de tourne pieds, de colliers en fer ou à épingles et d'une caisse dans laquelle la jeune fille doit se glisser régulièrement.

Que l'enfant vienne au monde sans prédisposition ni pour le vice ni pour la vertu ou qu'il soit considéré comme naturellement bon, son éducation morale est au centre des préoccupations. Parents et institutrices souhaitent voir se développer chez Cécile les qualités morales qui siéent à une jeune demoiselle. Elle doit notamment prendre conscience des devoirs qu'elle a envers ses parents. Fidèles aux conceptions rousseauistes, les institutrices insistent sur le fait que la jeune fille doit chercher à leur plaire :

« Je désire que Cécile le sente vivement et qu'en conséquence, elle s'applique a tout ce qui peut leur plaire [et] réunisse tous ses efforts pour leur être agréable, et mériter leur approbation puisque ce n'est que par une telle conduite qu'elle peut leur prouver son amour et sa reconnoissance. »[12]

Hommes et femmes sont différents et, à ce titre, leur éducation ne cherche pas à développer les mêmes vertus :

« […] Mr le Cointe a dit à Cécile (qui avoit parlé de la noble ambition d'un jeune prince) (Alexandre) que les petites Demoiselles avoient aussi un genre d'ambition digne d'elles. Celle de plaire et d'être aimées de tout ce qui les approchent. Cécile a bien promis qu'elle auroit cette espèce d'ambition. »[13]

Toutes les qualités que l'on souhaite inculquer à Cécile – l'obéissance, la docilité, la souplesse et le bon cœur… – sont envisagées en fonction de sa nature féminine. Ainsi, le jeu de poupée, qui prépare la jeune fille à son futur rôle de mère, est encouragé :

« […] mais à la requette de Mr son papa, j'ai promis que si la leçon étoit bonne j'entends celle de musique, j'ouvrirai aux prisonnières. Cécile en bonne mère a délivré ses enfans [ses poupées] à force d'application et de bonne volonté et elle en a eu plusieurs récompenses. »[14]

[12] ACV, P Constant Ci 1, 5e cahier, Mlle Benoît, samedi 1er janvier 1814.
[13] *Ibid.*, 11e cahier, Mlle Wittel, jeudi 11 juillet 1811.
[14] *Ibid.*, 10e cahier, Mlle Wittel, mardi 9 avril [1811].

Alliée précieuse pour contraindre Cécile à remplir son devoir, l'éducation religieuse est présente dès le premier cahier du journal. Mais si chaque journée s'achève par la prière du soir ou un examen de conscience, elle ne prend véritablement de l'importance que durant les deux années précédant la première communion. Le pasteur reçoit alors la jeune fille pour des leçons privées de catéchisme, leçons qui s'ajoutent à celles prises en compagnie des futurs premiers communiants de la paroisse. Dès lors, l'éducation dispensée par la gouvernante et les parents et l'éducation religieuse combinent leurs efforts pour parfaire la formation morale de Cécile qui, de façon emblématique, s'achève, à l'instar du journal, le jour de sa première communion:

«J'ai fait aujourd'hui, ma première communion, à la cathédrale de Lausanne. Cette touchante Cérémonie m'a fait une forte impression et a fortifié en moi les résolutions que j'avois déjà tant de fois prises, de remplir mes devoirs avec plus d'exactitude.»[15]

Enfin, une éducation complète ne doit négliger ni la formation de l'esprit ni la maîtrise des arts d'agrément. À l'exception du dimanche, la jeune fille est rarement dispensée de leçons. Toutefois, les réflexions qui parsèment le journal, de même que le choix des matières enseignées, qui ne témoigne pas d'une grande ambition, ne laissent pas de doute sur la perception accessoire du savoir féminin.

Lorsque la première institutrice prend ses fonctions auprès d'elle, Cécile, âgée de 6 ans, sait déjà lire. La gouvernante lui enseigne alors la géographie, les mathématiques (chiffre, arithmétique), le dessin, l'ouvrage et lui apprend à réciter des fables et des psaumes. Son travail semble se limiter à aider la jeune fille – en lui expliquant le vocabulaire difficile – à apprendre par cœur les chapitres des livres choisis.

À ce programme s'ajoutent les leçons dispensées par trois maîtres extérieurs qui enseignent à Cécile l'écriture, la danse et la musique. L'étude de l'histoire n'apparaît que plus tard, lorsque Cécile est âgée de 8 ans:

« […] elle a écouté attentivement la Tragedie d'Ester et la je crois passablement comprise. Elle peut juger par là du plaisir qu'on trouve à s'instruire et doit se dépêcher de commencer l'histoire c'est là où elle aura de quoi exercer sa mémoire et son jugement j'espère que nous la commencerons avant de quitter la campagne.»[16]

Puis des leçons d'anglais, données par une maîtresse privée, et des leçons particulières de dessin – demandées par Cécile – compléteront cet emploi du temps. Le père de Cécile remplace parfois les précepteurs absents et dispense régulièrement la leçon d'écriture et d'anglais, de même qu'il exerce sa fille à la danse.

15 ACV, P Constant Ci 1, 12e cahier, Mlle Benoît, dimanche 11 avril 1819. Le récit est fait de la main de Cécile qui écrit dans son journal à cette unique occasion.
16 *Ibid.*, 8e cahier, Mlle Wittel, vendredi 6 septembre [1810].

Les connaissances acquises durant la semaine sont évaluées par un examen hebdomadaire. Pendant dix ans, M. et Mme Constant écoutent Cécile réciter devant eux, son institutrice et parfois des membres de la famille, les leçons apprises durant la semaine. Des questions lui sont ensuite posées. Son élocution ainsi que son maintien en ces occasions paraissent souvent plus importants que le contenu lui-même.

«Demain est le jour d'examen pour lequel nous ne sommes point préparées. Le cœur nous bat bien fort nous avons les leçons de deux semaines à récapituler et tant de choses ont pu nous en distraire mais Mr et Mde Constant sont des juges indulgens, ils n'exigent de leur enfans que douceur, obéissance et joli maintien. Le savoir pour eux n'est que secondaire.»[17]

Le «journal de Cécile Constant», un instrument éducatif

Si le journal de Cécile nous renseigne sur les moyens mis en place par la famille Constant pour éduquer leur enfant, celui-ci fait également partie, intrinsèquement, de ce processus éducatif. Chaque jour, les institutrices font un compte rendu de la journée passée par Cécile, soumettant son comportement à une «sévère critique»[18]. Le journal poursuit deux objectifs principaux. Premièrement, il a une vocation dissuasive pour inciter la jeune fille à se comporter de façon exemplaire, évitant par là même de s'exposer au douloureux rappel de ses mauvaises actions. Ainsi, Mademoiselle Wittel se sert expressément de cette menace pour influencer le comportement de sa jeune élève:

«On a eu de la peine à la calmer et j'ai vu le moment où il foudroit la menacer du journal pour la faire entrer dans son lit et y rester tranquille.»[19]

Les journées de Cécile commencent par la lecture du journal de la veille; la jeune fille est astreinte à se souvenir de ses nombreuses fautes pour éviter de les répéter. Le deuxième objectif du journal est de tenir informés les parents des activités, des progrès mais également des écarts de conduite de leur fille en leur absence. Chaque semaine, ils écoutent, au moment de l'examen, la lecture du journal des sept derniers jours:

«Comme la lecture du journal précédent a été suivie d'une exhortation de la part de Mr Constant, les leçons que j'ai données ensuite à Cécile en ont été meilleures [...]»[20]

17 *Ibid.*, 7e cahier, Mlle Wittel, mercredi 6 [juin 1810].
18 *Ibid.*, 10e cahier, Mlle Wittel, [samedi] 16 février [1811].
19 *Ibid.*, 1er cahier, Mlle Wittel, mardi 30 mai 1809.
20 *Ibid.*, 10e cahier, Mlle Wittel, mardi 29 [janvier 1811].

Appelé «journal de Cécile Constant» mais rédigé par les institutrices, il entre en contradiction avec les essais timides d'appropriation d'un espace intime des jeunes filles, dès la fin du XVIIIe siècle, par la rédaction d'un journal «personnel»[21]. Juliette Michaëlis, qui a travaillé sur les journaux des jeunes filles écrits durant cette même période et conservés dans les archives genevoises, parle «d'intimité que les filles vivent avec leur mère et avec leur entourage»[22] et relève le caractère éducatif de cette pratique qui devient «un moyen de lire au fond de soi»[23]. Dans le journal de Cécile, en revanche, les sentiments de la jeune fille sont gommés au profit des attentes des institutrices qui ont le désir de voir sa vie se conformer à leur idée:

«Chère Cécile il ne tient qu'à vous de rendre ce journal charmant à l'avenir. Faites en sortes que je n'aie plus rien a y écrire de pénible et que votre histoire soit celle d'un enfant doux, obéissant et aimable vous pouvez être tout cela malgré votre excessive vivacité et vos sept ans.»[24]

Ce journal se révèle ainsi un document complexe: si le comportement de Cécile en est l'objet principal, le travail des institutrices, leur façon de se comporter avec Cécile et les punitions qu'elles lui infligent transparaissent également. À ce titre, la rédaction de ce document n'est pas anodine pour les préceptrices qui fournissent à leur employeur un moyen d'évaluer leur travail.

Un sondage dans les archives romandes montre que la tenue d'un journal comparable à celui de Cécile n'était pas une pratique courante[25]. Il faut s'élever dans la classe sociale pour trouver des documents relatant au quotidien la vie d'un enfant, à l'instar du *Journal de Jean Héroard*[26], médecin du futur Louis XIII qui écrit, au début du XVIIe siècle, un compte rendu détaillé des journées du dauphin de sa naissance à ses 27 ans, s'intéressant principalement à «l'hygiène du prince». Le *Journal d'Éducation* des princes d'Orléans, rédigé par leur premier gouverneur Bernard de Bonnard[27], se rapproche davantage du journal de Cécile, mais, étant réservé à l'usage de son seul auteur,

---

21 Sur la naissance du journal «personnel», cf. les études de Philippe Lejeune et notamment Philippe Lejeune et Catherine Bogaert, *Un journal à soi. Histoire d'une pratique*, Paris: Éditions Textuel, 2003.
22 Juliette Michaëlis, «L'usage du monde et une chambre à soi», in Chantal Renevey-Fry (dir.), *En Attendant le prince charmant. L'éducation des jeunes filles à Genève, 1740-1970*, Genève: Service de la recherche en éducation: Musée d'ethnographie, 1997, p. 37.
23 *Ibid.*, p. 41.
24 ACV, P Constant Ci 1, 6e cahier, Mlle Wittel, dimanche 17 [février 1810].
25 À ce jour, je n'ai trouvé aucun document similaire dans les archives romandes.
26 *Journal de Jean Héroard*, publié sous la direction de Madeleine Foisil, Paris: Fayard, 1989.
27 Dominique Julia, dans son article «Bernard de Bonnard, gouverneur des princes d'Orléans», *Mélanges de l'Ecole française de Rome. Italie et Méditerranée*, Vol. 109, 1997, se propose de publier «prochainement une édition de ce manuscrit» qui «retrace au jour le jour la quotidienneté de la vie des petits princes», p. 427.

> Mardi 3ème mai 1809
>
> Cécile a fort bien rempli ses devoirs de la matinée, mais elle m'a désobéi avant diner en allant trop loin de ma portée sans permission ; j'espère que ce sera la dernière fois, car elle me l'a promi de même que de ne plus jouer avec de l'eau quand elle est habillée ce soir. Elle s'est beaucoup trop agitée et a fait plus de bruit qu'elle ne devoit pendant qu'elle étoit au Sallon, on a eu de la peine à la calmer et j'ai vu le moment où il faudroit la menacer du journal pour la faire entrer dans son lit et y rester tranquille. J'espère que demain ma petite et chère Cécile attendra patiemment qu'on vienne l'habiller et qu'elle ne fera plus comme ce matin.

2 Première page du premier cahier du *Journal de Cécile* Constant, Ci 1 ACV, P Constant, (photo Rémy Gindroz).

il n'est pas destiné à influencer le comportement de ses élèves. Mme de Genlis, lorsque celle-ci est nommée, à son tour, «gouverneur» des jeunes princes, aura également recours à la tenue d'un «journal d'éducation», pratique qu'elle résume dans les termes suivants:

«Dès le moment où M. Lebrun est entré à l'éducation, je l'ai chargé de faire un journal détaillé de tout ce que feroient & diroient les Princes dans le tems qu'ils ne passent pas avec moi. Chaque jour, on m'apporte la feuille du jour de ce Journal fait avec beaucoup d'exactitude; les Princes me voyant lire tous les soirs ce compte détaillé de leur conduite, ont sans cesse devant les yeux la crainte du Journal; ce qui produit de merveilleux effets.»[28]

Dans son roman éducatif, *Adèle et Théodore*, elle prône l'intérêt pédagogique de ce type de journal par la voix du comte de Roseville, présenté comme le précepteur d'un prince:

«[…] le soir j'ai la coutume d'écrire un journal très détaillé de tout ce qu'il a fait de mal dans la journée, et je compte dans ce nombre toutes les occasions perdues ou négligées de faire une bonne action, ou de dire une chose obligeante. Comme la plupart de ces fautes se font devant du monde, je l'en reprends rarement dans le moment même, ce qui fait que très souvent n'ayant point été grondé dans le cours de la journée, il se flatte, en se couchant que le journaliste n'aura rien à dire. […] il passe dans mon cabinet et me demande mon journal. Je le lui donne, il le lit tout haut, et j'exige que ce soit de suite et sans commentaire, car il est bon de l'accoutumer à prononcer lui-même le détail de ses fautes […]»[29]

S'il n'est pas possible d'établir clairement que les préceptes de Mme de Genlis ont guidé la pratique de la famille Constant, nous ne pouvons pas en écarter l'hypothèse. La rédaction du journal de Cécile est l'un des moyens éducatifs mis en place par ses parents – l'examen hebdomadaire et le système des bonnes et mauvaises notes en sont deux autres – pour les aider à contraindre leur fille à emprunter la voie qui lui est destinée:

«Après l'examen, le compte des notes, et la lecture des journeaux, il y a eu des réflections bien pénibles sur la conduite de Cécile, ses parents sont navrés du peu d'envie qu'elle a de leur plaire, ne faisant rien pour leur bonheur, ses maîtres de musique et d'ecriture se plaignent de son indocilité, ses manières et son ton sont loin d'être ce

---

[28] Des extraits de ce journal ont été édités par Mme de Genlis en 1791 sous le nom *Leçons d'une gouvernante à ses élèves, ou Fragmens d'un Journal, qui a été fait pour l'Éducation des Enfans de Monsieur d'Orléans*.
[29] Madame de Genlis, *Adèle et Théodore ou Lettres sur l'éducation contenant tous les principes relatifs aux trois différents plans d'éducation des Princes et des jeunes personnes de l'un et l'autre sexe*, publié par I. Brouard-Arends, Rennes: Presses universitaires de Rennes, 2006, pp. 177-178.

qu'ils devroient; ce qui est vraiment désespérant pendant qu'avec un peu d'efforts sur elle-même, Cécile pourroit être des plus aimables […] »[30]

Au sein de la famille Constant, les idées pédagogiques dans l'air du temps ont reçu un écho favorable influençant directement l'éducation dispensée à Cécile. La conception de cette éducation, qui doit contraindre la jeune fille à devenir la personne souhaitée, peut être mise en parallèle avec la volonté de modelage de son corps. On recourt à tous les moyens pour lui donner le maintien souhaité. De même, la tenue consciencieuse du journal de Cécile démontre la volonté de surveiller et d'influencer au quotidien son comportement. Cécile est une enfant dont on écrit l'histoire, et les institutrices – soutenues par les parents – font pression sur elle pour que leur récit devienne celui d'une jeune fille modèle.

---

[30] ACV, P Constant Ci 1, 10ᵉ cahier, Mlle Benoît, jeudi 22 [mai 1817].

Mariama Kaba

QUAND ÉDUCATION RIME AVEC DÉVIATION

La scoliose chez les filles et les garçons comme enjeu de la médecine scolaire à Lausanne (fin XIXe – début XXe siècle)

Au cours du XIXe siècle, le corps des enfants fait l'objet d'une attention toute particulière lorsque sont instaurées les écoles publiques. Le discours sur la prétendue dégénérescence fait de l'hygiène un élément indispensable au « relèvement » de l'ensemble de la population. L'hygiène scolaire, en particulier, s'intéresse aux sujets assemblés, répondant au « projet uniformisateur de l'école » sur la santé des enfants [1]. Dès les premiers règlements scolaires, ce projet est réalisé, d'une part, par le biais de la surveillance des bâtiments (espace, aération, luminosité, chauffage, propreté des locaux) et, d'autre part, par le contrôle de l'hygiène des écoliers (examen corporel, exercices physiques, mesures prises en cas de maladies infectieuses…). Les écoles deviennent un « lieu privilégié d'instruction, mais aussi d'éducation et de contrôle de la population enfantine, enfin de salubrité publique et privée » [2].

Ce contrôle des États occidentaux sur le comportement et le développement des générations futures est effectué par l'intermédiaire du corps enseignant et des visites médico-scolaires, devenues obligatoires dès la fin du siècle. En Suisse, où l'école primaire obligatoire et gratuite est instaurée au niveau national en 1874, ces visites sont notamment créées à Genève dès 1878 et à Lausanne dès 1883. Tous les élèves y sont soumis ; mais l'attention qu'on leur porte, si elle est dirigée par un même objectif – à savoir une nation peuplée de femmes et d'hommes sains et robustes – est différenciée selon les sexes. La scoliose, particulièrement sujette à contrôle chez les filles, offre un exemple orignal des enjeux qui occupent alors les nouveaux spécialistes de la santé des enfants [3].

---

1 Georges Vigarello, *Le corps redressé. Histoire d'un pouvoir pédagogique*, Paris : Armand Colin, 2001, p. 144.
2 Geneviève Heller, *«Tiens-toi droit!» L'enfant à l'école primaire au XIXe siècle : espace, morale, santé. L'exemple vaudois*, Lausanne : Éditions d'en bas, 1988, p. 17.

La scoliose comme «maladie scolaire»: un discours ciblé sur les filles

Comme la plupart des affections orthopédiques, la scoliose est connue depuis l'Antiquité au moins. Du grec *skolios* signifiant oblique ou sinueux, le mot est employé par Hippocrate puis Galien pour désigner les diverses courbures ou inflexions de la colonne vertébrale, et particulièrement sa déviation latérale. Les causes et les traitements en sont multiples et font l'objet de nombreux débats à travers les siècles[4]. Actuellement, on reconnaît que la proportion des scolioses selon les sexes est de 3,5 filles pour 1 garçon. On s'accorde également à qualifier la scoliose d'«idiopathique» (dont la cause n'est pas connue) pour environ 75% des cas. Son origine serait probablement multifactorielle (facteurs génétiques, hormonaux, neurologiques, biomécaniques, de croissance, troubles du métabolisme)[5].

À l'époque qui nous intéresse, les écoles publiques nouvellement institutionnalisées accordent aux médecins des écoles un pouvoir sans précédent sur le contrôle sanitaire de tous les enfants scolarisés. Zélés et conscients du poids de leur tâche – veiller au développement des générations futures – ces médecins en viennent à créer une nouvelle catégorie de pathologies, les «maladies scolaires». Outre la myopie, on y trouve également classées les «déformations physiques imputables à l'école»[6], en particulier les scolioses. Les troubles circulatoires, respiratoires ou digestifs qu'elles génèrent par la compression des os déviés de la colonne vertébrale, de la cage thoracique et du bassin sur les organes sont décrits dès les années 1850 dans un nombre croissant d'articles médicaux[7], et sont intégrés aux études des médecins scolaires. Rares néanmoins sont

---

3   (Note de la p. 89.) Cet article est issu de ma thèse de doctorat en cours inscrite en Lettres à l'Université de Lausanne, portant sur l'histoire du corps handicapé en Suisse romande (XIXe-début du XXe siècle). Sur le sujet du corps sexué et de ses déficiences, cf. aussi Mariama Kaba, «Exigences du corps et déficiences physiques chez les filles et les garçons. Contribution aux *gender & disability studies*», in Anne Dafflon Novelle (dir.), *Filles-garçons. Socialisation différenciée?*, Grenoble: Presses universitaires de Grenoble, 2006, pp. 203-222; Mariama Kaba, «Quelle place pour une perspective genre dans la *disability history*? Histoire du corps des femmes et des hommes à travers le handicap», *Traverse. Revue d'histoire*, N° 3, 2006, pp. 47-60.
4   Cf. par exemple Mercer Rang, *The Story of Orthopaedics*, Philadelphie, etc.: W. B. Saunders Company, 2000, pp. 143-170.
5   Cf. Fritz Hefti *et al.*, *Kinderorthopädie in der Praxis*, Berlin, etc.: Springer, 1998, p. 73; Florence Campagne, «Dossiers santé: La scoliose», juillet 2000, sur www.caducee.net/DossierSpecialises/rhumatologie/mal-de-dos2.asp
6   «Hygiène scolaire», *Annuaire de l'Instruction publique en Suisse*, Lausanne: Payot, 1910, p. 71.
7   Marcel Suter, «Haltung und Bewegung», in Beatrix Mesmer (éd.), *Die Verwissenschaftlichung des Alltags. Anweisungen zum richtigen Umgang mit dem Körper in der schweizerischen Populärpresse (1850-1900)*, Zurich: Chronos, 1997, pp. 189 ss.

1 Fondé en 1896, l'Institut médico-mécanique et orthopédique du Dr Charles Scholder, situé à Lausanne au boulevard de Grancy N° 39, dispose d'installations médico-mécaniques pour gymnastique médicale et massages suédois.
Charles Scholder, *La mécanothérapie: sa définition et ses indications d'après le système Zander*, Lausanne: Impr. Viret-Genton, 1897, p. 3; Indicateur vaudois, 1897.

les travaux de ces experts consacrés uniquement aux déviations; il est également peu fréquent qu'ils s'attardent longuement sur les causes et conséquences sexuées de ces pathologies. Or, au tournant du siècle, une étude novatrice apparaît sur ce sujet en Suisse.

En effet, les docteurs Charles Scholder (1861-1918), Adolphe Combe (1859-1917) et Auguste Weith (1858-1947) publient en 1901 une recherche portant sur les «déviations latérales de la colonne vertébrale ou scolioses»[8] chez les enfants des écoles de Lausanne. Weith est alors remplaçant du médecin des écoles de la ville de Lausanne, lequel n'est autre que Combe, également professeur de clinique infantile à la Faculté de médecine. Quant au médecin-chirurgien Scholder, il a ouvert en 1896 à Lausanne un Institut médico-mécanique et orthopédique, devenant ainsi l'initiateur en Suisse romande de la mécanothérapie, une technique développée en Suède dans les années

---

[8] Charles Scholder, Auguste Weith, Adolphe Combe, *Les déviations de la colonne vertébrale dans les écoles de Lausanne*, Zurich: Impr. Zürcher & Furrer, 1901, p. 19.

1860 et permettant d'effectuer des exercices passifs et de résistance de gymnastique médicale à l'aide d'appareils spéciaux[9]. La recherche de ces trois médecins, effectuée à partir de l'examen de 2314 écoliers, comptabilise parmi ceux-ci 571 cas de scoliose, soit 24,6%. Les médecins expliquent alors que «les scolioses sont excessivement rares avant l'âge scolaire puisqu'on n'en trouve que 8,9%. Au contraire, 89% de toutes les scolioses se forment pendant que l'enfant va à l'école et doivent être attribuées à celle-ci»[10]. L'école, dont le but principal est l'instruction intellectuelle des enfants, contribuerait en revanche à leur dégénérescence physique. Les médecins scolaires se proposent donc de remédier à ce lourd préjudice; mieux, ils permettront à l'école d'entreprendre une «œuvre de relèvement moral et sanitaire»[11]. Dans le contexte hygiéniste voire eugénique qui conditionne alors les exigences éducatives et sanitaires, le discours sur la scoliose mettant en cause les écoles publiques peut trouver un terrain favorable pour renforcer la mission préventive de la nouvelle médecine scolaire. L'accent mis sur la santé des filles sera exploité dans ce sens.

Dans un premier temps, les médecins scolaires lausannois soulignent que «la proportion des scolioses est à peu de chose près la même chez les filles et les garçons»[12]; toutefois, ils accusent une légère surreprésentation féminine, observant que 297 garçons ont une scoliose sur les 1290 examinés (23%) contre 274 filles sur 1024 (26,7%). Cette surreprésentation est attribuée aux cours spécifiquement dispensés aux filles tels que piano, broderie, peinture, qui viennent s'ajouter aux fatigues de l'école, en particulier dans les écoles supérieures de jeunes filles; c'est pourquoi, chez celles-ci, «le nombre des scolioses augmente avec celui des années»[13]. Les médecins lausannois condamnent donc le cumul d'activités considérées comme nuisibles pour la santé physique des filles, instruites afin de devenir des épouses et mères dignes de la société de la Belle Époque. Quant aux activités des garçons, on rappellera que l'éducation intellectuelle se double d'une éducation physique préparant au service militaire, la gymnastique scolaire étant réglementée pour ceux-ci au niveau fédéral depuis 1874, à un siècle d'intervalle par rapport aux filles (1970/1972)[14].

---

9   Cf. Charles Scholder, *La mécanothérapie: sa définition et ses indications d'après le système Zander*, Lausanne: Impr. Viret-Genton, 1897; Charles Scholder, *Quelques remarques sur le traitement des déviations d'origine scolaire*, Zurich: Impr. Zürcher & Furrer, 1902.
10 Charles Scholder, Auguste Weith, Adolphe Combe, *op. cit.*, p. 33.
11 Geneviève Heller, *op. cit.*, p. 17.
12 Charles Scholder, Auguste Weith, Adolphe Combe, *op. cit.*, p. 35.
13 *Ibid.*
14 Sur la situation lausannoise, cf. Véronique Czáka, *Éducation physique et genre. Développement des gymnastiques scolaires masculine et féminine à Lausanne (1870-1914)*, mémoire de diplôme en Études Genre, Universités de Lausanne et de Genève, 2004.

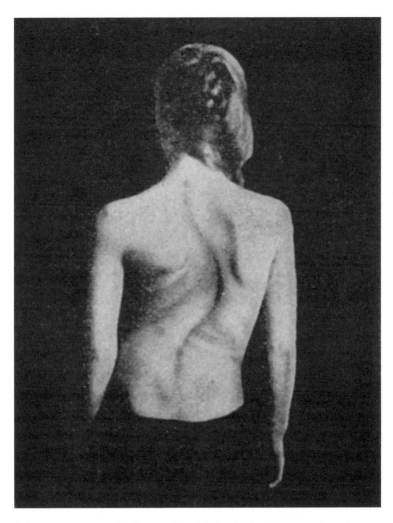

2 La scoliose est particulièrement contrôlée chez les filles pour des raisons d'ordre esthétique ainsi que médical : dans les cas les plus graves, le rétrécissement du bassin peut porter préjudice à une future grossesse. Charles Scholder, Auguste Weith, Adolphe Combe, *Les déviations de la colonne vertébrale dans les écoles de Lausanne*, Zurich : Impr. Zürcher & Furrer, 1901, p. 24.

Aussi, si les médecins reconnaissent que la scoliose concerne également les garçons, le discours sur ce point n'est-il pas développé davantage, l'attention étant portée exclusivement sur les filles. C'est que, aux yeux des experts, la scoliose représente un danger plus grand pour ces dernières, le lien entre corps dévié et procréation étant explicitement formulé: «si l'affection n'est pas traitée, le rétrécissement du bassin peut avoir des conséquences désastreuses pour les femmes scoliotiques qui ne craignent pas le mariage»[15]. Ce discours axé sur les filles est révélateur du rôle sexué attribué au corps féminin, corps-réceptacle des futures générations, que la scoliose met en péril.

Dans l'examen étiologique de la scoliose, les médecins lausannois relativisent les causes étrangères à l'école, souvent soulignées par d'autres spécialistes: faiblesse musculaire, anémie, reste de rachitisme, croissance sont certes à prendre en compte, mais figurent parmi les causes dites prédisposantes[16]. Elles ne sont pas suffisantes, puisque les déviations sont observées chez de nombreux enfants forts et musclés alors que d'autres sujets grêles et émaciés n'en sont pas atteints. Ces derniers sont par ailleurs plus nombreux parmi les garçons selon les médecins lausannois, qui ont constaté que «la musculature faible est plus fréquente chez les garçons que chez les filles»[17] – on reviendra sur cet argument dans le chapitre suivant. Quatre causes *déterminantes* sont avancées pour prouver l'incidence directe de l'école dans l'étiologie de la scoliose: l'insuffisance de lumière, la position assise prolongée, les tables non adaptées à la taille des enfants, la mauvaise position du cahier pendant l'écriture. Notons que les méfaits du mobilier scolaire sont débattus depuis le milieu du siècle et font l'objet d'une abondante littérature proposant des modèles de mobilier adapté[18]. Enfin, par le biais des devoirs à domicile, effectués souvent le soir dans des pièces mal éclairées et sur un mobilier sommaire, les mêmes facteurs scolaires sont transposés à la maison et s'en trouvent augmentés[19].

C'est ainsi que le discours hygiéniste sur l'école, initialement centré sur la sphère publique, réalise un glissement vers la sphère privée; un phénomène qui se généralise dès la fin du XIXe siècle[20]. L'ingérence des médecins lausannois dans la sphère privée s'opère par le biais des enquêtes scolaires, allant jusqu'à omettre l'étape de l'école en dénonçant exclusivement des pratiques familiales néfastes pour les filles:

15 Charles Scholder, Auguste Weith, Adolphe Combe, *op. cit.*, p. 23.
16 *Ibid.*, p. 35.
17 *Ibid.*, p. 48.
18 Cf. Geneviève Heller, *op. cit.*, pp. 81 ss.
19 Charles Scholder, Auguste Weith, Adolphe Combe, *op. cit.*, pp. 54-67.
20 Cf. Geneviève Heller, *op. cit.*; Georges Vigarello, *op. cit.*

3-4 Pour les médecins des écoles de Lausanne, le mobilier scolaire inadapté et la mauvaise position du cahier durant l'écriture figurent parmi les causes déterminantes de la scoliose.
Charles Scholder, Auguste Weith, Adolphe Combe, *Les déviations de la colonne vertébrale dans les écoles de Lausanne*, Zurich: Impr. Zürcher & Furrer, 1901, pp. 58 et 63.

« c'est surtout chez les filles fortes et bien musclées, bien plus que chez les garçons, que s'observe la scoliose. Or ce sont elles surtout qui portent à la maison leurs frères et sœurs et qui font les commissions. Chaque fois que nous les avons interrogées nous avons obtenu une réponse confirmant ce fait. »[21]

Les médecins soulignent encore que:

« les filles portent plus de fardeaux que les garçons. Cette conclusion deviendra presque une certitude si nous envisageons l'augmentation considérable des scolioses lombaires sinistro-convexes; celles-ci sont 50% de plus fréquentes chez les filles que chez les garçons et doivent être attribuées au fait que ces dernières utilisent plutôt le bras gauche pour porter leurs frères et sœurs ou les fardeaux tels que paniers, livres d'école etc. »[22]

L'argument de la responsabilité familiale permet aux médecins scolaires de justifier la différence sexuée de la scoliose qui ne peut, selon eux, être attribuée à l'école seule, puisque « si l'école est la coupable nous ne devrions pas trouver entre les sexes de différences dans le genre de déviation, car le nombre des heures de classe et des leçons à la maison est le même pour les deux sexes. »[23]

Il est dès lors difficile de ne pas percevoir un paradoxe dans le discours des médecins lausannois qui, après avoir présenté l'école comme principale responsable des scolioses, mettent finalement en cause, pour ainsi dire à parts égales, des pratiques scolaires et familiales. La question de la prépondérance des pratiques issues des sphères publique ou privée dans l'étiologie de la scoliose est même évacuée en une phrase de récapitulation, la seule à être mise en exergue dans l'étude, en caractère gras: « L'attitude vicieuse asymétrique, *quelle qu'en soit l'origine*, est donc la cause déterminante de toute scoliose. »[24] L'école n'est ici plus mentionnée comme cause déterminante, tout au plus est-elle une cause aggravante parmi d'autres. Aussi, l'exemple des vêtements féminins abonde-t-il dans le sens de la théorie de l'asymétrie:

« Pour les jeunes filles, […] la position asymétrique est encore augmentée par les jupes. Les élèves entrent de chaque côté dans leur banc qui est à deux places, la jupe retenue se tend et se trouve déplissée et mince sous le côté du siège qui se trouve vers le milieu du banc, sous l'autre côté la jupe est tassée et plissée en plusieurs doubles les uns sur les autres. Le bassin s'incline en dedans et la colonne lombaire forme une convexité tournée vers le milieu du banc. Pour éviter cet inconvénient, il faudrait que

21 Charles Scholder, Auguste Weith, Adolphe Combe, *op. cit.*, p. 49.
22 *Ibid.*, p. 41.
23 *Ibid.*, p. 38.
24 *Ibid.*, p. 31. C'est moi qui souligne.

les jeunes filles prissent l'habitude de placer également leurs jupons sous le siège ou qu'elles changent souvent de place avec leur voisine de banc. »[25]

Au regard des experts lausannois, la scoliose représente donc un danger plus grand pour les filles, nuisant à la santé de ces futures mères, pour lesquelles est identifiée une série d'exemples particuliers. Le discours sur la scoliose des garçons se limite quant à lui à enrichir les statistiques générales de l'étude concernant les explications communes aux deux sexes ayant trait à l'école, ou sert de point de comparaison entre les sexes, permettant d'insister sur l'importance des scolioses féminines. La place donnée à l'école dans les causes évoquées de cette pathologie semble fournir une assise à la nouvelle spécialisation des médecins scolaires, popularisée par l'«effet» qui consiste à mettre en exergue le danger sanitaire spécifique auquel sont exposées les filles. Par ailleurs, une fois n'est pas coutume, le discours des spécialistes de la médecine scolaire s'affirme en s'opposant aux arguments d'autres experts de la santé corporelle des enfants, les orthopédistes, qui ne manquent pas, à leur tour, de contredire leurs nouveaux collègues. À l'origine du terme d'orthopédie (du grec *orthos* «droit» et *pais, paidos* «enfant») se trouve une volonté de vulgarisation pédagogique novatrice, formalisée par le chirurgien français Nicolas Andry qui emploie ce vocable pour la première fois en 1741[26]. Quarante ans plus tard, l'orthopédie clinique est instituée par le médecin vaudois Jean-André Venel, qui fonde à Orbe, en 1780, le premier établissement au monde pour le traitement des cas orthopédiques, sans interventions chirurgicales. Mais c'est surtout vers la fin du XIXe siècle que cette spécialisation se distingue dans le milieu médical suisse[27].

La scoliose du point de vue orthopédique : la faute à l'école ou à une faiblesse pathologique féminine ?

Dans un premier temps, les trois médecins scolaires lausannois soulignent que «la plupart des orthopédistes admettent une énorme prédominance des scolioses dans le sexe féminin»[28]. Un tableau statistique des scolioses dénombrées chez une dizaine d'orthopédistes européens vient appuyer cette constatation en donnant un total de 85,5% de

---

25 *Ibid.*, p. 55.
26 Nicolas Andry, *L'Orthopédie ou l'art de prévenir et de corriger dans les enfans les difformités du corps. Le tout par des moyens à la portée des pères et des mères, et de toutes les personnes qui ont des enfans à élever*, Paris: Chez La Veuve Alix et Chez Lambert & Durand, 1741.
27 Cf. Bruno Valentin, *Geschichte der Orthopädie*, Stuttgart: Thieme, 1961, pp. 215 ss.
28 Charles Scholder, Auguste Weith, Adolphe Combe, *op. cit.*, p. 34.

cas chez les filles contre 13 % chez les garçons. Les médecins lausannois nuancent toutefois ces résultats :

« en s'appuyant sur un nombre considérable de statistiques on serait tenté d'admettre que les filles sont 10 fois plus atteintes de scolioses que les garçons. Mais ces chiffres sont loin d'indiquer la proportion exacte et voici pourquoi : la scoliose est surtout regardée par les parents comme un défaut d'esthétique. Il est donc naturel que ce soit surtout pour les filles que l'on consulte le médecin, car leur costume trahit beaucoup mieux la difformité que celui des garçons. »[29]

Ce postulat met en évidence un souci vraisemblablement répandu au sein de la population, préoccupée du développement corporel des filles au point de favoriser, pour celles-ci, la consultation d'un spécialiste dans les cas de scoliose. Les médecins scolaires invoquent ici l'argument d'une « visibilisation » culturelle et sociale des scolioses chez les filles, davantage traitées en raison de critères esthétiques, ajoutés aux risques biologiques (la procréation), et venant gonfler les statistiques des orthopédistes. Or, on pourrait retourner ce même argument contre la thèse de la scoliose scolaire soutenue par les médecins des écoles : en effet, l'institution favorise elle aussi une plus grande visibilité des scolioses, par le rassemblement des enfants et l'examen corporel systématique auquel ils sont soumis, ce qui ne prouve aucunement que cette pathologie n'ait pas été aussi étendue parmi les enfants avant l'établissement du nouveau système éducatif. L'étude lausannoise ne propose d'ailleurs pas de statistiques effectuées en dehors du milieu scolaire qui serviraient de point de comparaison. Aussi est-il intéressant de constater que les conclusions des médecins scolaires sur le rôle de l'école dans les scolioses suscitent la controverse.

En effet, dès la parution de l'étude des trois médecins lausannois, celle-ci est présentée et commentée lors de l'assemblée annuelle de la Société suisse d'hygiène scolaire. Elle est alors contestée par le médecin zurichois Wilhelm Schulthess (1855-1917), pionnier de l'orthopédie en Suisse alémanique depuis les années 1880 et également connu pour ses travaux sur les déviations de la colonne vertébrale[30]. Nous avons vu plus haut que l'étude lausannoise expliquait notamment la prédominance des scolioses chez les filles par une musculature davantage développée que celle des garçons : plus fortes que ces derniers, elles portent aussi davantage de fardeaux qui entravent leur développement. Le Zurichois Schulthess estime au contraire que les filles possèdent un squelette plus faible que les garçons : leur colonne vertébrale est « plus riche en éléments élastiques »

29 *Ibid.*
30 Sur sa biographie et sa bibliographie, cf. Beat Rüttimann, *Wilhelm Schulthess (1855-1917) und die Schweizer Orthopädie seiner Zeit*, Zurich : Schulthess Polygraphischer Verlag, 1983.

et donc plus mobile, tandis que les garçons sont plus robustes au niveau des os et des muscles. Puisant sa source dans un discours profondément ancré dans la culture occidentale, cette idée d'une faiblesse constitutionnelle du corps féminin reste bien vivace tout au long des siècles [31]. En vertu de cette thèse, il résulte pour Schulthess que les filles devraient subir plus lourdement les effets du mobilier scolaire; or, le constat de la prépondérance relativement faible des scolioses chez celles-ci suffit à discréditer l'argument en faveur des scolioses scolaires, bien que l'orthopédiste zurichois admette qu'un mauvais mobilier nuit aux enfants prédisposés à la scoliose. Il soutient quant à lui que l'explication se trouve dans l'origine rachitique des scolioses, le rachitisme – défaut de calcium au niveau des os – atteignant les enfants dans le bas âge et manifestant ses effets sur la colonne à un âge plus avancé [32]. Ce dernier argument contredit également l'étude des trois médecins lausannois, lesquels constatent, chiffres à l'appui, que les « scolioses fortes ne présentent pour la plupart aucun symptôme de rachitisme » [33]. Il faut enfin souligner que Schulthess ne différencie pas les sexes dans ses travaux sur les déviations de la colonne vertébrale, prenant en compte les enfants dans leur ensemble lorsqu'il évoque l'étiologie des scolioses ou établit des statistiques.

Reposant sur des conceptions pathologiques et sexuées du corps divergentes, ces désaccords sous-tendent sans doute une certaine concurrence entre Schulthess et Scholder, qui emploient et conçoivent tous deux des appareils médico-mécaniques dans leur institut respectif de Suisse allemande et de Suisse romande et publient à la même période sur les déviations de la colonne vertébrale. La focalisation sur l'école du lausannois Scholder, qui a choisi de mettre ses compétences au service du discours hygiéniste sur l'école, a sans doute favorisé sa double notoriété dans les champs médico-scolaire et orthopédique.

Les avis sur la scoliose ne manquent pas chez les experts des pays voisins, dont nos spécialistes s'inspirent largement. Cet aspect de la diffusion des savoirs n'a pas pu être développé ici; mais le débat helvétique sur le corps dévié est déjà révélateur d'une construction – complexe – des conceptions du corps de l'enfant scolarisé et médicalisé, qui se renforcent vers la fin du XIXe siècle en même temps que se professionnalisent de nouvelles disciplines médicales. Davantage que les orthopédistes, centrés sur le traitement individuel des enfants chez lesquels les déviations se sont déjà déclarées,

---

[31] Cf. Mariama Kaba, *op. cit.*
[32] Wilhelm Schulthess, «La scoliose scolaire» (texte en allemand), extrait du Rapport sur la 2e assemblée générale annuelle de la Société suisse d'hygiène scolaire, à Lausanne, 13-14 juillet 1901, *Annales suisses d'hygiène scolaire*, 1901, pp. 131-142.
[33] Charles Scholder, Auguste Weith, Adolphe Combe, *op. cit.*, pp. 43-44.

5-6 Dans son Institut, le Dr Scholder emploie et parfois adapte les appareils de gymnastique médico-mécanique du Dr Zander, tel que celui pour le traitement de la scoliose combinant les mouvements actifs des bras et du tronc.
Charles Scholder, *La mécanothérapie : sa définition et ses indications d'après le système Zander*, Lausanne : Impr. Viret-Genton, 1897, annexe.

les médecins des écoles proposent une action avant tout préventive sur l'institution scolaire dans son ensemble, par des mesures collectives touchant aussi bien l'infrastructure scolaire que les écoliers (amélioration des locaux et du mobilier, hygiène corporelle…). Il est probablement plus relevant pour ceux-ci d'analyser les causes des scolioses chez les écoliers, et chez les filles en particulier, en pointant du doigt des pratiques généralisées au sein de l'école, voire de la famille, et en délaissant les explications individualisantes telles que celle d'une prétendue faiblesse naturelle inhérente au sexe féminin.

Outre l'intérêt accru porté à la santé des enfants au cours du XIXe siècle, il semblerait que les débats autour du nouveau système qu'est l'école publique, mise en cause dans les cas de scoliose, ainsi que la visibilité sociale et culturelle de cette pathologie, exploitée davantage chez un sexe que chez l'autre, ait également profité aux nouveaux experts du corps pour asseoir leur statut. En fin de compte, les idéologies politiques de la fin du XIXe siècle, préoccupées par la prétendue dégénérescence des peuples, ont été à la base d'une intensification explicite des représentations sexuées du corps (celui de l'homme-soldat *versus* celui de la femme-mère), en promouvant des exigences hygiénistes différenciées ; inversement, les discours et pratiques des experts médicaux ont renforcé, dans les sphères publique et privée, les conceptions sexuées du corps.

Anne-Françoise Praz

ÉGALITÉ DES SEXES ET ENJEUX DE L'ÉCOLE DANS LES CANTONS DE VAUD ET FRIBOURG (1880-1930)

À partir des années 1880, les cantons suisses renforcent la mise en place de leur système scolaire, conformément aux principes de la Constitution fédérale de 1874: une instruction primaire suffisante, laïque, obligatoire et gratuite. Malgré des tendances convergentes, l'autonomie des cantons se traduit par une grande hétérogénéité des structures scolaires, du contenu des programmes, du calendrier, du contrôle de l'absentéisme[1]; l'instruction post-primaire surtout est plus ou moins développée, décentralisée ou gratuite.

Ces différences sont le résultat de conflits et de compromis autour des enjeux de l'école, qui voient s'affronter différents groupes sociaux. Les milieux dirigeants investissent l'école d'un rôle nouveau. D'une part, il s'agit de doter les individus de savoirs et de compétences propres à assurer leur productivité dans cette période de deuxième révolution industrielle, où l'essor économique est de plus en plus couplé avec l'augmentation des connaissances et les compétences intellectuelles, même au plus bas niveau de l'échelle socioprofessionnelle. D'autre part, l'école est aussi censée inculquer des valeurs communes afin d'assurer la cohésion sociale et le respect des institutions. Ces objectifs ne recoupent pas toujours ceux des parents. Certes, il existe une demande sociale d'instruction dans l'idée d'assurer l'avenir des enfants et si possible leur ascension sociale. Dans bien des catégories sociales toutefois, l'instruction post-primaire n'est pas encore perçue comme un atout pour l'avenir, sans compter que les exigences de fréquentation de l'école primaire déjà entrent en conflit avec les contraintes économiques d'une majorité de familles.

Analyser les différences entre systèmes scolaires cantonaux permet de mettre en évidence les conflits et compromis autour de l'école. Ceux-ci tiennent à la position des différents groupes sociaux, à leurs objectifs, aux besoins de l'économie, au contenu des

---

1   Rita Hofstetter, Charles Magnin, Lucien Criblez, Carlo Jenzer (éds), *Une école pour la démocratie – Naissance et développement de l'école primaire publique en Suisse au XIXe siècle*, Berne: Peter Lang, 1999.

valeurs qu'on souhaite inculquer d'en haut, aux attentes et résistances d'en bas. Sur la base d'une série de données des cantons de Vaud et Fribourg, cette contribution propose d'analyser ces différences à travers le prisme du genre: comment les systèmes scolaires vaudois et fribourgeois renforcent-ils ou atténuent-ils des discriminations sur la base du sexe? Loin d'être une question annexe ou un simple souci d'histoire « politiquement correcte », ce questionnement permet d'entrer au cœur des arrangements sociaux sur l'école.

Nous présenterons d'abord brièvement les différences entre les législations, les structures et surtout les pratiques institutionnelles des deux cantons. En analysant le discours des autorités cantonales, nous montrerons ensuite quelles logiques politiques sous-tendent ces pratiques. Nous retracerons la diffusion de cette morale des élites, en nous intéressant plus spécialement aux modèles de bon père et de bonne mère dans différents corpus. Enfin, à travers un échantillon de 2358 enfants de quatre villages vaudois fribourgeois[2], nous mesurerons l'effet de ces pratiques et discours sur les chances d'instruction des enfants. Le texte ci-après est la synthèse repensée d'un chapitre d'une thèse publiée en 2005[3], combinée avec des recherches plus récentes sur l'histoire de la paternité.

Vaud et Fribourg: des discriminations sexuées plus ou moins marquées

Vers la fin du XIXe siècle, force est de constater que le système scolaire fribourgeois comporte davantage de discriminations à l'encontre des filles. Les lois scolaires insistent sur la ségrégation des sexes dès l'école primaire, qui va de pair avec des programmes différenciés; alors que les filles s'adonnent aux travaux à l'aiguille et à l'économie domestique, les garçons reçoivent des enseignements qui leur sont dispensés exclusivement: gymnastique, instruction civique, dessin, sciences naturelles, arpentage, histoire et géographie générale (en plus de celle de la Suisse). L'État finance l'instruction post-primaire des garçons (écoles secondaires et régionales, École normale des garçons, bourses pour collégiens). Par contre, celle des filles est déléguée aux congrégations religieuses, à l'exception d'une école communale en ville de Fribourg; elle est donc privée

---

2   Il s'agit des villages de Chavornay (VD) et Broc (FR), touchés par un même type d'industrialisation au cours de la période étudiée (fabrique de chocolat), et des villages voisins de Chevroux (VD) et Delley-Portalban (FR), qui conservent une économie basée sur l'agriculture et la pêche.
3   Anne-Françoise Praz, *De l'enfant utile à l'enfant précieux – Filles et garçons dans les cantons de Vaud et Fribourg*, Lausanne: Antipodes, 2005.

1 L'instruction post-primaire des filles fribourgeoises est majoritairement privée et payante.
Cours de couture au Pensionnat de Sainte-Marie, Orsonnens (Fribourg).
© Bibliothèque cantonale et universitaire de Fribourg. Fonds de cartes postales.

et payante, ce qui renforce les différences sociales dans l'accès au savoir. Enfin, selon la loi de 1882 en vigueur jusqu'au milieu du XXe siècle, l'école est obligatoire jusqu'à 15 ans pour les filles, alors que l'âge de libération des garçons est fixé à 16 ans.

Les lois scolaires vaudoises instaurent la mixité au niveau des écoles primaires, secondaires (loi scolaire de 1865) et primaires supérieures (1906). La différenciation sexuée des programmes s'en trouve moins marquée, à l'exception du civisme, enseigné aux seuls garçons. Dans le canton de Vaud, l'État finance entièrement les écoles primaires supérieures et secondaires mixtes, ainsi que l'École normale ouverte aux deux sexes ; il participe pour un tiers au financement des Écoles supérieures de jeunes filles (loi de 1869) et aux Gymnases de jeunes filles (1908) sous la responsabilité des communes. En territoire vaudois, les filières pour l'instruction post-primaire des filles sont à la fois plus nombreuses, plus accessibles et mieux dotées, ce qui constitue pour les familles une première incitation à considérer la formation des filles au même titre que celle des garçons.

Les pratiques institutionnelles fribourgeoises accentuent les inégalités ancrées dans les lois et structures scolaires, alors qu'elles ont plutôt pour effet, dans le canton de

Vaud, d'atténuer la portée des textes législatifs. La question de l'âge de libération des écoles en constitue un bon exemple, et l'on s'appuiera ici surtout sur la correspondance entre cantons et communes et sur les archives des commissions scolaires des villages de notre échantillon.

À Fribourg, le pouvoir de décision en matière scolaire est dévolu au Conseil d'État et à ses représentants, notamment l'inspecteur ; c'est à lui de traiter, au cas par cas, les nombreuses demandes de libération de l'école avant l'âge légal, déposées par les parents auprès de la commission scolaire. Dotée de peu de compétences décisionnelles, celle-ci fonctionne davantage comme un relais des doléances des familles. Pour être en mesure de gérer l'abondance de demandes dans le temps limité de sa visite, l'inspecteur recourt à certaines routines de décision, influencées par des idées reçues sur la relative importance de l'instruction pour les filles et leur le rôle dans la famille. Les protocoles des séances de commissions scolaires, où figurent ses décisions motivées, démontrent que la libération est accordée bien plus facilement lorsqu'il s'agit d'une fille. Au final, les jeunes Fribourgeoises peuvent non seulement quitter l'école légalement à 15 ans, mais elles sont souvent «libérées» à 14, voire 13 ans.

Dans le canton de Vaud, la loi scolaire de 1889 attribue aux communes (commission scolaire et municipalité) davantage de compétences, et l'État mise sur leur responsabilisation pour résister aux pressions des familles, en publiant notamment un classement communal des résultats scolaires et du taux d'absences. Les communes ont le droit de décider chaque année de l'âge de libération des écoles (15 ou 16 ans), décision qui s'applique uniformément à tous les enfants. Les demandes de libération anticipée ne sont accordées qu'exceptionnellement, l'autorité cantonale se retranchant derrière la décision communale. L'autonomie communale et le mode de réglementation collective de la fréquentation scolaire obligent ainsi à libérer filles et garçons au même âge. Une discrimination est cependant instituée par la révision de 1906, qui introduit la possibilité de libérer toutes les filles à 15 ans et tous les garçons à 16 ans ; en échange de cette nouvelle marge d'autonomie, les communes renoncent à leur faculté d'accorder des congés d'été à certains enfants, cette pratique ayant été jugée responsable de la dégringolade du canton dans les résultats des examens pédagogiques des recrues. Toutefois, moins de 10 % des 388 communes vaudoises choisissent cette option entre 1906 et 1930. Les pratiques institutionnelles expliquent ce recours limité à une discrimination permise par la loi : les partisans d'une libération anticipée des filles doivent réunir une majorité au niveau de la commission scolaire et de la municipalité. Or, au sein de ces instances, les familles modestes qui ont besoin économiquement de leurs filles sont sous représentées par rapport à celles qui préfèrent leur fournir une instruction primaire complète.

Discrimination des filles et enjeux politiques de l'école

Cette préférence vaudoise pour une réglementation collective de la fréquentation scolaire n'est pas seulement motivée par la simplification administrative. L'analyse des publications officielles (comptes rendus annuels du Conseil d'État, messages présentant les lois scolaires, circulaires aux préfets, inspecteurs, commissions scolaires et enseignant·e·s) permet de repérer d'autres raisons, révélatrices des enjeux de l'école aux yeux des autorités.

Selon les arguments invoqués, la réglementation collective améliore l'efficacité de l'enseignement en réduisant l'hétérogénéité des classes en termes d'âge et de niveau de connaissances (les enfants au bénéfice de congés d'été retardant les autres), et favorise le relèvement général du niveau d'instruction. Lorsque les autorités justifient la nécessité de la fréquentation scolaire dans ces textes officiels, c'est d'abord au nom du niveau d'instruction de la collectivité cantonale tout entière: il en va du «niveau des études primaires», du «développement de l'instruction populaire», des «progrès constants de nos écoles»[4]: l'utilité du savoir est une évidence dispensée de toute justification. Ce progrès de l'instruction est parfois orienté vers d'autres buts collectifs tels que «le bien commun», «l'avenir du pays», le fonctionnement de la démocratie («une démocratie sans peuple cultivé est un fléau»), «la prospérité de notre pays»[5], démontrant ainsi une prise de conscience de l'importance d'une main-d'œuvre qualifiée, nouvelle condition de l'essor économique.

La réglementation collective de la fréquentation scolaire est également en phase avec un autre enjeu, la démocratisation de l'accès au savoir. Le droit des enfants à l'instruction, régulièrement invoqué, constitue un argument suffisant pour contrer les résistances des parents: chacun doit pouvoir bénéficier des «bienfaits» de l'instruction, «aujourd'hui plus indispensable que jamais». Une analyse de contenu répertoriant les mots utilisés pour désigner les destinataires de l'instruction montre l'usage quasi exclusif de termes génériques, sans distinction de classe ou de sexe: «la jeunesse vaudoise», «les enfants», «les générations nouvelles», «la généralité de la jeunesse d'un pays»[6].

Ce progrès de l'instruction dont chaque membre de la collectivité doit pouvoir bénéficier est présenté comme l'enjeu d'un contrat entre parents et autorités. Les premiers consentent à une limitation de leur liberté économique en envoyant leurs enfants à

---

4   Expressions relevées dans les Comptes rendus par le Conseil d'État du canton de Vaud sur l'administration durant l'année 1899, 1907, 1914.
5   *Ibid.*, années 1866, 1919, 1923, 1924.
6   *Ibid.*, année 1864, pour la dernière expression.

2 École villageoise dans un village vaudois aux alentours de 1900. La classe des petits et la classe des grands se mettent en scène pour la photographie souvenir, avec l'institutrice et l'instituteur. Selon la loi scolaire vaudoise, la séparation par âges est préférée à la séparation par sexes lorsque l'effectif global dépasse un certain nombre d'élèves.
© Fondation vaudoise du patrimoine scolaire à Yverdon.

l'école, les secondes souscrivent à des investissements importants pour mettre en place et faire fonctionner une école gratuite pour tous. Selon un raisonnement quasi inchangé au cours de la période, l'intervention de l'État dans la sphère de décision des chefs de famille est justifiée par la nécessité de ne pas gaspiller les deniers publics: « les autorités scolaires ont le devoir et le droit d'exiger que ces sacrifices ne soient pas rendus inutiles par la fréquentation irrégulière de l'école. »[7]

Cette vision universaliste de l'accès au savoir constitue un premier élément d'explication du caractère plus égalitaire de l'école vaudoise du point de vue du genre. Cependant, les arrangements institutionnels sont régulièrement réajustés en fonction des conflits et des crises qui émaillent à l'époque la mise en place de l'école obligatoire. Pour trouver des compromis, des mesures restrictives sont appliquées à certains

---

7 *Ibid.*, année 1913, p. 91.

groupes; la catégorisation par sexe apparaît alors comme la plus évidente, et les justifications invoquées montrent que le recours à des stéréotypes de sexe constitue un argument commode et toujours disponible. Ainsi, les débats au Grand Conseil vaudois sur la révision de la loi de 1906, qui autorise à libérer les filles plus tôt de l'école, montrent que les édiles vaudois partagent avec leurs homologues fribourgeois des visions communes sur l'utilité relative de l'instruction pour les filles, déclarées «plus mûres» que les garçons à tel âge et «plus utiles à la famille». Dans le cas des filles, les droits des parents priment sur leurs devoirs envers la collectivité, la fonction économique des enfants justifie leur moindre instruction, alors qu'une telle attitude est qualifiée d'égoïste et d'anti-civique lorsqu'elle se réfère à un «enfant» au masculin neutre.

Du côté fribourgeois, les justifications de l'obligation scolaire présentées dans les publications officielles diffèrent sensiblement. Les buts collectifs de l'instruction sont surtout exprimés en termes négatifs: écarter la menace d'une intervention fédérale, «qui pourrait nous ravir d'autres libertés qui nous sont plus précieuses»[8], et protéger la collectivité des dangers de l'ignorance, associée à la délinquance et au paupérisme. À ce titre, la classe pauvre a besoin d'une éducation intellectuelle, mais surtout religieuse et morale, pour «s'arracher aux mauvaises tentations auxquelles elle peut être exposée»[9]. Lors du débat sur la loi scolaire de 1884, le rapporteur insiste sur l'importance d'inculquer «les devoirs envers ses supérieurs et ses semblables», car la seule instruction «multiplie les besoins et augmente les convoitises»[10]. Bien plus nombreuses sont les expressions invoquant l'utilité individuelle de l'école pour les destinataires, systématiquement distingués selon la classe ou le sexe. L'école doit permettre de «gagner sa vie de manière honnête», et elle est donc spécialement utile aux «enfants des familles pauvres». À partir des années 1880, l'insistance sur la division par classes s'efface au profit de la division par sexes. La nécessité de «se procurer les ressources nécessaires» est désormais l'apanage des garçons; quelle que soit leur classe, tous doivent «être armés pour la lutte pour l'existence». Quant aux filles, l'école doit les instruire «des devoirs qui les attendent dans la vie», les préparer à «rendre de grands services à la société» et les mettre en garde «contre les dangers de la vie moderne»[11]. Plutôt que le relèvement général du niveau d'instruction, les autorités fribourgeoises mettent l'accent sur la formation d'une élite paysanne. Telle est la vision défendue par le futur conseiller d'État Georges Python (1856-1927) lors du débat sur la loi scolaire de 1884: «Nous devons, au moyen des écoles

---

8 AÉF, *Bulletin des séances du Grand Conseil*, février 1884, p. 15.
9 *Compte rendu de l'administration du Conseil d'État de Fribourg*, 1870, p. 46.
10 AÉF, *Bulletin des séances du Grand Conseil*, février 1884, pp. 14-21.
11 Expressions relevées dans les Comptes rendus pour les années 1861, 1870, 1914, 1906, 1908, 1919, 1929.

régionales, créer une élite dans les villages, qui sera favorable au développement de l'instruction primaire, afin d'arriver à faire progresser l'agriculture. »[12]

Cette segmentation des objectifs et des destinataires révèle une vision très fonctionnelle de l'instruction, et permet de saisir la logique qui sous-tend la préférence des autorités fribourgeoises pour un règlement au cas par cas des demandes de libération scolaire. L'école doit préparer chaque enfant à remplir le rôle social qui lui est dévolu; les chances d'accès à l'instruction sont ainsi conditionnées par les attentes sociales et les stéréotypes associés à tel ou tel groupe, en particulier les groupes de sexe. Le système scolaire doit se concentrer sur la formation des élites, forcément masculines. Dans une telle logique, les compromis sur la formation des filles, ponctuels dans le canton de Vaud, deviennent ici systématiques. C'est une stratégie commode pour gérer les conflits entre État et chefs de famille, de manière à assurer un certain niveau d'instruction des garçons, garantissant «l'honneur du canton» aux examens fédéraux des recrues et écartant les dangers collectifs mentionnés plus haut. Par ailleurs, le refus d'affaiblir l'autorité du chef de famille est en phase avec l'idéologie conservatrice-catholique de sauvegarde des valeurs traditionnelles, dans une vision hiérarchique de la société dont la famille constitue le premier échelon. Selon l'encyclique *Rerum novarum* (1891), «l'autorité paternelle ne saurait être abolie ni absorbée par l'État, car elle a sa source là où la vie humaine prend la sienne».

Pères et mères face à l'école

Les parents vaudois sont ainsi soumis à des contraintes institutionnelles plus importantes qu'à Fribourg pour renoncer à l'utilité économique des enfants et les scolariser. Ces contraintes sont également renforcées par certains modèles culturels de «bons» parents. Les recherches en histoire du genre et de la famille, notamment anglo-saxonnes[13], soulignent l'importance de la littérature religieuse pour la diffusion de modèles de bons parents au XIXe siècle. Ces travaux se réfèrent au Réveil religieux protestant, qui met l'accent sur une plus grande exigence d'intégration de la doctrine dans la vie quotidienne et les pratiques familiales. Or, ce mouvement essaime dans le canton de Vaud dans la première moitié du XIXe siècle, et l'une des conséquences en est la

---

12 AÉF, Bulletin des séances du Grand Conseil, session de mai 1884, p. 134.
13 Catherine Hall, Leonore Davidoff, *Family Fortunes. Men and Women of the English Middle Class, 1780-1850*, Chicago: University of Chicago, 1987. John Tosh, *A Man's Place. Masculinity and the Middle-Class Home in Victorian England*, New Haven; Londres: Yale University Press, 1999.

fondation en 1827 de la Société des traités religieux de Lausanne, qui vise à répandre les principes de l'Évangile par le biais de courts récits, distribués ou vendus à prix modique; ces textes sont rédigés de manière à capter l'attention d'un public majoritairement populaire et campagnard; la Société connaît un essor remarquable dès les années 1860, avec plus de 100 000 brochures annuellement distribuées[14].

Nous avons sélectionné un échantillon de récits centrés sur les relations familiales et édités entre 1890 et 1914 (pour des raisons de comparabilité avec un échantillon fribourgeois). Dans une analyse narrative simple, nous identifions les personnages principaux et secondaires, ceux qui posent problème et pourquoi ainsi que comment ils sont punis ou récompensés. L'analyse révèle que ce sont les pères surtout qui posent problème dans ces récits, quand ils ne parviennent pas à se situer entre les injonctions contradictoires définissant la masculinité et la paternité. Ainsi, s'il ne veut pas passer pour un homme faible dominé par sa femme, le père doit apparaître dans les espaces de sociabilité masculine (café, fêtes de tir, jeux de cartes); mais s'il y consacre trop de temps et d'argent, il échoue dans son rôle principal, celui de pourvoyeur de revenu. La figure de l'ivrogne devenu chômeur, dont l'épouse et les enfants se tuent à la tâche, constitue une figure classique de la paternité déficiente. Toutefois, l'homme qui réussit économiquement, satisfaisant ainsi à un critère de respectabilité masculine, n'est pas forcément un bon père; obnubilé par la réussite matérielle, il néglige l'éducation de ses enfants et serait même tenté d'utiliser leur force de travail pour satisfaire son ambition, au détriment de leur scolarisation: «Aussi, tant qu'il le pût, il disputa au régent le temps de ses enfants […]. Jamais il ne regarda leurs cahiers, ne leur fit réciter une leçon, ne s'informa de leur conduite ou de leurs aptitudes.»[15]

Le bon père s'avère capable d'assurer l'avenir de ses enfants, ce qui exige de leur procurer une bonne instruction et de suivre leur éducation morale et religieuse. Dans les récits, les filles instruites et éduquées trouvent de bons maris, parfois même au-dessus de leur condition. Les garçons dotés des mêmes atouts font honneur à leur père, en démontrant à l'âge adulte leur indépendance financière. La punition du mauvais père réside dans la honte associée à un fils incapable d'assurer son entretien et celui de sa famille: «Le père, qui était municipal, honteux d'avoir souvent à se retirer pendant qu'on délibérait sur les demandes de secours à accorder à M. son fils, donna sa démission et se confina chez lui, sombre et découragé.»[16]

---

14 François Vallotton, *L'édition romande et ses acteurs 1850-1920*, Genève: Slatkine, 2001, pp. 47-48.
15 *Jean-Pierre et Jean-Louis*, Société des traités religieux de Lausanne, 1901.
16 *Les parents obéissants*, Société des traités religieux de Lausanne, 1899.

L'éducation intellectuelle, morale et religieuse conditionne ainsi la réussite matérielle et sociale des garçons et filles et rejaillit sur la réputation paternelle. Dans ces récits, religion, instruction et réussite sociale ne sont nullement en contradiction. Nous avions déjà repéré une même cohérence entre religion et savoir dans les articles des revues pédagogiques vaudoises relatifs à l'instruction des filles et à leur rôle futur de mère [17]. Ces revues justifient l'universalité de l'accès au savoir par le devoir religieux, pour les deux sexes, de s'élever au-dessus des mauvaises passions, des préjugés, de l'indolence. Même « si la jeune fille est destinée à ne jamais quitter le foyer domestique, c'est une raison pour ne point y enfermer son esprit » [18]. La bonne mère protestante est une mère instruite, pour assurer son ascendant moral et remplir son rôle de « première institutrice de ses enfants ». Nous avions également relevé comment les livres de lecture vaudois mettent en scène des mères très actives dans la scolarisation des enfants, qui font réciter les leçons, préparent les dictées, surveillent les devoirs et réprimandent les écoliers paresseux [19].

Du côté fribourgeois, les modèles parentaux diffusés dans les récits édifiants, revues pédagogiques et livres de lecture n'évoquent pas la responsabilité pour l'éducation intellectuelle des enfants, celle-ci contredisant même parfois les valeurs religieuses. Pour analyser des sources religieuses fribourgeoises comparables, nous avons consulté l'*Almanach catholique de la Suisse française*. Cette publication s'inscrit dans la volonté du Piusverein de défendre les valeurs catholiques face à l'idéologie laïcisante des radicaux de 1848 par la propagation de « bons livres » à la portée des classes populaires. Elle paraît chaque année depuis 1859, et dans une version renouvelée dès 1890 ; chaque numéro comprend un récit édifiant, parfois centré sur les relations familiales. Dans ces récits, on croise peu de pères buveurs qui réduisent leur famille à la misère, et ceux-ci sont des personnages secondaires. Les personnages qui posent problème ne sont pas les pères, mais les fils, par leur manque de reconnaissance, d'ardeur au travail agricole ou artisanal, et surtout leurs velléités d'émancipation. Ils s'échappent du domaine familial, tentent leur chance à la ville ou dans l'industrie, s'instruisent par leur propre initiative et accèdent ainsi à un nouveau statut social, devenant des hommes économiquement indépendants ; mais c'est au prix de la perte de leur foi catholique et ce n'est qu'à la faveur d'une épreuve, qu'ils renouent avec leur famille et leur religion.

17 *L'École* (VD) et *L'Éducateur* (cantons protestants romands) qui fusionnent dès 1900.
18 « L'éducation des filles de la campagne », *L'École*, 1er décembre 1879, p. 363.
19 Pour le détail de cette analyse: Anne-Françoise Praz, « Filles et garçons à l'école vers 1900. Discours et pratiques sur l'éducation sexuée dans les cantons de Vaud et Fribourg », in Anne Dafflon Novelle (dir.), *Filles-garçons. Socialisation différenciée ?*, Grenoble : Presses universitaires de Grenoble, 2006, pp. 103-126.

Ainsi, la formation et la réussite matérielle des fils ne réjouissent pas les pères et ne rejaillissent pas sur leur réputation, bien au contraire. La figure paternelle, momentanément menacée par un fils instruit et détaché de la religion, est néanmoins toujours rétablie à l'issue du récit, le fils prodigue reconnaissant la sagesse paternelle et se remettant sous son autorité.

Religion et instruction ne sont pas davantage réconciliées dans la figure de la bonne mère catholique, ainsi que l'avait déjà souligné notre analyse des revues pédagogiques et des manuels scolaires. Selon le *Bulletin pédagogique*, l'éducation des filles doit être orientée vers la mission première de la femme, «confiée par la Providence […] être avant tout une bonne ménagère»[20]. À cette image idéale, les textes fribourgeois opposent les deux images honnies de la «femme savante» et de la «femme coquette», réunies dans une même réprobation et également disqualifiées: à l'instar de la coquetterie, le savoir n'est qu'un obstacle à l'accomplissement des véritables devoirs de la femme. Dans les livres de lecture fribourgeois, les mères se contentent de moraliser les écoliers en les incitant à obéir à l'instituteur, et ne jouent aucunement le rôle d'auxiliaire pédagogique.

Stratégies familiales et chances d'instruction des filles et des garçons

Les incitations institutionnelles et culturelles adressées aux parents vaudois influencent-elles la scolarisation effective de leurs enfants? Une analyse statistique, sur la base des données de notre échantillon de quatre villages vaudois et fribourgeois, mesure l'impact de différents facteurs sur les chances d'instruction des enfants. Sur 6207 enfants légitimes nés entre 1860 et 1930 et dont 5042 ont survécu jusqu'à 15 ans révolus, nous avons pu reconstituer le parcours de formation de plus de la moitié d'entre eux, soit 2358 enfants (1333 garçons et 1025 filles).

Nous ne présenterons ici qu'un résultat parmi les différentes analyses que cette base de données nous a permis d'élaborer[21]. Seule une minorité d'enfants (556) bénéficient

---

20 Rapports discutés à la réunion annuelle de la Société fribourgeoise d'éducation, *Bulletin pédagogique*, septembre 1877, p. 186.
21 Anne-Françoise Praz, «Politique conservatrice et retard catholique dans la baisse de la fécondité: l'exemple du canton de Fribourg en Suisse (1860-1930)», *Annales de démographie historique*, N° 2, 2003, pp. 33-55. «Ideologies, Gender and School Policy – A Comparative Study of two Swiss Regions», *Paedagogica Historica – International Journal of the History of Education*, N° 42(3), June 2006, pp. 345-361. «State Institutions as Mediators between Religion and Fertility: A Comparison of two Swiss Regions (1860-1930)», in Renzo Derozas, and Frans van Poppel (éds), *Religion and the Decline of Fertility*, New York; La Haye: Springer, 2006, pp. 104-132 (chap. 7).

d'une formation post-primaire, qui implique pour les parents des coûts directs (transport, repas, logement selon le cas et, parfois, écolage), mais aussi des coûts d'opportunité, à savoir le fait de renoncer à la force de travail des enfants ou à leur apport salarial. Comment se présentent les chances des enfants d'accéder à une telle formation? Les données disponibles nous permettent de les mesurer en fonction du *sexe*, de la *religion* (assimilée en fait à l'appartenance cantonale étant donné l'homogénéité religieuse de l'échantillon), et d'une série de variables familiales: la *profession du chef de famille*, comme indicateur du statut socio-économique, le *rang dans la fratrie*, le *décès d'un parent* (avant que l'enfant atteigne 14 ans). Le sexe constitue un facteur très important, mais l'impact de cette variable est beaucoup plus marqué pour les garçons fribourgeois, qui ont 4,75 fois plus de chances que les filles d'accéder à une formation post-primaire, alors que les garçons vaudois ont «seulement» 2,45 fois plus de chances. Le statut socio-économique est également plus décisif du côté fribourgeois: par rapport à un enfant de paysan (catégorie de référence), un enfant dont le père exerce une profession qualifiée a 20,6 fois plus de chances d'accéder à une formation post-primaire, alors que le même rapport est «seulement» multiplié par 7,9 côté vaudois. Un tel résultat témoigne à la fois d'une plus grande accessibilité de la formation post-primaire vaudoise, mais aussi d'une plus grande détermination des parents de scolariser leurs enfants quel qu'en soit le coût, même dans la catégorie des paysans, la plus intéressée à leur fonction économique.

Les élites vaudoises et fribourgeoises partagent des représentations similaires sur les femmes et sont tout autant convaincues de la nécessité d'assigner les sexes à des sphères séparées. Dans le canton de Vaud toutefois, lorsqu'il s'agit de concrétiser ces représentations dans les institutions scolaires, d'autres composantes de la culture religieuse et politique viennent tempérer ce sexisme. Dans les deux cantons, l'instruction des filles est instrumentalisée pour transmettre les valeurs dominantes et la discrimination à leur encontre est utilisée comme stratégie de résolution des conflits en matière scolaire. Mais le fonctionnement des institutions politiques vaudoises limite les occasions de recourir à cet expédient. Mieux instruites et mieux légitimées à s'épanouir dans le domaine du savoir, les Vaudoises seront aussi plus actives dans la défense de leurs droits tout au long du XXe siècle.

Acacio Calisto

APPRENTISSAGE : VERS LA FORMATION EN SÉRIE DE MAIN-D'ŒUVRE QUALIFIÉE

En Suisse, la majorité des jeunes suivent une formation professionnelle en entreprise couplée à des cours professionnels : c'est que qu'on appelle communément le système d'apprentissage dual. Ce dernier est profondément ancré dans la vie et dans les mentalités de la population. Mais cela n'a pas toujours été le cas. Historiquement, la question de la formation professionnelle d'une partie de la main-d'œuvre émerge dans la seconde moitié du XIXe siècle, avec le *«take off»* industriel de l'économie suisse. L'expansion économique dicte, de fait, la nécessité de disposer d'ouvriers qualifiés et adaptables à l'évolution rapide des techniques. Pour atteindre cet objectif, certains secteurs du patronat déploient leurs «armes», notamment au niveau institutionnel, afin de mettre sur pied les structures et les normes assurant la formation qui leur apparaît la plus rationnelle possible – la question du coût s'avère fondamentale – et la mieux adaptée aux besoins de l'appareil de production. Cette évolution historique est valable pour le cadre helvétique tout comme pour le contexte vaudois, dont les éléments essentiels figurent plus loin dans cet article [1].

La meilleure image pour décrire l'histoire de la formation professionnelle en Suisse est certainement celle d'un resserrement progressif [2]. Et cela pour plusieurs raisons. Tout d'abord, la situation est caractérisée, dans la seconde partie du XIXe siècle, par un éclatement des initiatives en matière de lieux de formation théorique (cours, musées industriels, etc.) et pratique (ateliers, écoles artisanales, etc.), ainsi que par une fragmentation des activités existantes. Ensuite, cette situation initiale évolue vers une organisation plus structurée – aux niveaux institutionnel, législatif et privé (centres de

---

1. Cet article traite le sujet d'un mémoire de licence défendu à l'Université de Lausanne en juin 2001 : Acacio Calisto, *Apprentissage : vers la formation en série de main-d'œuvre qualifiée. Politique de formation professionnelle dans le canton de Vaud, 1896-1936*. Mémoire de licence, Université de Lausanne, 2001.
2. Cf. à ce propos le schéma élaboré par Emil Wettstein, spécialiste de la formation professionnelle en Suisse : Emil Wettstein *et al.*, *Die Entwicklung der Berufsbildung in der Schweiz*, Aarau : Verl. für Berufsbildung Sauerländer, Berufspädagogik bei Sauerländer 14, 1987, p. 74.

formation des grandes entreprises par exemple) – et, partant, beaucoup plus claire et solide. Cette structuration a permis de distribuer peu à peu les rôles et les responsabilités en matière de formation professionnelle, la Confédération en assurant le cadre général.

L'évolution de la formation professionnelle en Suisse nous montre que ce domaine est passé progressivement d'un système géré par les corporations à un système coordonné par l'État (Confédération, cantons et communes), dans lequel «l'entreprise» est très fortement impliquée. Mais cette transition n'est pas le fruit d'un mécanisme inéluctable. Le degré de structuration atteint aujourd'hui est le résultat d'une évolution progressive, par étapes, agrémentée de tensions et de rapports de forces. Car, d'un côté, les intérêts des différents secteurs du patronat ne sont pas toujours homogènes, entre l'artisanat et le petit commerce et le grand patronat de l'industrie et de la finance. D'un autre côté, les intérêts des ouvriers les amènent à se battre pour avoir accès à des formations qualifiées et à la maîtrise des savoir-faire pendant cette période historique où la fragmentation des processus de travail est progressivement introduite.

On peut également affirmer qu'un des piliers historiques du système de formation professionnelle dual est son financement par un régime de subventions fédérales et les conditions préalables qui lui sont liées. Ce régime, dont les débuts remontent à l'Arrêté fédéral sur l'enseignement professionnel voté par le Parlement en 1884, constitue le premier des éléments fondateurs d'une cohésion au niveau national des pratiques relatives à la formation professionnelle. Concrètement, l'attribution d'aides financières permet l'existence et le développement de l'enseignement professionnel, complémentaire aux cours de la scolarité obligatoire, un enseignement indispensable à la formation théorique des futurs travailleurs et crucial pour le développement, l'efficacité et la rentabilité des entreprises qui en bénéficient.

Deux questions sont essentielles pour la compréhension de ce domaine : premièrement, l'histoire de la mise en place du système d'apprentissage dual durant la période qui va de la fin du XIXe siècle jusqu'à la Seconde Guerre mondiale et, deuxièmement, les conditions de son émergence et de son affermissement dans la société suisse et les enjeux qui y sont attenants. Le système de formation professionnelle ne concernait qu'une minorité des futurs salariés avant la Seconde Guerre mondiale[3]. L'apprentissage dual et les écoles des métiers formaient une sorte d'«aristocratie ouvrière». Alors,

---

3 «Jusqu'à la moitié du XXe siècle, près d'un salarié sur deux ne disposait dans notre pays d'aucune formation ou n'avait accompli qu'une formation élémentaire. Obtenir une place d'apprentissage représentait un privilège. Encore à l'époque de la Seconde Guerre mondiale, dans de nombreuses professions, il fallait payer pour faire une formation», «Message du Conseil fédéral relatif à une nouvelle loi sur la formation professionnelle (LFPr) du 6 septembre 2000», *Feuille fédérale*, N° 47, 28 novembre 2000, pp. 5246-5383.

1 AaVv, *L'école industrielle cantonale, notice historique*, Lausanne: Payot, 1902, p. 200, photographie de l'auteur.

pourquoi se pencher sur cette période? Parce que c'est bien durant les décennies qui précèdent la Seconde Guerre mondiale qu'ont été réunies les conditions nécessaires à sa généralisation postérieure. Nous relevons, d'une part, la création des infrastructures et des structures comme les cours professionnels et les méthodes d'enseignement, la formation des enseignants, les programmes d'apprentissage, les organes de surveillance des conditions d'apprentissage, les examens de fin d'apprentissage et, d'autre part, l'adoption de la législation permettant de coordonner et dynamiser toutes ces activités.

Les éléments essentiels qui permettent l'apparition progressive du système d'apprentissage dual sont, avant tout, les initiatives des organisations patronales dans la mise sur pied d'activités de formation comme, par exemple, les cours professionnels. Au-delà des effets concrets sur le plan de la qualification des ouvriers fréquentant ces cours, le patronat obtient un résultat au niveau politique très probant. En effet, la Confédération, par l'adoption d'un régime de subventionnement des activités développant la formation professionnelle de la main-d'œuvre suisse dès 1884, prend une décision politique déterminante et donne un coup d'accélérateur à la consolidation de l'apprentissage dual. L'aboutissement de cette revendication du patronat, notamment sous l'impulsion de l'Union suisse des arts et métiers (USAM), permet en partie de résoudre l'enjeu du financement de la formation professionnelle. L'État ne prend pas en charge la totalité des frais, comme il le fait pour les écoles des métiers à plein temps, mais assure une grande partie du financement des activités d'enseignement professionnel. Le patronat organisé dans des associations professionnelles apprécie, quant à lui, cette solution puisqu'il profite des deniers publics tout en gardant une maîtrise presque totale de l'organisation et du contenu des cours et surtout la possibilité d'initiative dans la création de nouvelles activités.

D'autres structures viendront compléter ce système de formation et, finalement, ces différents éléments plus ou moins enracinés dans la réalité des entrepreneurs et des jeunes en formation reçoivent une légitimation au niveau fédéral en 1930 avec l'adoption de la loi fédérale sur la formation professionnelle (LFPr 1930). Cette législation ne fera que confirmer et renforcer le rôle des associations professionnelles, surtout patronales, dans l'orientation des activités de formation professionnelle.

Quant au mouvement ouvrier dont nous n'avons pas encore parlé, nous pouvons dire que son intervention reste très discrète dans la période que nous avons étudiée. Dans les sources consultées, essentiellement institutionnelles, il apparaît clairement qu'il ne s'agit pas du partenaire privilégié des autorités responsables, qu'elles soient politiques ou administratives. Pourtant, nous savons que, dans les branches où les ouvriers connaissent un degré d'organisation élevé, comme dans la typographie, les syndicats prennent en charge la question de la formation professionnelle, notamment par le biais de l'organisation de cours professionnels et revendiquent pour les apprentis des dispositions de protection des conditions d'apprentissage. Un exemple saillant de l'action de ces secteurs est le premier contrat d'apprentissage établi en Suisse. Il est l'œuvre du Syndicat des ouvriers typographes du canton de Berne, inséré dans le contrat collectif de travail signé avec les patrons en 1865. Pour ce qui est du canton de Vaud, nous ne connaissons pas de cas de la sorte.

Signalons encore deux traits caractéristiques plus généraux concernant le début de la période étudiée: tout d'abord, la généralisation de la scolarité obligatoire à l'ensemble des enfants du canton, qui hausse le niveau de formation moyen des futurs travailleurs. Ensuite, cette période est également celle du début de l'affirmation du monde salarial, comme le décrit la sociologue Marcelle Stroobants:

«À la fin du XIXe siècle, les subdivisions caractéristiques du salariat sont ébauchées. Les distinctions entre patrons, employés et ouvriers viennent se superposer aux professions. Le développement de la grande entreprise capitaliste, la naissance du droit du travail coexistent cependant avec des formes traditionnelles de production marchande, de sous-traitance et de travail à domicile. Toutes sortes de petits patrons artisans, commerçants ou agricoles, ainsi que les ouvriers travaillant à la tâche coexistent dans une catégorie hybride, celle des ‹isolés.›"[4]

«L'aristocratie ouvrière» dans le canton de Vaud

L'histoire de la formation professionnelle dans le canton de Vaud est marquée, dans sa première phase, par deux bornes temporelles: l'adoption de la première loi vaudoise sur l'apprentissage en 1896 – quatrième législation cantonale consacrée spécifiquement à cette question après celles de Neuchâtel (1890), Genève (1892) et Fribourg (1895)[5] – et de la loi vaudoise sur la formation professionnelle en 1935.

La première loi vaudoise pose la problématique de l'apprentissage sur le plan institutionnel après le développement progressif des cours professionnels et autres activités visant la formation depuis le milieu du XIXe siècle[6]. Les autorités vaudoises établissent ainsi une réglementation régissant les structures de base de l'apprentissage, dont les points principaux sont: les relations entre maître et apprenti (contrat d'apprentissage, obligations du patron et de l'apprenti ou de son représentant, programmes d'apprentissage), les cours professionnels, les examens de fin d'apprentissage, les diplômes (reconnaissance de la nécessité d'une qualification pour l'exercice d'un métier), les organes de surveillance (bureaux de la formation professionnelle, Conseil cantonal d'apprentissage (CCA), commissions d'apprentissage, experts aux examens de fin d'apprentissage, responsabilités des communes, etc.), ainsi que des dispositions réglant les responsabilités de tous ces acteurs (patrons, apprentis et parents, État)[7]. Ces éléments, dont l'équilibre reste instable étant donné l'insuffisance des moyens mis à disposition, constituent les fondations sur lesquelles s'est construit l'édifice du système d'apprentissage dual dans le canton[8].

La situation des apprentis dans le canton de Vaud peut être mieux cernée au moyen de deux indicateurs que nous avons pu reconstruire sur la longue durée: en premier lieu, le nombre des contrats d'apprentissage réguliers comptabilisés par le CCA et, en

4 Marcelle Stroobants, *Sociologie du travail*, Paris: Nathan, 1993, pp. 70-71.
5 Ces trois cantons sont les seuls à avoir adopter en 1896 une loi entièrement consacrée à l'apprentissage. Par ailleurs, il existe dans plusieurs autres cantons, notamment en Suisse alémanique, des dispositions concernant l'enseignement professionnel ou l'apprentissage dans le cadre d'autres lois.
6 Cf. la liste des cours mis sur pied avant la loi de 1896 in Acacio Calisto, *op. cit.*, p. 20.
7 Cf. l'analyse détaillée de la loi vaudoise sur l'apprentissage de 1896 in *ibid.*, chap. 1 et 2.
8 Il faut rappeler que les écoles des métiers (à plein temps) existent depuis la fin du XIXe siècle, mais elles sont gérées par le Département de l'instruction publique et des cultes. Par conséquent, ces établissements ne sont pas pris en compte dans le cadre de la loi sur l'apprentissage et des structures légiférées par cette dernière.

second, la proportion d'apprentis parmi les jeunes de 15 à 19 ans. Le premier graphique ci-dessous permet de suivre le nombre des contrats signés. Ces derniers restent très stables jusqu'à la fin de la Première Guerre mondiale. Un deuxième palier est passé durant l'entre-deux-guerres. Le véritable décollage du nombre de contrats d'apprentissage, après un ralentissement marqué durant la dépression des années 1930, se situe clairement durant les décennies des Trente Glorieuses. Ce graphique permet également de constater les fortes fluctuations conjoncturelles, sous l'effet des crises et des périodes de croissance, du nombre de contrats signés entre 1897 et 1936.

Cette évolution quantitative peut être affinée au moyen du graphique suivant, qui détaille l'évolution de l'apprentissage parmi les jeunes du canton de Vaud. Si la part de ces derniers dans la population totale reste stable, puis diminue à partir de la seconde moitié du XXe siècle, la période de structuration législative et institutionnelle forme donc bien la base sur laquelle s'appuie la généralisation de l'apprentissage qui est clairement visible dès les années 1950.

L'État au service du patronat organisé

Dans ce cadre vaudois, la question de la formation professionnelle est discutée essentiellement par le patronat, par quelques élus au Grand conseil, qui en sont les relais, et par certains fonctionnaires étatiques directement confrontés à la question. Ces acteurs se demandent quel est le système qui permettra de servir au mieux les intérêts de l'économie. Étant donné l'hétérogénéité du tissu industriel, il n'était pas question de développer une solution unique. Pour ces individus, il fallait surtout être souple et s'adapter aux différentes situations régionales et sectorielles existantes. Dans cette optique, le patronat helvétique et les autorités politiques penchent vers 1890 plutôt pour la voie duale, mais en maintenant la possibilité des écoles des métiers à temps plein, comme complément à la formation de main-d'œuvre qualifiée. Dans le canton de Vaud, cela s'est traduit, comme nous l'avons vu plus haut, par la création d'un appareil législatif en 1896 et des structures minimales permettant le développement du système de formation duale ainsi que par le maintien, en parallèle, de quelques écoles de métiers formant, à leurs débuts, à peine quelques dizaines d'apprentis[9].

9 École professionnelle commerciale de Nyon (1899), Aigle (début XXe siècle), Sainte-Croix (1901) et Vallorbe (1901); École de couture de la Ville de Lausanne (1898); Centre d'enseignement professionnel du Nord vaudois (1896); École technique de la Vallée de Joux (1901); École de mécanique et d'électricité de Sainte-Croix (1907); École hôtelière de Lausanne (1893).

1. Évolution du nombre des contrats d'apprentissage – canton de Vaud (1898-1970)

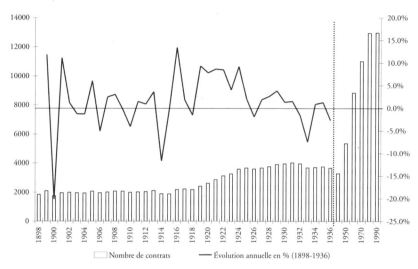

Source: entre 1898 et 1936: *Compte rendu du Conseil d'État*, DAIC, 1898-1936; dès 1940: OSÉV, *Annuaire statistique du canton de Vaud,* Lausanne, 1977, p. 326; dès 1980: SCRIS, *Annuaire statistique du canton de Vaud*, Lausanne, 1999, p. 369.

2. L'apprentissage parmi les 15-19 ans – canton de Vaud (1888-1990)

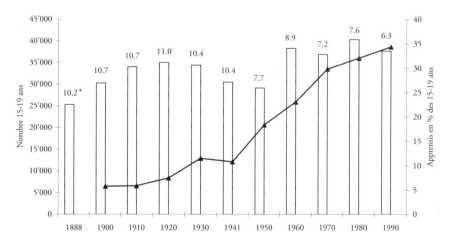

* 15-19 ans en % de la population totale

Source: *Statistique historique de la Suisse*, 1996, pp. 108-109; *Compte rendu du Conseil d'État*, DAIC, 1900-1936; OSEV, *Annuaire statistique du canton de Vaud*, Lausanne, 1977, p. 326; SCRIS, *Annuaire statistique du canton de Vaud*, Lausanne, 1999, p. 369.

Comme nous l'avons signalé plus haut, l'imbrication de l'État et de l'économie privée est un des enjeux fondamentaux dans le traitement de la thématique de la formation professionnelle. En effet, l'implication des différents secteurs du patronat a toujours été considérable, que ce soit au niveau de la formation pratique au sein de leurs entreprises ou au niveau de l'institutionnalisation des modalités de formation. Dans le canton de Vaud, les acteurs patronaux engagés dans ce domaine sont, sur le plan institutionnel, les patrons organisés au sein d'associations dont la Société industrielle et commerciale (SIC) de Lausanne est la plus importante. Ces patrons agissent essentiellement à trois niveaux : dans la création et l'organisation de cours professionnels et d'examens de fin d'apprentissage ; dans les propositions – notamment au sein du Grand Conseil où le patronat organisé est représenté – de nouvelles normes afin de préciser les dispositions de la formation professionnelle ; et, enfin, dans les revendications visant à ce que l'État mette à disposition de l'instruction professionnelle des moyens financiers suffisants. Par conséquent, le patronat regroupé autour de la SIC exprime un intérêt à long terme de voir exister un système de formation professionnelle efficace, qu'il entend gérer en collaboration avec les administrations étatiques créées à cette fin (le Conseil cantonal d'apprentissage et les services du Département de l'agriculture, de l'industrie et du commerce).

Mais, si les milieux économiques sont évidemment des acteurs déterminants dans le processus en cours, ils ne représentent pas des intérêts uniformes et ne sont donc pas toujours unanimes. S'agissant du canton de Vaud, il est difficile de désigner les différents secteurs des employeurs. En l'absence d'un véritable « grand patronat », l'opposition entre « petit patronat » et « grand patronat » peut paraître difficile à cerner, mais existe à une échelle réduite. En effet, dans les sources que nous avons consultées, on voit à l'œuvre un « petit patronat », majoritairement celui des arts et métiers et des petits commerces, qui exprime un intérêt à court terme de pouvoir bénéficier de main-d'œuvre à bon marché. Ces patrons rechignent à subir des règlements impliquant un investissement en temps et en argent qu'ils considèrent souvent comme très coûteux. Or, étant donné que l'on se trouve en présence d'un processus de développement de la formation professionnelle qui est déjà en marche, il n'est pas concevable que seules les grandes entreprises assument une tâche de formation. Cela créerait un phénomène de distorsion dans la concurrence. D'où la nécessité d'une réglementation étatique, l'État jouant ici un rôle de « coordinateur ». À partir de cette situation de fragmentation des intérêts des différents secteurs du patronat, les premières décennies de démarrage de la formation professionnelle connaîtront de nombreuses tensions. Nous pourrions dire qu'il s'agit, *grosso modo*, de tensions entre les intérêts collectifs et à moyen terme du patronat (présents au sein de l'appareil étatique et incarnés par une couche de « grands patrons ») et les intérêts particuliers et immédiats (représentés par la majorité des « petits patrons »).

Une législation insuffisante, mais qui ouvre la voie à l'apprentissage dual…

La loi vaudoise sur l'apprentissage de 1896 a connu une application très difficile et aléatoire dans les années qui ont suivi son adoption. Malgré les avancées qu'elle introduisait à cette époque (particulièrement la mise sur pied du Conseil cantonal d'apprentissage et l'obligation du contrat d'apprentissage), cette législation n'a trouvé que très partiellement sa concrétisation sur le terrain. En effet, les obstacles sont multiples, et ce texte va s'avérer trop flou par rapport à la complexité de la réalité des rapports d'apprentissage. Nous pouvons illustrer ces propos par les éléments qui ont contribué les plus à ce frein à son application : les commissions d'apprentissage et les contrats d'apprentissage peinent à s'imposer, malgré le caractère obligatoire de ces derniers ; les cours professionnels connaissent une fréquentation très importante mais ne couvrent qu'une petite partie des métiers, et les examens de fin d'apprentissage sont passés par extrêmement peu de candidats vu qu'ils ne sont pas obligatoires ; les dérogations à l'application de la loi constituent la norme plutôt qu'une exception.

Les patrons, organisés au sein des associations patronales, jugent la loi trop contraignante, malgré les innovations qu'elle a apportées, et demandent sa révision peu d'années déjà après son entrée en vigueur. Ainsi, en 1911, ils obtiennent des assouplissements des contraintes administratives et financières dictées par le texte de loi ainsi que la possibilité de bénéficier de dérogations permanentes en termes de temps de travail, d'affectation des apprentis à des tâches productives accessoires et de renvoi de ces derniers sans justes motifs. Toutefois, les obligations administratives maintenues sont plus précises. On peut donc dire que les droits des patrons sont consolidés à l'intérieur de l'entreprise. Cette révision renforce l'aspect paternaliste de la relation patron-apprenti. Les nouvelles dispositions administratives, quant à elles, introduisent une uniformisation des contrats d'apprentissage et un contrôle plus strict.

Les corrections introduites par cette révision de 1911 et le développement, certes réduit, de certaines structures étatiques contribuent à cette deuxième phase que l'on peut caractériser comme une première tentative de décollage de l'apprentissage dans le canton. Cela se concrétise surtout au point de vue du renforcement des services admi-

PROCÈS-VERBAL DE VISITE D'APPRENTI

En exécution de la loi cantonale sur l'apprentissage et ensuite des instructions du Département de l'agriculture, de l'industrie et du commerce, du 23 février 1912, le soussigné délégué de la Commission d'apprentissage *de Bex-Ollon* s'est rendu chez M. *Chappuis-Cherix* à *Bex* pour visiter l'apprenti *Humann Pierre* dont l'apprentissage de *conducteur typo* commencé le *15 mars* 1921, finira le *15 mars* 19*25*. Cette visite fait constater ce qui suit :

(Il est nécessaire que les personnes qui procèdent aux visites **prennent connaissance du programme** d'apprentissage de la profession, afin de se rendre compte si le travail de l'apprenti y correspond.)

1° Le patron est-il satisfait :
   a) de la conduite de l'apprenti ? — *très bien*
   b) de son assiduité et de son activité au travail ? — *bien assidu, se développe et va mieux maintenant*

2° L'apprenti est-il intelligent ? a-t-il de l'ordre ou est-il négligent ? — *assez intelligent, manque de mémoire, a de l'ordre*
   suit-il les cours professionnels ? lesquels ? — *pas maintenant*

3° L'apprentissage est-il normal, c'est-à-dire les travaux de l'apprenti correspondent-ils à la durée écoulée de l'apprentissage et au programme ? — *en retard de 6-8 mois*

4° Le patron enseigne-t-il lui-même la profession, sinon ~~à qui cette mission est-elle confiée~~ ? — *oui*

5° Le patron ou les personnes qui s'occupent de l'apprenti connaissent-ils bien la profession et sont-ils capables de l'enseigner convenablement ? — *oui*

6° Autres observations et renseignements (voir art. 4 des instructions ci-contre)
Le patron serait content de pouvoir faire subir à cet apprenti un examen pour constater à quel point il en est de son apprentissage. *voir au verso*

A *Bex*, le *14 juin* 192*3*.

Signature du délégué : *Dutoit*

Voir au verso, extrait de la loi et instructions

LOI Art. 26. — Les Commissions ou leurs délégués veillent à la stricte observation de la loi, des règlements et des contrats d'apprentissage.

Elles s'assurent que les patrons enseignent ou font enseigner aux apprentis, d'une manière graduelle et aussi complète que possible, la profession ou la partie qui fait l'objet du contrat d'apprentissage.

Les Commissions veillent à la stricte observation des dispositions de l'art. 12. Lorsqu'elles procèdent à leurs visites, les Commissions ou leurs représentants doivent en tout premier lieu s'annoncer au chef de l'établissement.

(Voir Circulaire instructionnelle du 23 février 1912).

---

2. Instruction de l'apprenti. — Les membres des Commissions s'assureront que les apprentis reçoivent une instruction suffisante. Dans ce but, ils les visiteront au moins une fois par année. Il n'est pas besoin de rappeler que cette surveillance doit s'exercer avec tact, d'entente avec les patrons, et en évitant d'affaiblir leur autorité sur l'apprenti. Le cas échéant les Commissions peuvent s'adjoindre, pour les visites, des personnes de la profession. Les surveillants rappelleront aux apprentis qu'ils doivent suivre les cours professionnels qui sont donnés dans la localité ou à proximité (L. A., art. 20). Ils pourront interroger les apprentis afin de se rendre compte des connaissances qu'ils ont acquises.

4. Protection de l'apprenti. — A l'occasion des visites qu'ils feront pour surveiller l'instruction des apprentis, les membres des Commissions s'assureront que les patrons ménagent la santé et les forces de leurs élèves, que le nombre d'heures de travail réglementaire n'est pas dépassé, et s'il y a lieu, que les apprentis sont convenablement nourris et logés. Ils s'assureront également que l'apprenti n'est pas exposé à de mauvais exemples ou à de mauvais conseils.

Les réponses doivent être écrites par les délégués, immédiatement après la visite. Autant que possible l'apprenti sera interrogé de manière à assurer la liberté de ses réponses.

Résumé des décisions et des mesures prises par la Commission d'apprentissage ensuite des constatations de la visite précitée.

L'apprenti demande également, maintenant qu'il a fait plus de la moitié de son apprentissage, à passer un examen le plus tôt possible.

2 ACV, K XII e 21/54, DAIC/Section commerce et industrie, 1923 – Apprentissage – Divers, photographie de l'auteur.

nistratifs encadrant la formation professionnelle et de l'augmentation de la participation des apprentis aux examens de fin d'apprentissage. Au revers de la médaille, on peut comptabiliser, durant cette période, de nombreux conflits dans les relations de travail entre apprentis et petits patrons, constatés par le Conseil cantonal d'apprentissage. Cela indique la relative incompatibilité, pour les « petits patrons », entre l'objectif de donner aux futurs ouvriers une bonne formation et la nécessité pour eux de disposer à leur bon vouloir de main-d'œuvre à bon marché. Les conflits reflètent également les lacunes de la loi et les limites de son application sur le terrain. En effet, l'approche des autorités politiques et administratives consiste à gérer les conditions d'apprentissage et les relations de travail des apprentis au coup par coup.

Au lendemain de la Première Guerre mondiale, nous passons à une nouvelle phase d'évolution de la formation professionnelle. Cette phase est marquée par différents éléments. Tout d'abord, par l'accélération de la structuration de la législation en matière de formation professionnelle au niveau fédéral. En parallèle au développement de la politique de subventions en faveur de la formation professionnelle, la Confédération adopte en effet en 1930 la première loi fédérale consacrée à ce domaine. La conjoncture économique de l'entre-deux-guerres, marquée par la crise de 1921-1922 et surtout par la Grande Dépression des années 1930, influence également le développement de l'apprentissage. Les difficultés du placement des jeunes et le chômage fragilisent en effet les structures de l'apprentissage dans le canton. Les décennies de 1920 et de 1930 sont caractérisées par une série de convergences vers des structures locales, régionales et nationales qui forment progressivement les piliers du système de formation dual qui connaîtra finalement une généralisation après la Seconde Guerre mondiale.

Joseph Coquoz

LES AMBIGUÏTÉS D'UN MODÈLE ÉDUCATIF : LE HOME « CHEZ NOUS » DANS L'ENTRE-DEUX-GUERRES

Le Home «Chez Nous» est créé en 1919 par deux demoiselles, Marthe Fillion, fille d'un pasteur parisien, et Lilli Lochner, fille d'un psychiatre de Leipzig, auxquelles s'associe l'Alsacienne Suzanne Lobstein dès 1921. Il est destiné à accueillir de très jeunes enfants, moralement abandonnés, que le canton de Vaud soustrait à l'autorité paternelle et que les trois demoiselles élèvent seules, parfois jusqu'à leur majorité.

L'originalité de cette maison d'enfants réside dans ses orientations pédagogiques qui, à la différence d'autres établissements de même nature dans l'entre-deux-guerres, se réfèrent dès le début aux idées de l'«Éducation nouvelle». Les trois demoiselles ont en effet suivi les cours du célèbre Institut Jean-Jacques Rousseau de Genève, fondé par Édouard Claparède en 1912 ; elles se sont initiées à la pratique éducative, sous la conduite de Mina Audemars et Louise Lafendel, à la Maison des Petits qui était la «classe d'éducation fonctionnelle» et «l'observatoire» de l'Institut[1].

Le pédagogue genevois Adolphe Ferrière considère que le Home «Chez Nous» est un modèle d'«École active». Il écrit à propos de cette maison d'enfants gérée par une association dont il assure la présidence :

«Lorsque, durant mes tournées de conférences en Europe centrale et orientale, durant l'entre-deux-guerres, on me demandait :

» – Où l'École active, selon vos directives, est-elle le mieux appliquée ?

» Je répondais :

» – Au Home ‹Chez Nous›, à la Clochatte sur Lausanne.

» Et, ajoute-t-il, « on est venu le voir [le Home] de toute l'Europe, et même de plus loin : des Indes, d'Australie, d'Afrique australe et d'Amérique latine».[2]

Il y a bien sûr de l'amplification dans l'appréciation portée par Ferrière sur cette

---

1 La Maison des Petits a été le terrain d'observation privilégié d'Édouard Claparède et de Jean Piaget. Cf. à ce sujet Christiane Perregaux, Laurence Rieben et Charles Magnin (dir.), *«Une École où les enfants veulent ce qu'ils font»*, Lausanne : Loisirs et Pédagogie, Éd. des Sentiers, 1996.
2 Adolphe Ferrière, *L'École active à travers l'Europe*, Lille : Victor Michon, 1948, p. 146.

institution. Le pédagogue genevois a en effet toujours été élogieux à l'égard des expériences éducatives auxquelles il a été associé.

La vie au Home « Chez Nous » a été exposée dans un film muet, réalisé à la fin des années 1920. Ce document est en fait le fruit d'un montage[3] entre un premier film, édité en 1927 par un groupe d'étudiants lausannois, et une série de scènes tournées en 1929 sous la conduite de Ferrière.

L'intérêt de ce film découle à la fois de sa qualité cinématographique et de sa carrière internationale. Il a été présenté dans différents congrès[4] et projeté au cours des tournées de conférences de Ferrière en Amérique du Sud et en Europe; des copies ont été commandées par plusieurs Écoles normales du monde entier. Bref, le film sur le Home « Chez Nous » a été regardé par des dizaines de milliers de spectateurs, et il est certainement l'un des films pédagogiques les plus vus entre 1928 et 1940[5].

Or ce document, destiné selon Ferrière à propager les idées de l'« Éducation nouvelle » auprès des maîtres et du public en général, est tout à fait paradoxal. Il se veut l'illustration d'une doctrine prônant de nouveaux rapports éducatifs mais il met en scène des enfants sans adulte[6]. Les directrices qui partagent la vie quotidienne de leurs protégés ne figurent en effet jamais dans le champ de la caméra.

Le spectateur est ainsi invité à contempler « des tableaux de *vie réelle* »[7] d'une journée au Home « Chez Nous », mais on lui montre les dix-sept enfants de la maison, âgés de 1 à 13 ans, livrés à eux-mêmes du matin au soir. Ils se lèvent seuls, assument les tâches ménagères, mangent ensemble. Ils observent les secrets de la nature et en tirent des enseignements qu'ils consignent dans leur « cahier de vie »[8], réalisent quelques objets en bois ou en terre glaise et s'exercent avec des jeux éducatifs. Ils récoltent du

3   Le film noir-blanc confié à la Cinémathèque de Lausanne a été tourné en 16 mm et dure environ cinquante minutes.
4   Notamment au Congrès international de Protection de l'enfance de Paris, en juillet 1928, au Congrès de la Ligue internationale pour l'Éducation nouvelle d'Elseneur en août 1929, au Congrès de l'Enfance de Paris en août 1931.
5   Daniel Hameline, « Adolphe Ferrière (1879-1960) », in Zaghloul Morsy (dir.), *Penseurs de l'éducation*, Paris: Éditions de l'Unesco, 1994, Vol. 1, p. 403.
6   En réalité, deux scènes très brèves font figurer deux hommes. La première montre la livraison matinale du laitier. Dans la seconde, Ferrière raconte une histoire aux enfants rassemblés autour de lui.
7   C'est ce qu'annonce la brochure d'accompagnement du film intitulée *Chez-Nous. Film édité par un groupe d'étudiants en faveur du Home Chez-Nous*, Lausanne, 1928, p. 2 (Archives Home « Chez Nous »). C'est nous qui soulignons.
8   Ce cahier – en réalité un classeur à feuillets mobiles – est un document personnel que chaque élève élabore en y rassemblant, sous diverses rubriques, les multiples informations et illustrations qu'il a collectées au cours de ses recherches documentaires à l'« École active ». Son utilisation est présentée dans Adolphe Ferrière, *La Pratique de l'École active. Expériences et Directives*, Neuchâtel: Éditions Forum, 1924, pp. 49 ss.

Joseph Coquoz | 129

1-2 Cartes postales éditées par le Home « Chez Nous », montrant des enfants de l'institution qui se débrouillent sans adulte dans la vie quotidienne.
Archives Institut Jean-Jacques Rousseau, Fonds Adolphe Ferrière.

bois de chauffe lors d'une promenade, cueillent des pommes et s'amusent dans la campagne environnante avant de prendre un bain et de se coucher.

Le montage est soigné et bien rythmé. Certaines scènes sont cocasses, notamment celles où les petits, enthousiastes, s'agglutinent à cinq dans la baignoire. D'autres peuvent paraître osées pour l'époque, quand filles et garçons se mettent nus dans la prairie autour d'une grande bassine d'eau. Mais ce qui frappe surtout, c'est l'atmosphère qui se dégage de cette vie collective. La journée se déroule sans conflit et dans un constant climat d'entraide: les grands servent les petits, les consolent quand ils se font mal, soignent leurs bobos. La vie collective que réussissent à accomplir les enfants du Home «Chez Nous» est toute de fraîcheur et de concorde. Le spectateur peut ainsi contempler et s'ébahir devant cette démonstration d'autonomie «naturelle», harmonieuse et vertueuse.

Quel enseignement peut-on tirer de ce document sur le Home «Chez Nous»? Que nous dit-il en l'occurrence sur l'«École active» dont il prétend illustrer le modèle? Comment faut-il comprendre cette mise en scène d'une éducation sans relation éducative? C'est à ce type de questions que nous allons tenter de répondre.

L'enfant spontané comme préfiguration de l'«homme nouveau»

Au début du film, un intertitre avertit le spectateur que les adultes n'ont pas besoin d'intervenir dans l'activité des enfants représentée car, annonce-t-il, «l'enfant subvient lui-même à tous les détails de son existence grâce à un long travail d'école active des directrices». Les scénaristes invitent donc le spectateur à contempler les effets de l'expérience éducative du Home «Chez Nous».

Il nous semble cependant que les résultats exposés ne doivent pas être compris ici comme l'achèvement d'un processus. Qui croirait en effet que l'éducation d'enfants d'1 à 13 ans puisse être terminée? Les images mises en scène serviraient plutôt à dévoiler les potentialités d'une nature enfantine dont les procédés de l'«École active» auraient la faculté de favoriser l'éclosion. Dans le film, on assisterait donc moins à l'exposition des réalités enfantines du Home «Chez Nous» qu'à l'exhibition d'une vision idéalisée de l'enfance. C'est cette vision qu'illustrent la sollicitude des aînées à l'égard des plus jeunes, l'assiduité des élèves autodidactes et disciplinés qui découvrent par eux-mêmes les lois de la nature et l'exécution collective des nombreuses tâches ménagères au spectacle de laquelle «on se croit transporté», comme le dit le *Rapport d'activité* de 1922, «dans un monde de petits nains affairés»[9].

3 Carte postale mettant en scène l'intérêt spontané d'un groupe d'enfants studieux.
Archives Institut Jean-Jacques Rousseau, Fonds Adolphe Ferrière.

À y regarder de près, cette enfance admirable est finalement la préfiguration d'un monde adulte idéal. La touche humoristique que donnent au film les conduites un peu malhabiles de ces petits mimant la sagesse des grands appelle la connivence et nourrit l'espoir d'une régénération possible de la société après la Grande Guerre. En alliant à la fois le charme exquis de l'innocence enfantine et la sérénité vertueuse d'une maturité responsable, la communauté du Home «Chez Nous» donne à voir le rêve de l'«homme nouveau»[10] que les pédagogues de l'«Éducation nouvelle» entendent réaliser avec leurs propositions rénovatrices. Les spectateurs ne sont donc pas conviés à la contemplation d'une éducation précocement terminée; ils sont invités à apprécier les signes des bonnes dispositions enfantines et à y voir autant de promesses d'un futur progrès social. Ces essais maladroits d'attitudes responsables ne nourrissent-ils pas l'espoir d'un avenir radieux?

9 (Note de la p. 130.) Cité dans la brochure accompagnant le film. *Op. cit.*, p. 4.
10 António Nóvoa, «Regards nouveaux sur l'éducation nouvelle», in Nanine Charbonnel (éd.), *Le Don de la parole. Mélanges offerts à Daniel Hameline pour son soixante-cinquième anniversaire*, Berne [etc.]: Peter Lang, 1997, p. 78.

Pour Ferrière, la condition pour qu'une école soit dite «active», c'est avant tout que les adultes s'effacent pour laisser une large place à la spontanéité des élèves. Cette conviction est fondée selon lui sur la psychologie de l'enfant, mais elle repose sur une représentation problématique de l'ontogenèse. Selon sa conception, le développement de l'enfant, s'il n'est pas entravé par des attitudes éducatives inadéquates, est supposé correspondre à celui du progrès de l'humanité. Or, cette idée qu'il y aurait une concordance entre la croissance naturelle et spontanée de l'être humain et le perfectionnement de l'espèce est un des présupposés qu'on rencontre dans les doctrines éducatives de ce que les historiens ont appelé l'«École genevoise» pour désigner le courant pédagogique représenté par l'Institut Jean-Jacques Rousseau.

En voulant fonder leurs options éducatives sur des théories de la psychologie génétique, les tenants de ce courant partent d'un postulat discutable qui opère un rapprochement entre déterminisme et finalité. C'est grâce à ce postulat que l'«École genevoise» a, selon Jacques Ulmann, «la latitude […] d'accorder science, morale, métaphysique, en demandant à la science de justifier le déterminisme auquel l'être humain se trouve soumis, à la morale et à une métaphysique toujours présente, quoique le plus souvent dissimulée, d'authentifier la finalité naturelle»[11]. Cela conduit Ferrière à concevoir comme une évidence que l'évolution biopsychique d'un individu est indissociablement biosociale et à considérer que ce qui relève de la norme, par définition prescriptive, peut se trouver validé par des lois naturelles établies et décrites par la psychologie. La science se trouve ainsi convoquée pour faire coïncider le développement naturel de l'être humain et l'édification d'une bonne sociabilité morale. En d'autres termes, l'«homme nouveau» est supposé en germe dans la nature enfantine et pouvoir advenir si l'on crée les conditions d'un épanouissement libre et spontané des élans de vie de l'enfant.

L'analyse que propose Ulmann des présupposés de l'«École genevoise» permet de mieux comprendre le parti pris des réalisateurs du film sur le Home «Chez Nous» lorsqu'ils ont choisi de ne faire figurer que des enfants. Leur intention n'est pas d'occulter absolument l'action éducative, mais de mettre en exergue ce qu'ils pensent être la nature humaine. Ils veulent montrer la correspondance qu'ils postulent entre un élan vital qui pousserait les enfants à satisfaire des *intérêts individuels* supposés orientés automatiquement dans la direction de leur achèvement d'hommes et de femmes, et ce qu'on pourrait appeler une «force interne d'autonomie» qui insufflerait des comportements sociaux vertueux garantissant la sauvegarde des *intérêts collectifs*. Cherchant

---

[11] Jacques Ulmann, *La Nature et l'Éducation*, Paris: Klincksieck, 1987 (1964), p. 191.

à mettre en évidence des résultats éducatifs qu'ils attribuent avant tout aux potentialités intérieures de l'enfant, ils sont ainsi forcés de cacher les paramètres agissant de l'extérieur et en particulier l'éducation.

Des adultes bien présents

Cette dialectique de ce qui est montré et de ce qui est caché, du visible et de l'invisible, est intéressante dans la mesure où elle est fréquente dans les écrits de Ferrière. C'est notamment par une réflexion sur ce thème que débute l'un des articles les plus importants qu'il a consacré au Home «Chez Nous». Après avoir décrit le cadre bucolique de la maison, l'auteur invite le lecteur à considérer que, pour découvrir l'institution, il ne faut pas recourir seulement au sens de la vue qui peut se révéler trompeur, ni se fier aux premières impressions: il s'agit surtout de s'appuyer sur son intuition et sur la sensibilité de son cœur. Il prévient que celui qui viendrait faire une visite avec ses yeux et son intellect n'y verrait rien car il n'y a rien à voir. Et pourtant, ajoute-il, nombreux sont les visiteurs, venus en curieux, voire en sceptiques qui «s'en vont au bout de quelques heures, les larmes aux yeux, larmes de joie, peut-être aussi de nostalgie: ‹Ici, il ferait bon vivre!›. […] [Car] la condition requise pour mesurer la valeur de ‹Chez Nous› est avant tout l'intuition». C'est elle qui permet de «sentir l'atmosphère de ‹Chez Nous›, [de] s'en pénétrer, [de] s'émerveiller»[12].

Ces propos situent bien le niveau de priorité que Ferrière attribue aux sentiments et à l'ambiance. L'éducation serait en premier lieu une affaire d'environnement, d'atmosphère spirituelle et de climat affectif. C'est tout ce «rayonnement», comme il le dit lui-même, inaccessible aux gens formalistes et aux esprits imbus de conformisme, qui permettrait de réussir à sauvegarder la spontanéité originelle des enfants. Par leur amour, leur intuition et leur expérience, les directrices de l'institution parviendraient justement à exploiter la part féconde d'imprévisibilité de la vie enfantine sans la corseter dans un cadre rigide.

Les choses apparaissent cependant si subtiles, les facteurs agissants si ténus, qu'il subsiste un mystère sur les causes du succès obtenu avec l'éducation dispensée au Home «Chez Nous», une énigme dont Ferrière confesse ingénument n'avoir pas trouvé la clé. D'ailleurs comme la réussite ne proviendrait pas de l'application de procédés éducatifs, mais résulterait, selon lui, d'un esprit, d'une inspiration et du génie singuliers

---

[12] Adolphe Ferrière, «Un foyer: ‹Chez Nous›», *Pour l'Ère Nouvelle*, N° 86, 1933, p. 76.

des directrices, l'expérience ne pourrait pas être généralisée. Ainsi, en même temps qu'il érige le Home « Chez Nous » en exemple à suivre pour d'autres institutions analogues, Ferrière s'empresse d'ajouter qu'il constitue un cas particulier qui ne pourrait être imité parce que « le génie est inimitable »[13].

Cependant, l'indécision sur les causes d'un succès, présenté dans un registre plutôt spiritualiste, ne dure guère dans l'article car, après le long préambule un peu lyrique sur le thème métaphysique de la visibilité, le pédagogue genevois adopte une écriture d'une extrême sobriété pour énoncer en six points les raisons qu'il voit à l'origine de la réussite de l'institution : « 1. On y prend les enfants tout jeunes. 2. Ces enfants, de souche populaire, sont simples d'esprit, peu complexes, peu compliqués. 3. Le Foyer est un internat : d'où influence continue, nuit et jour. 4. [...] on a établi l'‹école› à l'institution même [...]. 5. [...] Le Home ‹Chez Nous› [...] s'est rapproché de l'École active intégrale [...] le visiteur se rend compte sans peine qu'ici l'on ‹travaille›, quand bien même il n'y a pas, ou à peine, de ‹leçons›! 6. [...] La préparation personnelle des directrices [...] s'étend aux domaines les plus variés [...] »[14] dans lesquels elles sont devenues « compétentes », voire « expertes ».

Cette énumération tranche, par son propos et son style, avec le texte qui la précède. Les quatre premiers points ne relèvent pas des éléments pédagogiques, mais institutionnels et sociologiques. Ils laissent entendre que la « clientèle » ne peut guère développer de résistance à l'action éducative à cause de son âge, de sa provenance sociale, et du fait que sa prise en charge est assurée dans un temps continu et sur tous les aspects de la vie. Et les deux derniers points mettent en évidence des qualités de méthode et des capacités de maîtrise chez les directrices qui garantissent ainsi l'influence la plus efficace. Ces six points reviennent donc à attribuer les résultats que peut faire valoir le Home « Chez Nous » à l'emprise totale que celui-ci parvient à exercer sur les enfants.

François de Singly décèle des ruses totalitaires dans ce type d'expérience éducative[15]. On peut en effet constater par ces six points que l'institution érigée par Ferrière en modèle de *self-government* comporte des éléments mis en évidence par Erving Goffman pour décrire les institutions totalitaires[16]. Elle prône une pédagogie qui

---

[13] *Ibid.*
[14] *Ibid.*, pp. 77-78.
[15] François de Singly, « Les ruses totalitaires de la pédagogie anti-autoritaire », *Revue de l'Institut de Sociologie*, N° 1-2, pp. 115-126.
[16] Erving Goffman, *Asiles. Études sur la condition sociale des malades mentaux et autres reclus*, Paris : Minuit, 1968 (1961), pp. 47-48.

prétend soustraire l'enfant aux interventions intempestives et aux incompréhensions inévitables des adultes ; elle se veut un modèle d'éducation à l'autonomie en mettant en scène des enfants actifs, libres et seuls. Mais les résultats que Ferrière tient à mettre en exergue seraient dus selon lui au fait que les adultes sont omniprésents, jour et nuit, à l'école comme dans la vie quotidienne, et qu'ils s'occupent de gamins ayant des caractéristiques qui les rendent particulièrement malléables. Le Home «Chez Nous», écrit Ferrière en 1932, «c'est l'internat ‹absolu› qui (comme la dictature), s'il est bon est la meilleure des choses, s'il est mauvais peut être la pire de toutes!»[17].

Ce propos peut surprendre, voire choquer. Il ne faudrait cependant se méprendre ni sur les convictions de Ferrière ni sur la réalité du Home «Chez Nous». Le pédagogue genevois est incontestablement un libéral. Lors de sa visite au Portugal en 1930, il a certes accepté, pour des raisons tactiques, d'atténuer sensiblement le caractère «progressiste» de ses thèses pédagogiques pour vaincre l'hostilité des éducateurs catholiques et conservateurs du régime salazariste[18]. Mais il ne s'est jamais compromis dans un soutien aux régimes totalitaires malgré les illusions sur la dictature qu'on peut percevoir dans son propos de 1932. Quant au Home «Chez Nous», il y régnait une atmosphère de liberté et de chaleur affective dont témoignent les anciens élèves.

Qui sont les héros dans l'éducation?

En citant les articles de Ferrière et en suggérant que les directrices ont exercé une grande emprise sur les enfants de cette institution, nous n'avons pas pour but de porter le soupçon sur les intentions des réalisateurs du film et de laisser entendre qu'ils ont fait des choix d'exposition destinés à camoufler des pratiques éducatives répréhensibles. Nous y voyons par contre des éléments d'information qui sont susceptibles d'éclairer la façon dont les propagandistes de l'«Éducation nouvelle» conçoivent l'action éducative et d'expliquer pourquoi cette action doit demeurer invisible.

En ne faisant figurer que des enfants dans leur scénario, les auteurs du film ont voulu donner une illustration de la «révolution copernicienne» – selon l'expression significative de Claparède – qui a été effectuée par l'«Éducation nouvelle». La pédagogie est désormais puérocentrée, et cette focalisation sur l'enfant et son activité rend compte de la redistribution des rôles sur la scène éducative, une redistribution que la devise de

---

[17] Adolphe Ferrière, «Le Home ‹Chez Nous›», *Vers l'école active*, N° 9, 1932, p. 131.
[18] António Nóvoa, *op. cit.*, p. 92.

Home CHEZ-NOUS

LA CLOCHATTE sur Lausanne.

Rapport

4–5 La même prise de vue comporte une différence importante selon qu'elle est destinée au public pour la page de couverture du Rapport sur l'activité durant 1924 (Archives Home «Chez Nous».) ou à un usage privé dans l'album de photographies d'une ancienne élève. La vraie directrice de ce chœur d'enfants n'est probablement pas celle qui tient la baguette.
Archives Institut Jean-Jacques Rousseau, Fonds Adolphe Ferrière.

l'Institut Jean-Jacques Rousseau énonce d'une manière instructive: *Discat a puero magister*[19]. L'enfant est devenu le maître d'œuvre de sa propre édification.

S'appuyant sur les lieux communs de la spontanéité enfantine qui sont chers aux milieux «progressistes» des années 1920, le scénario du film sur le Home «Chez Nous» distille donc la «bonne nouvelle» qu'annonce la doctrine pédagogique de l'«École active» mais il marque aussi et surtout une rupture dans la manière de montrer la réalité éducative. Il était en effet inconcevable jusque-là de ne faire figurer aucun adulte dans la composition d'une scène illustrant l'éducation. Les autorités scolaires du XIXe siècle avait en effet célébré plutôt la figure de l'éducateur et elles avaient composé une galerie de portraits des «grands pédagogues» pour l'édification des instituteurs dans les Écoles normales.

En 1890, les autorités helvétiques ont ainsi érigé une statue de Pestalozzi au cours d'une fête populaire réunissant des milliers de personnes à Yverdon, ville où le Zurichois a dirigé, des années durant, son Institut réputé dans toute l'Europe. Ce monument est à cet égard emblématique du rôle central d'exemple qu'on attribue alors à l'éducateur. La célébration de Pestalozzi et sa promotion au rang de bienfaiteur de l'enfance et de l'humanité sont destinées à offrir un modèle à suivre, et sa statue est supposée donner du courage à la piétaille des régents qui œuvrent dans les écoles populaires et s'épuisent à instruire et civiliser des enfants perçus volontiers comme paresseux et fripons. La mission éducative est alors apparentée à une épopée dont le héros est celui qui guide l'enfance et lui inculque, en plus des rudiments, les bonnes habitudes d'ordre et de discipline. Rien de tel dans le film sur le Home «Chez Nous» où la place de héros paraît dévolue aux enfants dont la croissance spontanée et l'épanouissement découlent de leurs propres virtualités.

L'adulte disparaît-il pour autant? L'article que Ferrière consacre en 1933 à cette institution permet de deviner le grand paradoxe auquel est confrontée la doctrine pédagogique de l'«École active»: quand l'éducateur se veut porteur du projet d'émanciper les enfants de sa tutelle, il doit être beaucoup plus présent que si son projet est de contraindre[20]. Mais sa présence change de nature. Dans un article rendant compte de l'expérience menée dans un centre de rééducation italien, le prêtre éducateur Don Daniel Goens énonce avec candeur comment se traduit cette présence: «L'éducateur fait tout, mais il ne faut pas que cela paraisse. Il doit être comme l'âme par rapport au corps, comme le moteur dans la machine: l'essentiel, mais demeurer caché.»[21]

---

19 «Que le maître se laisse instruire par l'enfant.»
20 Daniel Hameline, Arielle Jornod, Malika Belkaïd, *L'École active: textes fondateurs*, Paris: PUF, 1995, p. 37.

Dans cette perspective, on peut penser que l'absence des adultes dans le scénario du Home «Chez Nous» n'a pas pour seule raison de mettre les enfants en évidence. Elle correspond aussi à une conception de l'intervention éducative idéale sous la forme d'une présence invisible mais agissante, qui s'apparente, tout bien considéré, à celle du Saint-Esprit. En d'autres termes, l'éducateur modèle de l'«École active» devrait posséder des attributs divins. Et si l'on ne songe plus à lui édifier un monument ou à faire voir sa stature héroïque, ce n'est pas que son rôle se soit amenuisé. C'est qu'il agit désormais en coulisse. On attend de lui des dons d'ubiquité et de toute-puissance et qu'il opère comme un *deus ex machina* qui veille au développement naturel de l'enfant et le tient à l'abri de la malfaisance des adultes.

---

21 (Note de la p. 138.) Adolphe Ferrière, *L'Autonomie des écoliers dans les communautés d'enfants*, 2e éd. rev. et comp., Neuchâtel: Delachaux & Niestlé, 1950, p. 106. Pour plus de précisions, cf. Joseph Coquoz, *De l'«Éducation nouvelle» à l'éducation spécialisée. Un exemple suisse, le Home «Chez Nous», 1919-1989*, Lausanne: Loisirs et Pédagogie, Éditions des Sentiers, 1998.

1 Le site de la Maison d'éducation de Vennes vers 1970 où l'on peut lire les étapes de l'institution: les anciens bâtiments de ferme de la Discipline des Croisettes (1846), le bâtiment cellulaire de l'École de réforme (1902) et les pavillons de la Maison d'éducation de Vennes (1967).
Archives du Centre d'orientation et de formation professionnelles COFOP.

2 Entre prison et école. Bâtiment cellulaire construit en 1899-1900 sur le modèle carcéral au moment où l'École de réforme va remplacer la Discipline. Photo Henri Wyden, 1954, © Musée historique de Lausanne.

Geneviève Heller Racine

MAISON DE DISCIPLINE OU MAISON D'ÉDUCATION ?

L'histoire de l'institution publique vaudoise, située à Lausanne et destinée au placement des garçons délinquants (selon le Code civil et le Code pénal), a traversé presque deux siècles. Depuis les origines de La Discipline jusqu'à la fermeture de l'internat du Centre cantonal de Vennes (1805-1983), on peut repérer une tension permanente entre des principes éducatifs et des principes répressifs, inhérents à la vocation de l'institution qui a pour mission d'accueillir des garçons placés par l'État à cause de leur comportement déviant. On peut affirmer que l'évolution va dans le sens d'une augmentation de l'éducatif et d'une diminution du répressif. À chaque étape significative, c'est d'ailleurs ce qui est affirmé comme un progrès par rapport au proche passé, et l'établissement change de nom. Cependant, il y a des fluctuations, voire des régressions. La tension persiste.

L'histoire d'une institution d'État doit être documentée à travers trois principales sources publiées et complémentaires : les dispositions légales *(Recueil des lois, décrets et autres actes du gouvernement du canton de Vaud)*; les débats qui précèdent l'adoption de ces dernières et les interpellations ou les motions des députés relatives au fonctionnement de l'institution *(Bulletin des séances du Grand Conseil)*; enfin le rapport annuel *(Compte rendu du Conseil d'État)*. Mais l'historique peut être complété grâce à des archives manuscrites. Celles-ci ont en partie été conservées; versées aux Archives cantonales vaudoises (ACV), elles ont été inventoriées récemment. C'est ce qui a motivé l'étude en cours dont cet article rend partiellement compte[1].

Les sources les plus remarquables sont des dossiers concernant les élèves et le personnel, ainsi que des rapports de surveillants sur le comportement des élèves; elles

1   Archives cantonales vaudoises (désormais ACV), Fonds S 221, Maison d'éducation de Vennes (MÉV). Une première étape de la recherche financée par l'École d'études sociales et pédagogiques a fait l'objet d'un rapport déposé aux ACV : Geneviève Heller, *De la Discipline des garçons à la MÉV (1846-1986). Établissement public pour jeunes garçons délinquants dans le canton de Vaud*, Lausanne, septembre 2008, inédit, 304 p. (version brève 22 p.).

apportent des éléments, certes lacunaires, mais concrets, sur la vie quotidienne et les difficultés rencontrées dans la pratique.

Un nom pour une identité

Sont placés dans cette institution au XIXe siècle, puis au XXe siècle, des enfants dont la conduite est problématique pour les parents ou le tuteur, ou ayant commis un acte réprouvé par le droit pénal. Les motifs d'internement sont divers, la liste est résumée ainsi en 1925 :

« Désobéissance ; mauvaise conduite ; paresse invétérée ; maraudage ; menaces et voies de fait ; dommages à la propriété ; mauvais traitements envers les animaux ; vols, vols avec effraction ; escroqueries ; faux et usages de faux ; recel ; abus de confiance ; brigandage ; attentats à la pudeur ; outrages aux mœurs ; incendies ; voies de fait ayant entraîné la mort ; tentative d'assassinat et d'extorsion. »[2]

Mais les motifs les plus courants sont le vagabondage et la non-fréquentation des écoles, en termes plus récents, on parle plutôt d'inadaptation, d'échec scolaire.

Voici les principales étapes de l'établissement public vaudois pour les garçons délinquants et les différentes dénominations correspondantes :
- 1805, Discipline ;
- 1825, Maison de Discipline ;
- 1846, Discipline des Croisettes ;
- 1901, École de réforme des Croisettes ;
- 1941, Maison d'éducation de Vennes ;
- 1981, Centre cantonal de Vennes ;
- 1983, [fermeture de l'internat] ;[3]
- [1986, COFOP, Centre d'orientation et de formation professionnelles, Les Prés de Valmont].

Les noms successifs expriment par eux-mêmes une vocation qui évolue du répressif à l'éducatif. En changeant le nom de l'établissement, il s'agit aussi de se démarquer de la réputation pesante du passé et d'affirmer une nouvelle identité, c'est le cas en particulier, de l'École de réforme et de la Maison d'éducation.

2   *Bulletin du Grand Conseil*, printemps 1925, « Exposé des motifs du projet de décret [concernant] l'École de réforme des Croisettes », p. 6.
3   Les crochets correspondent à des informations complémentaires aux étapes de l'établissement prises en considération.

En 1901, la Discipline devient l'École de Réforme. Un député s'étonne de ce changement et le chef du Département de justice et police s'en explique:

«C'est intentionnellement que le Conseil d'État a proposé l'expression de ‹écoles de réforme› et pour se conformer à celles en usage dans le régime pénitentiaire actuel. Les pensionnaires de ces établissements sont considérés de plus en plus comme n'étant pas des enfants vicieux, mais des enfants mal élevés, auxquels on cherche à inculquer de meilleurs principes pour qu'ils deviennent de bons citoyens. Il y aurait inconvénient à ce que plus tard on ait, en fournissant des renseignements sur leur compte, à dire qu'ils sont sortis d'une ‹maison de discipline›; il faut pouvoir les représenter comme ayant été dans une ‹école› de l'État, de façon qu'ils ne portent pas comme un stigmate pour le reste de leurs jours.»[4]

Un député souligne qu'en effet, «nous devons faire disparaître ce mot péjoratif de discipline, puisqu'il s'agit d'un terme qui poursuit un individu toute sa vie.»

L'École de réforme des Croisettes devient en 1941 Maison d'éducation de Vennes. «Cette dénomination est plus conforme à la destination de l'établissement»[5]. Il convient en effet d'être en harmonie avec la terminologie du Code pénal suisse (CPS) du 21 décembre 1937 qui préconise, dans certaines situations, le renvoi dans une maison d'éducation d'un enfant ou d'un adolescent «moralement abandonné, perverti ou en danger de l'être, […] son éducation sera surveillée par l'autorité compétente»[6]. La loi vaudoise de 1940 affirme, plus nettement encore que le CPS, la priorité de l'éducation: «L'intérêt éducatif du mineur doit inspirer l'application de la présente loi».[7] Henri Bourquin, le nouveau directeur qui va assumer la transition, avec certaines difficultés on le verra, déclare à son personnel en janvier 1941, soit cinq mois après son arrivée:

«J'ai reçu comme tâche de transformer l'École de réforme. Cette transformation doit s'opérer dans son esprit et dans ses méthodes. Elle ne doit plus être – et c'est le nouveau Code pénal entré en vigueur le 1er janvier et ce sont nos autorités qui le veulent ainsi – un pénitencier pour enfants, mais une Institution de rééducation.»[8]

Le nom Maison d'éducation sera à son tour connoté négativement. Le Centre cantonal de Vennes, réorganisé en 1981 après une remise en cause de l'établissement, est une appellation plus neutre, d'ailleurs l'internat n'est que l'une des trois unités de l'institution (secteur professionnel, internat éducatif, foyer d'accueil). L'internat éducatif est

---

4   *Bulletin du Grand Conseil*, 9 mai 1901, pp. 111-112.
5   *Compte rendu du Conseil d'État*, 1941, p. 87.
6   Articles 84 et 91 du Code pénal suisse du 21 décembre 1937.
7   Article 14 de la Loi du 3 décembre 1940 sur la juridiction pénale des mineurs.
8   ACV, S 221/85, «Rapport du 6 janvier 1941», signé Henri Bourquin, Vennes, 5 janvier 1941, dactylographié.

fermé en 1983, la mission d'origine de l'établissement est abandonnée. Le secteur professionnel en externat va seul se développer et porter le nom de Centre d'orientation et de formation professionnelles Les Prés de Valmont, le lieu-dit Vennes est aussi abandonné. À lui seul, il véhiculait l'héritage presque bi-séculaire depuis la Discipline.

Ce n'est plus une prison

Un souci constant dans l'histoire de l'établissement public vaudois pour délinquants est de se démarquer de la prison, dans les faits et dans les termes, comme l'atteste encore en 1941 la citation ci-dessus de Henri Bourquin: «ne doit plus être un pénitencier pour enfants». Il y a eu d'abord la séparation d'avec les détenus adultes, puis la volonté de changer les mots: les «disciplinaires» du XIXe siècle deviennent des «élèves» au début du XXe siècle avec l'École de réforme; le «registre d'écrou», déjà contesté vers 1860, est remplacé dans le règlement de 1942 par le «rôle des élèves»; le «gardien» de la Discipline devient un «surveillant» à l'École de réforme, puis un «éducateur» à la Maison d'éducation.

Mais la parenté avec la prison va rester tenace, parfois de manière contradictoire avec ce qui est prôné: un bâtiment cellulaire est construit en 1899 pour ce qui devient l'École de réforme. Il n'est pas inspiré par l'architecture scolaire, mais par l'architecture carcérale, car il reprend la disposition du bâtiment de la Colonie pénitentiaire d'Orbe construit une année plus tôt (avec barreaux aux fenêtres et vide central entre étages pour faciliter la surveillance). L'héritage architectural sera fortement réprouvé par les acteurs de la Maison d'éducation de Vennes au milieu du XXe siècle.

En 1957, la Maison d'éducation de Vennes, qui dépendait jusqu'alors du Département de justice et police, est rattachée au Département de l'intérieur (Service de l'enfance), signe manifeste d'un changement de priorité, l'institution relevant désormais de la protection de l'enfance plutôt que du champ pénal. Dix ans plus tard, en 1967, elle est enfin modernisée et agrandie avec des constructions pavillonnaires à côté de l'ancien bâtiment cellulaire, mais, après une décennie, un pamphlet dénonce le fonctionnement de l'institution accusée d'être l'*Antichambre de la taule*: «Vennes, le symbole de la répression, de l'exclusion, la griffe du pouvoir. Une répression sans amour.»[9]

L'établissement a ainsi constamment véhiculé cette ambiguïté en marge de la prison.

---

9 Groupe information Vennes, *L'Antichambre de la taule*, Lausanne: Éditions d'en bas, 1978.

Les lieux et les formes de l'éducation

La Discipline (au sens de punition corrective) est, depuis 1805, soit deux ans après la constitution du canton de Vaud, le lieu où un enfant peut être détenu sur plainte d'un parent ou d'un tuteur « qui aurait des sujets de mécontentement très graves sur la conduite de l'enfant »[10]. Un lieu spécifique n'existe pas encore. Les enfants sont peu nombreux à subir cette peine, 2 ou 3 par année, ainsi 32 mineurs sont envoyés à la discipline entre 1805 et 1826. Ils sont placés avec les détenus de la prison correctionnelle, où se trouvent surtout des adultes, mais aussi des mineurs ayant commis des délits selon le Code pénal[11]. La prison correctionnelle ou maison de correction est une « école de travail et de mœurs »[12] où sont détenus notamment des vagabonds et des prostituées. Elle est située dans l'Hôpital cantonal (actuel Gymnase de la Mercerie, en contrebas de la cathédrale), un bâtiment imposant du XVIIIe siècle, où se trouvent alors réunies les différentes catégories de personnes surveillées ou assistées par l'État: des prisonniers, des aliénés, des malades. En 1825, un local appelé Maison de discipline est attribué aux enfants mis en détention civile.

Les sources sont pauvres pour documenter la vocation de la Discipline, ainsi que les modalités éducatives et répressives dans l'établissement au XIXe siècle. Avant l'installation aux Croisettes, les enfants placés à la Discipline dans l'Hôpital, étaient d'abord simplement reclus dans la maison de correction. En 1827, on affirme que la Discipline, « pour répondre à sa destination, devrait être dirigée par un homme propre à donner aux enfants détenus, l'instruction et les soins moraux que réclame leur position ». Deux ans plus tard, ils sont placés sous la surveillance d'un instituteur qui donne quelques leçons et les occupe au tressage de la paille. C'est une première étape éducative.

Mais peu à peu en Europe, surtout dans des grands centres urbains, on commence à séparer les enfants des adultes, puis les mineurs considérés comme coupables des mineurs dits parfois « acquittés », reconnus comme ayant agi sans discernement. Des réformes sont proposées durant la première moitié du XIXe siècle et des modèles circulent grâce aux publications: la prison réservée aux enfants (La Petite Roquette en France, 1836, Parkhurst en Grande-Bretagne, 1838) ou la colonie agricole (Rauhe Haus

---

[10] Code correctionnel du 30 mai 1805, art. 67; deviendra l'article 202 du Code civil du 11 juin 1819.
[11] Code pénal de l'Assemblée constituante du 4 mai 1799, art. 47 et 48, adopté sous la régime de la République helvétique et conservé par le canton de Vaud; ces dispositions seront partiellement reprises dans le Code pénal du 18 février 1843, art. 52-53.
[12] Code correctionnel du 30 mai 1805, art. 6.

en Allemagne, 1832, Mettray en France, 1839)[13]. C'est le modèle de la colonie agricole (sans l'organisation par groupes d'enfants réalisée par l'initiative privée à Serix-sur-Oron en 1863[14]) qui est adopté par les autorités pour les garçons dans le canton de Vaud. En voici le projet qui peut être considéré comme une autre étape éducative:

«La Discipline, qui doit être une école d'amendement pourrait, dans certains cas, devenir une école du vice. […] Reclus dans une prison au milieu d'une ville, ils souffriraient de leur détention; ils s'habitueraient à la vie des prisons et sortiraient de leur captivité faibles, maladifs, sans énergie, peu capables de subvenir à leur existence et de résister aux dures épreuves de la vie libre. Aussi, le Conseil d'État estime qu'il convient de placer les garçons à la campagne. Là, ils seraient occupés, dans un domaine, aux travaux agricoles, et recevraient une éducation propre à développer leurs organes et leurs facultés morales.»[15]

Les filles vont rester en ville car «il serait difficile de les placer à la campagne, la surveillance dont elles ont le plus grand besoin en souffrirait nécessairement»[16]. Les garçons sont déplacés en 1846 dans un domaine agricole près d'Épalinges, l'établissement, comprenant deux anciens bâtiments (dont l'un est aménagé avec un dortoir et un réfectoire), est dénommé Ferme disciplinaire des Croisettes ou Discipline des garçons. «On leur enseigne à exécuter des ouvrages utiles pour l'agriculture. Ils reçoivent l'instruction religieuse et primaire.»[17]

La vocation de la Discipline est affirmée en introduction du Décret sur la translation de la maison de discipline du 9 mars 1846: les jeunes gens doivent recevoir «une éducation qui leur inspire des sentiments religieux et moraux, en leur faisant contracter des habitudes d'ordre et de travail». Il importe de leur donner «une profession, au moyen de laquelle ils puissent utilement rentrer dans la société et pourvoir à leur existence».

Cette vocation sera renouvelée, certes en des termes différents, jusqu'en plein XXe siècle. En 1902, le règlement de l'École de réforme stipulera que «le but de l'établissement est la régénération, l'éducation et l'instruction des élèves»[18]. En 1942, la vocation sera réaffirmée ainsi:

---

13 Geneviève Heller, *op. cit.*, 2008, pp. 71 ss.; Marie-Sylvie Dupont-Bouchat et Éric Pierre (dir.), *Enfance et justice au XIXe siècle. Essai d'histoire comparée de la protection de l'enfance, 1820-1914. France, Belgique, Pays-Bas, Canada*, Paris: PUF, 2001, pp. 64 ss., pp. 179 ss. et p. 279.

14 Martine Ruchat, *L'oiseau et le cachot. Naissance de l'éducation correctionnelle en Suisse romande 1800-1913*, Genève: Zoé, 1993.

15 *Bulletin du Grand Conseil*, 6 mars 1846, p. 1460.

16 *Ibid.*, p. 1462. Les filles seront finalement déplacées à Moudon en 1869.

17 Article 2, Règlement du 3 avril 1847 sur la ferme disciplinaire des Croisettes.

18 Article 2, Règlement du 26 décembre 1902 pour l'École de réforme des Croisettes.

3 Le travail agricole est l'occupation principale des garçons depuis l'installation de la Discipline aux Croisettes en 1846; il reste dominant pour la plupart des élèves jusqu'au milieu du XXe siècle. Photo Henri Wyden, 1954, © Musée historique de Lausanne.

« La maison d'éducation a pour tâche d'éduquer et d'instruire les élèves qui lui sont confiés, de les régénérer, en veillant à leur développement intellectuel, moral et physique, de façon à les rendre aptes à reprendre une existence normale. »[19]

Dans le règlement du 3 avril 1847, d'emblée sont posés les principes répressifs et éducatifs de la Discipline: détention des délinquants, travail, punition, mais aussi instruction, éducation, récompenses, adaptation à l'âge, souci de réinsertion. Toute l'évolution sera, dans la théorie et dans la pratique, une question de nature et de dosage de chacun de ces éléments, avec, dans la gestion du quotidien, les contraintes de la routine et des tensions inhérentes à une telle institution.

Autour de 1900, l'établissement, qui n'a subi jusqu'alors que de rares aménagements et qui a accueilli jusqu'à plus de 50 garçons en même temps, doit être modifié. En Suisse comme en Europe, depuis le dernier quart du XIXe siècle, le regard sur l'enfant évolue; ceci est attesté par les législations sur l'école, le travail et la protection de l'enfance: la Constitution fédérale de 1874 exige l'école gratuite et obligatoire, la loi fédérale sur les fabriques de 1877 limite le travail des enfants, la loi vaudoise sur l'assistance des pauvres de 1888 affirme la nécessité de prendre en charge l'éducation des enfants malheureux et abandonnés, le Code civil suisse de 1907 autorise le retrait aux parents de la garde de leurs enfants, voire la déchéance de l'autorité parentale. La distinction entre enfant coupable et enfant malheureux va s'atténuer en faveur d'une catégorie plus large, celle d'enfant « moralement abandonné » ou « en danger moral ». Ces enfants sont à plaindre, mais aussi à craindre, susceptibles plus que d'autres de devenir délinquants: il importe de les éduquer. « Pour l'immense majorité des enfants ‹en danger›, la protection l'emporte sur la répression »[20], plus rares sont ceux qui devront subir des peines de prison. À l'École de réforme, comme l'atteste la citation plus haut, « les pensionnaires sont considérés de plus en plus comme n'étant pas des enfants vicieux, mais des enfants mal élevés, auxquels on cherche à inculquer de meilleurs principes pour qu'ils deviennent de bons citoyens ».

Vers la fin du XIXe siècle, et surtout durant la première moitié du XXe siècle, les réformes dans les institutions vont porter sur l'amélioration de l'instruction, sur la diversification du travail (non plus exclusivement agricole), sur la nécessité d'une formation professionnelle par l'apprentissage d'un métier utile aux jeunes; une attention plus grande sera portée à la santé physique et mentale des jeunes et aux conditions matérielles et hygiéniques de leur internement. Des institutions pionnières, notamment en

---

[19] Article 2, Règlement du 20 janvier 1942 pour la Maison d'éducation de Vennes sur Lausanne.
[20] Marie-Sylvie Dupont-Bouchat et Éric Pierre (dir.), *op. cit.*, p. 398.

Belgique, s'inspirant des développements de la médecine, de la pédagogie et de la psychologie, serviront de modèle. Ainsi l'Établissement central d'observation de Moll dirigé par Maurice Rouvroy (1913) développe une approche libérale, un régime qualifié d'optimiste, s'appuyant sur une pédagogie de la confiance et de l'écoute. Il est visité en 1921 par un juriste (Maurice Veillard qui deviendra en 1942 le premier juge des mineurs du canton de Vaud) et en 1933 par l'instituteur de l'École de réforme, qui tous deux font rapport au Département de justice et police. Mais à l'École de réforme, comme dans beaucoup d'autres établissements, la résistance au changement sera tenace.

Pendant et après la Seconde Guerre mondiale, une nouvelle phase de réforme des maisons d'éducation se développe qui va tenter de mettre en place une approche plus éducative que répressive qui s'appuie notamment sur un personnel qui porte un intérêt aux jeunes en difficulté. Le directeur de la Maison d'éducation de Vennes, P.-E. Rochat, instituteur de formation, décrira en 1965 dans le dossier d'un élève les modalités d'encadrement envisagées, combien plus variées que précédemment:

«Nous avons donc procédé avec Albert […] comme nous le faisons avec la quasi totalité des élèves placés par les autorités vaudoises, en assumant la responsabilité du traitement, et du retour progressif dans la société. L'équipe spécialisée, consciente de la fragilité du garçon, enregistre et suscite l'accrochage affectif, apprécie les circonstances, tente un essai, amortit un échec, tente un nouvel essai, et cela sans se lasser, sans craindre certains risques, sans s'arrêter à des consignes ou des règlements, sans prétendre établir un plan à longue échéance. Il y a un déchet d'humanité à qui il faut forger un avenir d'homme. Seul cet impératif entre en compte, et seule l'équipe de l'institution (éducateur, maître de métier, psychiatre) est à même de mener l'action éducative. Favoriser l'intérêt pour un loisir, tenter l'apprentissage, établir un régime de congés, prendre contact avec la parenté, affilier à une société, placer durant un court stage chez un employeur en ville, essayer un placement familial, surveiller la fréquentation avec une jeune fille, autant d'interventions qu'il est nécessaire de tenter, parfois au jour le jour, dans une optique de maison d'éducation qui n'a plus rien de commun avec un établissement de détention.»[21]

Encore et toujours, la différence avec la prison est revendiquée. Mais, il faut le rappeler, la vocation éducative – travail, instruction, conduite de la vie – est déjà présente, en théorie, à la Discipline du XIXe siècle. On peut toutefois mesurer la différence des contenus et des moyens. Voyons dans le registre des punitions l'évolution des

---

[21] Copie d'une lettre de P.-E. Rochat au président de la Chambre pénale de Genève, 28 avril 1965, ACV, S 221/69, dossier N° 4254.

méthodes mais aussi, autour de 1940 et grâce aux archives manuscrites, l'écart qui peut exister entre les normes théoriques et la pratique.

Les punitions

Un règlement très détaillé organise durant la première moitié du XXe siècle le fonctionnement de l'École de réforme depuis 1902. Prenons l'exemple des punitions, plus nuancées et voulues plus éducatives que celles en vigueur au XIXe siècle: d'une part, avertissement (nouveau), réprimande, retenue en classe avec travaux écrits (remplace le changement de place), privation de récréation; d'autre part, la consigne, avec travaux écrits, en chambre ou en geôle (il n'y avait auparavant que la réclusion en geôle à cause des dortoirs), avec ou sans privation partielle de nourriture, au pire un régime au pain et à l'eau. Les premières mesures peuvent être infligées par le personnel, notamment l'instituteur; mais la consigne ne peut être administrée que par le Directeur, qui dans les cas graves doit en référer au Département. Un article est nouveau:

«Les peines corporelles sont rigoureusement interdites. Les punitions ne doivent jamais revêtir un caractère de brutalité ou d'avilissement pour l'enfant qui en est l'objet. Elles doivent tendre à la correction et à l'amélioration.»[22]

Ainsi, en théorie, on se soucie que les punitions soient moins humiliantes, sans porter atteinte à l'intégrité corporelle, et on tente de les rendre plus utiles (travaux écrits). Dans la pratique, il en sera (parfois?) autrement, comme l'atteste le rapport, déjà mentionné, que le nouveau directeur H. Bourquin adresse le 6 janvier 1941 à son personnel:

«Autrefois, Messieurs, vous punissiez et vous faisiez rapport. Dans tous les cas vous étiez approuvés. [...] Or, les punitions en vigueur à l'École de réforme étaient contraires [...] au but qu'elles sont censées poursuivre: la rééducation. Vous devez admettre, Messieurs, que les élèves mis en chambre, sans aucune occupation pendant une ou plusieurs semaines n'y étaient pas pour s'améliorer: ils y étaient pour qu'on en soit débarrassé; la mise en chambre c'était le dépotoir du dépotoir, quant à la fouettée à nu des évadés, je pense que vous n'avez jamais pris la peine de connaître ce qu'elle a laissé comme trace dans le cerveau des punis. C'est pour éviter le retour de faits semblables que j'ai pris sur moi seul le droit de punir.»

Ce directeur introduit un système de coches avec bons et mauvais points comptabilisés durant la semaine; le dimanche, c'est lui qui distribue les punitions. Ces dernières

---

[22] Article 105, Règlement du 26 décembre 1902 pour l'École de réforme des Croisettes.

seront à leur tour considérées comme des «punitions absurdes» par le directeur ad intérim en 1948-1949: «coupe de cheveux à 3 mm pour une fugue, séjour en cachot le dimanche, blâmes dévalorisants»[23]. Critiques reprises par P.-E. Rochat, directeur de 1949 à 1967:

«Quand ils ‹fuguaient› on les mettait au cachot, on les tondait à ras. J'ai dû me bagarrer avec les surveillants d'alors pour lutter contre ces sanctions barbares. Mais par contre, chez les maîtres de métiers dans ce régime cellulaire, j'ai trouvé des hommes ayant cœur et technique pour comprendre, aider. Ce sont eux qui m'ont permis de faire évoluer la maison. Mais ce fut dur. Au bout d'une année, je voulais partir, parce que les progrès étaient trop lents. Il fallut convaincre les autorités: ce fut un travail de titan. Il fallut réhabiliter les jeunes délinquants auprès du public: je faisais plus de 50 conférences par année. Peu à peu l'ambiance a changé. Avec mes gars, il ne fallait pas trop de théorie, mais des actes.»[24]

Le rôle du personnel, dans ce dosage délicat entre éducation et répression, apparaît déterminant.

Le passage à l'éducatif, selon les critères du milieu du XXe siècle, se fera progressivement entre 1940 et 1960, grâce notamment à l'arrivée de personnel motivé par le travail social auprès des jeunes et doté d'une formation professionnelle spécifique depuis l'ouverture en 1954 du Centre de formation d'éducateurs pour l'enfance et l'adolescence inadaptées. Il s'agit, comme l'atteste la description de la prise en charge des élèves de la Maison d'éducation de Vennes par le directeur P.-E. Rochat en 1965 à propos d'Albert, d'un suivi individualisé qui se soucie de «forger un avenir d'homme» en collaboration avec éducateurs, maîtres de métier et psychiatre. L'éducation a en partie changé de visage. Des photographies d'un reportage réalisé en 1954 illustrent quelques-unes des modalités d'encadrement.

Il apparaît que ce qui peut être considéré comme éducatif à une époque et dans un contexte donné ne l'est pas à une autre époque. On peut considérer comme éducatifs, des moyens positifs qui élèvent l'enfant et le préparent à la vie en société, selon la triple mission affirmée par Diderot dans l'*Encyclopédie*, en prenant en compte sa santé, l'instruction de son esprit et les valeurs morales pour conduire sa vie. À l'inverse on peut considérer comme répressifs des moyens négatifs, qui abîment, humilient, rabaissent l'enfant, le maintiennent dans un état d'infériorité et le rendent incapable de s'adapter

---

23 Jacques Bergier, *Traces de mémoire. Pédopsychiatrie et protection de l'enfance dans le canton de Vaud au XXe siècle*, Lausanne: Les Cahiers de l'ÉÉSP 35, 2003, p. 34.

24 Interview de P.-E. Rochat (Mad. C., «Le directeur de la maison d'éducation de Vennes M. P.-E. Rochat devient préfet de la Vallée de Joux», *Feuille d'avis de Lausanne*, 26 janvier 1967).

4 Atelier de menuiserie de la Maison d'éducation de Vennes. C'est le premier apprentissage professionnel accessible à quelques élèves depuis le début du XXe siècle.
Photo Henri Wyden, 1954, © Musée historique de Lausanne.

5 Le sport est considéré comme un élément éducatif, complémentaire au travail et à l'instruction.
Photo Henri Wyden, 1954, © Musée historique de Lausanne.

6 Entretien avec le psychiatre Jacques Bergier, directeur de l'Office médico-pédagogique vaudois.
Photo Henri Wyden, 1954, © Musée historique de Lausanne.

dans la société. L'instruction, la discipline, le travail, peuvent être éducatifs ou répressifs selon les intentions préconisées et les modalités d'application. Imposer comme principal débouché le travail de domestique de campagne à des jeunes au milieu du XXe siècle est sans doute plus répressif qu'au milieu du XIXe siècle. Mais lorsque le travail de la campagne remplace l'enfermement dans un local et le tressage de la paille, comme c'est le cas avec l'installation de la Discipline à la Ferme des Croisettes en 1846, il est voulu comme plus sain et préparant l'enfant à son retour dans la société.

Au XIXe siècle, l'accent est mis sur l'instruction et sur les «soins moraux». Dans la seconde moitié du XXe siècle, on valorise la formation professionnelle et les loisirs éducatifs. Par l'«éducation», on espère corriger le vice, sortir de la misère sociale, inculquer les normes, rendre l'individu capable de vivre dans la société et de lui être utile. Mais la répression est continuellement sous-jacente dans ces formes d'éducation, par les méthodes pratiquées. Les punitions elles-mêmes sont situées dans une tension entre répression et éducation. L'exemple des arrêts en chambre est éloquent. La difficile mutation vers une maison d'éducation est particulièrement perceptible autour de 1942 : toute la question est de changer d'attitude à l'égard des jeunes.

Ces différents aspects qui s'inscrivent dans l'évolution de la société permettent de repérer l'interaction des discours et des pratiques et de relativiser un passé considéré comme répressif et un présent considéré comme éducatif.

Fabrice Bertrand

DES INSTITUTEURS ET DES INSTITUTRICES BACHELIERS OU BACHELIÈRES ?

Enjeux et déroulement de la Réforme législative vaudoise de 1976

À partir de 1833, l'École normale du canton de Vaud devient l'institution de référence pour la formation des enseignant·e·s primaires. Cependant, le modèle qu'elle incarne est remis en cause tout au long de son histoire. Comme Thérèse Hamel le démontre, « la formation des maîtres est l'enjeu de luttes politiques, économiques et idéologiques portées par des groupes sociaux à travers leur organisation ou leur institution. Ces luttes et débats portent sur la détermination des finalités, l'organisation scolaire, les valeurs à transmettre, la programmation des savoirs ainsi que les statuts à créer, à conserver ou à promouvoir »[1]. Elle doit par ailleurs être restituée dans le système scolaire auquel elle appartient et plus généralement dans le contexte social dans lequel elle se meut. Ainsi, dans la seconde moitié du XXe siècle, les enjeux curriculaires prennent de plus en plus d'importance au sein des sociétés occidentales. Les exigences s'accroissent. Le modèle normal avec sa tradition séculaire est à nouveau questionné. Les débats nationaux et internationaux influent sur le cadre vaudois alors que naît un projet législatif tendant à dissocier la culture générale des savoirs propres au métier, à vouloir augmenter les cursus évoquant la nécessité d'une formation gymnasiale comme prérequis. Quels en sont les tenants et les aboutissants ? Comment cette situation spécifique nous renseigne-t-elle sur la mise en place d'une réforme, les possibilités d'augmentation des qualifications des enseignant·e·s primaires ? Notre propos vise par une contextualisation à différentes échelles, à saisir les enjeux du débat mis en lumière, à travers les nombreuses archives vaudoises analysées, regroupant des sources législatives, les procès-verbaux

---

1 Thérèse Hamel, *Le déracinement des Écoles normales. Le transfert de la formation des maîtres à l'université*, Québec : Institut québécois de recherche sur la culture, 1991, p. 55. Je tiens à remercier mes collègues de l'Équipe de recherche « ÉRHISÉ » de l'Université de Genève pour leurs commentaires sur cette contribution, équipe dans laquelle s'insère ma thèse de doctorat soutenue par le Fonds national de la recherche scientifique (FNS) « Professionnalisation et activités associatives. L'exemple de la Société pédagogique vaudoise (1856-1976) ».

des groupes 310 et 311 du Conseil de la réforme et de la planification scolaire (CREPS), les comptes rendus des Conférences des maîtres de l'École normale de Lausanne (ÉNL) ainsi que quelques documents provenant des associations d'enseignant·e·s; cet ensemble nous permet ainsi d'accéder aux débats internes des différents protagonistes.

Les modèles de formation à l'enseignement primaire

Dès le XIXe siècle, le modèle normal domine l'espace helvétique. Il s'agit d'institutions de niveau secondaire, sous le contrôle de l'administration scolaire des Départements de l'instruction publique. La formation vise à raffermir les connaissances générales des candidat·e·s à l'enseignement et aussi à faire acquérir une formation professionnelle basée sur l'apprentissage de «gestes professionnels», avec une connotation souvent moralisatrice. Les formateurs de ces écoles proviennent bien souvent de l'enseignement primaire, engagés fréquemment pour les compétences qu'ils ont manifestées lors de leur expérience professionnelle précédente. Les élèves eux-aussi proviennent pour une partie importante de ce niveau d'enseignement. L'on assiste par conséquent à un recrutement circulaire centré essentiellement sur l'«univers primaire».

Le modèle supérieur quant à lui est caractérisé par la dissociation de la formation professionnelle et de la formation générale dévolue au gymnase. Le parcours d'études généralement plus long se termine dans un établissement post-secondaire voire universitaire en lien avec le champ académique des sciences de l'éducation. C'est le modèle en vigueur à Neuchâtel notamment après 1948 et à Genève à partir de la fin des années 1920[2].

En suivant une logique chronologique selon différentes échelles, l'on remarque que ces questions font débat. Ainsi, dans la seconde moitié du XXe siècle, le contexte d'intense expansion économique marqué par le besoin d'un personnel qualifié au sein d'économies de plus en plus tournées vers le secteur des services amène des recommandations d'organismes internationaux à ce sujet. En 1957, dans le cadre de sa XXe Conférence internationale à Genève, le Bureau international d'éducation (BIÉ) dépendant de l'Unesco recommande que la formation des maître·sse·s primaires soit désormais assurée par des établissements ou instituts pédagogiques de niveau supérieur. En 1971, l'OCDÉ publie un important rapport intitulé «Formation, recrutement et

---

[2] Valérie Lussi, *Formations à l'enseignement et sciences de l'éducation. Analyse comparée des sites universitaires de Suisse romande (fin du 19e–première moitié du 20e siècle)*, thèse de doctorat, Université de Genève: Faculté de psychologie et des sciences de l'éducation, N° 413, 2008.

utilisation des enseignants dans l'enseignement primaire et secondaire». Il souligne la concurrence réalisée par de nouveaux métiers en plein développement tels les ouvriers très qualifiés, les techniciens, les chercheurs, les ingénieurs… et préconise aussi une formation supérieure.

En Suisse, la Conférence des directeurs de l'instruction publique (CDIP) décide d'étudier cette problématique. Elle nomme à cet effet un groupe d'experts qui commence ses travaux en 1970 et dont le but affiché consiste à proposer toutes mesures utiles pour l'amélioration et l'harmonisation de la formation du corps enseignant. L'un de ses enjeux est de prendre en compte les spécificités cantonales et les divergences de points de vue inhérents à la structure sociopolitique fédérale dans un domaine où l'autonomie des cantons et des établissements de formation est consacrée. Tout d'abord, et quel que soit le mode institutionnel de formation, la commission défend le principe d'une formation de base aussi étendue que possible. Puis, sur le plan institutionnel, la commission retient deux types possibles: une formation gymnasiale suivie d'une formation professionnelle ou une formation générale et pédagogique intégrée au sein d'un même institut normalien. La formation à l'École normale doit s'étendre sur six ans (à titre provisoire cinq ans), tandis que la formation après la maturité est de deux ans. Nous pouvons donc constater que si une élévation de la durée de formation des enseignant·e·s primaires est souhaitée, la CDIP n'ose pourtant pas trancher une question qui soulève de nombreuses divergences au sein des cantons. La CDIP préfère alors se concentrer sur les contenus d'apprentissage plutôt que sur le modèle institutionnel à adopter, sans doute afin de ne pas susciter de trop fortes oppositions vis-à-vis des traditions et de l'attachement de chacun pour la voie de formation privilégiée. Néanmoins, le rapport nommé «La formation des maîtres de demain» est l'un de ceux qui sont marquants dans l'histoire de cette institution et de la promulgation de directives scolaires en son sein. Il sera abondamment cité par les milieux politiques, les cadres de l'administration scolaire et les associations professionnelles et syndicales. Il va servir de document de base et de canevas à l'élaboration de la réforme vaudoise, qui va maintenant être l'objet de notre intérêt dans son contexte spécifique.

1947-1976: l'école vaudoise en chantier

Durant les Trente Glorieuses, l'école vaudoise souffre d'un manque global d'enseignant·e·s dû à la hausse des naissances et à la haute conjoncture économique, qui incite de nombreux maître·sse·s à s'engager dans des secteurs d'activité jugés plus attractifs.

1. Le bâtiment de l'École normale vers 1940. ACV, K XIII 377/230/605, photographie de l'auteur.

Ce problème crucial désarçonne le Département de l'instruction publique; par le biais de mesures exceptionnelles et prises dans l'urgence, il doit alors fréquemment faire face à une situation qu'il peine à maîtriser. Au niveau de la formation des instituteurs et des institutrices, l'École normale de Lausanne (ÉNL) se voit contrainte d'adapter sa structure à la nouvelle situation avec grande difficulté. Le département décide alors de créer en 1953 une classe spéciale de formation rapide au sein de l'ÉNL, d'une durée d'un an, destinée aux porteurs d'un baccalauréat, d'un certificat de maturité ou d'un diplôme de culture générale. Dès 1967, cette filière se nomme «classes de formation pédagogique». En 1965, est créée l'ÉN d'Yverdon qui fait partie du Centre d'enseignement supérieur du Nord vaudois (CESSNOV); ce centre regroupe ainsi dès 1975 un gymnase, l'ancienne ÉN et une division commerciale. Deux ans plus tard, les classes de formation pédagogique sont dirigées désormais par le directeur-adjoint du Séminaire pédagogique de l'enseignement secondaire (SPES) fondé en 1959, accentuant le rapprochement entre les deux institutions, alors que peu après il est décidé aussi de former des enseignant·e·s primaires à Montreux.

2. Le corps enseignant de l'École normale de Lausanne à l'été 1976 (ACV, K XIII 3777/225/207), photographie de l'auteur.

3. Portrait d'André Guignard, directeur de l'École normale de Lausanne. ACV, K XIII 377/224/103, photographie de l'auteur.

Cette évolution nous aide à relativiser le changement législatif qui va advenir en 1976, du fait que les autorités vaudoises ont déjà validé un système permettant à des étudiant·e·s possédant un cursus gymnasial de devenir maître ou maîtresse primaire et ceci d'une façon facilitée. En 1973, sur 102 candidats promus instituteurs, 65 proviennent des différentes Écoles normales et 37 des classes de formation pédagogique et, sur 182 candidates promues, 92 ont été formées à l'ÉN et 90 au sein des classes de formation pédagogique[3]. Le modèle construit pour faire face à une crise du recrutement est évoqué dès les années 1970 pour succéder à la classique organisation normalienne, alors qu'en 1974-1975 la période de haute conjoncture disparaît et que le thème d'une pléthore et donc d'un chômage parmi les enseignant·e·s apparaît. Ces modifications structurelles s'accompagnent d'un climat de réforme de la scolarité obligatoire, d'une redéfinition des missions de l'école primaire et de l'école secondaire. Ainsi, le 15 janvier 1960, le Conseil d'État désigne une commission extra-parlementaire dite «Commission des quarante» chargée d'étudier la structure d'ensemble de l'école vaudoise. Une sous-commission s'intéresse à la formation des maître·sse·s. Dans son exposé de synthèse, la commission souhaite que les enseignant·e·s reçoivent la plus large formation de base commune et une préparation culturelle et professionnelle du niveau le plus élevé possible. Cette conception trouve de plus en plus d'échos et sera au cœur d'une structure qui jouera un rôle absolument essentiel dans la réforme de 1976: le Conseil de la réforme et de la planification scolaire (CREPS).

Les travaux du CREPS

Institué par le Conseil d'État en 1967, le CREPS est responsable du projet de réforme des structures de l'école vaudoise. Il est présidé par le chef du DIPC et formé de cadres dudit département tels le secrétaire général et les chefs de service de l'enseignement primaire, secondaire et supérieur. Des regroupements spécifiques sont créés, dont le groupe 310 qui s'occupe des questions de la formation, du statut, de la fonction et du perfectionnement des maître·sse·s de l'école vaudoise. Dès les années 1970, un sous-groupe s'intéresse en particulier à la formation et au perfectionnement des enseignant·e·s primaires: le 311. Ce dernier comprend essentiellement des représentant·e·s de la Société pédagogique vaudoise (SPV), des institutions de formation à l'enseignement primaire ou secondaire et de l'administration scolaire. Jusqu'en 1974, il

---

[3] *Compte rendu du Conseil d'État*, Lausanne: État de Vaud, 1973, p. 101.

constitue le principal foyer institutionnel où se débattent les enjeux curriculaires concernant spécialement les instituteurs et les institutrices. D'une façon relativement aisée, le groupe décide de séparer la formation générale de la formation professionnelle, qui devrait durer deux ans. Les points d'achoppement se révèlent être les titres exigibles pour entrer en formation professionnelle et les modalités de la formation générale pour les candidat·e·s à l'enseignement primaire. Les membres de la SPV en particulier mettent en évidence l'importance du baccalauréat comme prérequis, excluant par là le diplôme de culture générale. Mais la plupart des participant·e·s reconnaissent qu'au vu du recrutement actuel il faut laisser la porte ouverte des Écoles normales aux anciens élèves des classes primaires supérieures et de la voie générale des collèges, ce qui implique la reconnaissance du diplôme de culture générale. Ainsi, le projet du directeur de l'enseignement primaire Edmond Basset, qui prévoyait un gymnase spécifique pour les futurs instituteurs chargés d'amener des élèves de voies moins prestigieuses à la maturité, se voit contesté notamment par le responsable du SPES François Bettex. La majorité des opinions se rallient en effet à ces critiques. La formation gymnasiale doit se réaliser dans le cadre existant, plaident les milieux de l'enseignement secondaire, invoquant aussi les ordonnances fédérales en la matière. Il est souhaitable par conséquent que des possibilités de raccordement soient proposées aux anciens élèves provenant du primaire supérieur. En 1974, le secrétaire général du Département de l'instruction publique Jean Mottaz reçoit le rapport. Le conseiller d'État Raymond Junod en prendra connaissance. Il est alors décidé que le groupe 311 cesse son activité au profit du 310. Afin peut-être de préserver la confidentialité des débats et donc la réussite du projet ainsi qu'une certaine homogénéité, un noyau se crée, qui va mener à terme le projet jusqu'au débat parlementaire. Ce noyau présidé par Michel Dubois, nouveau directeur du SPES, laisse une place primordiale, dans son organisation, aux cadres de l'enseignement primaire et secondaire (chefs de service, directeurs d'écoles...). Les associations professionnelles (SPV et SVMS) participent aux débats. Les milieux des Écoles normales sont peu représentés.

À l'automne 1975, le groupe 310 décide de faire des propositions pas nécessairement en lien avec les questions de structure de l'école vaudoise débattues. Dès la fin de l'année, les premières oppositions à des projets menaçant la prédominance normalienne se font entendre, par le biais notamment d'informations débordant les canaux officiels. L'adversaire institutionnel le plus actif se révèle être le directeur de l'ÉNL André Guignard. En décembre 1975, lors d'une Conférence des maîtres dans son établissement, il nie toute nécessité d'un baccalauréat pour enseigner à l'école primaire. Selon lui, ce degré ne représenterait plus alors qu'une «salle d'attente»[4] pour s'élever dans la hiérarchie. Voulant mobiliser son corps enseignant, il affirme:

«Ce n'est pas tant l'intellectualisation qui doit être le mécanisme révélateur de l'enseignant primaire, mais bien plutôt ses facultés créatrices, sa sensibilité liée à certaines aptitudes picturales, musicales, manuelles et physiques ainsi que sa faculté d'agir à travers la vie sociale.»[5]

Début 1976, le groupe 310 reprend à son compte les anciens rapports du 311 alors que le secrétaire général du DIPC exige des propositions de décision, ce qui est réalisé en mai: la voie gymnasiale comme formation générale avec à titre transitoire l'acceptation du diplôme de culture générale est sanctionnée. L'opposition d'André Guignard embarrasse les tenants du projet, alors que la Société vaudoise des maîtres secondaires (SVMS) mobilise les enseignant·e·s des ÉN par le biais de Conférences SVMS. À Yverdon, les enseignant·e·s ne s'opposent pas, tandis qu'à Lausanne et à Montreux des critiques fusent déplorant le fait de n'avoir pas été associé·e·s au débat, oppositions mélangeant également à un légitime souci corporatiste des préoccupations plus «politiques» comme le fait de garantir l'accès au métier à des personnes aux origines modestes. André Guignard élabore un projet de transformation de son établissement intégrant une division gymnasiale, ce qui heurte les responsables du groupe 310 car, selon eux, cela mettrait en péril l'exigence à terme du baccalauréat et permettrait mal de simplifier l'existence de deux filières (Classes de formation pédagogique, École normale). Devant l'imbroglio créé, les membres du groupe 310 décident de rencontrer une délégation de l'ÉNL le 31 mai sous la présidence de Jean Mottaz. Après discussion du passage des élèves du primaire supérieur vers le gymnase en présence du responsable de la commission traitant de cet objet, le directeur du gymnase du Belvédère André Yersin, Jean Mottaz affirme que le DIPC traitera toutes les situations professionnelles concernant les postes de travail avec grande compréhension mais, appuyé par le chef du Service de l'enseignement secondaire Daniel Reymond, il refuse de transformer l'ÉNL pour partie en gymnase: les gymnases sont des institutions avec structures complètes (offrant toutes les voies) et il faut environ 800 élèves pour qu'un gymnase fonctionne normalement. Ainsi, le groupe 310 confirme son intention de discuter des modalités d'applications mais pas des fondements du projet. Jean Mottaz continue de négocier avec André Guignard, tandis que Daniel Reymond se rend le 3 juin à la

---

[4] ACV, K XIII 377/16, *Information sur les problèmes actuels et la position de notre école face à la réforme scolaire vaudoise, Conférence des maîtres du 24.12.1975*, p. 10.

[5] *Ibid.*, p. 11.

Conférence des maîtres de l'ÉNL, où il propose que le raccordement des élèves des classes supérieures pour accéder au gymnase se réalise dans un premier temps dans les ÉN. Progressivement, le principal foyer de contestation – L'ÉNL – se rallie à la réforme et ne demande plus que des aménagements du projet. Par voie de délégation, elle est associée à la rédaction de l'acte législatif. Le 23 août, alors que s'ouvre la rentrée parlementaire, le conseiller d'État Raymond Junod donne une conférence de presse, en présence d'André Guignard. Il annonce qu'il ne s'agit pas de détruire, ce qui existe, mais d'adapter l'École normale aux exigences de l'époque, tant au niveau des exigences qualificatives, que de la conjoncture désormais marquée par un corps enseignant pléthorique. De plus, il faut réaliser une synthèse des modèles de formation existants. Toutefois, le souci de préserver l'accès aux élèves provenant des classes primaires supérieures est affirmé.

Cette première étape nous montre que bien souvent les obstacles se situent au niveau des institutions existantes. Les Écoles normales, et en particulier celle de Lausanne, ne remettent pas en cause les fondements du changement proposé mais veulent le réaliser à partir de leur structure. Ce trait relève d'une constante dans la réforme des institutions éducatives, soucieuses alors de préserver leur prédominance dans des environnements en mutation. Ce sera par exemple la position de la Fédération des Écoles normales (FÉN) au Québec en 1969 lors de l'universitarisation. L'on peut également retrouver des points similaires au moment de la création de la HÉP-Vaud à l'aube du XXIe siècle. Un autre point à souligner, et qui constitue souvent une donnée récurrente dans l'histoire de l'éducation contemporaine, est l'intrication entre enjeux pédagogiques, sociaux et corporatifs. Ainsi, les enseignant·e·s normalien·ne·s sont légitimement soucieux de ce qu'un recrutement provenant des milieux plus populaires et donc des classes primaires supérieures puisse continuer à exister, garant d'une certaine proximité avec les élèves fréquentant les classes où se trouvent les enfants du peuple. Pour certain·e·s, leur métier a peut-être été un instrument de promotion sociale dans un système éducatif extrêmement sélectif et ils ne l'oublient sans doute pas. Mais, ils sont également mobilisés par des enjeux de défense de leur situation de travail et par une remise en cause du modèle dont ils sont issus. Ainsi, l'espace à analyser est à restituer dans sa complexité, qui mêle des arguments de différents horizons.

Quant aux promoteurs du projet, en particulier Jean Mottaz et Daniel Reymond, ils réussissent à imposer leurs vues d'une manière hiérarchique, utilisant des arguments d'autorité, laissant en définitive peu d'espace à leurs contradicteurs, négociant uniquement sous la pression et réussissant à faire relativement peu de compromis. Ils portent avec une relative efficacité une réforme qui demeure néanmoins indispensable.

Les débats parlementaires

Le 25 novembre 1975, le député socialiste Roland Troillet dépose une motion signée par six autres collègues demandant au Conseil d'État de prévoir pour tous les enseignant·e·s vaudois·e·s primaires et secondaires l'obligation d'être titulaires d'un baccalauréat, avant de poursuivre leur formation pédagogique. Cette motion est renvoyée le 8 décembre au Conseil d'État pour étude et rapport. La réponse du Conseil d'État est formulée dans le projet de loi présenté à la rentrée du Grand Conseil de septembre 1976. Dans son exposé des motifs, le Conseil d'État formule que les projets de rénovation de l'école ainsi que les nouveaux plans d'études requièrent un corps enseignant de haute qualité. La voie gymnasiale favorise la « cohabitation » avec les futur·e·s universitaires tout en assurant une formation générale adéquate, dissociant aussi celle-ci de la formation pédagogique, retardant également un choix professionnel jugé précoce, favorisant mieux de possibles reconversions. À l'appellation « École normale », le Conseil d'État préfère le terme « Séminaires pédagogiques de l'enseignement primaire »[6], appellation qui ne sera pas retenue par le Grand Conseil.

Le rapporteur du texte législatif Jean Chevallaz (radical), fils par ailleurs de Georges Chevallaz, ancien directeur de l'École normale, reprend dans les grandes lignes les arguments du Conseil d'État mais il affirme que les maîtres·se·s primaires sont « moins les spécialistes d'une technique ou d'une érudition que des hommes et des femmes ayant vocation d'éducateurs »[7] et ajoute qu'« il ne faut pas oublier que si être instituteur ou institutrice, c'est avoir des connaissances, savoir les transmettre, avoir une méthode, c'est aussi avoir un cœur, un rayonnement »[8].

Dans les débats, le souci de laisser ouvert l'accès au métier à différents milieux sociaux et les propos encensant la formation primaire supérieure vaudoise apparaissent à de nombreuses reprises. Le député libéral Albert Lavanchy souligne par exemple : « Je crains qu'on élimine ceux que l'on peut considérer comme les meilleurs éléments de l'École normale, c'est-à-dire ces enfants de condition modeste qui viennent de l'arrière-pays et qu'on risque de décourager d'entrer à l'École normale. »[9] Son collègue radical Pierre Candaux ajoute : « Je veux parler de l'importance du bon sens dans la profession d'instituteur. Je pense que si les élèves des classes supérieures peuvent entrer assez facilement à l'École normale, c'est parce qu'ils y apportent un certain bon sens qui s'ac-

---

6 *Bulletin du Grand Conseil*, 1976, p. 1216.
7 *Ibid.*, p. 1224.
8 *Ibid.*, p. 1235.
9 *Ibid.*, pp. 1242-1243.

quiert au contact de la nature. Les grands instituteurs qui ont enseigné avec succès étaient des gens pétris de bon sens. » [10]

D'autres s'inquiètent de la formation du chant, du dessin ou des travaux manuels auxquels, du fait de la formation gymnasiale, il ne serait plus accordé l'importance nécessaire: « Puissent nos enfants, notre peuple, continuer à chanter et nos instituteurs rester les animateurs et les gardiens de la tradition et de la culture populaire » [11] s'exclame André Delacrétaz, radical morgien.

Le conseiller d'État Raymond Junod met en évidence qu'en définitive ce projet offre des débouchés supplémentaires aux élèves des classes primaires supérieures par le biais du raccordement au gymnase et constitue donc une revalorisation de cette filière. Il est d'avis que, du fait de la démocratisation des études, les gymnases accueillent désormais une partie de cette frange de la population.

Finalement, le projet de loi est adopté le 21 septembre 1976: une formation gymnasiale devient nécessaire pour devenir instituteur, le diplôme de culture générale est accepté.

Les débats du Grand Conseil nous renseignent sur la vision des député·e·s quant à la formation des enseignant·e·s primaires et donc sur le métier en question. À entendre les arguments avancés, on peut constater que la voie normalienne n'est pas remise en cause. En effet, comme le relève Raymond Bourdoncle, il s'agit d'une formation qui « était autant morale qu'intellectuelle et visait à faire de l'instituteur un éducateur du peuple » [12]. Il ajoute: « La réussite d'une telle formation est établie moins par l'acquisition mesurée d'un certain nombre de savoirs que par la manifestation dans son comportement des manières d'être et des manières de faire, des valeurs et des qualités voulues. » [13] Nombre de député·e·s, sans l'énoncer clairement, font référence à une formation de type charismatique, décrivant une personnalité idéale façonnée suivant le modèle prôné historiquement par les Écoles normales. Ainsi, les député·e·s mettent à juste titre en évidence par leurs propos que toute formation professionnelle est avant tout une instance de socialisation, inculquant des normes, contribuant à une construction identitaire. On le constate à nouveau, le portrait évoqué est né au XIXe siècle; il est marqué par l'influence de la morale, éloigné de celui de l'enseignant secondaire, où les références à l'homme cultivé, l'érudit humaniste sont souvent plus prégnantes; il est loin également

---

[10] *Ibid.*, pp. 1265-1266.
[11] *Ibid.*, p. 1251.
[12] Raymond Bourdoncle, « De l'instituteur à l'expert. Les IUFM et l'évolution des institutions de formation », *Recherche et formation*, N° 8, 1990, p. 58.
[13] *Ibid.*, p. 62.

du portrait invoqué lors de la tertiarisation et de l'universitarisation des formations, le professionnel de l'enseignement, expert marqué par l'influence des sciences humaines et sociales.

Des débats similaires prennent forme à la même époque dans la plupart des cantons suisses. À Fribourg et dans le Valais, la formation générale et la formation professionnelle restent au sein des Écoles normales tout en étant dissociées[14]. Le Valais décerne même une maturité pédagogique qui n'est cependant pas d'emblée reconnue, pour accéder à l'université. Les débats ont donc suscité des réponses différentes même si les questions posées et les controverses lancées ont pu être similaires. Dans le cas vaudois, l'influence de certains responsables du Département de l'instruction publique a sans doute joué un rôle clé pour instaurer une formation gymnasiale comme préalable à l'entrée au sein de l'École normale. Le point le plus sensible sur lequel échoit l'augmentation des exigences demeure l'accès des élèves des classes primaires supérieures au métier d'instituteur. Aucune majorité politique n'est réalisable si ce dernier leur est refusé. Dans les débats au Grand Conseil, la formation primaire supérieure vaudoise semble faire figure de modèle par le sens de la mesure qu'elle inculque et surtout parce qu'elle ne transforme pas les enseignant·e·s primaires en intellectuel·le·s, but qui attire la méfiance d'une partie des député·e·s soucieux du maintien d'une posture modeste si souvent évoquée depuis le XIXe siècle. Néanmoins, le fait qu'à partir des années 1950 de plus en plus de titulaires du baccalauréat sont devenus enseignant·e·s primaires, notamment par le biais des classes de formation pédagogique, a sans doute grandement contribué à favoriser cette réforme. Comme bien souvent en étudiant l'histoire des systèmes de formation à l'enseignement, on a plutôt l'impression d'un long cheminement fait de multiples tâtonnements, d'une lente évolution que de *« tabula rasa »* permanente[15].

---

14 Cf. à ce sujet Albert Portmann-Tiguely, Francis Python (éds), *Instituteurs et institutrices – Deux siècles de formation à Fribourg*, Fribourg: Saint-Paul, 2006. Danièle Périsset Bagnoud, *Vocation: régent, institutrice. Jeux et enjeux des Écoles normales du Valais romand (1846-1994)*, Sion: Vallesia Archives de l'État du Valais, Cahiers de Vallesia/Beihefte zu Vallesia 10, 2003.

15 Ce point de vue reprend l'analyse développée pour la France par Jean-François Condette. Cf. Jean-François Condette, *Histoire de la formation des enseignants en France (XIXe-XXe siècles)*, Paris: L'Harmattan, 2007.

Farinaz Fassa

INFORMATIQUE DANS L'ÉCOLE VAUDOISE (1970-2000) : SE SERVIR D'UNE TECHNOLOGIE OU LA SERVIR ?

Il est difficile de ne pas être touché par les discours médiatiques et de prendre de la distance d'avec les nouvelles définitions qui sont données de la période actuelle. Tout semble nous dire que la société dans laquelle nous vivons est une «société de l'information et de la communication», voire une «société du savoir». Les publicités travaillent sans cesse nos désirs d'être avec les autres et de maintenir les relations avec ceux que l'on apprécie. Elles nous présentent un monde transparent, des flux communicationnels, un univers de retrouvailles ou de rencontres, bref la possibilité d'être avec les autres sans devoir vivre en leur présence. Notre expérience quotidienne inclut la construction ou le maintien de la relation à l'autre par l'usage des médias numériques, et nombre d'entre nous seraient bien empruntés s'ils devaient travailler ou tout simplement vivre sans se connecter journellement. Comme le montre ce petit encart, les politiques n'échappent pas non plus à ce topoï contemporain:

«Leonardo Farkas, candidat aux élections présidentielles chiliennes de 2010 [...] a rassemblé plus de 267 000 supporteurs sur Facebook, ce qui le place en 5e position mondiale. Le candidat espère, dit-il sur sa page: ‹unir le peuple à travers Internet.»[1]

Il n'est donc pas surprenant que les discours de politiques publiques soient eux aussi empreints de ces références utopiques (au sens propre du terme) et ceux qui touchent à l'éducation et à la formation n'y échappent pas. L'ensemble des textes produits par les gouvernements et les organisations supragouvernementales sur cette question insiste sur les efforts à faire pour éviter qu'un fossé ne se construise entre ceux qui ont accès aux outils numériques et les autres, et en appelle aux institutions éducatives et de formation pour constituer ces savoir-faire. La question qui se pose à elles est donc de préciser le mode sur lequel l'informatique est intégrée dans les programmes d'études

---

[1] http://www.lefigaro.fr/politique/2009/01/22/01002-20090122ARTFIG00373-facebook-le-nouveau-terrain-des-politiques-.php

et les cursus de formation, les avis divergeant sur sa nature même. Faut-il en faire une discipline et l'étudier en tant que telle ou l'aborder à travers les usages que l'on peut en faire? Comme le montre le texte issu du site annonçant la Conférence Informatica à l'École polytechnique fédérale de Lausanne en novembre 2008, la récente introduction de l'informatique comme nouvelle discipline de la Maturité fédérale[2] ravive un débat qui avait déjà agité le monde scolaire vaudois et helvétique entre les années 1970 et 2000:

« La récente introduction de l'informatique dans le cursus des gymnases (sous la forme d'un cours à option) relance la question de la place de l'informatique et des TIC dans l'éducation en Suisse. D'aucuns avancent que l'informatique devrait avoir sa place en tant que discipline spécifique devant dispenser un savoir à tous les échelons de la formation. Alors que d'autres voient plutôt l'informatique comme un outil prenant la forme d'un ordinateur dont l'usage doit s'intégrer au sein des disciplines existantes. »[3]

La résurgence de cette question montre que l'introduction d'une « discipline » dans les programmes scolaires est le résultat de nombreuses discussions et controverses et qu'elle traduit l'état d'un compromis entre des visions du monde qui peuvent grandement diverger. Cette composition se fait souvent comme sans y penser et dans le cadre de ce que Bourdieu appelle un *« inconscient scolaire »*, soit « un arbitraire historique qui, du fait qu'il a été incorporé et, par là, naturalisé, échappe aux prises de la conscience »[4].

Investiguer l'espace de cet « inconscient scolaire » permet de comprendre comment l'école juge de son rôle dans ces temps de changements et quels types de savoirs elle pense devoir privilégier pour répondre à l'image qu'elle a du futur. Et ceci d'autant plus que l'institution scolaire participe largement à la production culturelle des individus et qu'elle est sans cesse appelée à composer entre passé, présent et futur pour décider de ce qui doit être appris, comment et pourquoi. C'est dans cette perspective que j'ai étudié l'histoire de l'informatique et des discussions qui ont présidé à son établissement dans les plans d'études vaudois. Cette approche m'a paru une façon originale de comprendre quel était l'imaginaire de celles et ceux qui font les programmes des écoliers et écolières vaudois·e·s et, partant, les représentations de ce que serait le futur pour les élèves actuels. J'ai donc pris au sérieux les discours des décideurs et décideuses scolaires et ai suivi la piste de *ce qui était désigné comme responsable des innombrables bouleversements actuels: les ordinateurs et l'informatique.*

[2] Cf. ordonnance sur la reconnaissance des certificats de maturité gymnasiale entrée en vigueur le 1er août 2007. RS 413.11; http://www.admin.ch/ch/f/rs/4/413.11.fr.pdf
[3] http://www.informatica08.ch/fr/events/bildungslandschaft.html (page consultée le 20 novembre 2008).
[4] Pierre Bourdieu, « L'inconscient d'école », *Actes de la recherche en sciences sociales, Inconscients d'école*, N° 135, décembre 2000, p. 3.

Cet article a pour ambition de retracer les étapes essentielles de l'introduction et de la stabilisation de cette technologie intellectuelle dans l'école vaudoise et de montrer que les raisons qui ont finalement justifié de sa présence dans les plans d'études, mais aussi dans les pratiques et les locaux scolaires, sont plutôt à chercher dans la volonté – consciente ou non – de modifier le rapport au savoir que les individus entretenaient jusqu'ici, la proposition d'une posture permanente *d'apprenance* faisant perdre au savoir ses références républicaines, notamment ses vertus d'émancipation et de libération. Les données dont je fais état sont le résultat d'un travail d'enquête mené à plusieurs niveaux et articulant les techniques de l'histoire (dépouillement et classement d'archives)[5], de la sociologie (25 entretiens semi-structurés avec les acteurs de cette aventure) et de l'anthropologie (observation participante).

Un imaginaire empreint par l'idée du progrès technique

Une place très particulière est faite aux TIC, et l'informatique scolaire est abordée ici comme le signe privilégié à travers lequel on peut le mieux se saisir de cet inconscient d'école. En suivant la piste des ordinateurs dans l'école vaudoise, j'ai visé à mettre au jour les valeurs qui organisent les discours faisant état de la nécessité de nouveaux savoirs pour un monde fait, selon la vision dominante au sein des membres des autorités scolaires, de flux d'informations et communications: la «société de l'information, de la communication et/ou du savoir»[6]. Le démontage de ce discours consiste donc en une tentative de dénaturalisation qui tente d'appréhender ce qui nous est proposé en termes de découvertes mais aussi de renoncements par le passage vers la «société de l'information et du savoir».

Les personnes que j'ai rencontrées, responsables de l'enseignement de l'informatique, décideurs scolaires et enseignant·e·s des divers degrés scolaires, ont pour la plupart

[5] Plus de 350 procès-verbaux de commissions cantonales ou fédérales ont été classés et les collections de 4 revues du DFJ ont été dépouillées: *Bulletin informatique du service primaire*, Lausanne: DIPC, 1989-1996; *BC10. Bulletin du Centre de documentation informatique secondaire*, Lausanne: DIPC, 1987-1996; *Les petits et l'écran*, Lausanne: DIPC, 1998-2001; *Deux points: «ouvrez les guillemets»*, Lausanne: DIPC et DFJ, 1997-2003. Il faut encore ajouter *Interface. Magazine suisse pour l'utilisation de l'ordinateur dans l'enseignement édité par la Société suisse des professeurs concernés par l'informatique*, Berne: Centre suisse des technologies de l'information en enseignement, 1978-2001.

[6] Farinaz Fassa, *Société en mutation, école en transformation: le récit des ordinateurs*, Lausanne: Payot, 2005, thèse de doctorat. Le flou que j'entretiens sur ces différents termes ne tient pas à des imprécisions dans mon discours mais vise à restituer au plus près la façon dont le futur envisagé a été défini par les acteurs que j'ai pu rencontrer ou par les textes auxquels ils faisaient référence.

d'entre elles fait référence à la société de l'information et/ou du savoir sans préciser à quoi ces notions renvoyaient, tant semblait grande l'évidence de qu'elles signifiaient. Elles se sont bornées, lorsque j'insistais pour savoir ce que ces termes voulaient dire pour elles, à me renvoyer à certains textes fondamentaux de l'Union européenne ou de l'Organisation de coopération et de développement économiques (OCDÉ). Leurs propos, et les plans d'«informatisation de l'école», peuvent être résumés par la certitude dans laquelle elles sont que l'école ne peut que manquer à sa mission de préparation des élèves à la société *à-venir* si elle ne forme pas des savoirs/savoir-faire dans le domaine de la technologie numérique, tant elles considèrent les discours de ces organisations comme autant de diagnostics avérés sur les transformations sociales qui marquent notre temps. Elles adhèrent en ce sens aux discours de ces organisations qui, dès le début des années 1990, s'interrogent sur les actions à entreprendre pour favoriser le développement de la «société de l'information et du savoir» et elles suivent volontiers leurs propos sur le rôle que doivent avoir les institutions éducatives et de formation car:

«L'éducation revêt aujourd'hui, dans tous les pays membres de l'OCDÉ, une importance majeure. La quête incessante de l'avantage concurrentiel dans une économie du savoir mondialisée a conduit les responsables de l'action gouvernementale à en faire un facteur clé du renforcement de la compétitivité, de l'emploi et de la cohésion sociale. Cette évolution est une conséquence inévitable de la complexité grandissante de notre économie.»[7]

Entrant dans une logique liée prioritairement à «l'avantage concurrentiel», ces décideurs et décideuses scolaires perçoivent la maîtrise des outils numériques comme essentielle pour ne pas marquer le pas face à un progrès systématiquement présenté comme dérivant des avancées scientifiques et technologiques. Les savoirs, savoir-faire et savoir-être liés à la technologie numérique sont ainsi dessinés comme autant de connaissances et de compétences nécessaires pour appartenir de droit à la société *à-venir* et les autorités scolaires inscrivent ces objectifs dans les plans d'étude et les programmes scolaires de tous les degrés de la scolarité. Ce mouvement qui s'est esquissé sur le terrain des écoles vaudoises dès le début des années 1970 (date des premières expériences qui faisaient appel à l'informatique comme appui à l'enseignement) se transforme toutefois sous la pression de ce qui devient un horizon d'attente. Il ne s'agit en effet plus de faire appel aux ordinateurs pour les besoins de l'école mais d'introduire ces machines dans les écoles pour faire advenir la «société de l'information». En Suisse, le premier texte à faire état de ce passage sociétal date de 1997[8]; il prélude à la rédaction de trois autres rapports par un groupe ad hoc

---

7   Noel Dempsey, «Construire la société du savoir», *L'observateur de l'OCDÉ*, N° 242, 2004.
8   Groupe de Réflexion, «Rapport du Groupe de Réflexion, La Suisse et la société de l'information, à l'intention du Conseil fédéral suisse, juin 1997», Berne: Confédération helvétique, 1997.

mandaté par le Conseil fédéral pour esquisser les grandes lignes des changements à venir, le Groupe de coordination société de l'information[9]. L'ensemble de ces rapports insiste sur les efforts que la Confédération doit entreprendre pour ne pas laisser «passer le train du progrès» et le dernier en date suggère qu'un fossé se creuse entre l'éducation et le monde du travail. Il conclut qu'il est urgent que les écoles développent des savoirs/savoir-faire numériques dès le plus jeune âge afin d'éviter la construction d'une nouvelle ligne de fracture dans la population, entre ceux qui ont accès et les autres. Dans cette optique, l'institution scolaire doit, autant que faire se peut, répondre aux demandes et sollicitations que les différents milieux lui adressent. L'évocation d'internet a ainsi amené la plupart des acteurs politiques des systèmes de formation à mettre l'accent sur la nécessité de réformes structurelles, pédagogiques et de contenus des savoirs pour faire face au monde changeant, ouvert, «complexe» qui serait celui de «la société de l'information et du savoir».

Se représenter ainsi les relations entre la sphère éducative et le monde auquel elle prépare a de toute évidence des implications sur ce qu'il est demandé à l'école de constituer comme savoirs, compétences, savoir-faire ou dispositions, car tout un chacun présuppose que les missions de l'école sont de former des individus adaptés au monde dans lequel ils sont appelés à vivre et à agir et il est attendu des autorités scolaires qu'elles proposent aux élèves de tous les âges un programme susceptible de les préparer à intégrer de façon optimale la société qui sera la leur. L'histoire que retracent les étapes par lesquelles l'informatique scolaire vaudoise a passé témoigne des changements subtils qui ont eu lieu entre le début des années 1980, date de la généralisation des expériences des pionniers de l'utilisation pédagogique de l'ordinateur, et les années 2000, moment de l'explosion des applications de télécommunication et d'accélération du mouvement de convergence technologique.

De l'informatique de service au service de l'informatique

À la fin des années 1970 et au début des années 1980, alors que les ordinateurs nécessitaient la pratique d'un langage de programmation, c'est le «mode commande»[10] qui a

---

[9] Groupe de coordination société de l'Information, «Rapport du Groupe de coordination société de l'information, du 14 avril 1999», Berne: Confédération helvétique, 1999; «Deuxième rapport à l'intention du Conseil fédéral du 16 mai 2000», Berne: Confédération helvétique, 2000 et «Troisième rapport à l'intention du Conseil fédéral du 30 avril 2001», Bienne: Confédération helvétique, 2001.

[10] Georges-Louis Baron, «Outils, logiciels et apprentissages», in *idem*, Félix Paoletti and Régine Raynaud (éds), *Informatique, communication, et société*, Paris: L'harmattan; INRP, 1993, pp. 163-172.

prédominé. Les ordinateurs ont alors été présentés comme suscitant une meilleure structuration du raisonnement par *l'apprentissage des logiques hypothético-déductive*; son étude ne s'adressant alors qu'aux élèves suivant la voie «scientifique» – Maturité de type C – au gymnase (moins de 10% de la population scolaire). Apprendre aux machines comment exécuter des programmes permettait dans cette optique de mieux former les élites à «faire faire» et… l'on manquait de micro-électroniciens ainsi que de gestionnaires.

En 1982, un tournant important s'ébauche sous l'influence de l'évolution de la technique elle-même. Les ordinateurs offrent progressivement des logiciels de plus en plus nombreux dans le domaine de la bureautique et de la gestion. Leur utilisation devient possible sans que l'on connaisse les arcanes de l'écriture algorithmique, et la simplification de l'interface entre la machine et l'usager rend loisible pour tous le travail avec l'ordinateur. Le «mode réponse»[11] se substitue au «mode commande», et l'informatique devient savoir-faire et non plus savoir positif. Les décideurs scolaires recommandent alors son introduction dans *tous* les *curricula* scolaires et parent *la pratique de l'informatique* de nombreuses qualités, dont la plus essentielle est de préparer «l'élève à l'environnement informatique de la société contemporaine»[12]. Émerge alors la *doxa* de «l'informatique intégrée», soit le recours aux ordinateurs dans toutes les disciplines par l'apprentissage de l'utilisation des logiciels courants du marché. Le «mode réponse» triomphe ainsi, mais il se calque de plus sur les usages professionnels et répond aux sollicitations du marché de l'emploi puisque, dès 1989, il s'agit d'abord de «familiariser l'élève avec son futur environnement informatique professionnel»[13].

Le tournant professionnalisant qui s'est mis en place avec la formation des savoir-faire s'affirme ensuite avec le développement des réseaux et plus particulièrement d'internet mais il se conjugue dès les années 1990 avec un discours qui affirme de plus en plus nettement la nécessité pour l'école de former des individus autonomes, responsables et ouverts sur le monde et les autres. Internet apparaît alors comme un moyen tout trouvé pour remplir ces buts. Surfer donnerait la possibilité de découvrir le monde extérieur et de nouer des relations avec des inconnus éloignés, chercher des informations et les trier obligeraient à prendre en charge la constitution de son propre savoir et l'acquisition d'outils critiques.

---

11 *Idem.*
12 Pierre Cevey, «Équipement informatique des établissements scolaires vaudois. Proposition à soumettre au Conseil d'État», Lausanne: DIPC, 1985.
13 Service de l'enseignement secondaire, «Informatique scolaire dans l'enseignement secondaire. État de situation en décembre 1988», *BC 10*, N° 1, janvier 1989, pp. 7-13.

Gérer et se gérer: l'apprenance

Comme on le voit, cette histoire est aussi celle qui a fait passer un objet dont l'école voulait se servir pour accomplir ses propres objectifs (utilisation de l'ordinateur comme moyen pédagogique et étude de l'informatique comme nouveau savoir positif) au rang de savoir-faire et de savoir-être suffisamment essentiels pour modifier ses finalités et ses méthodes de transmission de la connaissance. La posture visée est ainsi devenue celle de l'*apprenance*[14], et les dispositions qui en découlent («soin», «persévérance», «esprit d'initiative», «recherche individuelle» et «autonomie») deviennent les maîtres mots du discours des responsables pédagogiques. À son tour, le travail avec l'informatique scolaire y puise ses justifications puisque les ordinateurs, réalisant déjà une distanciation entre la personne qui apprend et celle qui enseigne, obligent chacun à se constituer en sujet de son propre apprentissage[15]. À cette occasion, l'école et ses professionnels changent de statut: l'institution perd de sa spécificité, puisqu'elle n'est plus qu'un moment de la formation, et ses professionnels deviennent des médiateurs vers les méthodes d'acquisition du savoir. Ils n'ont plus pour fonction de diffuser ni des savoirs positifs ni même des savoir-faire, mais d'aider chacun à accroître et son désir de savoir et ses capacités à y accéder. Leur devoir est de plus en plus nettement à la constitution de savoir-être, de dispositions ou d'habitus dans le vocabulaire des sciences sociales. Cette nouvelle posture leur fait en partie perdre leur autorité, leur liberté et leur responsabilité pédagogique, ce qui ne peut que s'avérer dommageable alors que le lien social tend à se déliter[16].

La déresponsabilisation des adultes du monde de l'éducation – qui prélude à leur disqualification professionnelle – déporte la responsabilité des apprentissages, de leurs succès ou de leurs échecs sur les élèves eux-mêmes. Le travail *d'appropriation personnelle et de construction de soi* auquel donnaient lieu les apprentissages scolaires traditionnels devient travail *d'appropriation de routines techniques et de modelage éphémère d'un moi* qui n'entretient que peu de relations avec les autres. Les *savoirs positifs*

---

14 Philippe Carré, «L'apprenance: rapport au savoir et société cognitive», in Nicole Mosconi, Claudine Blanchard-Laville (éds), *Formes et formations du rapport au savoir*, Paris: L'Harmattan, 2000, pp. 203-224.
15 Philippe Perrenoud, «Impliquer les élèves dans leur apprentissage et dans leur travail», *L'Éducateur*, N° 14, 1997, pp. 24-29; «Transférer ou mobiliser ses connaissances? D'une métaphore l'autre: implications sociologiques et pédagogiques», texte remanié de la communication présentée au Colloque *Raisons éducatives*, Genève, Paris, 1999; www.unige.ch/fapse/SSE/teachers/perrenoud/php_main/php_1999/1999_28.html (page consultée en juin 2004).
16 Cf. Hannah Arendt, *La Crise de l'éducation. Extrait de La Crise de la culture de Hannah Arendt*, Paris: Gallimard, 2007 (1972 pour la première édition française; 1954 pour l'édition originale).

que chacun peut accumuler selon son origine mais aussi selon son « mérite » font progressivement place aux savoir-faire, bien plus difficiles à évaluer et à qualifier. Et de ces derniers, qui tiennent à la *personne en situation*, le glissement vers des dispositions qui tiennent à la *personne elle-même* se fait insidieusement mais certainement. Ces transformations sont importantes et elles touchent à la représentation des savoirs en tant que tels mais aussi à la représentation de ce que l'acquisition de savoirs peut signifier pour les individus. Ce changement se réalise à l'occasion de la transformation de la notion de savoir qui, sous l'influence des TIC, s'émancipe de la figure du sujet et se confond progressivement avec l'information qui est disponible sur les réseaux[17]. Devenant un horizon vers lequel chacun doit tendre s'il ne veut pas devenir un « exclu » de la société « complexe » dans laquelle les biens qui comptent sont plus immatériels que matériels, il ne peut jamais être un acquis car ce savoir-information se renouvelle sans cesse et rien ne peut permettre de s'en rendre maître. L'individu est condamné à constamment tendre à sa possession et à ne jamais y parvenir. Il doit ainsi se retravailler sans relâche et du « berceau à la tombe »[18]… apprendre. Le prix de cet apprentissage perpétuel n'est par ailleurs pas que symbolique, le marché de la formation continue et parascolaire étant des plus profitables puisque, selon Mandard[19], des experts estimaient, en avril 2001, que le marché de l'E-learning atteindrait 90 milliards de dollars pour l'année 2002.

L'esquisse de cette histoire de l'informatique scolaire vaudoise me semble montrer à quel point l'informatique, mais surtout les discours et les attentes qui accompagnent son usage, risquent de faire perdre son âme à l'école laïque et républicaine en tant qu'institution d'émancipation et de socialisation. Elle permet aussi de se rendre compte que les responsables de la politique scolaire vaudoise ont assumé la transmutation qui s'est faite entre des justifications renvoyant à la « cité civique », et celles qu'organise la nouvelle « cité par projet », décrite par Boltanski et Chiapello dans *Le nouvel esprit du capitalisme*[20]. Comme sans y penser, ils ont assumé de présenter comme souhaitables les traits qui, selon ces auteurs, caractérisent la littérature du management : l'appel à l'adaptabilité et à l'engagement personnel.

---

[17] La confusion entre savoir et information n'est quasiment jamais levée dans les textes officiels des organisations nationales et supranationales.
[18] Commission des communautés européennes. « Communication de la commission. Réaliser un espace européen de l'éducation et de formation tout au long de la vie », Bruxelles : COM (2001) 678 final, 2001.
[19] Serge Mandard, « Internet va-t-il démanteler l'école ? », *Le Monde*, 26 septembre 2001.
[20] Luc Boltanski, Ève Chiapello, *Le nouvel esprit du capitalisme*, Paris : Gallimard, 1999.

Ce que cette histoire dit moins en revanche, c'est qu'elle s'est jouée simultanément sur plusieurs scènes (dans les établissements scolaires, au niveau cantonal et au niveau confédéral) qui ont exercé de fortes influences les unes sur les autres – et dont les acteurs se sont parfois combattus – et d'autre part que des résistances ont existé (elles ont parfois abouti à l'expulsion des récalcitrant·e·s hors du cercle des décideurs) et existent encore tant du côté des élèves que de leurs enseignant·e·s. Les premiers se montrent réticent·e·s aux dispositions que l'école veut leur voir adopter et qui visent prioritairement à l'augmentation de l'efficacité. Ils s'approprient les technologies numériques en privilégiant leurs aspects communicationnels et ludiques[21], allant souvent à l'encontre des règlements que plusieurs établissements ont édictés pour interdire ou restreindre l'échange de mails et le chat sur internet. Les second·e·s manifestent leurs doutes à divers niveaux et leur résistance prend moins souvent le chemin d'un apprivoisement spécifique de la technologie. Elle emprunte plutôt la voie de la pédagogie et de la lutte syndicale pour la reconnaissance des métiers de l'enseignement, sans oublier… la possibilité de proposer un enseignement critique qui fait une juste place à ces machines.

---

[21] Cf. Zbigniew Smoreda *et al.*, «Saisir les pratiques numériques dans leur globalité», *Réseaux*, Vol. 5, N° 145-146, 2007, pp. 19-43.

François Jequier

COMMENT ENSEIGNER L'HISTOIRE DU TEMPS PRÉSENT ?

L'histoire contemporaine a connu ces dernières décennies des changements de paradigmes (modèle explicatif dominant au sein d'une discipline) directement liés aux nouvelles approches historiques et à la redéfinition de la périodisation récente par des découpages temporels plus fins et un changement de rapport au passé avec l'intrusion du témoin et de la mémoire collective, qui semble imposer la montée en puissance d'un présent omniprésent que François Hartog nomme présentisme[1]. Ce présent perpétuel, chargé d'une dette tant à l'égard du passé que du futur, signe peut-être le passage d'un régime d'historicité à un autre qui s'inscrit en même temps dans une demande sociale de plus en plus pressante que les historiens ont parfois de la peine à assumer dans un contexte culturel fluctuant, sujet aux modes et aux émotions, et dont la redéfinition en cours des rapports entre pouvoir, savoir et société brouille parfois les repères[2]. Les controverses sur le découpage temporel du XXe siècle et les dénominations attribuées aux dernières décennies ponctuées par des événements majeurs, dont la portée est encore loin d'être établie comme la chute du mur de Berlin en octobre 1989 suivie, deux ans plus tard, par l'implosion de l'URSS, par exemple, ressortent de cette mainmise du présent sur les lectures du passé récent qui suscitent des vagues successives de controverses[3].

À la période contemporaine qui se serait terminée pour certains à la fin de la Seconde Guerre mondiale[4] aurait succédé une nouvelle plage temporelle couverte

---

[1] François Hartog, *Régimes d'historicité. Présentisme et expérience du temps*, Paris : Éditions du Seuil, 2003.
[2] Les commissions d'experts et autres commissions de vérité qui doivent rendre compte de certaines pages délicates d'histoire nationale illustrent cette thématique. Christophe Prochasson, *L'empire des émotions. Les historiens dans la mêlée*, Paris : Demopolis, 2008 ; Olivier Dumoulin, *Le rôle social de l'historien. De la chaire au prétoire*, Paris : Albin Michel, 2003.
[3] Jean Leduc, *Les historiens et le temps. Conceptions, problématiques, écritures*, Paris : Éditions du Seuil, 1999 ; Reinhart Koselleck, *Le futur passé. Contributions à la sémantique des temps historiques*, Paris : ÉHÉSS, 1990 ; Jean-Noël Jeanneney, *L'histoire va-t-elle plus vite ? Variations sur un vertige*, Paris : Gallimard, 2001.
[4] Pieter Lagrou, «De l'actualité de l'histoire du temps présent», *Bulletin de l'Institut d'Histoire du Temps Présent (IHTP)*, N° 75, juin 2000, p. 15.

d'abord par *l'histoire immédiate*[5], dès les années 1960, puis, par *l'histoire du temps présent*, dès 1980 (avec la création de l'Institut de l'histoire du temps présent – IHTP[6]), démarches qui ont pour caractéristiques principales d'avoir été vécues par l'historien et les témoins qu'il convoque[7]. Ces nouvelles approches historiques ont dû créer des pratiques singulières radicalement différentes de celles des périodes plus anciennes qui mettent en jeu quatre éléments appelés à structurer « le champ magnétique de l'histoire du temps présent soit: le témoin, la mémoire, la demande sociale et l'événement ».[8] Le retour du politique, de l'événement et de l'acteur[9] au premier plan de la scène historique au détriment des agrégats sécurisants du quantitatif, qui semblent s'être volatilisés, a pesé sur les réorientations des approches historiques des périodes récentes en amenant les chercheurs à *penser autrement*[10].

Avant d'esquisser les effets de ces changements sur la perception, l'écriture, les lectures plurielles de l'histoire et l'enseignement d'un domaine aussi mouvant, un bref rappel des approches élémentaires de l'histoire s'impose.

L'histoire, connaissance du passé fondée sur les traces et le témoignage (du cunéiforme au DVD) a pour axiome les hommes, l'espace et le temps. Ainsi tout est objet d'histoire[11]. Et, « par essence elle est connaissance par documents »[12]. Ces sources, fondement

---

5   En 1963, Jean Lacouture lance une collection aux Éditions du Seuil intitulée *L'histoire immédiate* qui donnera son nom à une nouvelle approche historique avec ses trois filiations: le journalisme, l'histoire et la sociologie représentée surtout par Edgar Morin qui travaille sur l'actualité. Benoît Verhaegen, *Introduction à l'histoire immédiate. Essai de méthodologie qualitative*, Gembloux: Duculot, 1974 (sociologie nouvelle. Théories); Jean Lacouture, «L'histoire immédiate», in Jacques Le Goff (dir.), *La Nouvelle Histoire*, Paris: Retz, 1978, pp. 270-293; Jean-François Soulet, *L'Histoire immédiate*, Paris: PUF, 1994.

6   Parmi l'imposante littérature consacrée à l'histoire du temps présent, retenons *Écrire l'histoire du temps présent. En hommage à François Bédarida*, Paris: CNRS, 1993, et la richesse des contributions parues dans le *Bulletin de l'IHTP* dès juin 1980; *Questions à l'histoire des temps présents*, Bruxelles: Complexe, 1992.

7   Danièle Voldman, «Le témoignage dans l'histoire française du temps présent», *Bulletin de l'IHTP*, N° 75, juin 2000, p. 32.

8   Henry Rousso, «L'histoire du temps présent vingt ans après», *Bulletin de l'IHTP*, N° 75, juin 2000, p. 32.

9   René Rémond, «Le retour du politique», in *Questions à l'histoire des temps présents, op. cit.*, pp. 55-64; Pierre Nora, «Le retour de l'événement», in Jacques Le Goff et Pierre Nora (dir.), *Faire de l'Histoire*, Paris: Gallimard, 1974, t. I: *Nouveaux problèmes*, pp. 210-228; Alain Touraine, *Le retour de l'acteur. Essai de sociologie*, Paris: Fayard, 1984.

10 Alain Touraine, *Penser autrement*, Paris: Fayard, 2007; Gérard Noiriel, *Penser avec, penser contre. Itinéraire d'un historien*, Paris: Belin, 2003; Vincent Desportes, *La guerre probable: penser autrement*, Paris: Economica, 2007.

11 François Jequier, «Sens et limites de la recherche en histoire», in *Le chercheur à la recherche de lui-même. Sens et limites de la recherche scientifique*, Lausanne: Presses Polytechniques romandes, 1984, pp. 99-107; Gérard Noiriel, *Qu'est-ce que l'histoire contemporaine?*, Paris: Hachette, 1998; Jacques Rancière, *Les noms de l'histoire. Essai de poétique du savoir*, Paris: Éditions du Seuil, 1992.

12 Paul Veyne, *Comment on écrit l'histoire. Essai d'épistémologie*, Paris: Éditions du Seuil, 1971, p. 15.

de toute approche historique, véritable matière première de l'historien, dont le genre, la nature et le volume varient en fonction des domaines et des périodes envisagés, connaissent une croissance exponentielle de leur masse, dès le XXe siècle, avec les nouvelles techniques de l'information qui ajoutent l'image et le son au texte. En abordant le siècle dernier, en particulier sa seconde moitié, l'historien est confronté à un nouveau monde documentaire que Laurent Gervereau nomme l'univers du visuel[13] qui nécessite de nouveaux outils de lecture pour l'appréhender, le comprendre avant de l'utiliser comme source historique. En outre, l'actuelle révolution numérique dans la production d'images supprime tout espoir de vérification de l'authenticité d'une image ce qui va sérieusement compliquer leur interprétation. Les images, souvent de propagande, qui inondent les écrans de télévision, une certaine forme de presse écrite et le réseau internet pour illustrer les conflits récents, laissent fréquemment le spectateur sceptique après des désinformations aussi grossières que les faux charniers de Timisoara en décembre 1989[14]. L'historien se penchant sur un événement récent est vite submergé par des avalanches d'articles et d'images publiés dans le monde entier. La rareté des sources a cédé la place à une surabondance d'information non hiérarchisée, non triée et souvent inutilisable. Dans ce flot continu, comment séparer le bon grain de l'ivraie? Que retenir avant d'exercer la critique du texte, de l'image et du son?[15] Avec quels outils? Peut-on faire l'histoire du temps présent sans l'accès aux archives? Que réserveront-elles aux chercheurs trente ans plus tard quand les acteurs décident au téléphone et s'interrogent à travers leurs e-mails qui ne laisseront pas de traces? Les sources de l'histoire du XXIe siècle inquiètent les archivistes conscients de leur vulnérabilité, de leur volatilité et surtout de leur masse exponentielle qui rendent leur conservation aléatoire dans un proche avenir[16]. L'histoire

---

13 Laurent Gervereau, *Histoire du visuel au XXe siècle*, Paris: Éditions du Seuil, 2003 (2000).
14 Laurent Gervereau, *Un siècle de manipulations par l'image*, Paris: Somogy, 2000; trop souvent bernés par des images de propagande, les journalistes deviennent prudents. Dans la légende d'une image en «une» du *Temps* du 7 janvier 2009 représentant le bombardement d'une école à Gaza, le journaliste mentionne le corps d'une «présumée victime». Fabrice d'Almeida, *Images et propagande*, Paris: Casterman, 1995; «Petit vade-mecum pour retoucher ses photos numériques en quelques clics», *Le Temps*, 22 septembre 2003, p. 14.
15 Dans l'affaire du Watergate qui mena finalement le président Richard Nixon à la démission, le 8 août 1974, l'analyse du son des bandes magnétiques joua un rôle déterminant pour démasquer les montages. Romain Huret, «Nixon: le vrai bilan», *L'Histoire*, N° 336, novembre 2008, pp. 76-81.
16 Jean-Daniel Zeller, «Faut-il des cyberarchivistes et quel doit être leur profil professionnel?» in *Actualité archivistique suisse*, Baden: 2008, pp. 260-283. La problématique ne changera pas quel que soit le support: «le document d'archive est indéchiffrable si vous ne savez pas dans quelles conditions il a été produit, par qui, dans quel intérêt, dans quel but». Antoine Prost, «Archives: la transparence et le secret», *L'Histoire*, N° 336, novembre 2008, p. 13.

du temps présent est confrontée à la mémoire (une des composantes majeures de son champ magnétique), dont le traitement par les historiens suscite de profondes controverses méthodologiques dans les champs des sciences humaines. Les relations parfois tendues entre le témoin, la victime et l'historien [17], la ruée vers le souvenir et son exploitation à toutes les sauces, cette passion pour le passé « vivant et vécu » opposé au passé reconstruit sans émotion par l'historien, la vogue de l'histoire orale [18] qui donne enfin la parole aux défavorisés et aux marginaux et l'invasion de la Toile par les mémoires individuelles, forment de nouvelles conditions de perception et d'interprétation des périodes récentes où le danger de confondre histoire et mémoire semble se préciser. Les enjeux des mémoires inégales parties à l'assaut de l'histoire ont donné lieu à une abondante littérature [19] qui n'est pas sans rappeler d'autres tensions épistémologiques entre historiens, anthropologues et philosophes [20].

Pour Krzysztof Pomian, l'« histoire du temps présent a connu pendant les trois dernières décennies un essor qui en a fait le secteur le plus dynamique et le plus innovant du savoir historique. C'est l'histoire du temps présent qui s'est lancée dans la production de sources, en faisant appel à grande échelle à des récits oraux […]. C'est encore l'histoire du temps présent qui s'est mise à exploiter massivement les images : affiches, photos, documents cinématographiques, enregistrement vidéo. Une telle ouverture de l'éventail de sources virtuelles a permis de donner la parole à des catégories sociales qui, même à l'époque de l'alphabétisation de masse, produisent peu d'écrits susceptibles de traduire directement leurs façons de voir, de penser et de vivre. » [21]

Face à ce foisonnement de nouvelles perspectives de recherches, de nouvelles interrogations fécondant l'histoire du temps présent en gestation, que faut-il enseigner ?

17 François Hartog, « Le témoin et l'historien », in *Évidence de l'Histoire*, Paris : Gallimard, 2005, pp. 236-266 ; Françoise Barret-Ducrocq (dir.), *Pourquoi se souvenir ? Forum international « Mémoire et Histoire »*, Paris : Grasset, 1999.

18 Pour Danièle Voldman, il n'y a pas d'histoire orale, mais seulement des sources orales. D. Voldman (dir.), *La bouche et la vérité ? La recherche historique et les sources orales*, Cahiers de l'IHTP, N° 21, novembre 1992, p. 8 ; Florence Descamps, *L'historien, l'archiviste et le magnétophone. De la constitution de la source orale à son exploitation*, Paris : Comité pour l'histoire économique et financière de la France, 2001.

19 François Jequier, « Les mémoires inégales à l'assaut de l'histoire : quel enjeux ? », *Cahiers de Récits*, N° 5, 2007, pp. 11-51 (Université de technologie de Belfort-Montbéliard) ; Pascal Blanchard et Isabelle Veyrat-Masson (dir.), *Les guerres de mémoires. La France et son histoire, enjeux politiques, controverses historiques, stratégies médiatiques*, Paris : La Découverte, 2008.

20 François Hartog, « Le regard éloigné : Lévi-Strauss et l'histoire », in *Évidence de l'Histoire, op. cit.*, pp. 216-235. Le chapitre IX « Histoire et dialectique de *La Pensée sauvage* » (1962) de Lévi-Strauss discute et critique la vision de l'histoire de Jean-Paul Sartre.

21 Krzysztof Pomian, *Sur l'Histoire*, Paris : Gallimard, 1999, p. 378 ; François Bédarida, « Le temps présent et l'historiographie contemporaine », *Vingtième Siècle. Revue d'histoire*, N° 69, janvier-mars 2001, pp. 153-160.

Surtout pas les faits et d'autres événements que l'on trouvera bien rangés dans d'innombrables compilations et autres tableaux chronologiques, mais bel et bien les circonstances de leur établissement, les critères de sélection de leur mise à jour et, enfin, d'examiner les quatre variables qui permettent de mesurer un événement: l'intensité, l'imprévisibilité, le retentissement et la créativité issue de ses conséquences que Michel Winock a si finement analysées[22]. Rappelons que l'historien de l'immédiat ignore les conséquences de ce qu'il étudie, ce qui l'amène à une réelle prudence dans ses interprétations à court terme et l'oblige à une réflexion plus approfondie. Penser le monde contemporain, c'est entrer dans la gestion de l'incertitude avec les clins d'œil du hasard que Raymond Aron considérait comme «le fondement de l'histoire»[23].

Faits divers et autres événements ne peuvent être isolés de leur contexte historique de même qu'un discours, une image, une émission de radio ou de télévision, un film ne peuvent être dissociés des circonstances de leur production, ils doivent être passés au crible de ce que Michel de Certeau appelle l'opération historiographique[24]. C'est là, la seule manière crédible de les mettre en perspective, de mettre en évidence leur singularité, de les comparer et de leur donner du sens[25]. Encore faut-il savoir ce que l'on cherche à tirer d'un événement? Tenter de l'expliquer n'est concevable que dans un cadre précis avec une grille de lecture adaptée au questionnement. Il en est de même face à un document. Exhumer une source est une chose, la maîtriser pour en extraire du sens en est une autre. Il n'est pas toujours aisé de comprendre un document (texte ou image), de savoir ce qu'il est, d'où il vient, ce qu'il dit, cèle, sous-entend, ce qu'il signifiait pour ceux qui l'ont produit. Derrière les mots ou les signes se devinent les intentions ou les actions des hommes, leur but et les moyens qu'ils ont mis en œuvre pour les réaliser. Chaque trace du passé est porteuse d'arbitraire et s'offre ainsi à des lectures plurielles. Dans cette opération réflexive du questionnement, le rôle de l'enseignant est

---

22 Michel Winock, «Qu'est-ce qu'un événement?», *L'Histoire*, N° 268, septembre 2002, pp. 32-37. K. Pomian, *Événements,* chapitre premier de l'*Ordre du temps*, Paris: Gallimard, 1984, pp. 7-36; «Qu'est-ce qu'un événement?» (série de 7 articles sur ce thème), *Terrain*, N° 38, mars 2002, enfin la remarquable analyse d'Antoine Prost, «Les faits et la critique historique», in *Douze leçons sur l'Histoire*, Paris: Editions du Seuil, 1996, pp. 55-77. Pour Antoine Prost, dans l'enseignement, les faits sont tout faits, dans la recherche, il faut les faire, p. 55.

23 Raymond Aron, *Introduction à la philosophie de l'histoire. Essai sur les limites de l'objectivité historique*, Paris: Gallimard, 1967 (1938), p. 20; Reinhart Koselleck, «Le hasard, résidu de motivation dans l'historiographie», in *Le Futur passé, op. cit.*, pp. 145-160; Jean Stengers, *Vertige de l'historien. Les histoires au risque du hasard*, Bruxelles: Institut Synthélabo, 1998, 165 p.

24 Michel de Certeau, *L'écriture de l'histoire*, Paris: Gallimard, 1993 (1975); Christian Amalvi (dir.), *Les Lieux de l'histoire*, Paris: Armand Colin, 2005.

25 François Dosse, *L'empire du sens. L'humanisation des sciences humaines*, Paris: La Découverte, 1997.

déterminant dans la formation de l'étudiant: il doit l'amener à se poser de bonnes questions, à ciseler des hypothèses pertinentes pour mieux cerner son «objet de recherche». Antoine Prost consacre un chapitre lumineux d'intelligence et de concision aux «questions de l'historien» qu'il introduit ainsi: «C'est la question qui construit l'objet historique, en procédant à un découpage original dans l'univers sans limite des faits et des documents possibles. Du point de vue épistémologique, elle remplit une fonction fondamentale, au sens étymologique du terme, puisque c'est elle qui fonde, qui constitue l'objet historique. En un certain sens, une histoire vaut ce que vaut sa question. D'où l'importance et la nécessité de poser la question de la question.»[26]

Poser la question est une chose, la mettre en œuvre en est une autre. Commence le lent apprentissage de la critique et de l'évaluation des sources retenues et de la littérature secondaire à dominer. Pour les périodes récentes, la masse documentaire donne le vertige. Comment affronter ces flux d'informations où il y a tant de paillettes, de poudre aux yeux, de redondance, de «communication», mais si peu de contenu utilisable? Alain Touraine l'a déjà mis en évidence:

«Les mots, les images, les sons qui ne ‹veulent rien dire›, qui ne sont rien d'autre qu'eux-mêmes, exercent une attraction plus grande, puisque leur emploi dispense de s'interroger sur le sens qu'on pourrait leur prêter.»[27]

L'historien doit apprendre à décrypter ces masses documentaires où les images prennent de plus en plus de place dans le monde de la communication[28]. Des choix s'imposent, d'où la nécessité d'un questionnement clairement délimité et une compétence de la lecture visuelle de la société multimédiatique des temps présents[29] où les falsifications sont devenues presque impossibles à détecter[30].

La sensibilisation à l'historiographie, soit la manière d'écrire l'histoire ou l'histoire de l'histoire, fait partie intégrante de tout enseignement. L'histoire, par essence, soulève débats et controverses, et une bonne connaissance des conditions et des circonstances de la production de récits historiques et des controverses qu'ils ont suscités ne peut

26 Antoine Prost, *Douze leçons sur l'histoire, op. cit.*, p. 79.
27 Alain Touraine, *Penser autrement, op. cit.*, p. 276. En 1843, Balzac faisait les mêmes constatations: «L'article de fond manque dans les journaux qui commencent à être pleins de vide», in *Monographie de la presse parisienne*, Paris: J.-J. Pauvert, 1965, p. 61.
28 *La communication. État des savoirs*, coordonné par Philipe Cabin, Paris: Éditions des sciences humaines, 1998; Anne-Cécile Sanchez, «Net, mensonge et vidéo», *Le Nouvel Observateur*, 1-7 mai 2008, p. 32.
29 Christian Doelker, *Une image est plus qu'une image. La compétence visuelle dans la société multimédiatique*, Lausanne: LEP, 2000 (1997).
30 Laurent Gervereau, *Les images qui mentent. Histoire du visuel au XXe siècle*, Paris: Éditions du Seuil, 2000, republié en Poche en ne retenant que la seconde phrase du titre. Alain Jaubert, *Le commissariat aux archives. Les photographies qui falsifient l'histoire*, Paris: Éditions Bernard Barrault, 1986.

qu'aiguiser la curiosité et éveiller l'esprit critique[31]. Une pensée ne devient pas «critique» simplement en s'attribuant ce titre, mais en vertu de son contenu[32]. Une approche critique, quelle qu'elle soit, doit être réversible en ce sens que toute critique doit accepter d'être discutée et remise en cause. L'enseignant doit éveiller la curiosité, proposer des outils de réflexion cohérents pour «déconstruire» ces «pensées uniques» qui fleurissent dans divers milieux. L'esprit critique forme un rempart contre les dangers de la désinformation si présents durant ces dernières décennies.

Allié à une bonne culture générale, il permet d'évaluer l'argumentaire de toute information. De même, l'esprit critique protège contre les rumeurs, secrets et autre complots qui attirent trop l'attention[33]. L'enseignant doit tenter d'injecter un peu d'intelligence dans l'appréciation des enjeux d'une question historique sans céder au ressentiment[34], à l'accusation, aux soupçons et aux jugements sommaires. Il ne s'agit pas de juger, mais de comprendre, l'histoire n'est pas un tribunal[35].

Les émotions font aussi partie de notre perception des temps présents; la peur, par exemple, conditionne trop de prises de position si ce n'est des décisions, elle instrumentalise nombre de discours et elle fait recette dans les médias par la violence de ses images. La peur est présente dans nos comportements depuis la nuit des temps[36].

Les représentations jouent ce même rôle, elles structurent une bonne part des opinions publiques et elles occupent une place majeure dans les messages (discours) tant publicitaires que politiques des temps présents jusqu'à influencer notre vision du passé[37].

31 Roger Chartier, *Au bord de la falaise. L'Histoire entre certitudes et inquiétudes*, Paris: Albin Michel, 1998; Gérard Noiriel, *Sur la «crise» de l'histoire*, Paris: Belin, 1996.
32 Alan Sokal et Jean Bricmont, *Impostures intellectuelles*, Paris: Odile Jacob, 2008 (1997); Stanislas Andreski, *Les sciences sociales: sorcellerie des temps modernes?*, Paris: PUF, 1975 (1972); Jean Sévillia, *Le terrorisme intellectuel de 1945 à nos jours*, Paris: Perrin, 2000.
33 Jean-Noël Kapferer, *Rumeurs. Le plus vieux média du monde*, Paris: Éditions du Seuil, 1987; Pascal Froissard, *La rumeur. Histoire et fantasmes*, Paris: Belin, 2002; Philipe Aldrin, «Penser la rumeur. Une question discutée des sciences sociales», *Genèse*, N° 50, mars 2003, pp. 126-141.
34 Marc Ferro, *Le ressentiment dans l'histoire. Comprendre notre temps*, Paris: Odile Jacob, 2008.
35 Olivier Dumoulin, *op. cit.*, Jean-Noël Jeanneney, *L'historien, le juge et le journaliste*, Paris: Éditions du Seuil, 1998; «Le démon du soupçon», in *Complots, secrets et rumeurs*, Paris: Société d'éditions scientifiques, Les Collections de l'Histoire 33, octobre-décembre 2006, p. 3.
36 Jean Delumeau, *La peur en Occident (XIVe-XVIIIe siècles)*, Paris: Fayard, 1978; Pierre Mannoni, *La peur*, Paris: PUF, 1982; Jean Palou, *La peur dans l'histoire*, Paris: Les Éditions ouvrières, 1958; Olivier Meuwly, «La peur fait partie de la politique et de l'économie», *Entreprise Romande*, 24 octobre 2008, p. 2; «Nouvelles peurs, pourquoi elles nous dévorent», *L'Hebdo*, 10 septembre 2008, pp. 53-56 et 69.
37 Paul Ricoeur, «L'écriture de l'histoire et la représentation du passé», *Annales. Histoire, Sciences sociales*, N° 4, juillet-août 2000, pp. 731-747; Roger Chartier, «Le monde comme représentation», *Annales. Économies, Sociétés, Civilisations*, N° 6, novembre-décembre 1989, pp. 1505-1520; Lucien Boia, *Pour une histoire de l'imaginaire*, Paris: Les Belles Lettres, 1998.

Ces représentations sociales, définies comme un ensemble d'idées simples qu'un groupe véhicule à propos d'un phénomène donné, déterminent les clichés et autres lieux communs mis en œuvre pour circonscrire des thèmes aussi divers que le capitalisme, la misère, la vision d'un pays, la jeunesse, les crises, les guerres, etc. [38]

À l'heure où ces représentations envahissent la scène médiatique, la politique et surtout les relectures du passé à travers les guerres mémorielles, comment raison garder [39] ? L'enseignant doit apprendre à ses étudiants la nécessité de dégager leurs analyses et leurs interprétations de tout sentiment (ce qui n'empêche nullement l'empathie) et surtout de ne pas sombrer dans le politiquement correct d'un moralisme souvent teinté d'anachronisme. Le manichéisme, qui fait de tels ravages, sera traité avec la même rigueur.

Comprendre la réalité des temps présents ne peut se passer d'une bonne connaissance des institutions publiques et privées et de leur fonctionnement à tous les niveaux (international, national, régional, communal) et dans tous les domaines (politique, économique, social, culturel, etc.), car ce sont elles qui encadrent et pèsent sur la vie de nos sociétés et qui, en même temps, produisent les archives d'hier et de demain qui permettront de faire tant l'histoire de l'Union européenne que celle du village vigneron de Riex en Lavaux [40].

Enfin, pour penser et enseigner l'histoire des temps présents, il faut du temps, il faut donner du temps au temps, car l'acquisition de connaissances, leur compréhension, leur intégration dans nos cerveaux, nécessite du recul (il faut donner du temps à la réflexion…), une mise à distance, une véritable digestion passée au crible de la critique, ce qui devrait permettre l'élimination de notions fausses, de concepts obsolètes, qui polluent toute cohérence [41]. Et que dire de la fragmentation des connaissances qu'Alexander Bergmann a si bien mis en exergue:

---

38 Pierre Mannoni, *Les représentations sociales*, Paris: PUF, 1998; Jean-Marie Seca, *Les représentations sociales*, Paris: Armand Colin, 2001.

39 Pascal Blanchard et Isabelle Veryrat-Masson (dir.), *Les guerres de mémoires. La France et son histoire. Enjeux politiques, controverses historiques, stratégies médiatiques*, Paris: La Découverte, 2008; Benjamin Stora, *La guerre des mémoires. La France face à son passé colonial*, Paris: L'Aube, 2007; Paul Ricoeur, *La mémoire, L'histoire, l'oubli*, Paris: Éditions du Seuil, 2000.

40 Max Weber, *Économie et Société*, Paris: Plon, 1971; Rober Castel, *Les métamorphoses de la question sociale*, Paris: Gallimard, 1999.

41 Jean Tulard (dir.), *Peut-on faire confiance aux historiens?*, Paris: PUF, 2006; François Monnier, «L'obsolescence des œuvres historiques», communication sur Canal Académie, www.canalacademie.com/+-Francois-Monnier-+.html, 26 septembre 2005; Jean Tulard, «De l'obsolescence des œuvres historiques», *L'Année sociologique*, N° 41, 1991, pp. 193-201.

« Nous vivons dans un monde dominé par les monocultures de recherches caractérisées par un taylorisme intellectuel où nous trouvons de moins en moins de gens qui réfléchissent et produisent des idées face à de plus de gens qui cherchent dans des domaines de plus en plus étroits et qui finissent par produire des connaissances dénuées de sens. »[42]

Edgar Morin parle d'une nouvelle ignorance jaillie de ces multiples connaissances que l'on n'arrive plus à relier les unes aux autres ce qui expliquerait cette incapacité notoire de considérer les problèmes globaux et fondamentaux dans leur complexité et « depuis l'école primaire jusqu'à l'université, toutes les structures de l'enseignement forment des esprits pour les ventiler dans des catégories et les empêcher de penser la complexité des problèmes »[43].

Le flottement des discours et des analyses qui ont accompagné l'émergence de la crise systémique de 2008 est un bel exemple de cette incapacité chronique à élever le débat au-delà des frontières d'une discipline face à l'incertitude d'un avenir sombre. Aujourd'hui, à l'aube du XXIe siècle, il faut accepter que nous ne pouvons pas tout comprendre tout de suite, la connaissance immédiate d'un événement est une vue de l'esprit pour l'historien qui sait l'importance de la maturation d'une question, du mûrissement d'une hypothèse explicative, de la lente élaboration de concepts opérationnels nécessaires à la progression de sa réflexion. Le savoir a une épaisseur faite de différentes strates qui se superposent, une origine, un cheminement et une temporalité. Parfois, face à des situations aussi nouvelles qu'imprévisibles, un événement majeur ou une découverte documentaire, l'historien doit faire preuve d'imagination pour changer d'optique : « Il y a des moments dans la vie où la question de savoir si on peut penser autrement qu'on ne pense et percevoir autrement qu'on ne voit est indispensable pour continuer à regarder et à réfléchir. »[44] C'est un appel à l'ouverture vers d'autres modes de pensée des sciences humaines, et l'historien n'hésite pas à emprunter des outils et des concepts auprès des disciplines soeurs[45].

L'historien du temps présent ne peut se passer d'identifier les acteurs, leurs motivations, leurs réseaux, leurs places dans les mécanismes de décision, leurs discours et

---

42 Notes prises par l'auteur à la leçon d'adieu du professeur Alexander Bergmann à la faculté des HÉC de l'Unil le 15 juin 2005. Cf. Alexander Bergmann, *Contre-Pensées. Au-delà du management*, Paris : Eska, 2001.

43 Edgar Morin, « L'éducation du futur », *Le Monde des Religions*, juillet août 2008, p. 82.

44 Michel Foucault, *Histoire de la sexualité*, Paris : Gallimard, 1984, t. II : *L'usage des plaisirs*, p. 14 ; Nassim Nicolas Taleb, *Le cygne noir. La puissance de l'imprévisible*, Paris : Les Belles Lettres, 2008.

45 François Jequier, « Les emprunts de l'histoire », in *Groupe de Montheron. Les cigales et les fourmis. Des emprunts entre sciences*, textes réunis par André Delessert et Jean-Claude Piguet, Lausanne : LEP, 1996, pp. 114-124. Madeleine Grawitz, *Méthodologie des sciences sociales*, Paris : Dalloz, 1972.

autres messages visuels appelés à légitimer leurs actions. C'est encore un examen des pratiques du pouvoir et des moyens mis en œuvre pour l'exercer, des enjeux, des alternatives et de ces paris sur l'avenir qui nous sont imposés[46]. Ces démarches sont indissociables des lieux de l'action d'où l'impérieuse nécessité de ne jamais faire abstraction de l'espace *lato sensu* en restant proche des enseignements de la géographie[47]. Il y aurait encore de nombreux autres aspects à évoquer dans le cahier des charges d'un enseignant de l'histoire du temps présent comme les critères de vérification d'une information ou d'une source, les dangers de l'illusion rétrospective, les tentations du conformisme, l'ouverture à l'interdisciplinarité, le fantasme nécessaire à l'historien qui doit apprendre parfois à s'identifier aux personnages qu'il étudie quand ceux-ci devaient décider en pleine incertitude face à plusieurs alternatives.

Riche en surprises tant sur le terrain que dans les archives, d'errements de mécomptes, de découvertes comme d'illusions, la pratique de l'histoire devrait être avant tout une école du relatif, de l'incertitude, de l'éphémère, du hasard et surtout une leçon d'humilité et de modestie. Antoine Prost a marqué les points de repères que tout enseignant doit garder présents à l'esprit et récemment il rappelait:

«Enseigner l'histoire c'est la meilleure façon de faire comprendre ce qu'est une société, un État, un gouvernement. Si vous n'étudiez pas l'histoire, vous ne comprenez pas comment l'opinion se concrétise, comment la société s'organise, surmonte les conflits. L'Histoire est un moyen d'échapper à la fois à l'utopie révolutionnaire et à la passivité conservatrice… l'Histoire, c'est l'apprentissage de la vie en société avec sa dimension politique.»[48]

Et j'ajouterai que la pratique de l'histoire est rencontre d'autrui comme elle peut être une découverte de soi à travers le cheminement des savoirs: savoir lire, savoir écouter, savoir regarder, pour en arriver à savoir penser et parfois pour ceux qui sont capables d'intégrer tous ces savoirs: à savoir vivre[49].

---

46 Jacques Attali, *Une brève histoire de l'avenir*, Paris: Fayard, 2006.
47 *Les espaces de l'historien. Études d'historiographie*, Strasbourg: Presses universitaires de Strasbourg, 2000; Bernard Lepetit, «Espace et Histoire», in *Carnet de croquis. Sur la connaissance historique*, Paris: Albin Michel, 1999, pp. 129-141; Pierre George, *La géographie à la poursuite de l'histoire*, Paris: Armand Colin, 1992.
48 Élisabeth Haas, Antoine Prost, «L'histoire c'est l'apprentissage de la vie en société…», *La Liberté*, 9 mai 2006, p. 14.
49 Antoine Prost, «Comment l'histoire fait-elle l'historien?» *Vingtième Siècle. Revue d'histoire*, N° 65, janvier-mars 2000, pp. 3-12.

MÉLANGES

Jean-Pierre Bastian

LA COLONISATION DES MONTS DE LAVAUX ET DU JORAT PAR LES PAYSANS DU HAUT GIFFRE AU TOURNANT DU XVe SIÈCLE

Les courants migratoires faucignerans dans la région lémanique à la fin du Moyen Âge demeurent peu explorés. Concernant Lavaux, Grandjean relève que «la région savoyarde de Samoëns fournit un bon nombre d'artisans, spécialement des charpentiers, avant de devenir une pépinière de maçons»[1]. De son côté, l'historiographie savoyarde avec Dechavassine s'est intéressée aux migrations vers le Valais des maçons issus des paroisses de Sixt et de Samoëns au XVIIe siècle, sans parvenir à situer l'origine du mouvement qui, selon lui, «se perd dans la nuit des temps», ce que Cassina a interrogé de manière pertinente, mais par trop succinte. Pour sa part, Gérôme reprend l'interprétation classique d'une émigration saisonnière de «tailleurs de pierre […] sur les chantiers de Savoie, de Suisse et de Franche-Comté» qui commença au milieu du XVIe siècle[2]. Dans sa remarquable étude sur le Faucigny à la fin du Moyen Âge, Carrier constate que dès la seconde moitié du XVIe siècle, la migration saisonnière provenant du haut Giffre est «solidement» attestée, mais comme «les plus sérieux en conviennent, on ne peut faire remonter la preuve de son existence en deçà du XVIe siècle»[3].

---

1   Marcel Grandjean, (dir.), *Lutry, arts et monuments du XIe au XXe siècles*, Lausanne: Imprimeries réunies, 1991, Vol. 2, pp. 480, 477 et 481-482. Il considère la présence du charpentier Humbert Cottet, de Saint-Jean-d'Aulps, attesté en 1530 à Lutry, comme «marquant les débuts de la grande immigration savoyarde dans notre région». Il fait du maçon Huguet Amaudruz de Samoëns, présent à Lutry dès 1589, «l'un des tous premiers maçons émigrés et l'un des précurseurs d'un courant plus général qui va durer jusqu'au XIXe siècle».
2   Chanoine Dechavassine, «Les maçons du Giffre et leur émigration séculaire», *Revue savoisienne*, N° 68, 1952, pp. 147-174; Gérard Cassina, «L'activité des maçons de Samoëns et de Sixt en Valais: état de la question», in *La sociabilité des Savoyards: les associations socio-économiques en Savoie des origines à l'époque actuelle. Actes du XXIXe Congrès des Sociétés savantes de Savoie, Samoëns, 4-5 septembre 1982*, [Chambéry]: Société savoisienne d'histoire et d'archéologie, 1983, pp. 39-40; Colette Gerôme, *Histoire de Samoëns, sept montagnes et des siècles*, Montmelian: La Fontaine de Siloé, 2004, pp. 94-95.
3   Nicolas Carrier, *La vie montagnarde en Faucigny à la fin du Moyen Âge. Économie et société, fin XIIIe-début XVIe siècle*, Paris: L'Harmattan, 2001, p. 107.

Ces dernières considérations restent hypothétiques et n'envisagent pas de destination précise des émigrés du mandement de Samoëns vers Lavaux et le Jorat. Or, les registres de bourgeoisie des grandes paroisses de Lutry et de Villette permettent de découvrir un nombre significatif d'individus issus du haut Giffre recensés dès les années 1535 parmi les nouveaux bourgeois. Les admissions à la bourgeoisie supposent une présence durable d'une première, voire d'une deuxième génération d'immigrés, et par conséquent un courant antérieur d'environ un demi-siècle. Il s'agira d'en déterminer les prémisses en explorant les registres d'abergements permettant de dévoiler un processus de colonisation spécifique. Pour mesurer la diffusion de ce courant migratoire, nous disposons d'un instrument privilégié, le registre de la taille de 1550[4]. Il restitue l'entier des chefs de feu imposables ainsi que l'état de leur fortune. Construire le corpus des individus et patronymes issus du haut Giffre permettra de les repérer parmi les chefs de feu de 1550, d'évaluer leur importance numérique et de préciser leur distribution spatiale. Ceux reçus à la bourgeoisie dans les grandes paroisses de Lutry et de Villette serviront d'indicateurs privilégiés afin de restituer le processus d'implantation de cette population nouvelle et de situer son déploiement en 1550.

Un indicateur: les étrangers du haut Giffre devenus bourgeois de Lutry

L'intégration d'étrangers à la ville et communauté de Lutry est facilement repérable. Le *Rôle de bourgeoisie établi*[5] en 1741 relève la liste chronologique des entrées à la bourgeoisie de 1535 à 1733. Il fait apparaître une césure temporelle significative de 1546 à 1563 sans aucune mention de réceptions, avec, de 1535 à 1546, huitante-deux nouveaux bourgeois reçus dans un laps de temps de onze ans, et, de 1563 à 1733, nonante-cinq réceptions durant les cent septante ans qui suivirent, révélant ainsi l'intensité de la démarche entreprise en février 1535.

Cependant, pour mesurer toute l'ampleur de ce flux, les données du *Rôle* doivent être corrigées. En effet, ce document ne recueille que les étrangers dont les droits furent réglés moyennant finance. Il ignore «ceulx ausquels les largitions sont esté faictes qui sont morts, qui nont point laissé denfans vivans de leurs corps procréés en loyal mariage, ny biens meubles ny immeubles que lont puisse apresent scavoir»[6] et qui ne furent plus considérés comme bourgeois. Le *Rôle* ne cite pas non plus ceux qui étant

---

4   ACV, Bp 13, Bp 13bis et Bp 14, Registres de la taille de 1550.
5   Par le secrétaire Jost François Mégroz (1721-1778), ACL, Jaune C1; ACL, Jaune C2; ACL, Bleu A1 et A2.
6   Document établi par le Conseil en date du 31 janvier 1585, ACL, Jaune C2.

décédés avant de régler le rachat de la bourgeoisie la perdirent également ou ceux qui, tout simplement, abandonnèrent la paroisse. C'est pourquoi, pour saisir le mouvement migratoire dans son ensemble, il faut s'en remettre aux actes du Conseil où apparaissent chacun des étrangers reçus un à un.

Les actes restituent un cycle plus intense et plus ample d'admissions débutant certes le 24 février 1535, mais perdurant au-delà de 1543 jusqu'à la fin 1549, pour ne reprendre qu'en 1563[7]. Il apparaît ainsi que les réceptions furent au nombre de cent soixante-sept de février 1535 à décembre 1549, plus du double de celles retenues par le *Rôle* pour la même période. Pour les années qui suivirent, le rythme d'admission se réduisit fortement avec vingt-sept entrées enregistrées par le *Rôle* de 1563 à la fin du siècle et soixante-huit de 1600 à 1733. L'intensité de l'intégration antérieure à 1550 en apparaît d'autant plus marquée.

Remarquons que les deux tiers des admissions se firent avant août 1536, durant un premier laps de temps précédant la conquête bernoise du pays de Vaud. L'interruption d'août 1536 à janvier 1540 correspondit à la période d'instabilité qui la suivit. Celle-ci n'a certainement pas fait qu'interrompre un processus déjà engagé; elle nous livre la clé de la motivation du Conseil de Lutry ainsi que de l'intensité de la démarche menée en février 1535 et entamée dès 1530 lorsque commencèrent les frictions entre le duché de Savoie et *Messieurs de Berne*. Dans une période d'instabilité politique, il fallait régulariser une importante population flottante au statut indéterminé, d'autant plus que beaucoup étaient des immigrés de deuxième génération, nés dans le finage, sans plus de rapport avec leur paroisse d'origine. Pour le comprendre, il nous faut établir avec précision l'origine des nouveaux bourgeois.

Il est possible d'en rendre compte, car les sources offrent des données plus ou moins systématiques sur les lieux de provenance. Elles signalent souvent la paroisse et le diocèse d'origine, éventuellement l'un ou l'autre, parfois elles ne livrent malheureusement aucune donnée, ce qui est le cas pour seulement 13% du corpus, soit vingt-deux des cent soixante-sept entrées à la bourgeoisie. La référence à la paroisse et/ou au diocèse d'origine pour les cent quarante-cinq entrées restantes (87% du corpus) est cependant suffisante pour établir avec certitude les principaux courants migratoires et en découvrir les polarités. On peut les classer en trois pôles en fonction de leur degré d'éloignement de la paroisse de Lutry: les environs plus ou moins proches dans le diocèse de

---

7   Les manuaux de 1579 à 1585 manquent. Les livres de comptes complètent les données, mais ne permettent d'arriver, pour la seconde moitié du XVIe siècle, qu'à quelque 48 réceptions, outre quelques «admissions temporaires pour un an». Ce chiffre traduit la politique restrictive du Conseil qui se poursuit ensuite.

Lausanne (7 % des entrées); l'*outre lac*, c'est-à-dire, dans le diocèse de Genève, par ordre d'importance le haut Giffre, la dranse de Morzine (haut Chablais), la basse Arve, le bas Chablais et le Genevois; la plus grande partie des nouveaux bourgeois en provint, car, des cent quarante-cinq entrées ou individus de provenance connue, cent-seize s'y rattachaient soit les quatre cinquièmes (80 %) de la population nouvelle bourgeoise avec une origine identifiée. Le dernier contingent migratoire fut constitué par des individus désignés sous le terme générique de « Lombards » ou par leur diocèse d'origine, celui de Novare. Il fut relativement modeste avec treize nouveaux bourgeois venus de ce diocèse et un de celui d'Ivrée, soit un peu plus de 9 % des provenances connues.

De l'ensemble des nouveaux bourgeois issus du diocèse de Genève se détachent ceux venus de la haute vallée du Giffre dans le Faucigny, c'est-à-dire les paroisses de Samoëns et de Sixt. Ce fut le foyer le plus nourri avec 33 % des nouveaux bourgeois à l'origine connue, soit quarante-huit entrées. Si l'on ne considère que la population venue du diocèse de Genève (cent-seize entrées), ils constituent le principal flux migratoire en provenant, soit 41 % des nouveaux bourgeois issus de ce diocèse. Les données complémentaires de réceptions à la bourgeoisie de la paroisse de Villette[8] et les informations éparses recueillies concernant les Monts de Saint-Saphorin et le Jorat permettent de constituer un corpus significatif de patronymes (cf. annexe) issus des paroisses de Samoëns et de Sixt présents dans celles de Lavaux et dans le Jorat.

Les causes du courant migratoire dans le haut Giffre

Située à l'extrémité supérieure de la haute vallée du Giffre, au cœur du massif du même nom et en aval d'un cirque montagneux fermant tout passage vers le Valais, la paroisse de Sixt comptait alors de soixante (en 1481) à cent feux (en 1518). Ce vaste territoire à l'habitat très dispersé, composé de hameaux de petite taille et peu hiérarchisés, se déployait le long des deux branches torrentueuses du Giffre supérieur et inférieur. Elles se rejoignaient en aval du cœur de la paroisse formé par l'abbaye. Fondée par des chanoines de Saint-Augustin dont la charte datait de 1144, elle était entourée de quelques maisons constituant un village guère plus peuplé que les cinq autres hameaux[9]. En contrebas dans la vallée, à six kilomètres de là, commençait la paroisse voisine de Samoëns. Elle comptait environ quatre cents feux en 1518 et était le siège de la châtellenie

---

8 ACC, L13/7, Déclaration des étrangers de la paroisse de Villette, 1574.
9 Nicolas Carrier, *op. cit.*, p. 28; François-Marie Rannaud, *Histoire de Sixt 1135-1914. Abbaye, paroisse, commune*, Annecy: Imprimerie J. Abry, 1916.

dont dépendait Sixt. Le bourg de Samoëns était légèrement plus important que celui de Sixt, car dès l'origine il avait réuni l'église, le château et un marché, cœur d'une paroisse étendue dans une large vallée peuplée de vingt-six hameaux ou villages [10].

Carrier a remarqué leur création par des lignages dont les patronymes y restèrent liés [11]. Les listes de taillables, enregistrés par les comptes de subsides disponibles pour la paroisse de Samoëns pour les années 1475, 1496 et 1503 et de la gabelle du sel de 1561 pour Sixt, permettent de constater, sur près d'un siècle, la récurrence de l'enracinement local des patronymes portés par les individus originaires du haut Giffre résidents dans les paroisses de Lutry et de Villette. La faible mobilité patronymique à l'intérieur de l'espace paroissial de Sixt et de Samoëns permet de saisir leur origine au hameau près [12].

Le mouvement migratoire vers Lavaux fut le fruit de causes concomitantes. La pression démographique dans les vallées alpines joua un rôle moteur. Carrier en a reconstruit l'évolution. Il remarque qu'à une période de stagnation de la population de 1360 à 1480 environ, succéda une «reprise significative» de 1480 à 1520 environ. Les paroisses du haut Giffre virent leurs effectifs augmenter de manière notoire entre 1443 et 1471, au contraire du reste du Faucigny qui stagna ou régressa. Mais la vigueur du décollage dans les décennies suivantes se traduisit par une croissance de 60% de la population dans l'ensemble des paroisses du Faucigny et même de 90% dans celle de Sixt [13]. Ceci confirme ce qu'avançait déjà Louis Binz dans son étude du diocèse de Genève à la fin du Moyen Âge [14]. Sur la base de sources couvrant de deux cents à cinq cents villages hauts savoyards au XVe siècle, il constatait qu'à cause de la peste, de 1415 à 1445, le diocèse se dépeupla fortement, «à l'exception des régions de montagne». Puis de 1443 à 1482, on assista à un renversement de la situation démographique avec une remontée qui «se manifesta plus pleinement sur les hauteurs». Enfin, de 1482 à 1518, se produisit un «essor extraordinaire» de la population diocésaine. Elle passa de 26 000 à 36 000 feux. La croissance toucha d'autant plus fortement les hautes vallées alpines qu'elles n'avaient

---

10 Nicolas Carrier, *op. cit.*, pp. 202-203.
11 *Ibid.*, p. 195 ; à la p. 538, il écrit très justement: «Les communautés de ‹village›, entendre de hameau, sont un élément stable de la sociabilité montagnarde. Elles sont à la fin du Moyen Âge essentiellement des communautés de voisinage et de copropriété, mais leur origine familiale se laisse encore deviner».
12 ADS, SA 14554, 14559, comptes de subsides, SA 14483, compte particulier, SA 2021, f. 2-15, Gabelle du sel de 1561.
13 Nicolas Carrier, *op. cit.*, p. 81.
14 Louis Binz, *Vie religieuse et réforme ecclésiastique dans le diocèse de Genève pendant le grand schisme et la crise conciliaire, 1378-1450*, Mémoires et documents de la Société d'histoire et d'archéologie de Genève, 2e série, t. 46, Genève: A. Jullien, t. 1, 1973, pp. 69-70.

pas connues auparavant le déclin des parties basses du diocèse. Pour Binz[15], «la vitalité démographique sera d'ailleurs telle que dès la fin du XVe siècle commença cette émigration alpine qui ne cessera plus».

Une cause économique s'ajouta à la pression démographique ou plutôt lui fut liée. La conjoncture de la fin du XVe siècle fut en effet caractérisée par une hausse du prix des céréales. Carrier[16] montre qu'à cause de l'accroissement de la population, la production céréalière des communautés du haut Faucigny fut structurellement incapable de suffire aux besoins dès les années 1430, et ceci particulièrement dans le haut Giffre. En dépit de leurs ressources, les Préalpes et les Alpes ne parvinrent plus à occuper et à nourrir leur surcroît de population, d'autant plus que l'élevage qui avait pris le dessus sur l'agriculture demandait moins de bras. Les deux incendies de Samoëns, en juin 1476 par une incursion valaisanne et en 1491 par accident, contribuèrent sans doute à renforcer le malaise économique. Enfin, les conditions climatiques ne furent pas non plus négligeables dans la mesure où le mauvais temps du début des années 1480 entraîna une série de récoltes médiocres[17].

Ces causes conjuguées permettent de comprendre les facteurs déclencheurs de l'arrivée sur les Monts de Lutry et de Villette des nombreux étrangers en provenance du haut Giffre, dès le dernier quart du XVe siècle. Le terme d'étranger doit se comprendre dans son sens ancien, comme n'appartenant pas à la communauté des bourgeois, car, de fait, ceux-ci se déplaçaient dans un même espace linguistique, culturel et politique, l'évêché de Lausanne étant une enclave en terres du duc de Savoie. Ils provenaient de paroisses se trouvant dans un rayon qui ne dépassait pas deux à trois journées de marche en contournant le lac. Depuis Sixt et Samoëns, le trajet pouvait même se réduire si, au lieu de passer par Genève, on rejoignait directement Thonon par le col des Gets et la vallée d'Aulps et on traversait le Léman en barque. Vu la proximité géographique, il est probable que dès les années 1480, l'excédent démographique s'accentuant dans le haut Giffre, une première migration saisonnière ou temporaire précéda les débuts de la migration définitive enregistrée dès la décennie suivante. Mais, pour que la migration devienne définitive, il fallut qu'aux causes de départ correspondent des facteurs favorables à l'arrivée, dans la société d'accueil. Il est possible d'en considérer trois.

D'une part, à Lutry, la réalité démographique était l'inverse de celle des vallées alpines dans la mesure où les anciens lignages tendaient à disparaître avec les pestes qui affectèrent la région de Lavaux au XVe siècle. En comparant les livres de comptes

---

15 *Ibid.*, p. 70.
16 Nicolas Carrier, *op. cit.*, p. 157.
17 *Ibid.*, p. 215; Colette Gerôme, *op. cit.*, p. 57.

de Lutry de 1491 et de 1506, on note la disparition d'un certain nombre de patronymes bourgeois[18], ce qui soutient l'hypothèse. D'autre part, les paroisses de Lutry et de Villette avaient entrepris une politique active de défrichage en abergeant les communs des Monts à des particuliers, cherchant ainsi à coloniser à leur profit des espaces pionniers aux frontières encore indéfinies. Un besoin de main-d'œuvre se fit sentir à la fin du XVe siècle que vint combler l'arrivée des hauts-faucignerans occupés comme *grangiers*.

Enfin, outre ces facteurs, la migration fut aussi liée à un rapport ancien entre Lutry et le Chablais. Les liens passèrent par les étroites relations matrimoniales entre les seigneurs de Blonay « qui jouèrent un important rôle d'intermédiaire entre les terres épiscopales et le Chablais savoyard » et les Mayor de Lutry, et par le fait que le prieuré de Lutry avait sous sa tutelle le prieuré de Saint-Paul-sur-Évian depuis le début du XVe siècle[19]. Notons aussi les liens directs avec l'abbaye de Sixt en la personne d'Henri de Alibertis qui commença sa carrière ecclésiastique comme moine du prieuré bénédictin de Lutry en 1430 et devint, avant 1452, abbé du couvent des Augustins de Sixt[20]. Enfin, n'oublions pas que Notre-Dame de Lausanne était un lieu de pèlerinage marial très réputé. On venait de loin admirer la cathédrale et y vénérer la vierge, ce qui a pu attirer aussi vers les Monts de Lavaux qui faisaient partie du territoire temporel de l'évêque de Lausanne, des migrants désireux de se rapprocher d'un lieu si reconnu. Plus que tout autre moyen de communication, les « dranses » débouchant à Thonon servirent pour les habitants du haut Faucigny de voies naturelles vers les rives du Léman.

Les débuts de l'implantation sur les Monts de Lavaux en bordure du Jorat

Depuis quand les « étrangers » du haut Giffre reçus à la bourgeoisie s'étaient-ils établis ? Les sources notariales permettent d'y répondre en partie, mais elles sont peu abondantes. Il serait ainsi difficile de déterminer les débuts de leur présence, si certains des nouveaux bourgeois ou leurs pères n'étaient devenus propriétaires de biens relevant du fief des paroisses de Lavaux. Car, tant qu'ils restaient des saisonniers au service des

---

18 Par exemple: Baucion, Bondat, Crat, De Gex, Degraz, De Saint Amour, Desportes, Grancier, Quiquat.
19 Eugène Mottaz (dir.), *Dictionnaire historique, géographique et statistique du Canton de Vaud*, Genève: Éditions Slatkine, t. 2, 1982, p. 169; Agostino Paravicini Bagliani, Jean-François Poudret, *La maison de Savoie et le pays de Vaud*, Lausanne: BHV 97, 1989, p. 10. Sur les liens des Blonay de Saint-Paul-Touronde avec Lutry, cf. l'affaire Conriard en 1541 dans ACV, Dg 13/2, Notaire Jacques Bergier, 1541, f. 115 ss.
20 Ansgar Wildermann, *La visite des églises du diocèse de Lausanne en 1453*, Lausanne: Société d'histoire de la Suisse romande, 3e série, t. XIX, 1993, p. 44.

familles bourgeoises, aucune source comptable ou foncière ne les enregistrait. Ce n'est donc qu'au moment où certains d'entre eux acquirent des terres communales que parlent terriers et livres de reconnaissances.

Ces documents ont été précieusement conservés, car ils s'intéressaient aux terres relevant des fiefs bourgeoisiaux, situées sur les râpes de Lutry et de Villette abergées par les conseils à des tenanciers qui devaient une redevance, le cens. Le terme de *râpes* (du latin *raspa*) évoquait des terrains en friche et pentus, broussailleux ou sylvestres en bordure du Grand et du Petit Jorat[21]. Ce vaste espace encore largement couvert de forêts *(nemora, jura)* n'avait été que partiellement défriché à la fin du XVe siècle. Il relevait principalement des fiefs communaux comme le rappelle le lieu-dit des *Condamines*[22]. Ansi, pendant plusieurs siècles, la ville de Lutry avait gardé dans ses réserves les forêts qu'elle avait reçues en donation. Dès la fin du XIVe et surtout à partir du milieu du XVe siècle, elle les avait concédées peu à peu sous forme de *mas de bois* à ses propres bourgeois ou à d'autres issus des finages voisins. Les contrats de concession (abergements emphytéotiques)[23], auparavant absents des sources[24], attestent ce mouvement progressif. Un même mouvement se dessina pour la grande paroisse de Villette dont les râpes avaient été réparties entre les villages *(quarts)* des bas de la paroisse. Ces râpes étaient abergées « à condition d'extirper et de réduire à terre et à pré »[25]. Cela prenait de trois à cinq ans pour transformer un bois en pâturage ou en champ propre aux semailles selon un rythme précis: écobuage et brûlis des sous-bois, abattage des troncs, poussée de l'herbe et petit élevage, désouchage avec des bœufs et, seulement alors, pâture ou semailles. Les agriculteurs pionniers qui s'étaient attaqués à la forêt y avaient créé ainsi des champs *(terre)*, des prés *(prata)* et des pâturages *(pasqueragia, pascua)*. Il s'agissait de terrains argileux, lourds et peu perméables, souvent marécageux, d'où le nom de moille *(mollia)* qu'on leur donnait. Le terme de chalet *(challetus)*, réservé aux bâtiments d'alpage[26], désignait le type d'habitat de bois qui y

---

21 Les termes de bois et de râpes sont utilisés indifféremment pour définir cet espace. Par exemple: *De taxii nemoris seu rasparum ville et comunitate lustriaci*, ACL, Rouge A1, 1449-1450, f. 5.

22 Parcelle de grande taille appartenant à la réserve seigneuriale. C'est à partir de 1458 que le *pratus dicte ville appelatus de Condeminaz* commence à être abergé par la ville à des particuliers, cf. ACL, Bleu K2, f. 27.

23 L'abergement emphytéotique est une concession de terres communales en échange d'une faible redevance annuelle perpétuelle, le cens.

24 Probablement parce que l'attention des bourgeois s'était concentrée jusque-là sur la mise en culture des vignes.

25 Par exemple ACL, Bleu Z2, f. 66, N° 242, 1465, f. 46, N° 166, 1385, f. 50, N° 182, 1468; ACL, Bleu K2, f. 28, 1458.

26 Cf. Nicolas Carrier, *op. cit.*, pp. 203-205. Il remarque que le terme *alpis* devient *mons* au XIVe siècle. Les Monts de Lavaux avec leurs chalets renvoyaient probablement à l'idée d'alpage pour les vignerons des bas.

prédominait au XVe siècle. Il reflète l'usage fait de ces tenures où la forêt défrichée avait laissé la place à des pâturages. Les chalets servaient d'abris aux bêtes et aux hommes. Ces derniers n'y résidaient que de manière temporaire. L'abandon du terme de chalet pour celui de grange/ferme *(grangia)* et la concession de fours *(furni)* liés aux nouveaux abergements dès la fin du XVe siècle soulignent la transformation de l'habitat et la fixation tardive d'une population qui jusque-là n'avait résidé que de manière saisonnière sur les *mas*.

Les abergements contribuèrent d'abord à fixer la délimitation communale, régulièrement en dispute avec les finages voisins, par la sédentarisation d'une population. Ensuite, ils assurèrent un revenu communal sous forme de cens emphytéotique. Ils commencèrent dès 1370, mais furent rares jusqu'au milieu du XVe siècle pour se faire dès lors réguliers jusque dans les années 1530. Le registre des abergements ne manifeste en rien une «ruée» des bourgeois de Lutry et de Villette vers les râpes. Les pestes récurrentes du XVe siècle semblent avoir perturbé et même interrompu par moment le processus [27]. Le premier élan de colonisation fut ainsi freiné par les nombreux décès qu'elles entraînèrent [28]. Les vieux lignages s'effilochant, l'immigration, saisonnière d'abord, définitive ensuite, vint combler un déficit d'hommes dans un mouvement de colonisation des râpes, complémentaire de celui commencé par les bourgeois. À long terme, la conquête des râpes dépendit de cet apport dû à la forte pression démographique dans leur vallée d'origine qui contraignit les saisonniers à s'intéresser vers la fin du XVe siècle à défricher et à coloniser pour leur compte l'unique fraction des finages avec des terres encore disponibles. D'abord émis en faveur de bourgeois [29] ou de voisins, les abergements [30] à des métayers du haut Giffre commencèrent à se faire réguliers dès 1491 et prit toute son ampleur durant les trois décennies suivantes.

---

[27] André Guisan, «La peste à Lausanne et dans le Pays de Vaud», *Revue suisse de médecine*, 1917, pp. 181-191, 210-217 et 223-236. Il signale les années 1430, 1439, 1450, 1451, 1460, 1477, 1485, 1493 et 1494 comme celles où l'épidémie redoubla en Pays de Vaud.

[28] Eugène Mottaz (dir.), *op. cit.*, t. 2, 1982, p. 796.

[29] À Lutry, les premiers étrangers abergés apparaissent à partir des années 1470, mais ils ne sont que quatre dont Reymond De la Chavassine, portant un patronyme de Samoëns, cité des 1466, abergataire sur les Monts.

[30] Pour les abergements à des étrangers à Lutry, cf. ACL, Bleu K2, f. 8, 38, 44, 46-49, 52, 59-65, 65-68 et 70-75; ACL, Bleu Z2, f. 38, 43, 46, 48, 50, 52, 64 et 66; ACL, Bleu K10, f. 27-37, 72-77, 64-89, 113-120, 128-134, 139-167, 169-192, 336-357, 403-414 et 421-425; ACL, Bleu K11, f. 27-29. Pour Villette, cf. L71/120, f. 25-27; L71/123, f. 23-204; L72/124, f. 3-74.

Premier abergement de hauts Faucignerans
dans les grandes paroisses de Lutry et de Villette 1491-1531 [31]

Année	Nom	Prénom	Origine Paroisse	Lieu-dit de l'abergement	Paroisse
1491	Tronchet	Mermet	Samoëns	Es Mottes	Lutry
1495	Favre	Jean	Samoëns	En Donabar	Lutry
1496	Marguerat	Laurent	Samoëns	En La Vaux de Sy	Lutry
1499	Bovet	Jean	Samoëns	En la Signollaz	Lutry
1499	Desfaux	Claude	Samoëns	En la Signollaz	Lutry
1501	Duret	Henri	Samoëns	En Margot	Lutry
1503	Bastian	Pierre l'aîné	Sixt	En Praz Pélisson	Villette
1503	Bastian	Pierre le jeune	Sixt	En Margot	Lutry
1504	Dubosson	Jean	Samoëns	En Praz Pélisson	Villette
1504	Albin	Pierre	Samoëns	En Nialin	Lutry
1507	Richard	Pierre	Sixt	En Praz Pélisson	Villette
1508	Guillet	Humbert	Samoëns	En la Signollaz	Lutry
1508	Duverney	Jean	Samoëns	En Margot	Lutry
1509	Albin	Michel	Samoëns	En Nialin	Lutry
1511	Rouge	Louis	Samoëns	En la Riondonaire	Lutry
1512	Albin	André	Samoëns	Rière Chenaux	Villette
1512	Pigney	Ansermod	Samoëns	En la Chevrery	Belmont
1512	Bidaux/Bidal	Berthod	Samoëns	En la Gollie	Lutry
1513	Tornier/Tornare	Pierre	Sixt	Au Poisat	Lutry
1514	Ruffy	Jean	Samoëns	En Praz Pélisson	Villette
1515	Du Crot	Claude	Sixt	A Montaubiau	Villette
1517	Rouge	Pierre	Samoëns	Au Maret à la gruaz	Villette
1520	Bron	Ansermet	Sixt	En Grandchamp	Lutry
1521	Jordan	Ansermod	Samoëns	En Praz Lugrin	Lutry
1523	Bovet	Jordan	Samoëns	En Condemines	Lutry
1523	Bergier	Augustin	Sixt	En Rey de costa	Lutry
1523	Fayet	Bernard	Sixt	Au Grenet	Villette
1531	Bayet/ De les Mellierex	Mignet/ Louis	Sixt	En la Corrait	Villette

Sources : ACL, Bleu K2 et Bleu Z2 ; ACC, L71/123 et L72/124 ; ACV, Ff 42 et 32bis.

[31] Je ne tiens compte que du premier abergement, la plupart des abergataires l'ayant été plusieurs fois durant la période considérée dans la mesure où ils cherchaient à agrandir leur tenure en acquérant des terres voisines.

L'abergement ne marquait cependant pas le début de la présence des abergataires. Ils travaillaient déjà temporairement comme *grangiers* sur les Monts et résidaient dans les chalets appartenant aux familles des bas des paroisses. Ainsi, au moment d'être abergé *en Donnabar* en 1495, Jean Favre de Samoëns demeurait sur les Monts de Lutry; en 1496, Laurent Marguerat de Samoëns était *grangier* de Gérard Piccard de Lutry, *en Praz Pélisson* quand il obtint un mas, tout à côté, *en La Vaux de Sy* et Claude Desfaux, provenu de la même paroisse, habitait dans la *grange* de Georges Gantin de Lutry, *à la Signolaz*, alors qu'il recevait un *mas de grand bois* en abergement au même lieu en 1499[32]; Henri Duret de Samoëns, abergé en 1501, se trouvait dans la paroisse de Lutry en septembre 1495, lorsqu'il vendit «deux fonds sis au territoire de Montreux» à maître Michel Charvet de la paroisse de Samoëns[33]. Ces données soutiennent l'idée d'une arrivée antérieure, temporaire ou saisonnière, plus ou moins prolongée, bien avant l'implantation patrimoniale des nouveaux venus signalée par les abergements et l'entrée à la bourgeoisie. Cela laisse entendre qu'une population flotante de métayers-saisonniers, provenant principalement du haut Giffre, se trouvait sur les râpes de Lavaux dès les deux dernières décennies du XVe siècle. Les abergataires enregistrés n'en furent qu'une manifestation partielle, bon nombre de grangiers n'accédant pas à l'abergement ou ne demeurant que de manière temporaire.

Une implantation qui déborda vers l'intérieur du Jorat

Bien que fortement concentrée, l'implantation des paysans du haut Giffre fut plus large et intéressa l'ensemble des Monts de Lavaux et déborda en particulier vers l'intérieur du Jorat. Dans cet axe, d'autres chefs de feu participèrent du même mouvement du tournant du XVe siècle; Aymon de Valloné *de Samoëns* était un *habitant* de Villars-Mendraz en 1499[34]; il avait acquis en abergement une cinquantaine de poses *ad nemus reductas* en divers lots relevant du prieuré de Lutry dont il fit reconnaissance en février 1499-1500[35]; peu après, en février 1502-1503, il fut établi notaire et juré du chapitre de Lausanne par Michel de Saint-Cierges, juge du même chapitre[36]; un *Double des légances* de Guillaume de Valloné, fils d'Aymon, pour «des biens autrefois abergés à ses prédécesseurs» par le

---

32 ACL, Noir B2, 1496 et Bleu K2, f. 49.
33 ACL, Bleu Z3b, Acte N° 476.
34 ACV, Dg 210/1, Notaire N. Renguis, 1490-1505, f. 28-30 et 75.
35 ACV, Fn 271, Reconnaissance d'Aymon de Valoné du 4 février 1499-1500.
36 ACV, Dg 210/1, Notaire N. Renguis, 1490-1505, 10 février 1502-03, f. 257.

prieuré de Lutry montre que dans les années 1534, la plupart des terres des Valloné distribuées sur les territoires de Villars-Mendraz et de Peney-le-Jorat étaient passées à des chefs de feux issus de Sixt et de Samoëns dont Pierre Pigney, Sermoz et Antoine Mojonier, Guillaume Jatton, Claude Richard, Jean fils de Collet De Lessert et Jean fils de Pierre De Lessert[37]; une filière liée au haut Giffre apparaît ainsi colonisant le Jorat à Villars-Mendraz et Peney-le Jorat par le biais du défrichement de terres du prieuré de Lutry abergées à Aymon de Valloné; d'autres habitants originaires du haut Giffre résidaient dans le voisinage; Pierre et Jean Moccand de Sixt faisaient partie, en août 1505, des cinq chefs de feu de Peney-le-Jorat devant cense, au *nom de tout le village*, au curé de Dommartin[38]. Une reconnaissance de 1523 pour les biens du prieuré de Lausanne signalait encore à Peney-le-Jorat Sermod Moccand, Henri Jatton et Nicod fils de Jean Moccand. De même, en juin 1523, Barthélémy Bovet *de Samoëns* – dont le réseau familial était établi entre les Monts de Lutry et Montpreveyres dès avant 1499 – achetait à Aymon de Valloné un mas de terre et de bois de vingt-cinq poses situé *en Blanchel* sur le territoire de la paroisse de Villars-Mendraz. Il fut repris par Guillaume de Valloné en 1539[39]. Cela confirme le lien entre les biens fonciers des Valloné et le renforcement d'une filière migratoire du haut Giffre à Peney-le-Jorat, sur les lieux où d'autres chefs de feu s'étaient établis avec les Valloné avant 1500.

Les défricheurs de haute montagne qu'étaient les hauts Faucignerans exercèrent leur talent en bordure et à l'intérieur du Jorat. L'environnement leur était familier, et les hivers à peine moins rigoureux y étaient surtout moins longs que dans leur vallée alpine. Outre le fait que la plupart des patronymes mentionnés apparaissent dans les sources notariales avec la référence à leur origine paroissiale, les données des comptes de subsides disponibles pour la paroisse de Samoëns et celles ci-dessous qui nous servent d'échantillon concernant l'ensemble des patronymes de la paroisse de Sixt par hameau[40], soutiennent l'hypothèse d'un courant migratoire précis, dont les effets patronymiques à

---

37 ACV, Fn 271, 1534, Biens de Guillaume de Valloné. En effet, la taille de 1550 (ACV, Bp 14, f. 52-53 et 78-81) signale à Villars-Mendraz: Pierre Pigney, Sermoz Mojonier et Guillaume de Valloné, mais aucun De Lessert, ni Jatton et à Peney-le-Jorat: Guillaume Jatton, Pierre et Claude De Lessert. Cette distribution tend à prouver que les terres acquises par Aymon de Valloné avant 1499 étaient bien sûr les deux paroisses.

38 ACV, Ff 38, f. 38. Il s'agit de Jean et Pierre Tappy, de Claude Jayet et de Pierre et Jean Moccand *nominibus suis et totuis villagii seu comunitatis*. En 1480, la reconnaissance s'était faite pour Jordan Tappy, Jean Morelli, André Bornety, Antoine Jayet et Guillaume Vuictons, aucun de ces patronymes ne provenant de Sixt. Cf. ACV, Ff 16, f. 269. En revanche, en 1539, la reconnaissance se fit pour les patronymes suivants: *Jatton* (2), *Moccand* (4), Jayet (1), Pasche (1), *Delessert* (1), *Barbier* (1), Crosaz (1) et *Richard* (1) (en italique patronymes de Sixt) rendant manifeste l'importance du réseau sixtois dans la paroisse. Cf. ACV, Ff 80, f. 120.

39 ACV, Ff 48, f. 291 et Ff 80, f. 120.

Lavaux et dans le Jorat sont clairement lisibles dans le registre de la taille de 1550, un demi-siècle après la première implantation.

Ensemble des patronymes de la paroisse de Sixt, diocèse de Genève, par hameau selon le registre des feux de la gabelle du sel de 1561 et les comptes du Chapitre de Genève en 1496 et 1502 [41]

Sixt: **De Passy, Marquet, Biord, De Lachat,** *Regnand,* Pin, Turchebise, **Richard,** Cordey, Mojonier, Pouly, Jatton/Joatton.
Le Fay: **Jenot**
Englène: **Jenot,** De Baumes, *Regnend,* **Desfayes/Du Fayet, Richardet,** Reynaudaz, Moccand, Bron.
Passy: **De Passy, De Lessert,** Cathelin, **Bayet,** Pranier, **Barbier,** Bullicat, **Du Crot, Desfayes/Du Fayet.**
Nambride: **De Nombridoz, Richard, Bastian, De Lessert,** Tornier, Barbier, Moccand, **Du Crot.**

Sources: ADS, SA 2021, 1561, f. 2-15. AEG, CD 20, 1496-1497 et CD 21, 1501-1502
En gras, patronymes mentionnés à Lavaux et dans le Jorat dès la première moitié du XVIe siècle; en gras et italique: patronymes mentionnés dès la seconde moitié du XVIe siècle.

Ainsi, sur les Monts de Lutry, vingt-quatre des trente-neuf chefs de feux (67%) enregistrés en 1550 provenaient du haut Giffre [42] alors qu'il en allait de même sur les Monts de Villette, pour neuf des quatorze abergataires (64%) et pour au moins deux des neufs *grangiers* signalés [43]. L'analyse patronymique de la taille de 1550 confirme que cette immigration avait débordé sur les Monts de Lavaux et dans le Jorat. Parmi les sept chefs

---

40 (Note de la p. 200.) Sauf le hameau de Salvagny qui relevait d'une autre seigneurie et n'apparaît pas dans la gabelle du sel de 1561. Pour Samoëns, il est possible d'en faire de même, la paroisse étant composée de vingt-six hameaux et d'un bien plus grand nombre de patronymes. ADS, SA 2021, f. 2-15. AEG, CD 20 et CD 21.

41 Notons que les Hemery de Passy ont disparu du registre du sel de 1561. Pierre Delessert de Peney-le-Jorat rachète tous leurs biens à Janette fille de feu Michel Hemery en 1540. Cf. ACV, R5, Notaire Antoine Grandis, 1540, f. 25 et 99.

42 Soit: 3 Albin, 1 Bastian, 3 Bidaux/Bidal, 2 Bron, 1 Burnod, 1 Clerc, 2 Guilliet, 2 Jordan, 5 Marguerat, 1 Rouge, 2 Verney/Duverney, 1 Violet. Cf. ACV, Bp 13, f. 25-35.

43 Soit: 1 Albin, 3 Bastian, 1 Bovet, 1 Ducrot/Crot, 2 Desfaux, 1 Desfayes, 1 Joatton/Jatton, 1 Jordan, 2 Richard, 1 Rouge, 2 Ruffy, 1 Simon, 1 Tronchet. Cf. ACV, Bp 13, f. 63-65 et 70-73. En 1540, étaient encore signalés parmi les grangiers des Monts de Villette, Monet Bayet et Jean De Passy, tous deux de Sixt. cf. ACC, «S'ensuyve les maisons et feulx…», paroisse de Villette ca. 1540, document non classé.

de feu des Monts de Saint-Saphorin, Pierre et Claude (de) Nombridoz étaient venus du hameau de *Nambride* sur le territoire de la paroisse de Sixt alors que Gérard de Lachat était issu de cette même paroisse et Pierre Nachon du hameau du *Bérouze* dans celle de Samoëns[44]. Aux *Carbolles*, à cheval sur les paroisses des Tavernes et de Villette, se constitua un foyer de colons d'origine sixtoise avec Bernard Nombridoz et Pierre Richard ainsi que Bernard Desfayes et Monet Bayet[45]. À Peney-le-Jorat, alors dans la paroisse de Dommartin, une autre colonie de peuplement originaire de Sixt et de Samoëns s'était fixée puisque treize des vingt-deux chefs de feu recensés (59%) portaient des patronymes issus de ces deux paroisses avec onze d'entre eux originaires de Sixt[46] et deux feux, résidant au lieu-dit *Villard-le-Jorat* (Villars-Tiercelin), portaient un patronyme septimontain (Albin, Tronchet)[47]. Parmi les neuf taillables du territoire voisin de Villars-Mendraz apparaissent Humbert et Sermoz Mojonier de Sixt ainsi que Guillaume de Valloné et Pierre Pigney de la paroisse de Samoëns alors qu'à Montpreveyres, quelques haut-faucignerans, issus des fratries nombreuses des Monts de Lutry et de Villette débordant sur les finages voisins, avaient également fait souche tout comme à Chapelle-Vaudanne[48], Mézières-le-Jorat et à Belmont-sur-Lutry[49]. En revanche, l'absence de patronymes du haut Giffre à Martherenges et au-delà dans le bailliage de Moudon ou, par-delà Lavaux, à Chardonne, Corsier-sur-Vevey et Vevey, ou encore à Pully, renforce le profil d'une implantation ciblée, liée à des réseaux familiaux du haut Giffre dont les premiers abergements à la fin du XVe et au début du XVIe siècle se firent principalement dans trois foyers de peuplement joratois: sur les Monts de Villette en *Montaubiaux*, *Riau-Corboz* et *Praz Pélisson*; sur les Monts de Lutry en *La Riondonnaire*, *Grandchamps*, *La Vaux de Sy*, *Margot* et au *Poisat*; dans l'axe joratois, de Peney-le-Jorat et environs (Villars-Mendraz, Chapelle-Vaudanne et Villars-Tiercelin)

---

44 ACV, Bp 13, f. 103 et 163.

45 ACV, Bp 13bis, f. 103 et 108 et Bp 14, f. 48. Les Nombredoz sont là dès avant 1550.

46 Soit 1 feu Bastian, 2 Delessert, 1 De Passy, 2 Jatton, 3 Moccand, 1 Hemery, 1 Tronchet, 1 Albin et 1 Richard, sans compter Jean Lembesioux époux Delessert dont l'origine patronymique reste inconnue, mais dont le lien laisse entendre qu'il était aussi originaire de Passy. Cf. ACV, Bp 14, f. 52-53. Par ailleurs, en 1619, Claude Cordey de Peney-le-Jorat est fait bourgeois de Lutry, autre patronyme issu de Sixt en lien avec Peney-le-Jorat (ACL, Jaune C1, Rôle de bourgeoisie).

47 ACV, Bp 14, f. 52-70. Septimontain = de la paroisse de Samoëns entourée de sept montagnes.

48 À Chapelle-Vaudanne (Chapelle-sur-Moudon), 3 Cordey, 1 Richard et 1 Bidal (soit cinq sur dix-huit feux). ACV, Bp 14, f. 80-81.

49 *À Villard-Mendraz*: Mojonier 2, Vallone 1, Pigney 1 (Cf. ACV, Bp 14, f. 78-79); *à Montpreveyres*: 2 Bastian, 1 Bovet, 1 Jordan, 1 De Chasbloz, 2 Bidal/Bidaux, 1 Plantin/Bovet (soit huit sur vingt-quatre feux au total), *à Mézières-le-Jorat*: 1 Chappel, 5 Jordan alias Bellosier, 1 Albin, 2 Devaulx et 2 Hemery (soit dix sur quarante feux) et *à Belmont*: 2 Richard, 1 Albin, 1 Marguerat. Cf. ACV, Bp 14, f. 66-70 et Bp 13 bis, f. 165-169.

jusqu'à Montpreveyres et aux Monts de Saint-Saphorin en passant par Mollie-Margot, Les Tavernes *(Carbolles)* et Forel.

Des solidarités villageoises pérennes

Les métayers du haut Giffre s'étaient installés de manière définitive sur des terres relativement proches, créant un réseau de solidarités nécessaires au moment des défrichements, maintenant des relations de parenté déjà établies dans leur paroisse d'origine, et, enfin, privilégiant des liens d'affaires. Ce réseau perdura tout au long du XVIe siècle aussi bien dans le Jorat que sur les Monts de Lutry, Villette et Saint-Saphorin. Son maintien s'explique par l'isolement spatial joratois et par le fait que les mariages étaient avant tout affaire de famille[50]. Les renforcements des relations entre familles d'une même origine abergées sur des terres voisines s'effectuèrent d'abord selon des logiques de remembrement foncier par le jeu d'alliances matrimoniales. Ainsi, par exemple, Catherine Marguerat épousa en novembre 1524 Pierre Bron de Sixt demeurant sur des terres voisines sur les Monts de Lutry[51]. Mais les liens ne furent pas seulement liés à des intérêts patrimoniaux. Des relations d'affaires furent aussi menées en vertu d'une confiance forgée par une appartenance paroissiale commune. Elles furent manifestes entre deux descendants de la première génération d'immigrés lorsqu'en mai 1537, Jean Bastian (bourgeois de Lutry depuis 1535) cautionnait, d'une pièce de cinq florins, Claude Favre (de Saint-Jean d'Aulps) résident sur le Mont de Lutry envers Pierre Jatton (résident à Peney-le-Jorat) *à coust de deux charges de blé par le dit Claude reçu du dit Joaton*[52]. En d'autres termes, le rapport privilégié entre Bastian et Jatton, tous deux issus de familles originaires de Sixt, facilita la transaction entre ce dernier et Favre. De même en mai 1544, Bernard Jatton, natif de Peney-le-Jorat, était cautionné par Pierre Nombridoz établi sur le Mont de Saint-Saphorin alors qu'il recevait en amodiation la grange de Berthod Bidaux (originaire de Samoëns) résident sur les Monts de Villette,

---

50 Comme le stipulait un article énoncé par le Conseil de Lutry en 1533: *Que nul ne doit prendre fille ni espo(u)sé ni fayre espo(u)sé sans le conseil et le consentement de(s) parents et amis.* ACL, Bleu A1, septembre 1533, f. 108.

51 ACV, Di 37/2, Notaire Jean Croserens, f. 27. Laurent Marguerat, leur grand-père et père, avait été abergé en 1496 *en La vaux de sy* et Guillaume Bron, père de Pierre, tout à côté, *en Grandchamps*.

52 ACV, Di 19/1-3, Notaire Jean Chalon, 1529-1558, f. 2. Jean Bastian était le fils de Pierre Bastian le jeune de Sixt abergé en 1503 en Margot et Pierre Joatton descendait des Joatton de Sixt mentionnés à Peney-le-Jorat déjà en 1505. Pierre Joatton de Peney-le-Jorat détient pour 300 florins de biens rière Lutry en 1550. Cf. ACV, Bp 13, f. 38.

en Gourze[53]. Ce type de rapport, malgré la diversification progressive des liens conjugaux et la relative distance géographique, atteste un fort réseau de solidarités lié à une même identité paroissiale d'origine. Elle persista tout au long du siècle. Le cas des Delessert (ou De Lessert) est exemplaire de démarches en réseau. Pierre De Lessert devint bourgeois de Lutry en 1536; dès 1533, il était métayer de la *grange* des religieux de Savigny, *en Margot*, devenue *grange de la ville* dès 1537. Il perdura dans cette fonction jusqu'à la fin des années 1540, mais ne laissa pas de descendance identifiée à Lutry.[54] Cependant, les Delessert étaient déjà présents à Peney-le-Jorat depuis la fin du XVe siècle avec Étienne De Lessert venu du hameau de Passy dans la paroisse de Sixt et son fils Henri.[55] En 1539, les trois fils de ce dernier (Claude, Reymond et Pierre) résidaient toujours à Peney-le-Jorat et entretenaient encore des liens étroits avec leur paroisse et hameau d'origine. Claude avait épousé Françoise Biord de Sixt. Son frère, *provide* Pierre De Lessert de Peney-le-Jorat, rachetait en 1542 à Janette, fille de feu Michel Hémery du hameau de Passy dans la paroisse de Sixt et femme de Claude Morel de Mézières, « tous les biens immeubles situé et existans aud teriroire de Passiez quelquisoient iceulx bien et soyent lesdits biens em terres, maysons, pra, oches, cortils, champ, granges, boys, rapes, montagnez, pasquerages et aultres biens immeubles quelquy soient iceulx »[56]. Le réseau sixtois dans lequel ils s'inscrivaient perdura dans l'axe joratois et leur facilita le déplacement vers Lutry durant le dernier tiers du XVIe siècle. En effet, en 1588, Claude Delessert de Bottens et natif de Peney-le-Jorat recevait la bourgeoisie de Lutry. D'abord grangier de Jean Tornier de Lutry en 1574, il devint, avec Humbert et Pierre Delessert ses cousins, grangier de la ville de Lutry dès les années 1580. En février 1580, il avait acquis une partie de la possession des Bastian *en Margot* qu'il amodiait en 1597 à Jean Bastian de la paroisse de Villette. Gonina Lavanchy dont la mère était née Delessert avait épousé ce dernier et était une nièce de Claude Delessert; Claude Delessert avait aussi pour neveu Pierre Delessert qui épousa en 1604 Thivenaz fille de feu Jean Bayet (de Sixt), grangier aux *Carbolles* à la limite de la paroisse de Villette et des Tavernes[57]. Les Delessert de Peney s'étaient donc déplacés vers les Monts

---

53 ACV, Di 19/1-3, Notaire Jean Chalon, 1529-1558, f. 19.
54 À ce sujet, cf. ACL, Bleu A1, 1536, f. 57, ACL, Rouge A4, 1545, f. 30 et ACL, Bleu A2, 1550, f. 71. ACL, Bleu A1, 1er avril 1533, f. 88.
55 Le patronyme à Passy (lié au lieu-dit *Combe de l'essert*) et à Nambride, paroisse de Sixt, comme dans le registre de la taille de 1550 s'écrit De Lessert. Ce sera la forme patronymique retenue par la famille De Lessert, banquiers à Genève dont l'origine est retracée jusqu'au De Lessert du Jorat vaudois par Gaston de Lessert, *Famille de Lessert. Souvenir et portrait*, Genève: SA des Arts graphiques, [1904].
56 ACV, Dg 131/4, Notaire Antoine Grandis, 1540, f. 25 et 99. Gaston de Lessert, *ibid.*, p. 10.
57 ACL, Bleu A4, 1574, f. 40 et Bleu A5, 1588, f. 60, 62 et 69v; ACL, Bleu A6, 5 mars 1597.

de Lutry en acquérant des biens de tiers d'origine sixtoise et entretenaient encore des liens matrimoniaux avec des familles venues de Sixt, résidentes sur les Monts de Villette. Jean de Valloné de Villars-Mendraz en avait fait de même en acquérant la possession et grange de Pierre Albin situé *en Nialin* qui passa ensuite à Mermet Marguerat[58]. Endogamie, intérêts patrimoniaux et liens d'affaires entre ces familles perduraient encore au XVIIe, comme en témoigne le registre de baptêmes de la paroisse de Dommartin entre 1612 et 1625 où les quinze enfants des trois frères Moccand de Peney-le-Jorat avaient tous pour parrains et marraines des Delessert, des Jatton et des Moccand[59]. Le maintien des réseaux familiaux s'explique par la circulation des femmes (qui même veuves se remariaient dans le réseau d'origine) et des sœurs qui assuraient l'échange des biens par la dot et des services sur la base d'un système d'alliances qui, au niveau des relations inter-familiales, impliquait un apport en travail; ce souci de continuité identitaire qui passait par l'ancrage de la terre et la résidence patrilocale s'inscrivait ainsi dans la diachronie du lignage et dans une logique de transmission des biens qui marquait encore à la fin du XVIe siècle l'identité du réseau issu du haut Giffre.

Qui étaient ces migrants ?

Ces migrants étaient-ils des hommes libres et affranchis ou étaient-ils encore taillables et dépendants de leurs autorités seigneuriales ? La question mérite d'être posée car, plus tardivement, en 1574, les conseils de Lutry et de Villette exigèrent des candidats à la bourgeoisie une lettre établissant leur qualité de non taillable[60]. Une pareille exigence fut émise afin de freiner l'immigration dans un contexte économique difficile où de nombreux misérables hantaient les paroisses de Lavaux (Voruz 1907). Pour le premier mouvement d'intégration d'étrangers, antérieur à 1550, le conseil de Lutry n'exigea aucun document, car, sans doute, la main-d'œuvre « étrangère » avait été nécessaire pour défricher les râpes, au vu du déclin relatif de la population de souche. Par ailleurs, à la fin du XVe siècle, le servage avait définitivement disparu dans la région lémanique bien que tardivement sur les terres dépendant du prieuré de Lutry[61].

---

58 ACL, Bleu A5, 3 juin 1588, f. 20v.
59 ACL, Bleu A6, 5 mars 1595: Pierre et Henry Delessert, neveux de Humbert Delessert, grangier de Jean Crozerens, sont natifs de Peney et faits bourgeois de Lutry en 1598. ACV, Eb 46/1, Registre des baptêmes de Dommartin, 1611-1633.
60 ACL, Bleu A3, 14 juin 1574, f. 45.
61 Danielle Anex, *Le servage au Pays de Vaud (XIIIe-XVIe siècle)*, Lausanne: BHV 47, 1973, p. 283.

Les migrants provenant des vallées alpines avaient vécu un calendrier d'affranchissement plus ancien. Ils participaient de communautés vivant principalement de l'élevage[62] et ayant de fortes traditions d'autonomie. À la fin du XVe siècle, la plupart d'entre eux étaient des affranchis pour avoir acquis le droit de se déplacer, sans doute aussi parce qu'étant les cadets de fratries, ils se trouvaient déliés de toute obligation foncière et censitaire. En se faisant aberger, ils se trouvèrent soumis au cens, mais pas à la taille dans le sens servile. Ils n'entraient pas en possession de leur bien en fief taillable, mais libre et franc, soit en simple emphytéose. Ils ne devaient que les servir ou plutôt ce n'étaient pas eux qui les devaient, mais les biens qu'ils acquéraient en quelques mains qu'ils passent. C'est pourquoi dans les registres des redevances, nobles, bourgeois et étrangers payaient tous le cens pour leurs terres relevant du fief. Les étrangers du haut Giffre étaient donc des hommes « libres » qui avaient pu aussi bien acheter des terres à des tiers ou en acquérir en abergement après s'être loués comme métayers et tout aussi bien en vendre.

Pour la période qui nous occupe et dès le début du XVe siècle, les historiens du Faucigny[63] décrivent une économie alpine prospère au point de contribuer à l'essor démographique qui suscita la crise des prix conduisant à l'émigration. Il n'y avait pas alors de différence de niveau de vie entre les deux rives du Léman qui permette d'expliquer l'attrait pour les paroisses de Lavaux, hormis l'existence de terres encore libres à défricher. De plus, dans les inventaires, les abergataires étrangers sont désignés par le terme respectueux d'*honnête homme (honestus vir)* au même titre que les bourgeois de Lutry. Les Duverney du hameau dont ils portaient le nom dans la paroisse de Samoëns venaient d'un clan familial établi incluant le notaire Pierre Duverney du même mandement qui émit un acte en leur faveur en 1530[64]. Jacques Duverney, abergé en 1509 *en Margot*, faisait partie d'un réseau familial reconnu à Lutry avec ses deux fils *honorable* François Duverney, forgeron au *Voisinand*, abergé en 1513 *en Margot* et *frère* Claude Duverney, un des trois religieux du couvent de Savigny[65]. Laurent Marguerat venu du hameau de Chantemerle dans la paroisse de Samoëns était un respectable chef de feu lorsqu'il rédigea son testament en 1505 et légua, à ses sept enfants et à sa veuve, un domaine étendu *en La Vaux de Sy*[66]. Deux de ses fils étaient des religieux. Gérard Marguerat recevait en novembre 1526 en amodiation pour trois ans l'aumônerie du

---

62 Nicolas Carrier, *op. cit.*, pp. 299-376 ; Louis Binz, *op. cit.*, p. 26.
63 Louis Binz, *op. cit.*, p. 37 ; Nicolas Carrier, *op. cit.*, p. 183.
64 Nicolas Carrier, *ibid.*, p. 284 ; ACL, Bleu, K10, f. 3.
65 ACL, Bleu K10, 1509, f. 3 et 1513, f. 27 ; ACL, Bleu A1, 1530-31, f. 22.
66 ACV, Di 21/1, Notaire Rod Chalon, 1502-1520, f. 53.

prieuré bénédictin de Lutry pour la somme de 120 florins par an, avec la caution de Jean Marguerat son frère, avant de devenir sacristain en 1529[67], et Jacques Marguerat leur frère était moine de l'abbaye cistercienne de Montheron[68]. Suite aux abergements de terres du prieuré de Lutry, Aymon de Valloné était, comme nous l'avons déjà examiné, un gros propriétaire terrien à Villars-Mendraz en 1499 et probablement à ce titre fut fait notaire du chapitre de Lausanne en 1503. Enfin, Pierre Bastian l'aîné et Pierre De Lessert, originaires de la paroisse de Sixt, voyaient leurs noms précédés du titre de *provide* de même que le charpentier Mermet Chappuis venu du hameau de Verchaix dans celle de Samoëns[69]. Ce terme impliquait une certaine reconnaissance lorsque le premier des trois acheta à Pierre Branchis de Grandvaux un mas de terre *en Praz Pélisson*, en 1507, jouxtant une première propriété acquise en 1503, qui finit par regrouper en 1516 cinquante-trois poses de prés, terres et bois qu'il exploitait avec ses cinq fils. La famille faucignerande était patriarcale[70], et les chefs de feux qui venaient s'établir sur les *Monts* reproduisaient le modèle d'autant plus qu'ils formaient de véritables mini-colonies de peuplement, leurs voisins immédiats étant, la plupart du temps, issus de la même paroisse d'origine. Entouré souvent de ses quatre ou cinq fils, d'autant de belles-filles, de ses petits-enfants, le patriarche-chef de feu était une autorité qui méritait respect en ce début du XVIe siècle où les pestes récurrentes décimaient souvent les lignages.

S'il y eut une différence de niveau de vie entre les deux rives du Léman, celle-ci ne se manifesta que plus tard, à partir du milieu du XVIe siècle, et fut certes durable. Pour l'heure, la montagne faucignerande à la fin du Moyen Âge était un espace très humanisé et développé. Dès le XIe siècle, les monastères s'y étaient implantés et avaient donné un nouvel élan aux défrichements qui n'avaient eu de cesse jusqu'au XIVe siècle. L'abergement d'alpages par les monastères à la recherche de fonds y avait pris le relais des défrichements des bas de vallées, dès la fin du XIIIe siècle. Les migrants défricheurs arrivés sur les Hauts de Lutry et de Villette, et dont plus de la moitié étaient propriétaires de *mas* en 1550, relevaient de l'esprit pionnier, caractéristique de la société alpine dont ils provenaient. Ils mirent en œuvre une même démarche dans la mesure où ils trouvèrent un environnement similaire à celui qui était le leur à Sixt et à Samoëns.

---

67 ACL, Rouge A3, 1529, f. 11.
68 ACL, Bleu A1, 18 juin 1534, f. 135.
69 Provide ou vertueux, titre conféré aux chefs et aux premiers d'une ville selon Franz-Raoul Campiche, «Les titres sous l'Ancien Régime», *Bulletin généalogique vaudois*, 1998, pp. 28-29, en l'occurrence, au chef d'un clan familial paysan d'importance. ACV, Di 21/1, Notaire Rod Chalon, 1507, f. 73 ; ACV, Dg 131/4, Notaire Antoine Grandis, 1543, f. 111 et 113.
70 Nicolas Carrier, *op. cit.*, p. 255.

Là-bas, à une altitude identique à celle du Jorat[71], ils avaient pratiqué une agriculture de montagne dans une vallée où se retrouvait une même trilogie: terres à *moilles*, activité pastorale et exploitation de la forêt. La polyculture vivrière basée essentiellement sur l'association orge-avoine et l'importance de l'élevage dans la vie économique y étaient semblables. Enfin, le cadre physique était aussi caractérisé par un habitat dispersé en *granges* éparses. Dans le haut Giffre, il n'y avait pas de bourgs, et Samoëns était un *villagium*, sans murailles. À Sixt, le village autour de l'église abbatiale n'avait guère plus d'importance que les «écarts» et autres hameaux[72]. Les conditions étaient ainsi réunies pour une transplantation favorable dans la mesure où les migrants retrouvaient sur les Monts et dans le Jorat un contexte proche de celui de leur paroisse d'origine et que les conseils des communes de Lutry et de Villette avaient procédé à la concession de terres sur les râpes.

Une colonisation par enclaves affinitaires en réseaux familiaux

Les étrangers du haut Giffre manifestèrent une vigueur reproductive égale à celle qui les avait contraints à l'émigration. Ils engendrèrent de vigoureuses fratries. Essayer de mesurer la diffusion de cette population nouvelle en 1550 doit d'abord nous rendre attentif aux logiques migratoires qui tendirent à former des enclaves affinitaires. Car, dans la mesure du possible, ces étrangers eurent tendance à se regrouper sur des mêmes portions du territoire en particulier sur les Monts où la rudesse climatique n'effrayait pas ces paysans de haute montagne, au contraire des anciens bourgeois des bas de la paroisse qui ne voulaient point y résider.

Ils provenaient de communautés alpines où les solidarités familiales étaient fortes et les identités paroissiales, marquées. Certaines familles arrivèrent avec des liens préétablis qui perdurèrent sur leur lieu d'implantation dans la mesure où elles cherchèrent à être abergées sur des terres voisines. Le cas le plus caractéristique est celui des Bastian, Richard (alias Fontannaz) et Tornier, tous issus du hameau de Nambride dans la paroisse de Sixt, qui acquirent dès 1503 des possessions contiguës *en Margot, au Poisat et en Praz Pélisson* aux confins des grandes paroisses de Lutry et de Villette[73]. D'autres familles de Sixt se trouvaient dans les proches parages tels les Bron en *Grandchamps* et Pierre Jatton de Peney-le-Jorat qui possédait en 1550 pour 300 florins

---

[71] Les fonds de vallée de Samoëns et de Sixt se situent entre 750 et 850 mètres d'altitude.
[72] Nicolas Carrier, *op. cit.*, p. 192.
[73] ACC, L71/123, f. 110-120 et 157-159.

de biens fonciers sur le Mont de Lutry. Les Delessert de Peney-le-Jorat, anciens voisins de Nambride et de Passy vinrent les rejoindre comme nous l'avons déjà noté. Sur les Monts de Villette une autre colonie issue de la même paroisse de Sixt regroupa les Bayet, De les Mellierex, Desfayes/Fayet et Ducrot/Crot, abergés sur des terres voisines aux *Carbolles* près du ruisseau *Grenet*[74]. Ceci met en lumière l'ancrage en réseau familial de ces Faucignerans établis sur les râpes.

Les immigrés de Samoëns en firent de même puisque le mas de Laurent Marguerat acquis en 1496 en *La Vaux de Sy* jouxtait celui d'Henry Duret au même lieu. Ceux de Claude Rouge *en la Riondonaire*, Ansermoz Jordan en *Praz Lugrin*, Jacques Duverney *en Margot*, Pierre Albin et Berthod Bidaux *en Nialin*; ceux des Bovet et des Guillet alias Défaux *en la Signollaz* et de Pierre Ruffy *en Praz Pélisson* ne se trouvaient guère éloignés[75].

Ensemble des chefs de feu sur les Monts selon le registre de la taille de 1550

Monts de Lutry					Monts de Villette				
Nom	Prénom	F	Origine	PA	Nom	Prénom	F	Origine	PA
Marguerat	Claude	110	Samoëns	1496	Bastian	Étienne	219	Sixt	1503
Marguerat	Guillaume	37	Samoëns	149	Bastian	Jean et Pierre	87	Sixt	1503
Bron	Georges	40	Sixt	1517	Charlet	Rolet	88	?	?
Bron	Feu Pierre	140	Sixt	1517	Hugonet	Claude	89	?	?
Bidal	Laurent	138	Samoëns	1499	Bastian	Vuiffray	50	Sixt	1503
Plantin	Jean	120	Aulps	1499	Rouge	Étienne	146	Samoëns	?
Caymossin	Antoine	100	Valsesia	1533	Bechet	Laurent	137	Lombard	?
Bidal	Claude	22	Samoëns	1499	Richard	Claude	128	Sixt	1507
Bidal	Jacques	163	Samoëns	1499	Richard	Pierre	109	Sixt	1507
Jordan	Pierre	162	Samoëns	1522	Bovet	Jean	242	Samoëns	?
Mestral	Jean	32	Villard/Boëge	?	Ducrot	Bernard	124	Sixt	1515
Lisod	Hoirs Pierre	69	Diocèse de Genève	?	Margnin	Jean	223	?	?
Albin	Pierre	202	Samoëns	1504	Marulier	Martin	350	?	?
Bastian	Claude	421	Sixt	1503	Desfayes	Jean	247	Sixt	1523
Benatruz	Jacques	111	Saint-Cergues	?	Dufranoz	Jean	0	Groisy	?
Marguerat	Claude	18	Samoëns	1496	Carvarin	Pierre	0	?	?
Gindroz	Mermet	23	Les Gets	?	Jatton	Bernard	0	Sixt	?

74 ACC, L71/123, f. 169-172 et 180-182.
75 ACL, Rouge A3, 1531 et ACL, Bleu K2.

Monts de Lutry					Monts de Villette				
Nom	Prénom	F	Origine	PA	Nom	Prénom	F	Origine	PA
Albin	Michel	175	Samoëns	1504	Dufranoz	Pierre	0	Groisy	?
Cottet	Claude	11	Le Biot	1513	Rosset	Gabriel	0	Le Biot	?
Peraulaz	François	52	Le Biot	?	Escoffey	François	0	?	?
Jordan	Sermoz	160	Samoens	1522	Tissot	Jean	0	?	?
Marguerat	Jean	57	Samoëns	1496	?	Anserme	0	?	?
Marguerat	Claude	290	Samoëns	1496	Brechet	Loys	0	Megève	?
Guillet	Mermet	247	Samoëns	1499	Ramu	Berthod	0	?	?
Guillet	Pierre	637	Samoens	1499					
Clerc	François	0	Samoëns	?					
Gindroz	Pierre	0	Les Gets	?					
Albin	Margueritte	0	Samoëns	1504					
Viollet	Aymé	0	Samoëns	?					
Fer	Claude	0	Viuz-en-Salaz	?					
Rouge	Mermet	0	Samoëns	1511					
Mennet	Jean	0	Habère	?					
Duverney	Jacques	0	Samoëns	1509					
Girod	Michel	0	Groysy/Genevois	?					
Chevaley	Humbert	0	?	?					
Verney	Jean	0	Samoëns	1509					
Vers	Jacques	0	Combe de Boège	?					
Burnod	Claude	0	Samoëns	?					
Peneveyre	Pierre	0	Aulps	?					
Berthod	Nicolas	0	Les Gets	?					

Sources: ACV, Bp 13 f. 25-35 et 63-73; l'ordre d'enregistrement par le registre de la taille est respecté dans le tableau; Abréviations: F= fortune en florins, PA= date du premier abergement

La taille de 1550 confirme que les Monts étaient le principal lieu de résidence d'une population de récente implantation, non seulement parce qu'ils étaient exclusivement peuplés de nouveaux bourgeois, mais surtout parce qu'en tenant compte des seuls chefs de feux nouveaux dans le finage, 39% d'entre eux résidaient sur les Monts et, parmi ces derniers, 67% provenaient du haut Giffre. Sur les Monts de Villette, la totalité des chefs de feu étaient aussi des étrangers d'implantation récente et près de 40% d'entre eux avaient une origine semblable. Cela confirme la corrélation entre marge spatiale et marge identitaire. À cette date, la plupart des mas avaient déjà été partagés par la deuxième ou même par la troisième génération issue des premiers migrants, les revenus étant pour la plupart, faibles ou nuls. En même temps, certains de leurs descendants s'étaient redistribués sur les bas des finages et quelques-uns accédaient même à des revenus moyens comme vignolans ou propriétaires de vignes.

L'analyse patronymique de la taille de 1550 confirme que les hauts de Lavaux et le Jorat furent une destination privilégiée des émigrés du haut Giffre. Dans son étude des rythmes migratoires faucignerans, Carrier[76] souligne que les Chamoniards se tournèrent plutôt vers le Valais et la vallée du Rhône alors que les habitants du bas Faucigny se dirigèrent en priorité vers Genève. Il relève aussi que la basse vallée de l'Arve resta un débouché naturel pour l'excédent de population du haut Giffre et que les migrants en étant issus n'allèrent guère au-delà comme le prouve la liste des bourgeois de Genève dressée par Covelle (1897). En effet, parmi plusieurs centaines de nouveaux bourgeois, ce dernier n'enregistre du milieu du XVe au milieu du XVIe siècle que cinq individus de Sixt et de Samoëns[77]. La faiblesse de l'émigration du haut Giffre vers la cité épiscopale contraste avec le courant migratoire en direction des hauts de Lavaux et du Jorat dont la vigueur permet d'avancer que ce fut avec la basse vallée de l'Arve, la principale destination des migrants défricheurs du mandement de Samoëns. Ceci permet de corriger Binz, car la poussée démographique du haut Faucigny n'entraîna pas comme il l'écrivait « la reprise des défrichements dans le Jura à la fin du XVe siècle »[78], mais bien dans le Jorat. L'homonymie du terme latin *jura* désignant ces deux espaces forestiers a légitimement pu prêter à confusion. Le fait que les patronymes de Sixt et de Samoëns se retrouvent encore aujourd'hui dans le Jorat et soient absents des Juras vaudois et neuchâtelois en offre la preuve a posteriori.

Avant 1500, les hommes furent rares, aussi bien en bordure que dans le Jorat. Dès les années 1540, une fois le processus de colonisation accompli, ce furent les tenures qui manquèrent tandis que les hommes se démultiplièrent. Le morcellement fut dès lors une lame de fond qui dispersa les mas dans un irrésistible mouvement de partage successionaire. Ceci entraîna d'abord la paupérisation d'une population en croissance démographique. Le brigandage qui caractérisa la région en fut la directe conséquence dans la mesure où la population resta accrochée aux tenures des mas originels. Malgré la fragmentation foncière, certains descendants des colons originels cherchèrent constamment à recomposer ne serait-ce que partiellement les mas originels. L'histoire de l'occupation du sol sur les Monts de Lutry et de Villette se caractérise ainsi par la

---

76 Nicolas Carrier, *op. cit.*, p. 106.
77 André Covelle, *Le livre des bourgeois de l'ancienne république de Genève, publié d'après les registres officiels*, Genève : J. Jullien, 1897, pp. 77, 101, 109, 136, 160, 189, 202 et 205 ; soit trois de Sixt en 1476, 1490 et 1507 et deux de Samoëns en 1487 et 1524.
78 Louis Binz, *op. cit.*, p. 70.

permanence de clans familiaux issus du haut Giffre dont les patronymes se trouvèrent liés, parfois jusqu'à la fin du XXe siècle, au territoire reçu en abergement[79].

Ce courant migratoire ne commença pas comme l'affirmait Grandjean[80] dès les années 1530, ni comme le supposait Carrier[81] au début du XVIe siècle. La construction de l'univers entier des nouveaux bourgeois lutriens a permis de souligner la temporalité, la systématicité et l'importance du flux, en lien avec les déterminants exogènes et endogènes, dès les deux dernières décennies du XVe siècle. Il s'est agi d'abord d'une migration temporaire qui conduisit ensuite à la colonisation ultime des derniers espaces à conquérir sur la forêt avec une implantation par abergement repérable sur les Monts de Lutry et de Villette dès 1491 et dans le Jorat avant 1499.

Enfin, l'analyse du corpus permet de constater qu'aucun des migrants n'exerça le métier de maçon durant la première moitié du XVIe siècle. Les paysans du haut Giffre, colonisateurs des Monts de Lavaux et du Jorat, précédèrent de plusieurs décennies les maçons dont les premiers ne furent enregistrés, au plus tôt, qu'à partir de la seconde moitié du XVIe du siècle[82].

Sources[83]

ACC: Archives communales de Cully
- L1, Paroisse de Villette, manuaux du Conseil 1556-1573.
- L1 3/6, Focages et nombre de tous feuz de la paroisse de Villette, 1570.
- L1 3/7, Déclaration des étrangers de la paroisse de Villette, 1574.
- L28, Comptes de gouverneurs de la paroisse de Villette, 1460-1516.
- L29, Comptes de gouverneurs de la paroisse de Villette, 1517-1550.
- L71/120, Registre des reconnaissances en faveur de la commune de Villette, 1449-1508.
- L71/122, Registre des reconnaissances, Villette, 1516-1521.

---

79 C'est le cas des Delessert et des Bastian aux confins des grandes paroisses de Lutry et de Villette, puis des communes de Savigny et de Forel, en *Margot* et au *Grenet* dont on peut suivre l'implantation de longue durée par les terriers, puis les plans cadastraux jusqu'à la fin du XXe siècle.

80 Marcel Grandjean, *op. cit.*, p. 477.

81 Nicolas Carrier, *op. cit.*, p. 107.

82 Les premiers maçons du haut Giffre furent *un qui se nomme Polye* (Pouly, de Sixt) *résident a Lustrier qui a appris à ferit et à mantenir les chemins*, en juin 1551 (ACL, Bleu A2, 1551, f. 96v.), Claude Mojonier de Samoëns mentionné dès 1568 à Mézières-le-Jorat, précédant Huguet Amaudruz de Verchaix, paroisse de Samoëns, cité dès 1588 à Lutry et Jean Regnens de Samoëns présent dans la paroisse de Villette dès 1588.

83 L'auteur remercie la Commune de Lutry pour son soutien à la recherche dans les Archives départementales de Savoie à Chambéry.

- L71/123, Extrait des reconnaissances faites en faveur de la Commune de Villette, 1450-1525.
- L72/124, Extrait des reconnaissances en faveur de la commune de Villette, 1422-1502.
- L73/126, Deux volumes de la Grosse Saubre, 1532-1542.
- L89/179a, Familles reçues à Bourgeois de la paroisse de Villette.
- L86/163, Lods fait au nom de la Communaulté de Villette.
- L121/252, Comptes des gouverneurs de la ville de Cully, 1415-1534.
- *Sensuyvent les mayssons et fehulx riere la paroisse de Villette et aussi les personnes demorant en ycelle.* Document non classé circa 1540.

ACL: Archives de la Commune de Lutry
- Bleu A1-25, Manuaux des Conseils de la Commune de Lutry, 1529-1801.
- Bleu K1-4 (1377-1525), K5-8 (1493-1519), K9 (1523), K10 (1529); K13 (1489-1546), Cadastres: Fief de la ville de Lutry, registre des reconnaissances.
- Bleu Z2, Inventaire des titres latins fait en 1680 par Gaulis.
- Bleu Z3b, Inventaire des titres français de la ville et communauté de Lustry reçus en 1753.
- Rouge A1-30, Comptes communaux, 1373-1799.
- Noir B1-12, Comptes de l'hôpital, 1460-1704.
- Jaune C1, Recueil des Lettres de bourgeoisie, 1534-1780.
- Jaune C2, Registre contenant des traités, délibérations de rolles des anciennes familles bourgeoises et à la charge des paroisses de Lutry et de Villette.
- Jaune C2, *Rolle de tous ceux que l'on a pu découvrir avoir été receus a Bourgeois a Lutry dès la prise du Pays tant par les livres du Conseil que par les livres de Bourgeoisie* dressé par le secrétaire Mégroz en 1741.
- Jaune C2, Rôle des familles bourgeoises de Lutry dressé en 1787 par J. Burnier secrétaire paroissial, revu et complété par F. R. Campiche, 1913-1914.

ACV: Archives cantonales Vaudoises
Bp 13, Bp 13bis et Bp 14, Registres de la taille de 1550.
Dg 13/2-3 (890 673), Registre de Jaques Bergier, 1540-1548.
Dg 210/1, Notaire Nicolas Renguis, 1490-1505.
Di 113/1-4 (896 216), Notaire Aymon Sordet, 1510-1531.
Di 21/1-3 (910194), Notaire Roud Chalon, 1502-1536.
Di 19/1-3 (910193), Notaire Jean Chalon, 1529-1558.
Di 18/1-3 et Di 20/1-2 (910193), Notaire J. A. Chalon, 1581-1583.

Di 37/4-5 (1050029), Notaire Jean Croserens, 1489-1492.

Di 48/1-2 (910702), Notaire Claude De Place, 1565-1570 et Di 48/1-4 (910704), Notaire Claude De Place, 1565-1618 et Di48/6-11 (910704), Notaire Claude De Place, 1571-1580.

Dg 131/4, Notaire Antoine Grandis, 1538-1545.

Eb 46/1, Registre des baptêmes et des mariages de la paroisse de Dommartin, 1611-1613.

Ff 16, Extrait des reconnaissances du mandement de Dommartin et villages dépendants, 1480.

Ff 32 bis, Grosse de Aymon de Montfalcon à cause des biens du Prieuré de Lutry, 1500-1512.

Ff 38, Reconnaissance en faveur de l'église paroissiale de Dommartin relevant du chapitre de Lausanne, 1505.

Ff 47, Chapitre de Lausanne, Reconnaissances, 1523, f. 181-224.

Ff 48, Extrait des reconnaissances pour le chapitre et le prévôt de Lausanne à cause des fiefs de Dommartin, 1523-1531.

Ff 80, Revenus du bailliage de Lausanne à cause du Chapitre 1539.

Fn 271, Copie de reconnaissance d'Aymon de Valloné en faveur d'Aymé de Montfalcon, évêque de Lausanne ainsi que commanditaire de Pierre de Lutry, 4 février 1499-00, f. 1-14 et Double des légances des biens de Guillaume de Valloné autrefois à ces antecesseurs abergés par le prieuré de Lutry sous la cense de seize florins, 1534, f. 15-22.

ADS : Archives départementales de Savoie, Chambéry
- SA 14533-14536, Comptes de subsides, 1372, 1378, 1384,1387.
- SA 14483, Compte de châtellenie, 1474-1475.
- SA 14491, Compte de châtellenie, 1483-1484.
- SA 2021, Gabelle du sel, 1561.

AEG : Archives de l'État de Genève
- CD 20, Comptes du chapitre, titres et droits, 1496-1497.
- CD 21, Comptes du chapitre, titres et droits, 1501-1502.

Annexe
Patronymes issus des paroisses de Samoëns et de Sixt implantés dans celles de Lutry, Villette, Saint-Saphorin et dans le Jorat: fin XVe et XVIe siècles

Patronyme	Hameau	Paroisse	Cité dès	Réception bourgeois
Albin	Mathonnex	Samoëns	1504 à L	L 1535
Amaudruz/ Amoudruz **(M)**	Verchaix	Samoëns	1579 à L	L 1588
Bidaux/Bidal	Villarin	Samoëns	1504 à L	L 1535
Bovet	Mathonex	Samoëns	**1499** à L	L 1535
Burnod	Vallon	Samoëns	1541 à L	L 1549
Cabulo (de)	Secoen	Samoëns	1522 à L	+
Chappuis **(C)**	Verchaix	Samoëns	1535 à L	L 1535
Charvet		Samoëns	**1495** à Mo	
Chavassinaz (de la)	Mathonex/	Samoëns Vigny	1466 à L	+
Chevance **(C)**	Mathonnex	Samoëns	1542 à V	V a. 1560
Clerc **(C)**	Verchaix	Samoëns	1530 à L	L 1546
Cullaz **(C)**	Le Vernet	Samoëns	1535 à L	L 1535
Desfaux	Chosalet	Samoëns	**1499** à L	L 1535
Desvy (De les vy) **(C)**	Samoëns/Vallon	Samoëns	1539 à L	L 1546
Devallonné/ Vallon (de)	Vallon	Samoëns	**1499** à VM	V 1611
Dubosson *alias* Magniguet	Samoëns/ Le Vernet	Samoëns	1504 à V **1499** à VM	+
Duc	La Rosière	Samoëns	1543 à L	L 1543
Dunoyer/Noyer	Vigny	Samoëns	1545 à V	V a. 1574
Duret	La Turche	Samoëns	**1495** à Mo 1501 à L	+1506
Duverney/Verney	Le Vernet	Samoëns	1509 à L	L 1535
Favre	Letelley/Bérouse	Samoëns	1495 à L	L 1535
Guillet	Chantemerle	Samoëns	1509 à L	L 1535
Guillion	Chantemerle	Samoëns	1543 à L	L 1543
Jaquemod	?	Samoëns	1549 à L	L 1549
Jordan	Mathonnex	Samoëns	1522 à L	L 1535
Marguerat	Chantemerle	Samoëns	**1496** à L	L 1535
Mellioret	Les Papars	Samoëns	1543 à L	L 1543
Nachon	Le Bérouse	Samoëns	1550 à SS	+
Pegnay/Peney	L'Etteley	Samoëns	1543 à L	L 1543
Pilicier	Vigny	Samoëns	1548 à SS	+
Regnens **(M)**	Chantemerle	Samoëns	1588 à V	+
Rouge	Verchaix	Samoëns	1507 à L et V	L 1535
Ruffy	Le Saix	Samoëns	1513 à V et L	L 1543

Patronyme	Hameau	Paroisse	Cité dès	Réception bourgeois
Simon	Le Bérouse	Samoëns	1503 à V	V 1551
Tronchet	Villarin/Miaux	Samoëns	**1487** à L	+
Violet	Le Vernet	Samoëns	1530 à L	L 1535 V 1635
Barbier	Nambride	Sixt	1539 à PJ	+
Bastian	Nambride	Sixt	1503 à L et V	L1535, 1543 V 1525
Bayet	Passy	Sixt	1531 à V	V1551
Bergier	Sixt	Sixt	1523 à L	+
Braye	Sixt	Sixt	1502 à L	L 1543
Bron **(C)**	Englène	Sixt	1519 à L	L 1535
Cordey	Sixt	Sixt	1527 à PJ	L 1619
Crot/Ducrot	Le Crot	Sixt	1508 à V	V 1551
De Lachat	Sixt	Sixt	1550 à V	+
De Lessert Delessert	Nambride/Passy	Sixt	1536 à L 1539 à PJ	L 1536 et 1583
De Passy	Passy	Sixt	1540 à V *ca.* 1500 à L	+
Desfaye/ Fayet	Englène	Sixt	1525 à L et V	V 1551
Delesmellierex	Mont Béné	Sixt	1531 à V	+
Hemery	Passy	Sixt	1540 à Me	+
Jatton /Joatton	Sixt	Sixt	1524 à PJ et à V	+
Jenod	Le Fay/Englène	Sixt	1575 à S	+
Marquet/Morquet	Sixt	Sixt	**1492** à PJ	+
Moccand	Nambride	Sixt	1505 à PJ	L 1565
Mojonier **(M)**	Sixt	Sixt	1541 à VM et 1568 à Me	+
Nombredoz/ Nambridoz	Nambride	Sixt	1544 à SS	V 1634
Pouly	Sixt	Sixt	1535 à L	L 1535
Richard	Nambride/Sixt	Sixt	1507 à V	V 1551
Richardet	Englène	Sixt	1524 à L	L 1563
Tornier/Tornare	Nambride	Sixt	1513 à L	L 1535

L = Lutry; V = Villette; SS = Saint-Saphorin; PJ = Peney-le-Jorat; Me = Mézière-le-Jorat; VM = Villars-Mendraz; S = Servion; Mo = Montreux; + = n'accède pas à la bourgeoisie dans les finages de Lutry et de Villette; **(M)** = maçon; **(C)** = *Chappuis*. Années antérieures à 1500 : en gras.

Théodora Delacrétaz

UN ASPECT INÉDIT DE LA VIE RELIGIEUSE À LAUSANNE À LA VEILLE DE LA RÉFORME : LA CONFRÉRIE SAINTE-ANNE

L'étude de la confrérie Sainte-Anne, fondée par des marchands et des Fribourgeois de Lausanne en 1508 au couvent des frères Prêcheurs, permet d'apporter un éclairage sur la vie religieuse à Lausanne à la veille de la Réforme. Il s'agit d'une thématique qui n'a guère été étudiée jusqu'à présent[1]. C'est grâce à deux sources principales que ce travail a été réalisé. Il s'agit d'une part du registre des comptes de la confrérie[2] et d'autre part de son acte de fondation[3]. Le document comprenant les comptes est particulièrement précieux, car il comporte, outre quelques notices sur certaines rentrées et sorties d'argent, les listes annuelles des membres vis-à-vis desquels est inscrit le montant de la cotisation de chacun. La population confraternelle peut donc être cernée précisément; des informations sur le nombre et le type de personnes sont détaillées. L'acte de fondation indique quant à lui les buts originels de cette association. Voici ce qui y est mentionné:

«En l'an 1508 fut fondée, dans le chapitre et à l'autel de ce lieu, en l'honneur de sainte Anne, la mère de la mère de Dieu, une confrérie d'honnêtes marchands et de Fribourgeois de Lausanne, de la manière suivante:

»En premier lieu, aujourd'hui, le couvent est tenu de faire une procession solennelle et une grand-messe chantée en l'honneur de sainte Anne;

»En deuxième lieu, chaque lundi, que l'on fasse une procession conventuelle et qu'il soit dit une messe à la note et que pendant la messe une fois la procession faite, pour

---

1 Cet article reflète les principaux résultats d'un mémoire de licence déposé en 2006 et consacré à la confrérie Sainte-Anne à Lausanne : Théodora Desponds, *La confrérie Sainte-Anne à Lausanne (1508-1536)*, Université de Lausanne (mémoire de licence rédigé sous la direction de Bernard Andenmatten), 2006.
2 Archives de la Ville de Lausanne (désormais AVL), Chavannes, D 310, pp. 1-131.
3 AVL, Chavannes, C 159, f. 100r. L'acte de fondation de la confrérie figure dans l'obituaire des dominicains de la Madeleine en date du 26 juillet, jour de la Sainte-Anne. Cet obituaire contient les messes anniversaires que les dominicains doivent commémorer.

l'usage des candélabres, des cierges de cire soient fournis ; pour cela, les confrères de la confrérie doivent payer au couvent, à chaque fête de sainte Anne, dix florins de Savoie ou faire des dons pour la décoration de l'autel et les services en faveur du couvent en raison de ceci, etc.

»De même que si, le jour après les vêpres du jour, des vigiles pour les défunts sont dites, et le jour suivant, une messe pour les défunts à la note sans procession [est dite], on doit nous donner six gros en plus des dix florins déjà mentionnés ; chaque lundi des Quatre Temps, que l'on fasse une procession des défunts avec uniquement une messe de requiem à la note et que cependant on ne fasse pas mention de sainte Anne.»[4]

L'analyse en parallèle de ces deux sources donne ainsi l'occasion de vérifier l'adéquation entre les buts énoncés lors de la création de l'institution et ses pratiques effectives au cours des années.

Les confréries sont des communautés de personnes, souvent laïques, qui apparaissent au Moyen Âge, et qui se caractérisent par une entraide mutuelle ; elles se placent sous le patronage d'un saint patron, dont la fête annuelle est l'occasion de célébrations religieuses et profanes[5]. À Lausanne, les premières voient le jour au début du XIIIe siècle et se développent au XIVe siècle. Mais leur croissance est stoppée au XVe siècle à la suite d'une ordonnance de 1404 promulguée par l'évêque Guillaume de Menthonay qui les interdit en les accusant de se livrer à l'usure[6]. C'est au XVIe siècle qu'elles fleurissent à nouveau pour atteindre le nombre jamais égalé de vingt-trois[7]. La confrérie Sainte-Anne participe donc de ce renouveau confraternel attesté à la veille de la Réforme.

La majorité de ces confréries sont fondées par les ordres mendiants, alors que tel n'était pas le cas durant les siècles précédents. Outre celle de Sainte-Anne, le couvent des frères Prêcheurs en compte cinq[8], six autres étant rattachées aux frères Mineurs[9]. Plus de la moitié des confréries dont on a connaissance au XVIe siècle à Lausanne sont

---

4   *Ibid.* L'acte de fondation original est rédigé en latin.
5   Catherine Vincent, *Les confréries médiévales dans le royaume de France, XIIIe-XVe siècle*, Paris : Albin Michel, 1994, pp. 10-11.
6   Cette répression a lieu dans le cadre de la lutte contre l'usure, grande préoccupation de la papauté d'Avignon d'alors. Cette lutte est conduite à Lausanne par le dominicain Vincent Ferrier, cf. Thomas Bardelle et Jean-Daniel Morerod, « La lutte contre l'usure au début du XVe siècle et l'installation d'une communauté juive à Lausanne », *Études de lettres*, Lausanne, N° 15, 1992, pp. 13-17.
7   Ces résultats ont été obtenus en effectuant la somme des confréries répertoriées par Roger Vittoz en annexe 1 de son mémoire, cf. *Les confréries de Lausanne au Moyen Âge*, Université de Lausanne (mémoire de licence dactylographié), 1984, vol. II, annexe 1. À plusieurs reprises le nombre de confréries est incertain. En effet, il n'est pas possible de savoir si certains patronymes font référence à une seule confrérie ou à plusieurs, cf. Roger Vittoz, *ibid.*, Vol. I, pp. 37-40.

donc liées aux ordres mendiants. À Lausanne, les dominicains ont du succès dès leur arrivée en 1234, mais c'est seulement au XVIe siècle que le couvent abrite un grand nombre de confréries [10]. En revanche, l'essor de celles rattachées aux franciscains au XVIe siècle est plus étonnant car, à l'inverse des dominicains, le couvent ne semble guère avoir été prospère [11].

Les confréries et la vénération de sainte Anne

Entre la fin du XVe siècle et le début du XVIe siècle se développe également le culte de sainte Anne, peu pratiqué auparavant [12]. Sa fête est ajoutée au calendrier romain en 1481, et des prédications commencent à être faites le jour de la Sainte-Anne [13]. Les raisons de ce soudain engouement pour la sainte sont difficiles à expliquer. Toutefois, l'hypothèse la plus souvent avancée est que l'initiative de célébrer l'Immaculée Conception de la Vierge Marie dès 1472 aurait été un facteur ayant permis l'épanouissement du culte de sainte Anne, mère de la Vierge [14]. Cette sainte est un modèle pour les femmes, du fait qu'elle a enfanté Marie malgré sa prétendue stérilité et qu'elle lui a donné une éducation parfaite [15].

Durant cette période, de nombreuses confréries dédiées à sainte Anne sont alors fondées. C'est entre 1495 et 1515 que leur nombre est le plus élevé. Il s'agit d'un phénomène bref puisque la plupart d'entre elles ne survivront pas à l'arrivée de la Réforme. De plus, ces confréries demeurent limitées géographiquement. En effet, elles sont prin-

---

8 (Note de la p. 218.) Bernard Andenmatten, «Lausanne», in *Die Dominikaner und Dominikanerinnen in der Schweiz*, Basel: Schwabe, Helvetia Sacra IV/5, 1999, pp. 421-423 et 427-428.
9 (Note de la p. 218.) AVL, Chavannes, D 304, f. 14v., 16r., 29v., 32v., 46v., 49v., 51v., 59v., 71r., Archives cantonales vaudoises (par la suite ACV), Dg 280, f. 108v., AVL, Poncer, confrérie de Saint-Côme et Saint-Damien et ACV, Dg 232, f. 277r.
10 Bernard Andenmatten, *op. cit.*, pp. 421-423 et 427-428.
11 Hans Rudolf Schneider, «Franziskanerkloster Lausanne», in *Der Franziskusorden, die Franziskaner, die Klarissen und die regulierten Franziskaner-Terziarinnen in der Schweiz*, Berne: Francke, Helvetia Sacra V/1, 1978, pp. 391-392.
12 *Dictionnaire de spiritualité ascétique et mystique: doctrine et histoire*, Paris: Beauchesne, 1932-1995, Vol. I, p. 672 («Anne»).
13 Beda Kleinschmidt, *Die heilige Anna: Ihre Verehrung in Geschichte, Kunst und Volkstum*, Düsseldorf: L. Schwann, Forschungen zur Volkskunde 1-3, 1930, pp. 133-134.
14 Angelika Dörfler-Dierken, *Die Verehrung der heiligen Anna in Spätmittelalter und früher Neuzeit*, Göttingen: Vandenhoeck & Ruprecht, Forschungen zur Kirchen- und Dogmengeschichte, Vol. L, 1992, pp. 56-61.
15 Beda Kleinschmidt, *op. cit.*, p. 164 et Jean Wirth, «Sainte Anne est une sorcière», in *Sainte Anne est une sorcière et autres essais*, Genève: Droz, 2003, pp. 77 et 82.

cipalement situées dans les pays germaniques, en Allemagne et en Autriche ainsi que dans l'actuelle Suisse alémanique et en Pologne[16]. Celle de Lausanne s'inscrit donc en grande partie dans ces limites temporelles et spatiales, attestant d'une influence alémanique sur la ville à cette époque, dont les Fribourgeois, fondateurs de la confrérie, sont porteurs.

Typologie de la confrérie Sainte-Anne

Il existe divers types de confréries. À titre d'exemple, on peut notamment citer les pénitentielles, dont l'activité principale est basée sur l'expiation des péchés. Il en existe aussi des caritatives, dont le but est d'aider les pauvres ou les malades. Il y en a également des dévotionnelles, qui centrent leurs activités sur des pratiques cultuelles. On trouve encore des confréries de métier qui rassemblent des gens exerçant la même profession[17].

En faisant célébrer une messe chantée avec procession chaque lundi, ainsi qu'une grand-messe annuelle chantée avec procession solennelle le 26 juillet en l'honneur de sa sainte patronne, la confrérie Sainte-Anne est de type dévotionnel[18]. Elle fait dire une messe hebdomadaire alors que certaines optent pour une cérémonie annuelle. Cet exercice est donc relativement fréquent, et ces messes sont même ses principales sources de dépenses.

Par certains aspects, la confrérie Sainte-Anne évoque également une confrérie de métier. En effet, elle est fondée par des marchands et des Fribourgeois de Lausanne. Plus des trois quarts des prieurs dont le métier est connu sont actifs dans le négoce et le commerce[19]. Un certain avantage dans la direction de la confrérie leur semble donc être accordé. De plus, sainte Anne est souvent choisie comme patronne des marchands[20]. Cependant, d'autres confrères dont la profession est connue ne sont pas des marchands, et ce métier n'est nullement mentionné dans les sources postérieures à la fondation, ce qui relativise son caractère professionnel[21].

16 Angelika Dörfler-Dierken, *op. cit.*, pp. 81-84.
17 Catherine Vincent, *Des charités bien ordonnées : les confréries normandes de la fin du XIIIe siècle au début du XVIe siècle*, Paris : École normale supérieure, 1988, pp. 27 et 35-37.
18 AVL, Chavannes, C 159, f. 100r.
19 Théodora Desponds, *op. cit.*, p. 29.
20 Angelika Dörfler-Dierken, *Vorreformatorische Bruderschaften der hl. Anna*, Heidelberg : C. Winter, Abhandlungen der Heidelberger Akademie der Wissenschaften. Philosophisch-historische Klasse 1992, Abh. 3, 1992, p. 97.
21 Théodora Desponds, *op. cit.*, p. 71.

Les Fribourgeois de Lausanne sont désignés comme étant les autres fondateurs. En analysant les noms des membres, on note effectivement que beaucoup de patronymes ont la bourgeoisie fribourgeoise. Pour en évoquer seulement quelques-uns, on peut citer les Battalar, les Bellin, les Beneit, les Guyon, les Perrin, les Rey ou encore les Sarragen. Toutefois, les Fribourgeois sont uniquement cités dans l'acte de fondation, et nulle mention n'en est faite ensuite dans les activités effectives de la confrérie. Il n'est donc pas possible d'en savoir davantage sur eux ni sur les raisons de leur participation à la fondation. On peut uniquement constater que, lors de celle-ci, la confrérie Sainte-Anne a des liens avec Fribourg, et que par la suite elle réunit plusieurs membres ayant des patronymes d'origine fribourgeoise[22].

Structure et fonctionnement

Outre les pratiques dévotionnelles de première importance, la confrérie se soucie également de rituels funéraires. Elle demande que les dominicains effectuent une procession et une messe de requiem chantée pour les défunts tous les lundis des Quatre Temps, mais elle ne fait pas procéder nécessairement à la célébration de vigiles ou de messes chantées pour les morts toutes les semaines. De plus, le prix payé pour ces célébrations est vingt fois moins élevé que celui consenti pour celles données en l'honneur de sainte Anne[23]. Le fait qu'un seul membre fonde une messe perpétuelle, qui n'est par ailleurs pas célébrée chaque année, montre que les pratiques funéraires ne sont pas essentielles. Enfin, aucune donnée n'indique la participation matérielle de la confrérie lors de la mort d'un confrère[24].

Les interactions sociales sont de moindre importance[25]. En effet, il semble que les membres ne se voient guère plus d'une fois par année, lorsqu'ils se réunissent pour le choix des nouveaux prieurs et même ce fait reste à l'état d'hypothèse. De plus, aucune information n'est donnée sur un banquet annuel, élément pourtant central et constituant en général le cœur de l'activité relationnelle entre les membres. Il est donc possible qu'il n'y en ait pas[26]. Cet aspect est révélateur, car il montre que les confréries ne sont pas systématiquement des associations à but festif dans lesquelles la sociabilité occuperait une place importante.

22 *Ibid.*, p. 74.
23 AVL, Chavannes, C 159, f. 100r.
24 Théodora Desponds, *op. cit.*, p. 53.
25 *Ibid.*, p. 53.
26 *Ibid.*, p. 22.

Les prieurs sont tous des hommes et exercent, dans plus de la moitié des cas, leur mandat à deux, pendant une année. Ils sont des membres fidèles au sein de l'association, car ils y restent en moyenne dix ans. Seule une petite fraction (5%) des confrères sont élus prieurs. Ce sont eux qui gèrent l'économie: réception de dons, legs, cotisations, octroi de prêts, paiements divers. Ils sont également chargés du maintien d'une certaine concorde. Les contacts qu'ils établissent entre eux sont sûrement plus étroits que les liens habituels entre confrères, étant donné qu'ils restent plus longtemps au sein de l'association[27].

Le rôle des confrères semble en effet se borner au paiement de la cotisation, qui est d'un sou pour les femmes et d'un sou et demi pour les hommes ou de quatre chandelles pour les femmes et de six chandelles pour les hommes. Quelquefois, des variations dans ces montants sont observables. Certains membres fondateurs versent une somme plus élevée, peut-être en raison d'un rôle important joué lors de la fondation. Au cours de l'année de fondation, certains confrères donnent des biens en nature. Ainsi, trois couples offrent chacun un bâton, un homme donne un goupillon et un autre amène une statue de la Vierge. De tels objets confirment l'orientation dévotionnelle de la confrérie. Les listes de membres n'ont pas d'ordre particulier; les individus ne sont répertoriés ni alphabétiquement, ni par ordre d'importance. Elles ont pour but de vérifier le payement des cotisations, de sorte qu'elles ne comportent aucune indication à propos de membres décédés ou d'arriérés, car les confrères ne payant pas leur cotisation ne sont plus considérés comme membres et ne sont donc pas inscrits. Les trois quarts des confrères ne sont pas présents d'une année à l'autre[28]. Cela révèle soit qu'ils sont de mauvais payeurs, soit qu'ils payent la cotisation uniquement l'année où ils le désirent.

Les principales rentrées de la confrérie sont constituées de ces cotisations qui rapportent en moyenne 127 sous par année lorsqu'elles sont payées en numéraire. Elles couvrent de manière assez exacte ses dépenses, constituées des messes et processions en l'honneur de sainte Anne, à hauteur de 120 sous, ainsi que des éventuelles messes et vigiles pour les défunts, pour lesquelles 6 sous sont affectés durant six ans. Toutefois, les cotisations des membres ne suffisent pas toujours à combler les dépenses. La confrérie dispose encore d'autres rentrées. Elle perçoit quelques cens, passablement élevés mais peu nombreux, pour l'aider à régler ses dépenses. Elle finance donc ses activités grâce aux cotisations annuelles et à quelques rentes. Les dons et les legs sont en revanche très rares. La confrérie pratique également le prêt à intérêt, mais il ne s'agit pas d'une

---

27 *Ibid.*, pp. 26-34.
28 *Ibid.*, pp. 34-39 et 62.

occupation régulière. Les intérêts perçus sur ces prêts ont pour but de l'aider à régler des dépenses dévotionnelles et funéraires. C'est une pratique peu développée, car les prêts sont souvent faits aux mêmes personnes et aux seuls membres de l'association. Ce sont les membres fidèles, ceux restant en moyenne neuf ans et demi dans la confrérie, qui se voient accorder de tels prêts. Il apparaît que la confrérie n'a pas pour objectif de faire fructifier son argent, plusieurs montants étant prêtés sans qu'il soit précisé si elle en perçoit un intérêt. Il est donc fort probable que ces prêts répondent en premier lieu à une vocation charitable, un aspect qui est fort peu présent. Aucune mention de dons à des pauvres n'est faite. La confrérie a une certaine force économique, car elle a la capacité de prêter des sommes non négligeables et de faire célébrer une messe hebdomadaire. Elle n'a néanmoins pas de grandes liquidités [29].

De telles activités sont habituelles dans les confréries, mais la distinction entre les divers types se fait suivant l'accent porté sur l'une ou l'autre de ces pratiques. La confrérie Sainte-Anne axe les siennes sur la dévotion, au détriment de celles à forte composante sociale (banquet), du prêt ou de la charité. En effet, ces dernières activités sont très en deçà de ce que l'on peut observer dans d'autres confréries. À titre d'exemple, celle du Saint-Esprit de Lutry effectue notamment des prêts à la commune et elle se montre charitable lors du repas confraternel en offrant du pain et des dons en argent aux mendiants et aux pauvres [30]. La confrérie du Saint-Esprit de Fribourg a quant à elle un revenu annuel moyen de 1000 livres dont plus de la moitié est constituée par les intérêts perçus sur les prêts qu'elle effectue. De plus, elle distribue environ 13 000 kilos de pain par année aux pauvres, 44 livres pour les lépreux, ainsi que du porc salé pour le Carnaval et à la Toussaint, 130 à 140 paires de chaussures et des draps pour 30 à 40 pauvres [31].

Il est significatif de relever que les activités de la confrérie Sainte-Anne, mises en lumière par ses comptes, correspondent en tous points à ses buts normatifs, décrits dans l'obituaire du couvent des dominicains lors de sa fondation ; elle ne change donc pas d'orientation au cours de son existence. Ses fins sont en effet l'exercice de messes et processions en l'honneur de sainte Anne et des défunts, alors qu'il n'est nullement fait mention de charité ou de banquet.

29 *Ibid.*, pp. 40-55.
30 Marie-Noëlle Jomini, «L'Hôpital Neuf de Lutry», in Marie-Noëlle Jomini, Marie-Hélène Moser, Yann Rod, *Les hôpitaux vaudois au Moyen Âge: Lausanne, Lutry, Yverdon*, Lausanne: Université de Lausanne-Faculté des lettres, Section d'histoire, Cahiers lausannois d'histoire médiévale 37, 2005, pp. 177-180.
31 Nicolas Morard, «Une charité bien ordonnée: la confrérie du Saint-Esprit à Fribourg à la fin du Moyen Âge (XIVe-XVe siècles)», in *Le mouvement confraternel au Moyen Âge: France, Italie, Suisse*, Lausanne, Rome: École française de Rome, Publications de la Faculté des lettres de l'Université de Lausanne 30, École française de Rome 97, 1987, pp. 291-294.

Population confraternelle

Les listes de membres de la confrérie Sainte-Anne rendent possible une étude approfondie de la population confraternelle. En effet, elles donnent des indications sur le patronyme, le sexe, le statut, mais aussi sur l'évolution du nombre de membre au cours des années et leur durée d'adhésion.

C'est essentiellement une confrérie de laïcs, même si on retrouve certains dominicains (frères, prieurs, lecteurs) parmi ses membres. Elle garde des attaches avec son lieu de fondation tout au long de son existence, puisque les personnes effectuant les offices pour la confrérie sont des dominicains et le siège des cérémonies se trouve dans leur couvent [32].

Elle comprend un total de 637 personnes entre 1508 et 1536, date de la fin de son activité avec l'instauration de la Réforme, et a une moyenne annuelle de 107 membres [33]. Globalement, le nombre d'adhérents reste stable tout au long de son existence, et elle compte encore 77 membres en 1536, juste avant l'arrêt de son activité [34].

Nombre de personnes par année

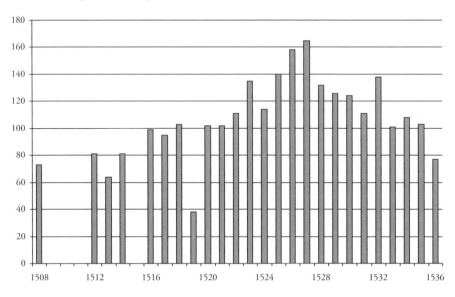

[32] Théodora Desponds, *op. cit.*, pp. 57-61 et 74-75.
[33] Il manque des données pour les années 1509, 1510, 1511 et 1515.
[34] Théodora Desponds, *op. cit.*, pp. 57-58.

Cependant, l'aspect le plus frappant est son immense taux de renouvellement. En effet, près de la moitié des confrères n'y restent qu'une seule année et moins d'un tiers y demeure plus de trois ans. Ainsi, la confrérie Sainte-Anne apparaît comme étant une association où les membres s'inscrivent temporairement; elle n'est pas une structure au sein de laquelle ils sont présents à vie ou sur une longue période. En moyenne, les membres s'y affilient pendant quatre ans, une durée courte en comparaison avec d'autres confréries [35]. Certains confrères y demeurent néanmoins durant vingt ans ou plus, même s'ils ne représentent qu'une infime partie des membres (2%).

Durée de cotisation des membres

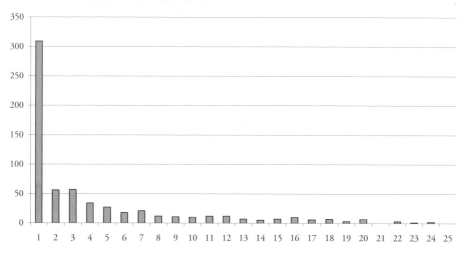

La confrérie est composée majoritairement de personnes seules (47%), puis de couples (36%) et de familles (17%). Toutefois, parmi les premières, qui sont surtout des femmes (32% contre 15% d'hommes), une majorité de celles-ci sont mariées (52%). Les autres sont des célibataires (26%), des veuves (19%) et des mères ou des filles d'un homme non présent dans la confrérie (3%) [36]. La confrérie Sainte-Anne comprend donc une faible part de femmes sans famille (14%) [37]. Plus des trois quarts d'entre elles (86%) en sont pourvues, ce qui montre que leur adhésion n'est pas motivée par une volonté de pallier à un manque de structure du groupe parental [38].

35 *Ibid.*, pp. 60-61.
36 Il est uniquement possible de savoir si les femmes inscrites seules ont une famille, car elles sont désignées en tant que «femme de» ou «veuve de» si elles ne sont pas célibataires, tandis qu'aucune indication n'est donnée à propos des hommes hormis leur nom.
37 À savoir 8% de célibataires et 6% de veuves.
38 Théodora Desponds, *op. cit.*, pp. 64-67.

Composition de la confrérie

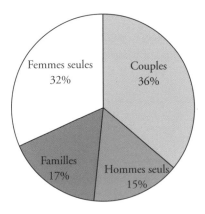

Au sein de la confrérie, les femmes sont majoritaires (60%). Cette tendance est inverse à celle observée dans d'autres associations, qui ont habituellement un nombre relativement égal de membres des deux sexes ou une représentation masculine plus élevée[39]. À Lausanne, ces femmes disposent donc d'une certaine liberté dans leur vie associative, même si ce sont surtout elles qui rejoignent leur mari dans la confrérie Sainte-Anne[40]. Un autre élément relativisant leur rôle est le fait qu'elles sont moins nombreuses l'année de fondation. Elles sont donc subordonnées aux hommes en ce qui concerne la création de cette institution. Par ailleurs, les femmes sont souvent présentes lors d'années non consécutives. Enfin, les membres ne restant qu'une année sont en majorité des femmes, et elles représentent un tiers de plus. Cette fluctuation pouvant être mise en lien avec une dévotion que l'on peut qualifier d'épisodique[41].

Cette forte présence féminine est certainement liée au fait que la patronne de la confrérie est sainte Anne. Elle représente en effet un idéal à suivre pour chaque étape de la vie d'une femme, de la maternité, en passant par l'éducation des enfants, jusqu'au veuvage, puisque sa vénération favorise la chasteté durant cette ultime période de l'existence[42]. On peut émettre l'hypothèse que les femmes restent durant une période très brève au sein de l'institution pour solliciter l'aide de sainte Anne lors d'une phase spécifique de leur vie, pour laquelle elles estiment avoir besoin de son soutien, par exemple quand elles désirent avoir un enfant ou lors du veuvage.

39 Catherine Vincent, *Les confréries médiévales, op. cit.*, p. 57.
40 Alors que 58% des inscriptions sont dues à des conjoints, 25% d'entre elles sont le fait de femmes mariées qui y rejoignent leur époux et 17% proviennent d'hommes dont l'épouse en fait déjà partie.
41 Théodora Desponds, *op. cit.*, pp. 68-70.
42 Jean Wirth, «Sainte Anne est une sorcière», *op. cit.*, pp. 77 et 82-83.

De par son lieu et son patronage, la fondation de la confrérie Sainte-Anne est en grande partie tributaire du contexte de l'époque. En effet, elle subit l'influence de divers courants prépondérants pour sa création, qu'il s'agisse de la situation des confréries lausannoises ou de l'engouement soudain pour sainte Anne.

Ce qui fait la spécificité de la confrérie est son caractère dévotionnel en lien étroit avec sainte Anne. En effet, le patronage a une grande importance et éclaire ses raisons d'être. Il ne pourrait pas être substitué à un autre. C'est sous la protection très particulière de sainte Anne que se placent les marchands et surtout les femmes présentes en grand nombre. Elle a un rôle d'intercesseur par rapport à Dieu et elle est susceptible d'apporter à ces confrères une forme de dévotion particulière à sainte Anne.

Cependant, les membres ne sont pas tous des femmes ou des marchands. Il ne faut pas négliger le fait que d'autres personnes pourraient adhérer à la confrérie pour augmenter le nombre de célébrations lors de leur mort. Elle propose en effet à l'individu des messes pour le salut de son âme, ce qui lui permet de les cumuler. Bien qu'elle ne prête guère de l'argent à la plupart de ses membres, certains d'entre eux y trouvent également un intérêt dans le secours matériel qui leur est accordé. En revanche, contrairement à d'autres confréries, celle de Sainte-Anne a de très faibles activités sociales et ce n'est pas pour cet aspect que les confrères se réunissent. En effet, elle ne répond pas à un désir de pallier la solitude, les membres ayant pour la plupart une famille.

Si les nombreuses fondations de confréries au début du XVIe siècle reflètent un engouement des laïcs pour une forme de piété traditionnelle et si le nombre stable des membres de la confrérie Sainte-Anne laisse penser que les laïcs sont plus fervents que jamais, son analyse plus détaillée montre que cette dévotion est moins solidement ancrée qu'il n'y paraît puisque les confrères sont très mobiles. En effet, le taux élevé de renouvellement la montre comme une institution sans continuité, reflétant ainsi plus généralement un effritement de certaines formes religieuses. La faiblesse de ses pratiques sociales et le fait qu'il n'y ait même pas mention d'un banquet dans ses activités la désignent comme une institution mouvante. C'est à travers ces deux aspects – la mobilité des membres et le manque de cohésion sociale – que l'on remarque que la dévotion en apparence marquée est en fait fragile.

1 Albert Muret, *Chalet Albert Muret à Lens*, photographie sur verre (collection privée).
En 1906, Ramuz prend le chemin de Granges à Lens pour y faire la connaissance de Muret ;
il s'y établit pour écrire, entre 1907 et 1908.

Sylvie Doriot Galofaro

LUDIVINE, LA SERVANTE D'ALBERT MURET ET L'AMOUREUSE DE C. F. RAMUZ

Les acteurs, le décor et les réseaux

Protestant en Valais, à Lens en particulier, le peintre Albert Muret – Vaudois de Morges – a souvent peint le village de Lens. Ses thèmes de prédilection rappellent la vie paysanne d'autrefois: les fenaisons et la moisson, les cimetières et les processions. D'objets d'études, ses peintures deviennent des œuvres emblématiques de la région. C'est face à la piété valaisanne que son art illumine sa palette. Il aura la touche de Cézanne pour peindre le village et son «Louché», le lac qui miroite la lumière qu'il était venu chercher. N'habite-t-il pas en face de ce lac, lui, le Vaudois, qui terminera sa vie de peintre en peignant le Lac Léman, après ses innombrables vues du petit étang de Lens. Pourquoi cet artiste qui semble doué pour la peinture, mais aussi pour l'écriture, abandonne-t-il son art à son départ de Lens, en 1919? Ses enfants, Marc-Antoine (1913-1998) et Claire (1917), naissent durant ces années heureuses. Selon sa fille Claire, il choisit la «voie de la raison» en quittant son village valaisan qu'il affectionne et achète une maison à Épesses; au gymnase de Lausanne, il devient professeur de dessin et d'histoire de l'art.

En parcourant les lettres qu'il écrit à son ami Ramuz, nous apprenons qu'il aime recevoir ses amis – Charles Ferdinand Ramuz, René Auberjonois, Igor Stravinsky… – dans sa maison qu'il nomme «cabane» mais qui est en réalité une des premières maisons cossues du village de Lens en Valais, sur la colline du «Cerniou».[1]

Ramuz et Muret entretiendront une correspondance au-delà de l'histoire d'amour qui allait retenir Ramuz à Lens. Il écrit à Ramuz le 14 janvier 1907: «Pour le moment, la dite cabane est enfouie sous une neige épaisse et, toutes les fenêtres grande ouverte, elle gobe un soleil, pendant que l'ermite résiste avec peine au simple désir d'aller se

---

1 Selon la transcription qu'en fait Ramuz dans son *Journal*. Cf. Charles Ferdinand Ramuz, *Journal: journal, notes et brouillons*, annoté par Daniel Maggetti et Laura Saggiorato, Genève: Éditions Slatkine, 2005, tome 2 (1904-1920), p. 108. Aujourd'hui, Cerniou s'écrit Serniou. Il s'agit de la colline où Muret a construit la première maison de ce lieu-dit.

balader, au lieu de rester accroché à cette maudite peinture à laquelle il n'entend rien…»[2]. Plus loin, il se dénigre en parlant de ses aquarelles[3], alors qu'elles représentent le village de Lens, avec un regard qui collecte les motifs identitaires du paysage de la région.

C'est pourquoi aujourd'hui, le personnage qui mérite notre attention est Albert Muret, peintre, cuisinier et écrivain, et «maître» de Ludivine, une servante habitant Lens au début du XXe siècle qui deviendra «l'amoureuse» de Charles Ferdinand Ramuz. Notre présentation débute ainsi par celui qui, sans le savoir, réussira plus de cent ans plus tard à faire parler de lui grâce à sa collection personnelle de photographies[4].

Le décor : Lens et les tableaux de Muret

Le décor est posé avec les tableaux d'Albert Muret. À ce propos, son œuvre *Fin d'hiver à Lens* évoque le village de Lens tel qu'il était à l'époque de Ramuz[5], mais aussi un motif nouveau, étudié par les impressionnistes et post-impressionnistes : le blanc de la neige divisé par les tons colorés bleus. Nous allons «lire» cette lumière qui émane de la toile comme une transposition du lyrisme de Ramuz sur le soleil et la lumière qu'il va trouver à Lens. Mais ce tableau n'est pas sans rappeler la période parisienne de Muret où, jeune peintre, il étudie la peinture avec son ami René Auberjonois dans l'atelier de Luc Olivier Merson, en 1899-1900. Une année plus tard, c'est la transition brutale, mais salutaire pour Muret ; il s'installe en Valais, à Lens.

---

2   Lettre d'Albert Muret à C. F. Ramuz, du 14 janvier 1907, publiée dans Gilbert Guisan, *C. F. Ramuz, ses amis et son temps*, Lausanne-Paris : La Bibliothèque des arts, 1968, Vol. 3, p. 79.
3   Lettre du 29 juillet 1908, dans *ibid.*, Vol. 4, p. 41. Muret termine sa lettre pour Ramuz par : «Le travail marche-t-il ? Moi, je ne fais plus que de l'aquarelle et je gâche pour 1 franc 20 centimes de papier Whatmann chaque jour.», une remarque qui montre que Muret ne se considérait pas comme un grand peintre sans pour autant que cela soit le cas.
4   Que sa fille, Claire Muret, a si précieusement conservées et qui a orienté cette recherche, suite à nos entretiens. Nous les avons déposées auprès de M. Jean-Henri Papilloud, directeur de la Médiathèque de Martigny, et Mathieu Emonet, collaborateur de la Médiathèque, en a fait des copies. Je les remercie ici chaleureusement. Après plusieurs discussions avec Mme Claire Muret, celle-ci m'a accordé l'autorisation de publier la photo de Ludivine, le secret si bien conservé. Qu'elle en soit remerciée ! Un très grand merci également à M. Jean-Pierre Duc qui m'a ouvert ses archives. Ces documents m'ont permis de retrouver les dates concernant Ludivine, son nom et sa filiation, bref son extrait de naissance. Un grand merci à M. Philippe Kaenel, qui a bien voulu relire le texte et me guider dans mes recherches, ainsi qu'à ma mère pour son soutien.
5   Présenté lors de ma conférence «Chargée d'inventaire d'Albert Muret, une collection en devenir», à l'Assemblée des Amis de Muret, le 25 août 2007 à la salle Bourgeoisiale de Lens.

2 Albert Muret (1874-1955), *Lens en hiver, village*, s.d. huile sur toile, 46 cm x 57 cm, signé à gauche A. Muret. Verbier, collection particulière, photographie Bernd Hartung, Berlin.

Ses talents de photographe ont inspiré certaines de ses toiles qui prennent pour sujet le village et la région du centre du Valais, un village transposé à la même époque avec délectation par Ramuz dans les œuvres inspirées par Lens dont *Jean-Luc persécuté*, *La séparation des races* ou *Le Règne de l'esprit malin*. Un autre tableau, *Le dimanche après-midi*, évoque aussi ce « primitif »[6] et le bonheur que tous deux étaient venus chercher à Lens. La scène se déroule devant sa maison, avec au premier plan cinq femmes toutes coiffées du chignon ou du chapeau à rubans, en costume du pays – le caraco noir – et une longue robe dont la couleur est presque toujours bleu foncée. Au centre, la jeune fille est habillée d'une robe bleue, couleur illuminée par la lumière du soleil ; la robe est d'un bleu royal. Elle est debout et regarde avec timidité un monsieur qui passe

---

[6] Maurice Zermatten, *Ramuz à Lens*, Bienne : Panorama, 1967, p. 29 : « Non, ce ne sont pas des émotions *d'alpinistes* que Ramuz vient chercher en Valais. C'est l'être primitif, dans la rigueur d'une existence qui le faisait ressembler au Juif de la Bible, au Grec des épopées d'Homère » ; cf. aussi plus loin à propos du *Village dans la Montagne*. Selon Doris Jakubec, « Au départ, sa question fut, ainsi qu'il le dit dans *Découverte du monde*, récit rétrospectif de son enfance et de sa jeunesse : ‹Qu'aurait fait Eschyle, s'il était né en 1878, quelque part dans mon pays, le Pays de Vaud ? Aurait-il écrit *Les Perses* ?› Et sa réponse : ‹Je mettrai en scène des paysans, parce que c'est en eux que je trouve la nature à l'état le plus pur et qu'ils sont tout entourés de ciel, de prairies et de bois› (*Journal*, avril 1904). Les paysans sont donc dans l'œuvre de Ramuz ce que les rois sont dans le théâtre de Racine. » (*Dictionnaire universel des littératures*, Paris : PUF, 1994, Vol. 3, p. 3102.)

3 Albert Muret, *Le Dimanche après-midi*, vers 1908, huile sur toile, 150 cm x 195 cm. Musées cantonaux, H. Preisig, Sion.

devant elles en les saluant de son chapeau. Qui est-il ? Un monsieur élégant au chapeau de ville avec une ceinture rouge qui pourrait être notre peintre ? Au deuxième plan, un groupe de femmes et d'hommes discutent devant le lac de Lens : le Louché. Au troisième plan, des champs et plus loin les foins qui attendent la fenaison. L'Église de Lens clôt l'espace ; aucune construction ne vient déranger la tranquillité du paysage post-impressionniste. Muret transpose la réalité du paysage qu'il voit quotidiennement depuis son chalet. Il donne à penser que l'Église est bien plus proche de sa maison qu'elle ne paraît aujourd'hui, car le village s'est bien agrandi depuis.

Les réseaux du peintre : ses amis C. F. Ramuz, R. Auberjonois et I. Stravinsky

L'un de ses amis, l'écrivain Charles Ferdinand Ramuz lui sera présenté par un autre ami, le peintre René Auberjonois. Dans ce chalet, une jeune fille aidera Muret, célibataire âgé de 33 ans en 1907, pour son ménage. Qui est-elle? Une fille de Lens? Ou comme l'a laissé entendre la fille de Ramuz, Mme Marianne Olivieri, une dame de la bourgeoisie de Sion, dont on a perdu la trace? Pour répondre, il nous faut encore partir de Muret, personnage emblématique qui réunit tous les acteurs sociaux. Dans *Initiation valaisanne*[7], Albert Muret raconte comment il a fait la connaissance de C. F. Ramuz :

«C'est sauf erreur, en 1907 que je fis la connaissance de Ramuz. Quarante ans! Il y avait alors quelques années déjà qu'au hasard de mes randonnées en Valais, j'avais ‹découvert› Lens. M'étant pris de passion pour ce grand village si merveilleusement situé et pour sa population parmi laquelle je devais trouver tant d'amis sincères et fidèles, j'avais fini par m'y construire une maison et par faire revenir les quelques meubles que j'avais à Paris.

»Pendant qu'ainsi, d'un coup de tête, je rompais avec Paris, Ramuz, lui, y arrivait. Il avait déjà constitué un bagage d'écrivain, qui avait été diversement accueilli: ‹Le petit Village, Aline, La grande Guerre du Sondrebond›, parus en volumes, ‹Les Circonstances de la Vie›, que publiait en feuilleton la Semaine littéraire de Genève. Nombreux étaient les lecteurs qui, devant ce langage nouveau, un peu broussailleux et qu'ils jugeaient incorrect, fronçaient les sourcils, haussaient les épaules. Mais il y avait aussi les ‹sympathisants›, qui se sentaient l'âme rafraîchie, comme lorsque l'on regarde la nature à l'heure où le jour se lève.»

L'amitié de Muret et de Ramuz s'exprime dans une correspondance écrite de grande qualité. La complicité entre eux ne s'éteindra pas, se poursuit au-delà de l'histoire d'amour que Ramuz vivra à Lens. Cette biographie amoureuse peut se lire brièvement dans les lettres qu'il écrit à son ami et dans son *Journal*[8]. Leur vie à Lens se comprend par quelques extraits tirés du *Journal* de Ramuz dans les années 1907-1912, et nous pourrons aborder de manière très brève la création littéraire du grand écrivain suisse.

---

7 Cf. la préface de Gérard Buchet dans P. O. Walzer, *id.* (dir.), *Ramuz vu par ses amis. Adrien Bovy, Charles-Albert Cingria, Edmond Gilliard, Paul Budry, Ernest Ansermet, René Auberjonois, Albert Muret, Elie Gagnebin, Henri-Louis Mermod, Gustave Roud*, [Lausanne]: L'Âge d'Homme, 1988, pp. 129-130.

8 C. F. Ramuz, *Journal, op. cit.*, tome 2, pp. 76-243 : le 6 septembre 1907, Ramuz y parle d'une femme sans que l'on sache encore de qui il s'agit : «Il suffit qu'une femme me plaise pour que je devienne respectueux avec elle, mais respectueux jusqu'au ridicule : donc empêchement […]» (*Ibid.*, p. 76).

4 Alexandre Blanchet (1882-1961), *Portrait de C.F. Ramuz*, 1941, lithographie, 42 cm x 30 cm, signé en bas à droite A. Blanchet mars 1941.
Collection particulière, photographie Bernd Hartung, Berlin.

5 Albert Muret arrosant ses salades. Collection privée, photographie.

Muret est féru de chasse et de cuisine! Il va mettre à profit ses passions et inviter chez lui des célébrités, et non des moindres, puisque même Igor Stravinsky prendra la route escarpée le menant au chalet d'Albert Muret. Ce dernier, qui avait appris à chasser avec Joseph Bonvin[9] de Chelin, montrait ses talents en réunissant ses amis autour de sa table. Et C. F. Ramuz décrira plus tard, dans ses *Souvenirs sur Igor Stravinsky*, Lens et l'intérieur du chalet Muret, boisé de mélèzes:

«Nous allions voir notre ami M[uret]. C'était un peu avant Sierre, au-dessus de la région des vignes, au-dessous de la région des forêts, à un peu plus de mille mètres. […] M. vivait là-haut dans une maison qu'il s'était bâtie; il était chasseur, et, étant chasseur, était cuisinier et grand cuisinier. Ce voyage fait en commun et fait à deux finit à trois, dans une odeur de risotto aux morilles, sous les poutres basses d'une petite salle à manger, entièrement boisée de vieux mélèze, qui prenait jour sur le village par de toutes petites fenêtres à rideaux rouges et blancs.»[10]

Avec Stravinsky, le trio passait des moments intenses entre la cuisine, la poésie et la musique:

«Je me rappelle que la conversation était à la fois musicale et culinaire, et musicale parce que culinaire; je veux dire qu'il avait été entendu une fois pour toutes, entre nous trois, que la musique et la cuisine, c'était une seule et même chose, et qu'on réussissait un plat comme on réussit un morceau d'orchestre ou une sonate, exactement pour les mêmes raisons, avec les mêmes éléments. Les repas chez M. commençaient généralement par un muscat du pays servi en carafe, mais dont la belle couleur pissenlit portait vite à ce que l'un de nous avait baptisé la ‹métacuisine›: essai de conciliation, d'ailleurs facile, entre ce qui était du palais et ce qui était des oreilles; entre les sensations du goût et celles de l'ouïe (ou de la vue) […] nouvelle tentative de réconciliation entre l'âme et le corps.»[11]

Muret écrira d'ailleurs un livre de recettes et tiendra des «Propos gastronomiques»[12] dont les amis Auberjonois, Ramuz et Stravinsky évoqueront fréquemment et par la suite le fait[13].

---

9   Muret retracera ses aventures de chasse en compagnie de Joseph Bonvin dans un livre *Nemrod et Cie; Souvenirs d'un chasseur honoraire*, Lausanne: À l'Enseigne du Clocher, 1949.

10 Charles Ferdinand Ramuz, *Souvenirs sur Igor Stravinsky. Œuvres Complètes*, Lausanne: Éditions Rencontres, 1968, p. 118. Un tableau de Muret, *Bouquet de Rhododendrons*, montre à l'arrière-plan les rideaux cités par Ramuz.

11 C. F. Ramuz, *Souvenirs sur Igor Stravinsky*, op. cit., p. 119.

12 Albert Muret, *Propos gastronomiques et conseils culinaires*, Lausanne: Payot, 1922, réédité par les éditions À la Carte, Sierre, 2007. Et plus tard, le terme «métacuisine» utilisé lors de ces repas deviendra le titre d'un autre livre: *Albert Muret, Métacuisine*, Lausanne: Chez René et ses amis, 1927, un tirage restreint et épuisé.

6 Albert Muret dans son atelier. Collection privée, photographie.

À Lens, ce sont les années heureuses, les amitiés avec Ramuz, Auberjonois, Budry et même le musicien Igor Stravinsky. On prétend d'ailleurs que des bribes de l'*Histoire du Soldat* (1918) ont été inspirées des conversations qui résonnent encore dans son chalet aux volets bleus, qui trône toujours sur la colline du Serniou. Mais, on prétend aussi qu'il a été écarté de l'*Histoire du Soldat* au profit d'Auberjonois. Pour l'instant, il ne s'agit que d'hypothèses qui demandent encore à être vérifiées.

Cependant, ce qui nous intéresse ici, ce sont les réseaux que Muret, à la fois peintre de figures, de paysages et de natures mortes, peintre verrier et lithographe, doué d'une plume d'écrivain, a réussi à créer, en rencontrant d'autres peintres et écrivains qu'il invitait chez lui à Lens.

Avant d'entrer dans le sujet proprement dit, rappelons-nous de l'époque et détaillons le cadre chronologique afin d'en extraire un bref parallèle entre les œuvres de C. F. Ramuz, en lien peut-être avec son histoire d'amour qu'il vivait à Lens, chez son ami Muret.

La chronologie: les années lensardes de Muret (1901-1919)

Quelques années avant de connaître C.F. Ramuz (1878-1947), Muret (1874-1955) se rend avec son ami d'enfance, René Auberjonois (1872-1957), en Valais, en 1901. Les amis découvrent Lens après qu'un curé de Loèche leur ait conseillé de se rendre sur le beau «plateau des Crans»[14]. De là, ils descendent à Lens. En 1904, Muret construit sa maison, sur la colline du Serniou. C'est là qu'il aura une servante, maintes fois évoquée par Ramuz dans son *Journal*, sans que l'on sache qui elle est. Fin avril 1905, C. F. Ramuz publie *Aline*. À la fin août de l'année 1906[15], l'écrivain se rend à Lens et y fait la connaissance d'Albert Muret, un peintre, né à Morges, le 1er juin 1874, qui décédera à

---

13 (Note de la p. 236.) Sylvie Doriot Galofaro, *Autour d'Albert Muret: René Auberjonois, C. F. Ramuz et Igor Stravinsky à Lens*, fascicule d'exposition, 2 parties, Lens: Musée Le Grand Lens, 1995-1998. Et conférence donnée par mes soins lors d'un dîner gastronomique organisé par les Soroptimists en faveur de l'Association les Amis de Muret, à l'Hôtel Alpina, le 5 septembre 2007. Jacques Beaufort avait lui aussi réalisé des interviews de Muret à la Radio suisse romande. Mais c'est Daniel Rausis, dans l'émission «Horloge de sable» sur Espace 2 qui a réalisé un montage d'archives concernant les propos philosophiques et gastronomiques que Muret a tenus à la radio durant la guerre en 1941 et 1942 (émissions du 23 et 24 septembre 2004).

14 Sylvie Doriot Galofaro, «Un panorama unique: Montana et Crans entre ouverture et rivalité», in ead. (dir.), *Un siècle de Tourisme à Crans-Montana. Lectures du territoire*, Ayer: Éditions Portes-Plumes, 2005, p. 34. Selon René Duc, *Le Patois de la Louable Contrée* (Ancien Lens), Chermignon: René Duc, 1986, Vol. 2, p. 76, le nom de lieux Cran proviendrait du mot «Cran»: fossé dans les prairies, pluriel les Crans.

Pully le 23 septembre 1955. Ramuz et Muret entretiendront une correspondance qui va durer jusqu'à la mort de l'écrivain en 1947, mais nous allons nous pencher sur les années lensardes des deux amis. C'est en 1907, à la fin octobre-mi-décembre, que Ramuz fait la connaissance de Ludivine chez son ami Muret et s'établit à Lens pour terminer la correction du *Village dans la Montagne*, commencé à Chandolin. Du 4 mars au 16 mai 1908, Ramuz est à Lens où il met au point le texte du *Village dans la Montagne* et commence la rédaction de *Jean-Luc Persécuté*. Le roman est dédié à Albert Muret. La même année, du 22 septembre au 20 octobre, Ramuz retourne à Lens. Puis, du 24 au 28 septembre 1909, Ramuz se rend à nouveau à Lens. En 1912, de janvier à avril, le *Feu à Cheyseron* paraît en quatre livraisons dont le thème sera repris dans la *Séparation des races*, thème raconté par Muret à Ramuz. Dimitri Kirsanoff (1899-1957) s'en inspire pour son film *Rapt* (1933). Ramuz remontera à Lens pour le tournage du film et y tiendra même le rôle d'un Valaisan. Du 28 au 30 septembre 1912 toujours, Ramuz séjourne à Lens et termine peut-être l'histoire avec Ludivine. Car, en 1913, le 18 février, on célèbre le mariage de Ramuz avec Cécile Cellier, peintre d'origine neuchâteloise. Le 1er septembre, Marianne, la fille unique de l'écrivain, va naître à Genève. La même année, le fils aîné de Muret, Marc-Antoine (1913-1998), voit le jour. Du 24 au 29 décembre 1913, Ramuz rédige la première version du *Règne de l'Esprit malin*. Puis en 1914, en juillet, Ramuz publie *Adieu à beaucoup de personnages et autres morceaux*. C'est en 1915 qu'a lieu la première rencontre de Ramuz avec Igor Stravinsky (1882-1971), par l'entremise du chef d'orchestre Ernest Ansermet (1883-1969). L'année suivante, du 15 au 19 juillet 1916, Ramuz séjourne à Lens, puis aux Diablerets et, en 1917, Igor Stravinsky vient trouver Albert Muret en compagnie de Ramuz à Lens; le 13 avril 1917, le *Règne de l'Esprit Malin* paraît, œuvre inspirée par Lens. La même année, Albert Muret aura un deuxième enfant, une fille Claire. À la fin de la Première Guerre mondiale, en 1918, le 28 septembre, une première et unique représentation de l'*Histoire du Soldat*, de Ramuz et de Stravinsky, sera présentée au public lausannois, avec des décors de René Auberjonois, sous la direction d'Ernest Ansermet. L'entreprise est rendue possible par le soutien du mécène de Winterthur, Werner Reinhart. Nous terminons notre chronologie par l'année 1919, car Albert Muret quitte Lens pour retourner dans le canton de Vaud.

---

15 (Note de la p. 238.) Selon la chronologie du *Journal* de C. F. Ramuz, *op. cit.*, p. VIII, Muret se trompe lorsqu'il dit plus haut qu'il a fait la connaissance de Ramuz en 1907. L'excellente « chronologie » du *Journal* de Ramuz nous permet de préciser les allées et venues de Ramuz à Lens.

Les rapports entre la biographie amoureuse, les œuvres littéraires et le *Journal* de Ramuz

L'œuvre littéraire de Ramuz en lien avec sa biographie amoureuse peut se découvrir dans un premier temps en lisant son *Journal* où il note le nom d'une certaine «Ludivine» et qu'il évoque d'innombrables fois de manière sous-entendue. Il est intéressant d'étudier les œuvres littéraires que Ramuz écrit ou corrige à ce moment-là comme *Aline*, *Jean-Luc persécuté* et *Le Village dans la Montagne*, pour mettre en parallèle le sentiment amoureux qui anime Ramuz tout au long de cette riche période de création littéraire. Ainsi, nous apprenons, en lisant la note du 14 janvier 1904 de son *Journal*, que Ramuz évoque un manque, sans naturellement nommer le sentiment.

«Je sens qu'il serait temps que je vive et d'avoir autre chose qu'une petite flamme de cervelle; et de laisser aller mon cœur aussi; et de me laisser aller tout entier; qu'il serait temps de m'épanouir, parce qu'il y a quelque chose qui me resserre; de m'épanouir et d'éclater, comme les branches au printemps; et d'apparaître comme je suis, avec toutes mes forces; car l'obscurité où je suis provient de ma prison; […] Le jour viendra! Et alors, mon cœur tu te connaîtras; […]»[16]

Ce jour évoqué avec prémonition dans son *Journal*, Ramuz le vivra à Lens deux ou trois ans plus tard. En effet, en 1906, Ramuz prend le chemin de Granges à Lens pour y faire la connaissance de Muret; entre 1907 et 1908, il s'y établit à l'hôtel Bellalui, une pension[17] proche de la route de Flanthey, pour écrire. Son *Journal* d'abord nous éclaire sur sa passion amoureuse:

«17 déc[embre 1907]

»Rentrer hélas. Solitude. Détresse.

»Un homme qui aime, séparé d'elle. Comment alors, de minutes en minute, et tout le jour, et chaque minute est une éternité, il pense à elle, l'imaginant dans son travail, dans chacun de ses pas, dans chacun de ses gestes. Et des frissons dans tout le corps, cette incertitude malgré tout, qui le fait crier. Ce visage qu'il poursuit à travers la distance, le voyant soudain nettement dans tous ses détails, puis qui devient plus vague, s'efface de nouveau […]»[18]

---

16 *Ibid.*, pp. 3-4.
17 Cette pension a disparu; elle a été durant une époque la «Maison d'école» comme on l'appelait, puis rasée. Le lieu abrite aujourd'hui la maison du feu.
18 Roger Francillon et Daniel Maggetti (dir.), *op. cit.*, t. II, p. 79. La note 9 précise que Ramuz vient de regagner Lausanne, probablement le 12 ou 13 décembre. Il y passera Noël, puis partira pour Paris. Heureusement pour lui, Muret lui envoie des nouvelles le 19 décembre de la même année.

Heureux de se retrouver dans la petite maison aux volets bleus de Muret, Ramuz aura une raison supplémentaire de s'y sentir bien… Un secret bien gardé, mais déjà évoqué par Maurice Zermatten [19] et surtout par la correspondance entre Muret et Ramuz. À la fin d'une lettre du 19 décembre 1907, Muret écrit à Ramuz: «P. S. Ludivine se tord encore de la lettre d'Aline; la joie en a résonné dans toute la maison!»[20] Guisan mentionne que c'est sous le nom d'Aline que Ramuz signait ses lettres pour Ludivine. L'histoire ne s'arrête pas, car, en 1910, elle crie «par le passe-plat»[21] d'envoyer à Ramuz ses bonnes amitiés. Ramuz développera très peu ce sujet dans son *Journal*. Seul le nom de Ludivine y figure à maintes reprises dans les notes de l'année 1908, en particulier du 7 mars au 18 mai 1908. Dans l'extrait du 7 mars 1908, Ramuz écrit:

«7 mars [19]08. Retour à Lens

» Dans l'absolue solitude où je suis rentré volontairement, j'ai de dures heures de sécheresse – mais elles sont rachetées et au-delà par la concentration que j'y gagne. Il me semble, est-ce plus qu'une apparence? que je me dépouille de tout l'inutile de la vie et n'en garde plus que l'essentiel. Il y a appauvrissement et enrichissement; car ce qui me reste, qui est le précieux, je l'embrasse de manière plus sûre et le creuse mieux et en fais mieux ma chose. […]»[22]

Il se dépouille de «tout l'inutile de la vie et n'en garde plus que l'essentiel». Est-ce que «l'essentiel», qui le rend si riche, est lié à l'amour qu'il éprouve pour Ludivine? Nous le pensons, car il a écrit dans son *Journal* le 11 avril 1904: «Il n'y a d'inépuisable que les lieux communs. Il n'y a que deux choses qui intéressent, l'amour et la mort.»[23] Ainsi, s'il est très tourmenté, il a aussi des moments heureux comme il le sous-entend dans son *Journal* du 11 mars 1908: «Elle a remis sa camisole rouge, et son caraco est un peu fendu […]»[24] Son agenda, à la suite du *Journal*, mentionne d'innombrables fois le nom de Ludivine[25], où l'on comprend qu'ils s'écrivent des lettres et des cartes. L'extrait du 14 mars 1908 va plus loin que de simples lettres, il remet sa vie en question:

---

19 Maurice Zermatten, *Le Pays du Grand secret*, Sierre: Éditions À la Carte, 1997, p. 14
20 Gilbert Guisan, *op. cit.*, Vol. 3, pp. 217-218. C'est aussi dans cette lettre que Muret dit n'avoir pas repris les skis, car il est «résolu à faire le peintre et à réserver ‹les autres sports› pour le dimanche» (*Ibid.*, p. 218).
21 *Ibid.*, Vol. 4, pp. 242-243, lettre du 27 novembre 1910. Mais nous n'avons pas retrouvé dans la «chronologie» du *Journal* de Ramuz qu'il remonte à Lens durant cette année 1910.
22 Ramuz se rend à Lens le 4 mars (Cf. «Agenda 1908», in Roger Francillon et Daniel Maggetti (dir.), *op. cit.*, t. II, 2005, p. 85).
23 *Ibid.*, p. 11.
24 *Ibid.*, p. 68. En note 12: «Elle», c'est Ludivine. Cf. aussi Maurice Zermatten, *Le Pays du Grand secret*, *op. cit.*, pp. 83-93, qui parle de cette passion.

« Je suis rentré seul à l'hôtel ; je suis monté dans ma chambre froide. Il est 10 heures du soir, il pleut ; j'entends le bruit des gouttes qui tombent sur le toit de l'autre côté de la cour. La lampe éclaire faiblement ; j'ai rassemblé mon courage. Je cherche malgré tout à me reprendre à la vie. […]

» Tout est remis en question à la fois ; et non plus dans mon art seulement, mais dans ma vie même. Cette première unité si durement conquise ainsi reperdue d'un seul coup. »[26]

Ainsi, il remet en question sa vie et son art pour Ludivine. Il va même former des projets de mariage, comme nous allons le découvrir plus loin.

« Mardi 5 mai [1908]

» Vais à Sierre. Au Cerniou vers 5 h ½ [.]

» Elle est là. Causons d'abord froide s'anime un peu. Vais vers elle à la cuisine, je donne – elle aussi, rit. Je lui avais parlé de la pomme, avait fait semblant de ne pas comprendre. Puis je tamise sable pendant qu'elle fait le dîner et elle ne se montre pas. Le soir j'arrive quand elle est au sermon. Rentre tôt vers 9 h ¼ nous jouons, elle lit le journal sur divan et dort – ne se dérange pas quand je m'en vais [.]

» Elle m'avait dit : je vais aux morilles demain [.] »[27]

Cet extrait montre que Ramuz se trouve au « Cerniou » chez Muret, en train de parler à Ludivine qui est « d'abord » froide, mais finit par « s'animer » comme nous l'apprend l'agenda de Ramuz qui la décrit comme boudeuse lorsqu'il reçoit une « dame » chez lui, à l'hôtel[28]. Servante chez Muret, elle prépare le dîner, mais n'oublie pas d'aller à la messe. Nous imaginons Ludivine tout à fait à l'aise avec son maître Muret, car elle « lit le journal et dort » sur le divan et ne « se dérange pas »[29] quand Ramuz quitte la maison de Muret. Quelques jours plus tard, le vendredi 8 mai 1908, Ramuz toujours proche de la maison de son ami, mentionne différentes rencontres dans l'Agenda de son *Journal* :

« Vais à 1 h. Elle est dans sa chambre, paraît à sa fenêtre – cause gentiment un instant [.] Bien dormi ? Des rêves. […]

---

25 (Note de la p. 241.) Roger Francillon et Daniel Maggetti (dir.), *op. cit.*, tome 2, pp. 105-136, Agenda 1908 où le nom de Ludivine est cité ou sous-entendu une vingtaine de fois, jusqu'au 16 mai 1908, où elle l'accompagne jusque « tout près de Chermignon » lorsque Ramuz quitte Lens pour corriger « Valais », le titre de travail du *Village dans la Montagne*. Cf. aussi Roger Francillon et Daniel Maggetti (dir.), *op. cit.*, tome 2, p. 111, note 49.

26 *Ibid.*, p. 87

27 *Ibid.*, p. 108, mardi 5 mai 1908.

28 *Ibid.*, p. 106, Agenda 1908 : « Mardi 28 [avril 1908] En allant aux morilles, la trouve causant au bord du chemin, dit à peine bonjour, le soir me parle vexée de la dame venue à l'hôtel, le soir je dîne là binocle ensemble heureux. »

29 *Ibid.*, p. 108, mardi 5 mai 1908.

7 Village de Lens. Collection privée, photographie.

» Vais à 6 h.-¼ la trouve vers la fontaine avec Christ. Je passe elle m'appelle : vous ne m'attendez pas ! Montons ensemble : jamais je n'ai eu moins de bons amis elle a été se confesser général. Assis ensemble un instant sur l'escalier puis allons M[uret] et moi aux morilles [.]

» Vais à mission 8 h la trouve sur le chemin – parlons du sermon me laisse à la croix me disant : ‹J'ai rendez-vous›. Rentre à 10 h […] »[30]

La fontaine existe toujours, ainsi que la croix, évoquée également dans *Jean-Luc persécuté*[31]. Quant aux escaliers, ce sont ceux qui permettent d'entrer dans la maison de Muret. Ramuz d'habitude si distant – il appelait son épouse Mademoiselle Cellier –, se laisse envelopper par les sentiments que lui inspirent Ludivine. Il rêve dans sa chambre de la pension du village, «l'Hôtel Bellalui» :

« Voici que je commence à comprendre. Il a fallu que je vienne à Lens pour que j'entrevoie ce qu'il y aurait à écrire. Ce visage, cette voix tendre…

---

30 *Ibid.*, p. 109.
31 Daniel Maggetti, *Jean-Luc persécuté, notice*, en complément de C. F. Ramuz, «Jean-Luc persécuté», in Doris Jakubec (dir.), avec la collaboration de Roger Francillon *et al.*, *C. F. Ramuz. Romans*, Paris : Gallimard, Bibliothèque de la Pléiade, Vol. 1, pp. 293-382 et pp. 1551-1571 pour la notice dans laquelle Daniel Maggetti dit que «Jean-Luc persécuté est le premier grand texte romanesque de Ramuz, centré sur le Valais […]» (*ibid.*, p. 1551).

» Il fait nuit, dehors. Je vois d'ici que les fenêtres du chalet aux volets bleus sont éclairées. Je n'irai pas, pas ce soir. Je veux rester seul avec l'image fuyante de Ludivine… fuyante et si présente. » [32]

Transpositions littéraires ?

Nous connaissons tous le visage sérieux du grand écrivain. Nous avons lu ses livres, *Aline* (1905) ou *Jean-Luc persécuté* (1908), tous deux écrits à cette période qui racontent, l'un et l'autre, une histoire d'amour tragique. Mais rien ne laisse imaginer les lettres d'amour qu'il écrit au même moment à Ludivine. Elle deviendra sa « Didine » comme l'indique une lettre de Muret à Ramuz le 13 novembre 1908 [33]. En lisant cette lettre, nous apprenons que Ludivine dévore *Jean-Luc persécuté*, livre dans lequel Ramuz dépeindra une histoire d'amour entre Jean-Luc et Christine, mais Christine en aimera un autre et Jean-Luc deviendra fou. Fou au point de tuer celle qu'il aime, en mettant le feu au fenil où elle se trouve avec l'enfant d'un autre. En lisant le livre, il n'est pas possible de faire un lien avec Ludivine, mais une lettre de Muret à Ramuz mentionne que cette dernière lui fait dire que l'on sonne la « petite cloche » pour annoncer la mort d'un enfant [34]. Ce qui sera le cas, avec la mort du fils de Jean-Luc; mais nous ne trouvons pas de transposition biographique dans le roman, à part la passion [35]. Passion de Jean-Luc pour sa femme Christine, qu'il aime au point de la tuer, car elle en aime un autre que lui! Dès le début, Jean-Luc surprend les pas de son épouse dans la neige, pas qu'il suit et qui vont rencontrer d'autres traces… Le cinéaste Claude Goretta a repris subtilement ce passage en suggérant ainsi une rencontre extraconjugale dans son film (1966) tiré du roman. Si on se plonge dans une transposition en recherchant les lieux qui ont inspiré Ramuz, on le devine vers le Louché devant la maison de son ami :

32 Maurice Zermatten, *Le Pays du Grand Secret, op. cit.*, p. 14.
33 Gilbert Guisan, *op. cit.*, p. 57, Vol. IV, lettre 600, du 13 novembre 1908 : « P. S. Didine dévore *Jean-Luc* et vous écrira. »
34 *Ibid.*, Vol. III, p. 230, *Ludivine vous fait dire qu'on sonne la « petite cloche » à l'enterrement des enfants qui ne sont pas encore de la communion (11 ou 12 ans). On ne sonne « pas » pour eux « la fin » (c'est-à-dire le glas.»* En italique dans Gilbert Guisan. Ce dernier précise que Ramuz utilisera ce détail déjà observé dans la lettre 515 pour *Jean-Luc persécuté*; décrivant l'enterrement du petit Henri, Ramuz écrit : « […] puis, neuf heures étant là, la cloche commença, non la grosse des hommes au glas sourd, mais la petite claire, sonnée à la volée » (*Œuvres complètes*, Vol. 3, p. 92, cité par Gilbert Guisan, *op. cit.*, p. 230). Cf. aussi C. F. Ramuz, « Jean-Luc persécuté », *op. cit.*, p. 351.
35 Plusieurs notes de l'agenda montrent que Ramuz écrit à Ludivine tandis qu'il corrige *Jean-Luc persécuté*. Cf. *op. cit.* p. 119 : « vendredi 17 juillet 1908. Continue à revoir J[ean]-L[uc]. J'écris à L[udivine]. »

«et [Jean-Luc] se mit à suivre les traces. Elles commençaient juste devant la porte; il les suivait sans en avoir l'air, les mains dans les poches, à cause des gens qui pouvaient le voir, mais le cœur lui battait; et il espérait encore qu'une fois sur le chemin qui suit la digue dans le bout de l'étang, les pas tourneraient vers le village; or, là, ils tournaient bien, mais dans l'autre direction, celle de la montagne.»[36]

Tout comme *Jean-Luc*, Ramuz est saisi par le tourment qui le reprend lorsqu'il écrit dans son *Journal* en pensant peut-être à Ludivine, le 31 octobre 1908:

«On sent bien qu'on est dans le désordre qu'il faut aller jusqu'au fond du désordre, et dans la douleur jusqu'au fond de la douleur; et se rouler dans le plaisir, quand il est là, jusqu'à épuiser ses forces de vie, – afin qu'ainsi on puisse mieux remonter et se soulever, s'étant débarrassé de ce poids.»[37]

C'est peut-être dans *Jean-Luc persécuté*, qu'il écrit alors qu'il est amoureux de Ludivine, que se révèle sa souffrance. Cependant, cette souffrance «sans que l'on puisse aller jusqu'à dire que *Jean-Luc persécuté* est», selon Daniel Maggetti, «une réécriture de la passion du Christ, il est clair que le récit évangélique est un intertexte dont la présence contribue à la cohérence de l'ensemble […]»[38]; à la fin de l'histoire, Jean-Luc se prosterne devant la croix. Cette analyse dépasse le sujet qui nous intéresse actuellement, car, si nous revenons à la biographie amoureuse de l'écrivain, la croix devant la maison de Muret est le lieu où Ramuz rencontrait souvent Ludivine.

Plus tard, dans *Adieu à beaucoup de personnages* (1914), une très belle page permet d'esquisser un parallèle entre la vie de l'écrivain et sa transposition, brillante, dans le roman et dans son adieu déchirant:

«Car, sauvage encore plus que vous, ce Jean-Luc, mais pareil à vous, véritablement votre frère, tourmenté lui aussi d'une manière impétueuse qui l'empêche de rien cacher, précipité lui aussi, dès le début, sur les chemins de la folie, tout uni d'ailleurs, quant au reste, une passion avec n'importe quoi autour.»[39]

Ainsi Ramuz nous montre que Jean-Luc est pareil à lui, son «frère», tourmenté comme lui, dans sa passion qui, heureusement pour nous, ne l'a pas mené à la folie. La transcription littéraire est peut-être inspirée de sa vie, mais pas au point de tuer! Dans la même page que l'extrait cité, Ramuz évoque encore une fois la croix où Jean-Luc priait:

---

36 C. F. Ramuz, «Jean-Luc persécuté», *op. cit.*, p. 297.
37 Roger Francillon et Daniel Maggetti (dir.), *op. cit.*, p. 101 et Agenda 1908, p. 132.
38 Cf. la notice de Daniel Maggetti, dans Doris Jakubec (dir.), avec la collaboration de Roger Francillon *et al.*, *op. cit.*, pp. 1560-1561 et note 1.
39 Emmanuel Buenzod, «Adieu à beaucoup de personnages», in *Les belles pages de C. F. Ramuz*, Lausanne: Librairie F. Rouge et Cie, 1950, p. 109.

«Quand il priait, prosterné sous la croix, qui sait, ignorant tout de lui pourtant, si vous ne seriez pas venue, l'ayant deviné tout de suite, et, vous aussi, vous vous seriez jetée en avant, heurtant de vos deux genoux le sol dur.»[40]

Aucun élément biographique dans *Aline*, nom dont Ramuz signe les lettres qu'il envoie à Ludivine. L'amour-passion cependant est bien présent. En effet, Ramuz raconte une histoire d'amour entre une fille pauvre d'un village pour un garçon de bonne famille qui la délaissera au moment de sa grossesse. Avant *Jean-Luc*, *Aline* sera, elle aussi, entraînée vers la mort…

L'histoire d'amour de Ramuz se prolonge jusqu'en 1912, semble-t-il, si l'on se penche sur l'extrait cité par Maurice Zermatten[41] et confirmé par le *Journal* de Ramuz, dans la note du 28 au 30 septembre 1912 :

« 28-30 sept[embre 1912]. Lens

» Descendu vers le soir à Granges par les sentiers. Arrivé trop tôt. Je me suis alors assis au bord du Rhône et j'ai regardé l'eau couler. Mille sentiments me remplissaient ; c'était comme un réveil d'un vieux moi-même qui aurait été le bon et qui serait resté pendant deux ans endormi. Je *vivais* comme il y a longtemps que je n'ai vécu. […] Je me disais : ‹Tu t'es retrouvé›. J'étais horriblement heureux et horriblement malheureux à la fois ; heureux de m'être retrouvé et de vivre ; malheureux de quitter une fois de plus tant de choses par le moyen desquelles j'étais venu à moi-même et qui avaient été un centre pour moi […]. »[42]

Sans que Ludivine y soit citée, on la sent dans les pensées de l'écrivain. Et d'ailleurs en 1912 toujours, Muret, dans une lettre qu'il écrit à Ramuz, lui rappelle qu'il l'attend, mais qu'il n'est pas le seul : « Vous vous doutez bien qu'elle n'est pas la dernière à désirer vous revoir. »[43] Avec « Retour aux lieux aimés », publié dans la *Gazette de Lausanne*, le 15 décembre 1912, repris dans *Adieu à beaucoup de personnages* (1914), Muret comprend sa « mélancolie des retours »[44]. Ainsi, chaque fois que Ramuz remontait à Lens, il en redescendait troublé, et ceci jusqu'en 1912.

Cependant, le 18 février 1913, Ramuz se marie avec Cécile Cellier, peintre neuchâteloise. Les témoins des époux sont René Auberjonois et Alexandre Blanchet[45]. Et Ludivine disparaît de sa correspondance… sans que l'on sache où la retrouver, ni à quel moment elle a quitté le village[46]. Maurice Zermatten donne son explication :

40 *Ibid.*, p. 109.
41 Maurice Zermatten, Ramuz à Lens, *op. cit.*, p. 53.
42 Roger Francillon et Daniel Maggetti (dir.), *op. cit.*, t. II, p. 237.
43 Gilbert Guisan, *op. cit.*, Vol. V, pp. 81-82, lettre du 26 mai 1912, où « elle » est Ludivine.
44 *Ibid.*, pp. 98-99, lettre du 22 décembre 1912.
45 François Francillon et Daniel Maggetti (dir.), *op. cit.*, t. II, p. 251, note 7, et cf. le portrait que le peintre en fit de Ramuz en 1941 (Cf. illustration).

« D'aucuns pensent que le poète l'aurait épousée si la famille valaisanne n'avait écarté ce protestant. Nous n'en savons rien ! »[47]

Littérature et histoire locale

Trente ans après avoir publié *Ramuz à Lens*, Maurice Zermatten publie *Le Pays du Grand Secret* en 1997. Dans les deux ouvrages, Zermatten évoque déjà Ludivine, sans la nommer dans le premier. Il cite une lettre que Ramuz écrit à Robert de Traz, un mois après son arrivée à Lens : « Je suis ici depuis un mois et tellement heureux que je ne sais plus quand je partirai. »[48] Et Zermatten poursuit à la même page avec une lettre de Ramuz envoyée à sa belle-sœur, toujours la même année (1907) :

« … il va falloir que je m'en aille, j'en suis d'ailleurs à mes derniers sous. Non sans regret, j'étais heureux. Et j'ai même ‹formé des projets›, lesquels seraient de me marier et de venir m'installer quelque part dans ce pays… Il y a du soleil toute l'année… ».

Cette lettre de demande en mariage n'a pas encore fait l'objet de publication[49]. Maurice Zermatten[50] nous parle enfin de Ludivine, en citant des lettres de Ramuz, sans nous dire qui elle est, sans préciser non plus la source de ses renseignements, d'où le titre de son deuxième livre *Le Pays du Grand Secret* :

« Ludivine souvent m'accompagne. Elle a de très jolis yeux bruns, de petits frisons noirs, des peignes en cuivre dans son chignon et un chapeau à rubans bleus. Nous sommes allés ensemble à la foire de Sion… »[51]

La photographie que nous avons retrouvée correspond à la description. Mais le livre de Maurice Zermatten comporte également des inexactitudes[52]. Il suppose que Ludivine

---

46 (Note de la p. 246.) Selon mes entretiens avec Claire Muret, entre 1996 et 1998, repris le 8 octobre 2005 et ceux qui ont suivis en 2007-2008 ; cf. aussi quelques extraits de sa lettre du 2 février 2002, conservée au Chantier Ramuz : « Non, je ne connais pas le nom de L. et je crains bien qu'on ne le retrouve jamais. Berthe Bucher, sœur de R. a bien dû, à l'époque, le trouver, d'une manière ou d'une autre, puisqu'elle avait retrouvé sa trace à Genève mais L. avait refusé de la rencontrer. Pourquoi la tante n'a-t-elle pas voulu la faire connaître à sa nièce ? Sans doute avait-elle ses (bonnes) raisons. »
47 Maurice Zermatten, *Le Pays du Grand Secret, op. cit.*, p. 93.
48 Maurice Zermatten, *Ramuz à Lens, op. cit.*, p. 33.
49 La famille de C. F. Ramuz détient les droits de publication.
50 Maurice Zermatten, *Le Pays du Grand Secret, op. cit.*, p. 14 : « Mais je ne pensais qu'au merveilleux visage de la jeune fille. Je sais maintenant qu'elle s'appelle Ludivine. »
51 *Ibid.*, p. 85
52 *Ibid.*, p. 81. Par exemple, le fait que les enfants de Muret quittent Lens en 1907 pour aller à l'école à Lausanne alors que Marc-Antoine va naître en 1913 et Claire en 1917 !

8 Ludivine la servante d'Albert Muret, dans sa maison, en train de lui servir la soupe.
Collection privée. photographie.

est une contemporaine de Ramuz: «Elle n'était plus la petite fille qu'a vue Ramuz, mais probablement sa contemporaine: 30 ans en 1908?»[53] L'acte de naissance que nous présentons plus loin atteste qu'elle était plus jeune.

Le «Grand Secret» du roman de Zermatten, c'est l'amour de Ramuz pour Ludivine. Ramuz se trouvait à Lens, non seulement parce qu'il aimait ce «goût du primitif et de l'élémentaire»[54], mais parce qu'une histoire d'amour l'y retenait.

Mais qui est-elle? Zermatten n'en dit rien, ni le *Journal* de Ramuz, Claire Muret non plus ne connaissait pas son nom de famille. Par chance, après de nombreux entretiens auprès de la population de la région, nous avons découvert son extrait de naissance que nous retranscrivons ici:

«Née le 29 septembre 1892, à Lens, Ludivina[55], fille légitime de Cyrille Bonvin, de Théodole et de Celestine Mudry.»

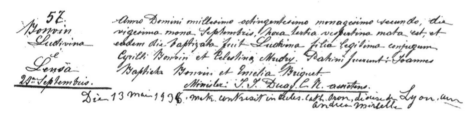

9 Acte de naissance de Ludivine, photographie, collection Jean-Pierre Duc.

L'extrait d'archives mentionne encore ses parrains de baptême: Jean-Baptiste Bonvin et Émilie Briguet. Elle se marie le 13 mai 1936, à Lyon, avec André Mirtelle. Une recherche dans les archives de la famille de Ludivine a montré qu'elle a eu quatre sœurs. Ludivine est la troisième fille des cinq que comptait la famille de Cyrille Bonvin. La première, Marie Bonvin (1884-?), mariée avec François Naoux, aura de la descendance. La deuxième est Marguerite Bonvin (1887-?) dont nous ne connaissons pas la date de décès. Puis notre fameuse Ludivine. Vient ensuite, un enfant mort né, en 1891. La quatrième des filles de Cyrille se nomme Barbe Bonvin (1895-1988) et la cinquième

---

53 *Ibid.*, p. 93. À comparer avec son acte de naissance plus loin.
54 Maurice Zermatten, *Ramuz à Lens, op. cit.*, pp. 29-30: «J'ai passé une quinzaine de jours à Chandolin… Ce premier contact m'attacha beaucoup au Valais. Ensuite, il y a eu Muret et Lens. Ça correspondait sans doute à mon goût du primitif et de l'élémentaire. Je suis donc arrivé en Valais par hasard: la commande de Payot, mais ce fut un heureux hasard…»
55 Cf. son extrait de naissance ci-dessus.
56 Selon Jean-Pierre Duc (entretien du 13 juin 2006), Joseph Bonvin, arrière-grand père de Gérard Bonvin et de François et Christian Barras, n'a aucun lien de parenté (5 générations) avec Cyrille Bonvin de Théodule, père de Ludivine.

Catherine Bonvin (1902-?) dont nous ignorons la date du décès. Le grand-père de Ludivine était le maréchal-ferrant Théodule Bonvin. Mais Joseph Bonvin, avec qui Muret décrit ses parties de chasse, n'est pas de la même famille[56].

Des exemples de types « locaux » et une vision citadine de la montagne

Deux tableaux magnifiques, que nous avons inventoriés et présentés lors de l'exposition « Les Peintres du Grand Lens » (1998, au Régent à Crans-Montana), l'un d'Albert Muret, intitulé *Cyrille*, l'autre de René Auberjonois, dont le titre est *Valais*, ont montré, chacun à leur manière, le portrait du père de Ludivine.

Les deux amis peintres dépeignent un Cyrille aux traits expressifs, un « montagnard » au visage raviné par le soleil; ces tableaux laissent supposer que Cyrille devait être connu des deux peintres; et surtout, son visage leur a permis de reproduire l'idée du Valais dans son état « primitif », c'est-à-dire proche de la terre où le paysan serait une sorte d'archétype, de l'être premier qui n'a pas encore été touché par la modernisation du Valais.

Ces représentations de visages « à la pureté de type locaux »[57] seront également traduits par l'école de Savièse, tels certains tableaux de Ernest Biéler (1863-1948) *Les moissons à Savièse*[58], ou toujours de Biéler, *Le Vieux garçon*[59]. Un peintre valaisan, de Geschinen, Ludwig Werlen (1884-1928) rapporte aussi sur une gouache, des traits que l'on pourrait qualifier de typiquement montagnard: *Rhaspe*[60].

Pour les portraits locaux de femmes, Raphy Dallèves (1878-1940) avec son tableau *Vieille d'Hérémence*[61] a donné l'archétype féminin des visages « valaisans », proche de l'état primitif ou de la terre dont les mains et le visage montrent l'effet que le soleil du Valais a laissé sur la peau hâlée et ridée. Ces portraits sont des images aujourd'hui identitaires du « Vieux Pays »[62], dont l'école de Savièse en est l'initiatrice, mais Muret et Ramuz ont suivi indirectement cette vision citadine de la montagne. Ainsi Ramuz dans le *Village dans la Montagne* écrit:

57 *Peintres du Valais*, [Sion]: Fondation Michel Lehner, 1979, planche XIV de Ernest Biéler.
58 Aquarelle, 29 x 45 cm, en bas à droite E. Biéler 1917. *Ibid.*, planche XIV.
59 Crayon, 27 x 29 cm, étude pour le tableau du même nom.
60 Aquarelle et gouache 40 x 32 cm en bas à droite Ludwig Werlen 1921. *Ibid.*, planche XII de Ludwig Werlen.
61 Aquarelle, 57 x 52 cm, Fondation Michel Lehner. Michel Lehner, *Les peintres de Savièse*, 1982, Genève: Skira, p. 72 avec une reproduction de la peinture.
62 Alain Clavien, « La modernisation du Valais 1848-1914 », in *Histoire du Valais*, 2002, Société d'histoire du Valais romand, t. III, pp. 583-635, en particulier « Une image paradoxale », pp. 626 ss. Cf. aussi Gérald et Silvia Arlettaz, « La nationalisation du Valais 1914-1945 », in *Histoire du Valais, op. cit.*, t. III, pp. 639-715.

10 Albert Muret (1874-1955), *Cyrille Bonvin*, 1907-?, huile sur toile monogrammé en bas à droite, 54 cm x 41 cm, Musée Le Grand Lens, Lens, photographie Bernd Hartung, Berlin.

11 René Auberjonois (1872-1957), *Valais* (place centrale, Lens), 1901,
fusain et pastel sur carton brun, 35 cm x 74 cm, signé à droite «Valais Auberjonois août 1901».
Musée Le Grand Lens, Lens, photographie Bernd Hartung, Berlin.

«Et depuis quand ils sont ici, personne ne s'en souvient plus. Peut-être qu'il y a eu dans les temps très anciens un écroulement de montagnes, un débordement de rivière qui les ont chassés du fond des vallées, ou bien est-ce que c'est les invasions de barbares? Ou bien, au contraire, est-ce que c'est eux les barbares, comme on a dit, avec leurs faces jaunes, en effet quelquefois, et des nez un peu plats entre des pommettes saillantes. Ou bien est-ce simplement qu'en bas ils n'ont plus trouvé à manger, et qu'ils ont été là où la place était libre. Personne ne peut plus le dire. [...] Ils sont ce que la montagne les a faits, parce qu'il est difficile d'y vivre, avec ces pentes où on s'accroche, avec un tout petit été au milieu d'une année vide, et comme un désert autour du village.»[63]

En arrivant en Valais, tout d'abord à Chandolin, Ramuz écrit qu'il trouve auprès des paysans l'idée du peuple premier, les lointains descendants des barbares. Le *Village dans la Montagne*, dont les notes sont prises à Chandolin, est terminé à Lens; ce livre montre l'attrait de l'écrivain pour le rural qui lui semble universel. Il retrouve la force du primitif chez les paysans valaisans qui lui rappelait les vignerons de son enfance

63 Edmond Bille, Charles-Ferdinand Ramuz, *Le Village dans la Montagne*, Lausanne: Payot, 1908, pp. 24-26. Cf. aussi le portrait réalisé par Edmond Bille qui montre un visage de montagnard, ridé par le soleil et le travail. Un autre portrait tiré du même ouvrage, *les Mariés*, évoque les jeunes paysans face aux montagnes valaisannes rappelant leur condition de travailleur de la terre, car ils portent tous deux les outils sur l'épaule.

vaudoise. En effet, Ramuz dira à propos d'*Aline* dans son *Journal* qu'il est «las du pittoresque et du romantique […]. Je suis las aussi des choses paysannes où je ne puis m'étendre et me déshabiller tout entier. […] Je suis las du joli»[64]. C'est donc au contact de ces montagnards que Ramuz pourra s'étendre et écrire des romans dont la fin n'est ni romantique, ni réaliste. Mais, pour la période du *Village dans la Montagne*, c'est l'époque à Lens qui apporte un nouvel éclairage avec l'histoire d'amour que Ramuz vivra dans ce village. Les tableaux de Muret et d'Auberjonois, eux, nous laissent imaginer la famille de Ludivine, mais aussi des visages qui semblent montrer les origines paysannes du Vieux Pays ou les fondements de l'identité valaisanne[65].

La note de l'Agenda[66] de Ramuz «Muret et Ludivine à ma rencontre» montre bien toute l'amitié que l'écrivain entretenait avec le peintre qui était au courant de l'histoire d'amour de son ami avec sa servante.

Ludivine, entre Muret et Ramuz?

La famille Muret était d'origine bourgeoise; le grand-père d'Albert Muret avait été syndic de Morges[67]. «Jules Muret a traversé pendant plus de vingt-cinq ans la politique du canton de Vaud: Dans sa longue carrière qui commence en 1796 déjà, au Conseil des XXIV de Morges, Jules Muret ne connaîtra pas moins de quatre changements de régime.» Du «jacobin» au «conservateur», le portrait de Jules Muret a été présenté par Danièle Tosato-Rigo (1988), mais son arrière-petite-fille Claire et son frère feu Marc-Antoine nous ont aussi fait part de réflexions quant à leur père Albert Muret, petit-fils de Jules.

Muret, en quittant Lens, acheta une maison à Épesses, car il y possédait des vignes et un pressoir. Il n'aurait pas quitté Lens en raison de problèmes financiers; c'est peut-être son épouse qui a fait pression sur lui afin qu'ils quittent la région, car la thèse des

---

[64] C. F. Ramuz, *Journal, op. cit.*, t. II, p. 50 [1er mai 1905]
[65] Myriam Evéquoz-Dayen, «Les héritages en question» (1945-1997), in *Histoire du Valais, op. cit.*, t. IV, pp. 727-843. Mme Evéquoz-Dayen analyse, entre autres, le «Vieux-Pays», canton à part de la Suisse, illustré par un village de montagne où fleurit la culture populaire (cf. p. 783). Plus loin, elle étudie l'héritage de cette identité: «revalorisation du patrimoine», pp. 793 et suivantes, in *Histoire du Valais, op. cit.*, t. IV. Pour notre présentation, le roman de Ramuz *Le Village dans la montagne* est un bon exemple de la mise en valeur de ce patrimoine identitaire valaisan.
[66] Note de l'Agenda du 22 septembre 1908, dans Roger Francillon et Daniel Maggetti (dir.), *op. cit.*, t. II, p. 127.
[67] Danièle Tosato-Rigo, *Portrait d'un père de la patrie: le Landamann Muret (1759-1847)*, Lausanne: Bibliothèque historique vaudoise, BHV 94, 1988.

enfants devant aller à l'école plutôt dans le canton de Vaud qu'en Valais n'est pas crédible, Claire n'ayant que deux ans au moment des faits. Marianne Muret-Cart, branche de la famille appartenant à la bourgeoisie vaudoise, aurait préféré vivre à Paris. Elle aimait la vie mondaine, alors que son mari préférait les morilles et la chasse. Le couple faisait chambre séparée, avec porte communicante, selon leur fille[68], qui poursuit en ajoutant que Marianne Muret aurait souhaité un autre enfant, mais qu'Albert refusa…

La famille Muret a bien perdu de l'argent dans les placements effectués dans les capitaux russes et allemands, car des Deutschmark tapissaient leur salle de bain. Pour Muret, vivre à Lens lui revenait moins cher que de vivre en ville. Il s'était fait construire sa maison par des artisans de la région qu'il avait aidés. En 1919, il la vend à la famille Cuénod qui a préservé avec beaucoup de goût cette bâtisse historique jusqu'à aujourd'hui.

Quant à la présomption que Ludivine aurait pu être la maîtresse de Muret, elle n'aurait aucun fondement, selon Claire Muret, car, une fois résolu le mystère de son nom, on peut supposer qu'elle ne dormait jamais au Chalet. Et d'ailleurs, la bonne entente et la complicité qui ressortent à la lecture de la correspondance entre Ramuz et Muret le prouvent bien. La sincérité des rapports entre les deux hommes, qui conservaient le vouvoiement par pudeur, montre à quel point leur amitié a été sans faille, jusqu'à la mort du poète en 1947. Ainsi, pour Claire Muret, le séjour à Lens a été le moment le plus important pour son père, il n'aurait peut-être pas dû quitter ce lieu qu'il aimait… Mais ceci est une autre histoire! Muret dira de Ludivine qu'elle posait comme un «pied et d'un humour de poivre»[69], ce qui laisse entendre qu'il la prenait parfois pour modèle.

Nous aimerions encore citer Paul Budry (1883-1949) qui décédera dans le chalet Muret, pour conclure nos propos, autour d'une «causerie»[70] donnée en 1918 en la Salle de la Meise à Zurich. Il présente la peinture romande aux Zurichois. Nous ne retiendrons ici que le passage concernant Albert Muret:

«S'il y a une école vaudoise (je n'y tiens pas plus que cela) c'est ici qu'elle est, pas ailleurs, entre Auberjonois et Ramuz, Blanchet, Muret et Chavannes. On sent là une famille d'esprits, une trempe, et pour qui la manière de peindre ou d'écrire est premièrement une manière d'être, la raison d'art une raison de cœur.»

Pour parler de l'homme et de son œuvre, il a été tentant de raconter cette histoire d'amour entre Ramuz et Ludivine! Muret, cependant, est le personnage emblématique, puisque c'est lui qui possède tous les réseaux… Son humour a pu l'amener à réunir toutes

---

68 Selon notre entretien du 8 décembre 2007 avec Claire Muret.
69 Gilbert Guisan, *op. cit.*, Vol. 4, p. 176.
70 Paul Budry, *La Jeune Peinture romande présentée aux Zurichois*, Lausanne: Éditions des Cahiers vaudois, 1918, pp. 22-24.

12 Vernissage au Régent de l'exposition des «Peintres du Grand Lens», 1998. Claire Muret, la fille d'Albert, qui nous regarde. À côté, Marianne Olivieri, la fille de C. F. Ramuz, en train de regarder ma fille Lily! Et ma mère, Hannelore Doriot. À droite, Jean-Pierre Muret, le petit-fils du peintre. Photographie Sylvie Doriot Galofaro, juillet 1998.

ces personnes. Il est certainement une marque de son caractère que l'on retrouve dans les «Propos gastronomiques»[71] qu'il a tenus à la Radio suisse romande durant la Deuxième Guerre. Dans la même verve, son ami Budry raconte non sans ironie: «En amour, ce sont les ingrates qui vous enchaînent!»[72] Ludivine n'était peut-être pas assez «ingrate», car Claire Muret nous a dit que Ludivine s'est fâchée quand Ramuz ne l'a pas épousée, et des rumeurs mentionnent le fait qu'elle quitta Lens à ce moment pour Genève, mais nous ignorons où elle est décédée![73] Ce fut pourtant le «soleil» de Ramuz, celui qui lui a permis d'écrire quelques beaux romans d'amour fou, mais destructeur. Et ce soleil est aussi une des raisons qui pousse Muret à lui rappeler combien il est doux de vivre en Valais:

---

[71] Daniel Rausis dont l'émission est citée plus haut. Par exemple, il explique la différence entre les hommes et les femmes et déclare que même en cuisine, une différence existe entre l'homme et la femme: «Vous êtes gourmandes, tandis que nous sommes gourmets!»
[72] Paul Budry, *op. cit.*, p. 25.
[73] La date de son décès à Genève en 1952 circule, mais rien ne figure dans le registre d'état civil de Lens.

« [...] Pendant que vous pataugiez dans la fange avec un parapluie et des caoutchoucs, nous avons eu ici un mois de janvier invraisemblablement beau et chaud. Très peu de neige, mais quel soleil ! Les nuits étaient même ‹tièdes› comme dirait Ludivine [...] »[74]

.

Sources

Correspondances

Gilbert Guisan, *C. F. Ramuz, ses amis et son temps*, Lausanne ; Paris : La Bibliothèque des Arts, 6 vol., 1967-1968, lettres entre Muret et Ramuz.

Ibid., Vol. 3 (1906-1908), « Des Circonstances de la Vie » au « Village dans la Montagne », 14 janvier 1907, p. 79, N° 405 ; 4 juillet 1907, pp. 154-155, N° 465 ; octobre 1907, p. 185, N° 497 ; 7 octobre 1907, p. 186, N° 498 ; 19 décembre 1907, pp. 217-218, N° 526 ; 5 février 1908, p. 229, N° 536 ; 16 février 1908, p. 232, N° 538.

Ibid, Vol. IV (1908-1911), De « Jean-Luc persécuté » à « Aimé Pache, peintre vaudois », 10 juin 1908, p. 27, N° 572 ; 29 juillet 1908, p. 41, N° 584 ; 13 novembre 1908, p. 57, N° 600 ; 6 décembre 1908, p. 74, N° 618 ; 18 juillet 1909, p. 128, N° 128 ; 2 janvier 1910, p. 176, N° 700 ; 2 février 1910, p. 189, N° 708 ; 27 novembre 1910, p. 242, N° 756.

Ibid., Vol. V (1911-1918), « Aimé Pache, peintre vaudois », « Vie de Samuel Belet », « Les Cahiers vaudois » et le « Règne de l'Esprit Malin » non cité dans le titre, mais inspiré par Lens, 21 mai 1911, p. 50, N° 799 ; 19 novembre 1911, p. 65, N° 816 ; 26 mai 1912, pp. 81-82, N° 831 ; 22 décembre 1912, pp. 98-99, N° 844 ; 28 juillet 1914, p. 218, N° 940 ; 7 juin 1917, p. 276, N° 976.

Ibid., Vol. VI (1919-1939), « Les œuvres majeures », 1er juin 1921, p. 52, N° 1016.

Émissions radiophoniques

Daniel Rausis, *Horloge de sable*, sur Espace 2, deux émissions radiophoniques sur « Albert Muret et ses propos gastronomiques », les 23 et 24 septembre 2004.

Filmographie

Claude Goretta, *Jean-Luc persécuté*, scénario de Georges Haldas et Claude Goretta, 1966, 92 minutes, Ramuz Cinéma, coffret DVD Cin&Lettres.

---

[74] Gilbert Guisan, *op. cit.*, Vol. III, p. 229, lettre du 5 février 1908.

Martine Clerc

HISTOIRE DU BUREAU CENTRAL D'ASSISTANCE DE LAUSANNE

Le Bureau central d'assistance (BCA) de Lausanne, service social privé, est créé en 1910 et rattaché, en 1961, au Centre social des Églises protestantes de Lausanne. Cet article, issu d'un travail de mémoire à l'École d'études sociales et pédagogiques de Lausanne, trace quelques pistes pour une histoire de cette association[1]. Quels étaient les buts et finalités du BCA? Quelles étaient ses activités?[2] L'étude de cette association doit également contribuer à éclairer l'histoire de l'assistance privée mais aussi publique (les deux étant longtemps étroitement liées) autour d'une question centrale, celle du contrôle et de la surveillance des pauvres. Le but de ces contrôles doit assurer le tri entre «bons» et «mauvais» pauvres, et ils se traduisent par des «pratiques [...] dominées par deux vecteurs fondamentaux, la relation de proximité entre ceux qui assistent et qui sont assistés, d'une part, l'incapacité de travailler, d'autre part»[3].

Création du BCA: sous le signe des contrôles

Au début du XXe siècle, de nombreuses institutions charitables sont actives dans la lutte contre la pauvreté à Lausanne, dans le but déclaré de mieux organiser la bienfaisance au sein de la ville. En effet, les personnes travaillant dans ce domaine soutiennent que le manque de coordination a «souvent pour effet de favoriser la paresse ou le mensonge et d'entretenir la misère au lieu de la guérir»[4]. Une étude, préconisant la centralisation de l'assistance à Lausanne, présentée à la Société vaudoise

1   Martine Clerc, *Histoire du Bureau central d'assistance de Lausanne 1910-1961. Du «bon pauvre» au «bénéficiaire méritant», le passé révélateur du présent*, Lausanne: ÉÉSP, 2006.
2   Outre quelques documents relatifs à la fusion du BCA avec le Centre social des Églises protestantes de Lausanne, émanant des archives privées du Centre social protestant, la quasi-totalité des sources utilisées pour constituer l'historique de ce service proviennent du fonds d'archives du BCA (P Bureau central d'assistance), déposé aux Archives cantonales vaudoises (ACV).
3   Robert Castel, *Les métamorphoses de la question sociale*, Paris: Gallimard, 1995, p. 97.

d'utilité publique, est à l'origine de la création du BCA de Lausanne, le 22 novembre 1910.

Cette institution est née d'une fusion entre l'Association des amies des pauvres, le Bureau central de bienfaisance, la Société pour la répression des abus de la mendicité et le Bûcher de bienfaisance. Le but annoncé de cette nouvelle organisation est «de réprimer les abus de la mendicité et de contribuer au soulagement et au relèvement des nécessiteux par une judicieuse organisation de la charité publique et privée»[5].

L'association s'intéresse aux pauvres de passage et ceux domiciliés à Lausanne, en distinguant nettement ces deux formes d'assistance. «Les passants sont reçus à l'Asile de nuit, qui les héberge le temps jugé nécessaire pour chercher du travail dans la commune, afin qu'ils n'aient pas besoin de mendier»[6]. En ce qui concerne les nécessiteux[7] domiciliés en ville, qui ne sont pas bourgeois de Lausanne[8], le BCA s'efforce de secourir ceux dont «personne ne prend soin». L'association cherche également à réunir des renseignements sur leur situation, en collaborant avec les Églises et sociétés charitables de la ville, afin qu'un même assisté ne soit plus secouru par plusieurs associations «s'ignorant les unes les autres»[9].

Les ressources financières du BCA dépendent des subventions de la commune de Lausanne et des cotisations annuelles des membres de l'association, ainsi que des dons et legs de la population lausannoise.

Le BCA n'est pas «création d'Église», mais une œuvre laïque, d'inspiration chrétienne. Aucune exigence quant à la confession des bénéficiaires et à celle des membres de l'association n'est posée dans ses statuts. Cependant, l'influence de l'Église protestante est présente dans les écrits du BCA, qui témoignent d'une philosophie étroitement liée aux valeurs chrétiennes, fortement ancrées dans la société de l'époque.

---

4   (Note de la p. 257.) ACV, *Rapport du Bureau central d'assistance de Lausanne sur le premier exercice du 22 novembre 1910 au 30 juin 1911*, p. 1.
5   *Ibid.*, pp. 23-24 [statuts].
6   *Ibid.*
7   Pour une meilleure lisibilité, le genre masculin est utilisé dans cet article pour désigner les hommes et les femmes, qui sont nombreuses à solliciter l'assistance du BCA.
8   Ces personnes ne sont donc pas aidées par l'assistance publique, qui ne concerne que les bourgeois de la commune.
9   ACV, *Rapport du Bureau central d'assistance de Lausanne sur le premier exercice du 22 novembre 1910 au 30 juin 1911*, pp. 22-23 [statuts].

Débuts du BCA : la visite du pauvre

Dès sa création, le souci de la répression des abus de la mendicité est très présent dans les activités du BCA et le contrôle est de mise. En effet, l'association consacre une large partie de son temps à la prise de renseignements sur la situation des «demandeurs», afin de s'assurer de la réelle nécessité de l'octroi de secours. À ce propos, il est inscrit dans le premier rapport d'activité du comité que :

«Quelques mendiants ont crié à l'inquisition. Mais c'étaient précisément ceux que la création de notre Bureau allait gêner dans leur exploitation de la charité publique. Les pauvres honnêtes ont compris que nous ne leur voulions que du bien et ils ont donné volontiers les indications précises que nous leur demandions. [...] C'est dans la mesure où nous serons renseignés sur ce que les pauvres reçoivent et où, avant de donner quoi que ce soit, les personnes généreuses voudront bien nous demander de leur communiquer ce que nous savons, qu'on parviendra à éviter les abus et à consacrer d'autant plus d'argent au soulagement des misères réelles.»[10]

Lors de ses premières années d'existence, les activités du BCA sont principalement prises en charge par la direction, confiée au pasteur Maurice Bauverd-Demiéville. Comme le montre la citation suivante, l'activité de ce dernier est très axée sur la surveillance et le contrôle des pauvres, notamment à travers les visites à domicile :

«Votre Directeur, le matin, allait à domicile visiter les nécessiteux, établissait les dossiers, recevait de 11 à 12 heures les solliciteurs dans son bureau; [...] l'après-midi il faisait d'autres visites, expédiait sa correspondance qui devint rapidement importante, recevait à nouveau de 5 à 6 heures – on ne disait pas encore de 17 à 18 heures – et le soir, régulièrement pendant les deux premières années, moins souvent dans la suite, il aidait le personnel de l'Asile de nuit à recevoir les pauvres passants. Assez fréquemment aussi des membres de notre comité venaient donner un coup de main.»[11]

La «visite du pauvre» est formalisée par le baron Joseph-Marie de Gérando, dans un ouvrage de 1820, en méthode d'observation et d'intervention, afin de reconnaître l'«indigence réelle»[12]. Cette pratique de se rendre au domicile des personnes doit donc permettre de distinguer les «bons» et les «mauvais» pauvres, par une proximité permettant la connaissance et le contrôle des indigents.

---

10 *Ibid.*, pp. 8-9.
11 ACV, *Rapport du Bureau Central d'Assistance de Lausanne. Un quart de siècle d'activité 1910-1934*, p. 9.
12 Christian Topalov, *Naissance du chômeur, 1880-1910*, Paris : Albin Michel, 1994, p. 204. Joseph-Marie Gérando, *Le visiteur du pauvre*, Paris : Louis Colas Treuttel et Wurtz, 1820.

Dans les premières publications du BCA, le contrôle n'est jamais objet de critiques. Dans ce domaine d'action, le recours à des mesures de contrôle paraît, en effet, communément admis et nécessaire, afin de distribuer les secours à bon escient. À cette période, le BCA semble adhérer à des valeurs de l'ordre de la conduite morale «juste», déterminée par la doctrine religieuse; et admettant la réprimande des comportements qui s'en écartent. À titre d'exemple, l'association collabore fréquemment avec la police afin d'obtenir des renseignements sur la situation des assistés, fouille les passants reçus à l'Asile de nuit ou encore appose son sceau sur leurs documents.

Première Guerre mondiale : nouvelle organisation, vieux principes

Dès la déclaration de la Première Guerre mondiale, les activités du BCA subissent déjà certaines modifications. En effet, le 4 août 1914, la Municipalité de Lausanne convoque les représentants de différentes associations charitables pour la création du Comité central de secours (CCS) de la ville de Lausanne. L'objectif de ce groupement, constitué pour la durée de la guerre, est de prendre en main l'organisation de l'assistance, afin de centraliser encore davantage les efforts. Durant cette période, les activités du BCA et du CCS se confondent. Le but premier du CCS est de «donner à manger aux miséreux»[13], par la distribution de secours en nature consistant principalement en soupe, pain, lait, combustibles, sabots, babouches et souliers. La distribution des rations de soupe donne lieu à l'ouverture de cinq réfectoires, qui fonctionnent dès le début de l'automne jusqu'à la fin de l'hiver.

Tout au long de l'activité du CCS, un grand nombre de contrôles relatifs aux demandes de secours ont lieu dans le but annoncé d'éviter les «abus». Des renseignements sur la situation des assistés sont demandés à la Direction de police et autres organismes susceptibles de fournir des informations. Par exemple, on décide «de demander à la direction des finances la liste des propriétaires de chiens; [en effet,] il paraît indiqué de refuser des secours aux familles qui se paient le luxe d'entretenir un chien et de faire la dépense de l'impôt sur les chiens»[14].

L'activité du CCS de Lausanne est interrompue le 1er avril 1920, et le BCA reprend son activité indépendante, après six ans de collaboration. Cependant, une partie de l'organisation instaurée durant la Première Guerre mondiale «survit» au CCS. En

---

13 ACV, *Procès-verbal du Comité central de secours de la ville de Lausanne*, séance du 14 août 1914.
14 ACV, *Procès-verbal du Comité central de secours de la ville de Lausanne*, séance du 1er septembre 1914.

particulier, les diaconies sont chargées de la visite à domicile, désormais définie comme «le patronage moral à domicile»:

«D'accord avec les diverses diaconies protestantes et catholiques travaillant avec nous, nous continuerons – comme pendant la guerre – à recevoir à notre Bureau tous les nécessiteux et leur accorderons les secours qui se justifient dans la mesure de nos ressources. Les diaconies nous verseront une bonne partie du produit de leurs troncs. [...] Est-ce dire alors que le rôle des Diaconesses ou Dames visiteuses est diminué ou même n'a plus raison d'être? Absolument pas, car c'est à elles qu'incombe toujours le patronage moral à domicile. [...] Nous sommes persuadés que nos Dames visiteuses le comprendront et, quoique ne portant plus de petits bons à domicile, y apporteront d'autant plus leur affection, leurs conseils, leur expérience.»[15]

Après cette période, l'association poursuit son activité à Lausanne, engage du personnel et développe son réseau de collaboration avec les autorités politiques et les œuvres philanthropiques. Notons à ce propos la création, en 1919, du Service social de Lausanne, avec lequel le BCA instaure des contacts réguliers.

Entre crise et prospérité économique: aide au «chômeur véritable»

À partir de 1921, une période de crise économique atteint la Suisse et avec elle s'installe la problématique du chômage. La Municipalité de Lausanne sollicite le BCA en tant qu'intermédiaire auprès des chômeurs, afin de leur remettre des allocations en nature. Le discours sur les «abus» persiste, et à la figure du «bon pauvre» s'ajoute celle du «chômeur véritable»:

«Sans doute il y a parmi les chômeurs des citoyens qui ont trouvé préférable de refuser un travail et de toucher l'allocation, trompant ainsi le contrôle du chômage. Que ceux qui les connaissent aient le courage de les dénoncer à qui de droit, car, non seulement ils abusent des deniers de la Confédération, de l'État et de la Commune, donc de tout le monde, mais encore ils font un tort considérable, par le discrédit qu'ils jettent sur eux, aux chômeurs véritables, je veux dire aux citoyens honnêtes qui souffrent moralement de n'avoir rien à faire et qui se demandent comment ils assureront le pain de leurs enfants.»[16]

---

15 ACV, *Rapport sur l'activité du Bureau central d'assistance de Lausanne du 1er juillet 1919 au 30 juin 1920 et sur les dix premières années de son existence*, p. 4.

16 ACV, *Rapport sur l'activité du Bureau central d'assistance de Lausanne du 1er juillet 1920 au 30 juin 1921*, p. 9.

Dès 1926, le BCA élargit quelque peu son activité et commence à accorder des aides financières. En effet, au lieu de distribuer uniquement des bons de lait, de pain ou de bois, le BCA commence à payer des loyers, des factures de gaz et d'électricité ou prend encore en charge des besoins exceptionnels, tel un dentier, des habits de deuil ou des souliers spéciaux pour malade. Le directeur du BCA s'exprime en ces termes par rapport à cette nouvelle forme d'assistance, appelée «Secours divers»: «[…] pouvoir aider sous des formes très variées, voilà ce qui donne à l'assistance privée son caractère si intéressant, je dirai si passionnant: aider au moment voulu et sous la forme la plus adéquate aux besoins»[17].

Dans les années 1930, les effets de la crise mondiale se font aussi ressentir en Suisse et à Lausanne, induisant une augmentation considérable des demandes d'aide pour le BCA. Durant cette période, le chômage croît dans une forte proportion et toute une partie de la population, non assistée jusqu'alors, est concernée par le manque de travail et se voit dans l'obligation de solliciter de l'aide.

C'est dans ce contexte que, pour la première fois de son histoire, Lausanne connaît une transformation politique importante avec une victoire du Parti ouvrier socialiste[18] aux élections du 19 novembre 1933. La nouvelle Municipalité met alors la priorité sur la lutte contre le chômage par différentes mesures, tels des secours aux chômeurs, l'ouverture d'importants chantiers publics créant ainsi de l'emploi ou encore la limitation du travail féminin. L'Office communal du chômage est créé en 1933 et c'est à lui qu'incombe la surveillance du marché de l'emploi.

Ces changements et en particulier la mise en place de l'Office communal du chômage modifient les activités du BCA, qui ne s'occupe désormais plus des chômeurs. En 1937, le BCA se voit chargé, au vu des tensions qui déboucheront dans la Seconde Guerre mondiale, des Suisses rapatriés, activité qui deviendra par la suite un service indépendant au sein de l'association.

Dès la Seconde Guerre mondiale: réorganisation des activités du BCA

Pendant la Seconde Guerre mondiale, la tâche du BCA envers les compatriotes revenus au pays se développe passablement; son activité générale devient plus complexe, en

---

17 ACV, *Rapport du Bureau central d'assistance de Lausanne. Un quart de siècle d'activité 1910-1934*, p. 14.
18 Jean Melyan, «De la ville moyenne à la métropole régionale (1914-1980)», in Jean-Charles Biaudet (dir.), *Histoire de Lausanne*, Toulouse: Privat; Lausanne: Payot, 1982, pp. 392-393.

partie en raison de l'augmentation constante du coût de la vie et des œuvres sociales nouvelles.

Les années 1939 et 1940 marquent une étape importante pour le BCA avec la votation et l'application de la nouvelle loi de prévoyance sociale et d'assistance publique. En effet, cette loi attribue aux communes du domicile la responsabilité de l'assistance des pauvres vaudois, se traduisant à Lausanne par la création de l'Office communal d'assistance. Les pauvres lausannois – assistés jusque-là par les œuvres de bienfaisance comme le BCA, parce que la commune se limitait à aider ses bourgeois – sont désormais pris en charge par l'assistance publique. Le BCA est donc chargé par la ville de Lausanne de l'assistance aux Confédérés ainsi que des enquêtes et propositions pour la Commission communale d'assistance. La mise en pratique de cette nouvelle tâche s'avère être difficile, comme le relate le rapport d'activité de 1940:

«En effet, l'enquête est chose fort délicate. Recueillir quelques renseignements, comme certains le supposent, est insuffisant. Il faut du tact, de la compréhension, beaucoup de perspicacité, de clairvoyance. L'enquêteuse se rend chez l'intéressé, examine le milieu (salubrité de l'appartement, mobilier, literie, tenue du ménage, valeur morale); il faut établir le budget familial (ressources, dépenses, dettes); s'informer de l'occupation des parents, de l'éducation des enfants. Les premiers renseignements obtenus, l'enquête se poursuit pour en contrôler l'exactitude et les compléter. Ce sont alors des démarches auprès des pasteurs, des institutions sociales, des gérants, des employeurs, parfois de la police. Les conclusions de l'enquête sont souvent difficiles à établir, car il faut considérer les causes morales et matérielles de la situation, arrêter les propositions pour sortir l'intéressé de difficultés et pour qu'il ne demeure pas, si possible, un indigent. Nous avons engagé deux enquêteuses pour ce travail, mais les demandes affluaient si nombreuses que nous dûmes temporairement faire appel à une troisième personne. Il importe, en effet, que l'enquête soit faite rapidement. Pour être efficace, l'aide doit être apportée en temps utile.»[19]

Les dispositions de la nouvelle loi d'assistance imposent également un nouveau régime aux Asiles de nuit en sus de l'activité du BCA. Ce dernier décide alors, à la fin de l'année 1939, de restituer la direction de son asile à la Municipalité. Cette date marque donc pour le BCA la fin de l'accueil des passants pauvres, activité exercée pendant près de trente ans par l'association.

Le 1er janvier 1948, le Service des rapatriés est repris par le Département de l'intérieur du canton de Vaud et par l'Office communal d'assistance de Lausanne. Le 1er avril

---

[19] ACV, *Rapport sur l'activité du Bureau central d'assistance de Lausanne en 1940 (30ᵉ exercice)*, p. 6.

de cette même année, une convention est signée entre le BCA et l'Office communal d'assistance, la ville de Lausanne souhaitant s'adresser directement aux autorités cantonales et communales sans passer par le BCA. Dès lors, l'assistance publique ayant été reprise dans son ensemble par l'Office communal d'assistance et la Direction des œuvres sociales de la ville de Lausanne, une nouvelle période d'existence débute pour le BCA, qui se voit déchargé d'une grande partie de ses responsabilités financières et administratives. Les membres décrivent l'activité du BCA comme celle d'un «service social», consistant principalement en des visites à domicile et des rencontres.

Voici deux descriptions de cas pris en charge par le BCA, dans lesquels la dimension moraliste et paternaliste des propos peut être relevée ainsi que le statut des femmes et le rôle qui leur est attribué au sein du foyer:

«Le ménage Y est formé du mari, de la femme et de deux enfants. L'homme est assez brave et travaille tant qu'il peut. La femme est un peu molle et découragée par les soucis de la vie. Nous nous occupons de cette famille depuis plusieurs années avec une consigne très nette: veiller à ce que les Y n'aient jamais besoin d'assistance publique et privée, apprendre à cette femme à faire convenablement son ménage, tenir un budget très serré, afin que le mari ait du plaisir à la maison dans un appartement propre et que la femme ne soit plus accablée par les soucis matériels. Ils ne reçoivent plus de secours depuis plusieurs années, mais nous avons tout en mains.»[20]

Ou encore:

«Le ménage Z est mal assorti: la femme, nettement supérieure au mari, vient d'un milieu cultivé, et tout ce qui l'intéresse laisse complètement indifférent son mari. Il y a plusieurs enfants, la mère est sous-alimentée et fait facilement des crises de dépression nerveuse. Nous avons trouvé des amis qui permettent à Mme Z de faire un peu de musique. En contact avec Pro Juventute et la paroisse, nous avons accordé à la famille d'importants subsides pour permettre à la mère de mieux se nourrir et de donner des fortifiants aux enfants. L'assistance publique ne peut pas intervenir, car le salaire du mari dépasse les barèmes officiels.»[21]

Dans le rapport d'activité de 1952, le directeur remarque: «En somme, le BCA est de plus en plus amené à s'occuper de gens dont personne… ne veut s'occuper.»[22]

---

20 ACV, *Rapport annuel du Bureau central d'assistance de Lausanne, association indépendante et privée*, 1951 (41e exercice), pp. 3-4.
21 *Ibid.*, p. 4.
22 ACV, *Rapport annuel du Bureau central d'assistance de Lausanne, association indépendante et privée*, 1952 (42e exercice), p. 1.

L'introduction des méthodes en service social, particulièrement l'arrivée de la méthode d'intervention individualisée appelée *«case-work»*, importée des États-Unis dans les années 1950, apparaît explicitement dans divers écrits de l'association. À cette période, le BCA s'appuie sur une conception différente de l'aide, s'inspirant en partie des «pensées directrices» du *«case-work»*. À ce propos, dans le rapport d'activité de 1952, le directeur du BCA décrit cette évolution en se référant aux recommandations de l'Unesco[23]:

«Il faut ‹individualiser›, établir un diagnostic social – c'est-à-dire remonter aux causes de la dépendance – et enfin amener l'individu à résoudre lui-même ses problèmes. Le but du case-work est moins ‹de procurer des secours matériels ou même de remédier à des situations déficientes que de discerner pourquoi quelqu'un n'a pas pu résoudre lui-même son problème et de trouver comment il peut arriver à le faire.»[24]

Dès ces années, des tensions entre les notions d'aide et de contrôle semblent se dessiner, et l'efficacité du contrôle est remise en cause ainsi que les mesures jusqu'alors déployées afin d'éviter les abus. En 1959, le BCA s'exprime en ces termes par rapport aux mesures de contrôle:

«Le mensonge, monnaie courante, est la plaie de nos rapports avec nos protégés. En étudiant objectivement la question, nous nous demandons si nous ne sommes pas un peu responsables des ‹bourdes› que l'on essaye de nous conter. Est-il toujours utile de vouloir, par exemple, amener notre interlocuteur à avouer une chose que nous savons déjà? Plutôt que de provoquer ainsi la réticence, ne serait-il pas préférable de faire comprendre que nous voulons faire confiance à celui que nous aidons, qu'il doit maintenant s'en rendre digne. […] Ajoutons encore, pour ceux qui douteraient de la possibilité d'agir ainsi, que toutes les mesures de contrôle, particulièrement en ce qui concerne l'emploi des secours, se révèlent illusoires envers ceux de nos assistés qui veulent nous tromper, et qu'elles ne sont qu'une mesure inutilement vexatoire envers les visiteurs ‹réguliers› et corrects.»[25]

À partir de 1960, à la suite du développement de l'activité sociale, une réorganisation des œuvres sociales privées est souhaitée à Lausanne. Le BCA s'associe à ce désir et consent à se dissoudre, au même titre que d'autres institutions privées. Cette réunion préside ainsi à la naissance, à Lausanne, en automne 1961, du Centre social des

---

[23] Organisation des nations unies pour l'éducation, la science et la culture, créée en 1945.
[24] ACV, *Rapport annuel du Bureau central d'assistance, association indépendante et privée*, 1952 (42e exercice), p. 6.
[25] ACV, *Rapport annuel du Bureau central d'assistance de Lausanne, association indépendante et privée*, 1959 (49e année), p. 7.

Églises protestantes. Dès la création du BCA, les notions d'aide et de contrôle se côtoient dans les activités de l'association. Cependant, aucune tension n'est d'abord perçue entre ces deux principes, qui paraissent aller de pair et qui n'induisent aucune réflexion quant à l'adéquation éthique des pratiques de contrôle dans le domaine social. Puis, vers le milieu du XXe siècle, on distingue la naissance de tensions entre ces deux notions, perçues comme contradictoires, à une période où le BCA s'appuie sur une conception différente de l'aide, en partie inspirée du *«case-work»*.

Aujourd'hui encore, on constate que le problème des abus est au centre de nombreux débats sociopolitiques. Par sa médiatisation, cette question alimente la critique populaire et induit le renforcement des mesures de contrôle dans l'action sociale. L'étude de l'histoire du BCA laisse donc entrevoir des questionnements actuels. En effet, son existence donne un aperçu des mutations et de l'évolution de l'action sociale, aidant ainsi la compréhension de son positionnement actuel et montre, par exemple au travers de la question des abus, l'intérêt des expériences passées, qui peuvent encore nourrir la réflexion sociale.

COMPTES RENDUS

Comptes rendus thématiques

Le cartable de Clio. Revue romande et tessinoise sur les didactiques de l'histoire GDH, N° 8, Lausanne: Éd. Antipodes, 2008, 280 p.

La dernière livraison du *Cartable de Clio* apporte une nouvelle pierre à l'édifice complexe des réflexions entre histoire et territoire. Dans un bel écho polyphonique, les neuf articles du dossier central abordent de manière novatrice la question de l'espace-temps dans l'enseignement de l'histoire. Articles inédits, traductions et comptes rendus présentent les grandes conclusions de deux colloques récents, le premier, *La modernisation des Alpes*, organisé par le Groupe de didactique d'histoire en mai 2008 au Tessin, et le second, soutenu par l'éditeur Palumbo et la revue *Mundus*, intitulé *La Méditerranée au milieu du monde*, tenu en février-mars 2008 à Palerme.

Ce numéro 8/2008 s'ouvre sur une critique épistémologique de quelques récents ouvrages sur l'histoire de la Suisse. À cette occasion, Charles Heimberg (Université de Genève) renouvelle sa perspective d'histoire depuis la Suisse, intégrant les réalités régionales et nationales afin de les relier à «une histoire humaine plurielle et diverse». Analysant la modernisation des Alpes, Raffaello Ceschi (Archives d'État du Tessin) présente ce processus aux contours ambigus, composites et déphasés, avec le développement économique précoce des vallées tessinoises au Moyen Âge, puis leurs déstructurations consécutives aux transformations sociales à la fin du XIXe siècle. Luigi Lorenzetti (Université de la Suisse italienne) démontre avec finesse les contrastes de l'évolution démographique des vallées alpines entre 1870-1930, notamment le retard pris dans la transition démographique et le bilan négatif de la modernisation sur l'espace alpin. L'historien Marco Marcacci offre une rapide synthèse de l'essor de l'électricité et de l'éclairage public au Tessin, alors que Fabrizio Viscontini (Scuola Media de Giornico-Faido) résume dans un entretien inédit les grandes étapes de l'industrialisation tessinoise.

Après cette première partie alpestre, le dossier est complété par une ouverture bienvenue sur l'espace méditerranéen. Fort du constat que la Méditerranée est un sujet historique plus enseigné en histoire médiévale qu'en histoire moderne et contemporaine, Armando Gnisci (Université de Rome – «La Sapienza») interroge les rapports entre Europe et la mer intérieure dans une perspective mondialiste. Avec une langue riche et imagée, cette contribution élabore une réflexion pointue sur la manière de penser l'Antiquité de manière autonome, sans référence à la Renaissance, ni à la Modernité. Le recours aux *«subaltern studies»*, réflexion gramscienne autour d'«un autre de l'autre», offre un vaste champ d'études et d'enseignements, où le jeu de mot *«in mezzo al mondo»* éclaire la perception d'un territoire au milieu du monde, mais aussi et surtout relié au monde.

Comme à son habitude, *Le cartable de Clio* développe des réflexions sur la transmission de l'histoire et ses didactiques. À côté du dossier central, six rubriques présentent «l'actualité de l'histoire», les «usages publics de l'histoire», la «didactique de l'histoire» ou encore la «citoyenneté à l'école» et l'«histoire de l'enseignement». Signalons plusieurs contributions: une réflexion de Abdesselam Cheddadi (Université de Rabat) sur la théorie de la civilisation de l'historien nord-africain Ibn Khaldûn (1332-1408); une histoire synthétique de la protection sociale en Suisse au XXe siècle avec un recueil d'outils pour son enseignement en classe par Matthieu Leimgruber (Université de Genève); et un entretien décapant de Suzanne Citron autour du «roman national» faisant le bilan de vingt ans d'enseignement de l'histoire de France.

Le cartable de Clio aborde à nouveau la distinction entre l'histoire et la mémoire dans plusieurs articles de Giuseppe Sergi (Université de Turin), Laurent Douzou (Institut d'études politiques Lyon), Odette Martinez-Maler (Bibliothèque de documentation internationale contemporaine Paris) et Théodore Cavoura (Université d'Athènes). La didactique n'est pas oubliée avec des textes sur l'enseignement de la Shoah de Benoît Falaize (Institut national de recherches pédagogiques Lyon); sur les programmes scolaires d'histoire d'Ernest Lavisse en 1890 interrogés par François Audigier (Université de Genève); sur l'histoire enseignée à l'école élémentaire au Burkina Fasso présentée par Issa Cissé (Université de Ouagadougou); sur la vertu des interactions dialogiques dans l'apprentissage de l'histoire par Lana Mara Siman (Université du Minas Gerais à Belo Horizonte); sur le concept de «croisade» par Pierre Kessas (conseiller pédagogique des Hautes-de-Seine). Le chapitre «citoyenneté à l'école» comprend un article original sur la construction de l'identité de soi et de l'autre par Antonio Brusa (Université de Bari et Pavie), alors que la dernière rubrique «histoire de l'enseignement» apporte deux éclairages sur la première moitié du XXe siècle par Évelyne Hery (Université de Rennes) et Christian Alain Muller (Université de Genève).

Fort de son dense réseau international de correspondants, *Le cartable de Clio* aura réussi son pari de s'inscrire comme une revue incontournable en didactique de l'histoire, malgré un changement d'éditeur et la disparition prématurée d'un de ses fondateurs. Annonçant déjà un volume 9 avec un dossier consacré aux rapports entre Orient et Occident, ce numéro 8/2008 illustre une revue en pleine maturité et offre un panorama large des réflexions actuelles en didactique.

Dominique Dirlewanger

Martine RUCHAT, *Le «Roman de Solon». Enfant placé – voleur de métier 1840-1896*, Lausanne: Éd. Antipodes, A Contrario, 2008, 158 p.

Ce roman historique met en scène un personnage, Marc Solon, dont la vie a été chaotique dans la Genève populaire du XIXe siècle. On découvre d'abord l'adulte, voleur de droit commun ayant subi 33 condamnations, emprisonné maintes fois, au total dix-huit années; puis l'enfant trouvé, placé et déplacé durant toute son enfance, arrivé à 12 ans à La Garance, une institution pour enfants difficiles; enfin le nourrisson abandonné par une mère elle-même abandonnée. Ce propos est délibéré: il s'agit de remonter dans le temps, des souvenirs récents de Solon aux plus anciens, pour tenter de comprendre pourquoi il n'a pas vécu de manière rangée avec un métier et une famille. C'est un constat d'échec: l'éducation voulue par les philanthropes n'a pas donné les résultats escomptés.

Le vécu au quotidien de Solon, les circonstances de ses délits, l'atmosphère dans la prison de Saint-Antoine ou dans les bas quartiers de la ville sont très suggestifs ainsi que les frasques et les évasions du jeune garçon qui finit par se faire renvoyer de La Garance malgré les efforts du directeur. L'auteure, l'historienne Martine Ruchat, avait de quoi nourrir une telle fiction. Pionnière de l'histoire de l'éducation correctionnelle au XIXe et au début du XXe siècles en Suisse romande, avec notamment ses publications de *L'oiseau et le cachot* (1993) et *Les Chroniques du mal* (1998), elle a pu explorer dans les archives un véritable réseau de sujets (asile, prison, philanthropie, lutte contre l'alcoolisme) et s'en imprégner. Mais, à force de ne rencontrer que des fragments de destinées, peut-être frustrée des lacunes inhérentes aux trous de l'histoire, elle a choisi de composer une vie dans la durée. À partir des quelques données concernant Solon dans les archives judiciaires et dans le journal du directeur de La Garance, elle construit sa biographie; elle a même l'audace de décrire avec précision des archives fictives.

La fiction et la réalité s'entremêlent en effet déjà dans l'introduction, insolite dans un roman, où elle explique comment cette biographie aurait été récoltée et composée par trois intermédiaires: Henri Lejeune, ouvrier militant (1896); son fils Charles, employé postal et historien amateur (1970); elle-même enfin aujourd'hui. Cet artifice original des trois «auteurs» permet de questionner et de commenter la destinée de Solon. Ainsi Charles constate: «Solon n'a jamais pu se soustraire aux premières marques de sa vie, en ayant connu l'enfermement si jeune, il s'en est nourri comme d'autres se sont nourris de soleil et de tendresse maternelle. Et indéfiniment, il a recherché ce qu'il connaissait déjà» (p. 137).

Ainsi, grâce à une œuvre de fiction très suggestive et écrite avec talent (excepté le style peu adapté de Solon), Martine Ruchat donne à voir son personnage pris dans les mailles de la philanthropie, de la police et de la délinquance de manière plus vivante et plus accessible qu'une étude historique.

Deux thèses traversent Le «Roman de Solon». D'une part, l'idée d'un déterminisme social associé à un pessimisme éducatif et à une suspicion à l'égard de la sincérité des philanthropes. D'autre part, le goût de l'archive (Charles Lejeune va même jusqu'à voler temporairement un registre), avec un fervent plaidoyer pour la conservation des traces du passé.

Ajoutons que ces dernières années le thème historique des enfants placés a occupé une place certaine dans les médias grâce à des témoignages d'adultes; Le «Roman de Solon» vient à propos. La biographie de Solon, issue d'une rencontre, «celle de l'archive et de l'imagination» (p. 153), a permis à l'historienne de réhabiliter un personnage dont la vie n'avait eu aucune valeur pour ses contemporains. C'est peut-être un acte militant, prêté par Martine Ruchat à Henri Lejeune.

Geneviève Heller Racine

Michèle É. SCHÄRER, *Friedrich Froebel et l'éducation préscolaire en Suisse romande: 1860-1925*, Lausanne: Cahiers de l'ÉÉSP, 2008, 231 p.

L'éducation et l'instruction de la petite enfance demeurent des sujets moins traités que d'autres dans l'historiographie scolaire vaudoise. Michèle Schärer prend le contre-pied de cette tendance, en s'intéressant à la réception de l'œuvre du pédagogue thuringien Friedrich Froebel (1782-1852) en Suisse romande, et plus particulièrement dans les cantons de Vaud et de Genève, de 1860 à 1925. Comment la pensée du père du *«Kindergarten»* a-t-elle été transmise et appliquée? Telle est la question développée dans cet ouvrage suivant différentes focales. En premier lieu, Michèle Schärer reprend, à partir d'éléments biographiques et littéraires, les principes de la méthode froebelienne. Il s'agit d'une formation globale de l'enfant visant «la tête, le cœur et la main» (p. 28). Cette formation maintient le rôle prépondérant de l'éducation maternelle. Froebel crée un matériel pédagogique, qui se veut ludique. Nés dans un milieu bourgeois, les jardins d'enfants n'ont pas pour mission d'accueillir la progéniture des classes populaires, dont les parents travaillent. De plus, aucun but d'instruction tel que lire, écrire ou compter n'est envisagé.

À partir de ce rappel historique, Michèle Schärer s'attache à comparer la doctrine froebelienne, à travers les réalisations et les discours entourant les premiers jardins d'enfants privés et les écoles enfantines. Elle s'intéresse en particulier à la question des apprentissages scolaires, dans le cadre de ces institutions. Puis, en se basant sur les Congrès de Fribourg (1877) et de Porrentruy (1886) ainsi que sur un certain nombre d'articles de *L'Éducateur*, les débats au sein de la Société des instituteurs romands (SIR) font l'objet de son attention, débats marqués par les antagonismes entre partisans d'une école enfantine, dont la mission est de faire acquérir les premiers rudiments d'instruction, et les adeptes de l'application des principes édictés par

Froebel. Enfin, les écrits de sept auteur·e·s, qui ont pu influencer les milieux scolaires ou politiques, sont ensuite passés en revue, d'après leur fidélité intellectuelle à l'œuvre en question.

Ainsi, les discours de différents protagonistes ont servi de fils conducteurs, permettant de varier les points de vue et de rendre les qualités analytiques de l'ouvrage plus profondes. Néanmoins, le bilan reste souvent identique : la réception de Froebel demeure sélective en Suisse romande. « Recevoir, c'est toujours un peu prendre et laisser » (p. 15) comme l'affirme Daniel Hameline dans sa belle préface. Ce qui est peu exploité, c'est la métaphysique, la notion d'« unification de la vie » (p. 163), le socle philosophique et religieux. « Laissons à cette nature allemande essentiellement rêveuse ses dissertations nuageuses » (p. 177) affirmait Antoinette Vuagnat en 1897. Ce qui fait l'objet d'une dissemblance majeure, c'est l'apprentissage de la lecture, de l'écriture et de la capacité à compter à l'école enfantine. Même si le souci d'une éducation et d'une instruction appropriées au jeune âge constitue une préoccupation essentielle, admise par chacun·e.

Les problématiques, au cœur de cette recherche, rejoignent les préoccupations actuelles abordées dans le canton de Vaud et en Suisse, suite à l'obligation de fréquentation de l'école enfantine, aux controverses sur la scolarisation précoce et ses bienfaits attribués. Le travail de Michèle Schärer met ainsi en perspective historique en somme des questions récurrentes.

Fabrice Bertrand

Tamlin SCHIBLER**, *Fées du logis. L'enseignement ménager dans le canton de Vaud de 1834 à 1984*, Lausanne: Bibliothèque historique vaudoise 132, 2008, 255 p.**

Fées du logis brosse en 187 pages richement illustrées l'histoire de l'enseignement ménager dans le canton Vaud, de son émergence dans la première moitié du XIXe siècle à son déclin dans les années 1980, en passant par son apogée au sortir de la Seconde Guerre mondiale. Enrichi de plus de trente annexes, ce récit en texte et en images révèle non seulement un domaine inexploré de l'histoire vaudoise, mais ouvre également de nouvelles perspectives de recherche sur les rapports sociaux de sexe.

La première partie de l'ouvrage cherche dans les bouleversements sociaux du XIXe siècle, engendrés par l'industrialisation et l'urbanisation, les fondements de l'introduction de l'enseignement ménager. Ce dernier est perçu par les élites de l'époque comme un remède à la question sociale. « On considère alors que, grâce à une formation dans une école ménagère, les femmes seront en mesure de redresser la société moralement et économiquement, d'éradiquer l'alcoolisme, les maladies et le manque d'hygiène, de faire chuter le taux élevé de mortalité infantile, d'empêcher le socialisme de se propager et, finalement, de faire diminuer les divorces. » (p. 30). D'un point de vue plus pragmatique, il devrait également permettre d'enrayer la pénurie de personnel domestique, une préoccupation lancinante de la bourgeoisie de l'époque.

Après un détour par l'histoire du développement de l'enseignement ménager au niveau national, Tamlin Schibler se concentre sur le cas particulier du canton de Vaud qui est le seul canton suisse à avoir introduit une année obligatoire d'enseignement ménager postscolaire pour les filles de 15 à 16 ans qui n'entament pas des études spéciales. Dans cette partie centrale, l'auteure situe tout d'abord son propos dans le contexte des débats du XIXe quant à l'instruction des jeunes filles des classes supérieures et populaires. Elle relève que le souci principal des éducateurs, des sociétés philanthropiques et des associations féminines est moins de transmettre aux jeunes filles, toutes classes confondues, des savoirs en vue de développer leurs capacités intellectuelles que de les préparer à devenir de bonnes mères et épouses. Or, si les écoles ménagères communales et différents cours existent dans le canton dès la fin du XIXe siècle, l'enseignement ménager est encore souvent considéré par les parents comme une perte de temps et d'argent. Ses partisans et ses partisanes se lancent alors dans une vaste campagne pour obtenir des autorités l'obligation d'y assister pour toutes les Vaudoises et obtiennent gain de cause le 19 février 1930 par la loi sur l'instruction publique primaire et le règlement du 28 mars 1931 qui établissent l'enseignement ménager postscolaire obligatoire. Après une description minutieuse de l'organisation et du contenu du programme, Tamlin Schilber nous dévoile comment la Seconde Guerre mondiale, durant laquelle les classes ménagères vont être mises à contribution au service de l'économie de guerre, concourt à son développement.

Un leitmotiv traverse ces trois premières parties, il s'agit de l'engagement des femmes elles-mêmes et notamment des associations féminines en faveur de l'enseignement ménager. 1968 et sa révolte marquent la rupture. Le nouveau mouvement féministe des années 1970 revendique notamment un enseignement non sexiste. Il dénonce les stéréotypes véhiculés dans l'enseignement et demande une uniformisation des matières enseignées aux garçons et aux filles, ces derniers ont des leçons de mathématiques, de sciences, d'histoire, de géographie et de langue maternelle pendant que les filles suivent des cours de musique, de chant, de couture, d'économie domestique ou de jardinage. Le développement de la société de consommation contribuera à la disparition des écoles ménagères de plus en plus contestées. Tamlin Schibler conclut sur l'époque actuelle et s'interroge sur la pertinence de la réintroduction d'un enseignement ménager destiné cette fois-ci aux filles comme aux garçons. Selon l'auteure, il pourrait permettre aux femmes et aux hommes de mieux concilier vie privée et professionnelle, lutter contre l'obésité enfantine et contribuer à l'écologie.

Dans son introduction, Tamlin Schibler nous dit que tout «le défi de sa recherche a consisté à rassembler les documents nécessaires pour reconstituer l'histoire de cet enseignement dans le canton de Vaud» (p. 17). Pari tenu, avec une réserve toutefois. La multitude des sources tant écrites qu'iconographiques est savamment agencée par l'auteure dans un récit très agréable à lire. Toutefois, tout un pan de la littérature concernant l'histoire des femmes et des rapports de genre en Suisse est ignoré. Or, une lecture de ces travaux aurait permis de nuancer une histoire qui paraît par moments très linéaire et schématique. Tamlin Schilber axe son analyse sur le facteur idéologique qui se caractériserait par une glorification de la femme au foyer presque immuable du milieu du XIXe siècle à la fin des années 1960. Or, cette idéologie prend racine et se développe en fonction d'un contexte social et économique troublé par deux guerres mondiales, de longues périodes de récession et des conflits de classes violents. Exception faite des pages très intéressantes consacrées à la période de la Seconde Guerre mondiale, ce contexte reste en arrière-plan. Cette idéologie est également une réponse à une nouvelle visibilité des femmes dans la sphère publique et sur le marché du travail. S'interroger sur les intérêts économiques et politiques des partisans et des partisanes de l'enseignement ménager ainsi qu'à leurs réseaux sociaux aurait certainement permis une analyse plus fine de l'engouement pour l'enseignement ménager des élites philanthropiques, de l'État et des associations féminines tenues de conjuguer leurs aspirations avec un contexte politique polarisé.

Corinne Dallera

Comptes rendus généraux

Emmanuel ABETEL, *La gigantomachie de Lousonna-Vidy; suivie de Considérations sur la transmission du motif de l'anguipède*, Lausanne : Cahiers d'archéologie romande 106, Lousonna 10, 2007, 200 p.

Il était temps qu'un ouvrage soit consacré à l'un des monuments les plus évocateurs, mais peut-être aussi des plus énigmatiques du bourg antique de Lousonna. Trouvés en 1936 près du temple situé au centre du vicus, à l'endroit de la promenade archéologique actuelle, les blocs épars d'une série de bas-reliefs révèlent les scènes d'une gigantomachie, autrement dit du combat entre dieux et géants au tronc d'homme et aux membres inférieurs en forme de serpents. Les fragments ne sont pas nombreux mais suffisent amplement à faire l'objet d'une thèse qui sera augmentée d'un volet fort intéressant et novateur sur la survie du thème de la gigantomachie de l'Antiquité au XIXe siècle, avec le tableau d'Ingres montrant Thétis et Jupiter assis sur un trône orné de son combat contre des géants. La publication de cette thèse commencée en 1981 offre l'avantage du profond mûrissement du sujet. Chacun des aspects découlant de l'étude des blocs conservés a été soigneusement et clairement abordé. L'historique de la découverte permet de rendre attentivement compte des fragments sculptés, du morceau de choix au Jupiter foudroyant au bras d'un géant anguipède en passant par deux autres fragments de géants, le torse d'un guerrier, le bout d'un cavalier, l'épaule droite d'un homme vêtu d'une chlamyde, le caisson d'un char, le buste et la tête d'un personnage barbu assis de plus grande dimension. Les éléments d'architecture sont aussi présentés, permettant de regretter la disparition d'une inscription et de s'étonner de la mention d'un décor de tulipe là où il y a rais de cœur. L'analyse de détail des fragments va conduire à une reconstitution grâce au passage par les textes et les représentations antiques de ce thème fondamental de l'opposition entre le Bien et le Mal que représente le combat entre les dieux de l'Olympe et les géants chthoniens. Avec la volonté d'être le plus exhaustif possible, E. Abetel cherche par les textes autant que par l'image à démontrer ce que les sculpteurs à l'origine des motifs lausannois ont pu avoir comme modèle ; si l'intention est tout à fait louable, elle ne semble pas tenir compte du fait que la discussion sur les ateliers est l'une des plus fournies de la recherche sur l'art antique, ce que quelques références complémentaires auraient montré. Le relief lausannois se révèle ainsi directement dans la ligne de la frise du Grand autel de Pergame exposé à Berlin. Pour renforcer la marque de cet héritage grec, E. Abetel va chercher les noms connus des protagonistes, l'aspect des monstres et leur évolution, leur armement. Un chapitre important aborde le thème de la gigantomachie à l'époque romaine, et son succès particulier en Gaule et en Germanie ; là plus qu'ailleurs dans l'Empire, les barbares, comparables aux géants anguipèdes, ont été une menace pour l'ordre du monde. Des colonnes surmontées d'un Jupiter aux prises avec un anguipède, qu'E. Abetel met très habilement en parallèle avec les scènes de Lousonna, sont là pour rappeler la suprématie de l'Olympien et donc de l'empereur régnant. C'est d'ailleurs dans la commémoration d'un exploit militaire impérial que va se spécialiser l'utilisation de l'iconographie du géant.

Pour la restitution du monument lausannois, E. Abetel reprend scrupuleusement chacun des parallèles qu'il a utilisés avec description et historique de leur découverte, examinant les positions des protagonistes pour assurer le choix graphique, ajoutant Mars, un Dioscure et Apollon archer au nombre des dieux représentés. Malgré une démonstration serrée, reconnaître le char d'Hélios dans le fragment à disposition ne nous a pas convaincu ; les références prises en compte sont essentiellement situées à l'époque classique et hellénistique et non à l'époque impériale romaine. La représentation de Luna ne devrait pas être négligée, nous semble-t-il. À ces éléments s'ajoutent les vestiges d'un coussinet d'autel. Fort de cette démarche détaillée, l'auteur aborde prudemment la question de la répartition des figures, de leur style, du ou des artistes qui les ont exécutées au début du IIIe siècle après J.-C., peut-être en provenance d'Avenches, la capitale des Helvètes.

La qualité de la facture des bas-reliefs amène E. Abetel à se poser la question et du lieu auquel ils étaient destinés – un fanum, un temple de type celtique – et, dans un tel lieu, de la place que prennent généralement les sculptures. Suite au passage en revue très suggestif des possibilités, la solution privilégiée est celle d'un pilier situé devant le temple et supportant une sorte d'édicule réunissant quatre pans sculptés sous un même toit ; le choix est discutable mais une proposition de restitution (fig. 60) nous en donne un rendu en couleur bienvenu. L'emplacement trouvé, il s'agit ensuite de s'interroger sur le contexte dans lequel a été érigé le monument. Le combat victorieux de Jupiter a sans doute été utilisé pour la commémoration d'exploits guerriers de l'empereur Septime Sévère, appelé le « sauveur du monde » sur une dédicace d'Avenches. Si le temple a bien été élevé en l'honneur du grand Jupiter, le seul dieu mentionné par une inscription est Mercure, un patron des commerçants tout à fait adapté pour un bourg comme Lousonna. La religion antique permet ces côtoiements. Peut-être faudrait-il mettre au compte de cette double appartenance du temple l'existence possible d'un second pilier visible sur le relevé de fouille de 1936 (fig. 63), sur lequel rien ne nous est dit.

Restait une dernière question à examiner pour que l'histoire du monument soit complète : celle de sa destruction. C'est l'occasion pour l'auteur de s'interroger sur l'implantation du christianisme sur le Plateau suisse et ses conséquences. Une couche d'incendie de la seconde moitié du IVe siècle inciterait à attribuer la destruction du temple lausannois à un moment où Martin et ses disciples sont connus pour avoir opéré des destructions de bâtiments païens. Si la gigantomachie disparaît non seulement du centre de Lousonna, mais de manière générale de l'art monumental, elle continuera à être utilisée dans les textes, les pères de l'Église en faisant une image de l'homme inculte. Est-ce là l'emploi qui a fini par faire oublier les géants anguipèdes? La monstruosité sera celle du diable et de ses acolytes. Il faudra attendre la Renaissance pour que ressurgisse le thème des géants, lié à la découverte d'objets les représentant comme le magnifique camée d'Athénion conservé à Naples. E. Abetel donne là deux excellents chapitres sur la survie des anguipèdes.

On aurait aimé voir un avertissement au lecteur signalant la relative ancienneté de la bibliographie; quelques ouvrages récents capitaux pour le propos ne sont pas mentionnés comme celui de François Queyrel, *L'autel de Pergame. Images et pouvoir en Grèce d'Asie*, Paris: Picard, Antiqua 9, 2005. Sur ce sujet, notons la parution en 2007 de l'étude de Françoise-Hélène Massa-Pairault, *La Gigantomachie de Pergame ou L'image du monde*, Athènes: École française d'Athènes, Bulletin de correspondance hellénique, Supplément 50. Plus généralement autour de Pergame, de la nouvelle datation du grand autel suite à une fouille, l'ouvrage de Wolfgang Radt, *Pergamon. Geschichte und Bauten einer antiken Metropole*, Darmstadt: Wissenschaftliche Buchgesellschaft, 1999, aurait mérité d'être cité. Pour rester en Asie Mineure, Termessos a eu droit à une publication qui reste incontournable, éditée pour la quatrième fois, celle de Mustafa Uysal, *Termessos: a Pisidian Mountain Town of Antiquity*, Antalya: Graphics, 1990; Aphrodisias a survécu à l'honorable Kenan Erim puisqu'une collection de *papers* porte le nom de la ville pour la quatrième fois en 2008 et qu'elle a eu droit à un article fouillé dans l'ouvrage édité par David Parrish, *Urbanism in Western Asia Minor. New Studies on Aphrodisias, Ephesos, Hierapolis, Pergamon, Perge, and Xanthos*, Portsmouth: Journal of Roman Archaeology, JRA Suppl. 45, 2001. Pour la discussion autour de la base de colonne de Jupiter dans la villa de Neftenbach, l'ouvrage de son fouilleur aurait apporté des compléments utiles: Jürg Rychener, *Der römische Gutshof in Neftenbach*, Zurich, Egg: Direktion der öffentlichen Bauten des Kantons Zürich, Monographien der Kantonsarchäologie Zürich 31, 1999. De même, la publication du guide archéologique de Pully aurait offert un éclairage bienvenu au propos: Sandrine Reymond, Évelyne Broillet-Ramjoué *et al.*, *La villa romaine de Pully et ses peintures murales*, Pully: Musées de Pully, Guides archéologiques de la Suisse 32, 2001.

Ces quelques lacunes n'enlèvent en rien l'acuité et la précision de l'analyse pour un livre qui rend enfin justice à un monument exceptionnel de la petite bourgade de Lousonna.

Michel Fuchs

Bernard ANDENMATTEN, Catherine CHÈNE, Martine OSTORERO, Eva PIBIRI (éds), *Mémoires de cours. Études offertes à Agostino Paravicini Bagliani par ses collègues et élèves de l'Université de Lausanne***, Lausanne: Cahiers lausannois d'histoire médiévale 48, 2008, 553 p.**

Ce quarante-huitième volume des Cahiers lausannois d'histoire médiévale (abrégé ci-après CLHM) constitue à n'en pas douter une livraison exceptionnelle. Il s'agit du premier tome de la collection à se présenter sous la forme d'un mélange d'études réunies à l'occasion du départ en retraite académique du fondateur des CLHM, le professeur Agostino Paravicini Bagliani. Ces vingt et une contributions ne sont pas dédiées à un thème de recherche précis, comme cela a été le cas précédemment (*L'itinérance des seigneurs, Pierre II de Savoie, Héraldique et emblématique de la Maison de Savoie, Le Pays de Vaud vers 1300*), mais reflètent plutôt les thèmes de recherche de leurs auteurs.

Dans son avant-propos, le professeur Michel Pastoureau rappelle avec admiration et amitié combien le professeur Paravicini Bagliani a marqué de son empreinte la chaire d'histoire médiévale de l'Université de Lausanne durant les vingt-sept années passées à sa tête. En plus de ses nombreuses publications, dont la liste exhaustive figure dans cet ouvrage, le professeur Paravicini Bagliani a dirigé l'enseignement et la recherche de la section d'histoire médiévale en sachant encadrer et stimuler ses étudiants, mémorants, doctorants et collègues. Dans le domaine de la recherche, une des contributions majeures du professeur Paravicini Bagliani a été sa volonté de faire exploiter les riches séries documentaires disponibles pour le Pays de Vaud durant la période médiévale. Comme le signale justement le professeur Pastoureau, Agostino Paravicini Bagliani s'est également livré à de nombreuses autres activités : direction de revues et de collections historiques, participation à plusieurs fondations, associations et sociétés prestigieuses en Suisse et dans le monde.

Le présent volume, au titre fort bien trouvé de *Mémoires de cours*, illustre pleinement la conception de la recherche historique du professeur Paravicini Bagliani. En effet, la majorité des auteurs ayant apporté leur contribution provient de la filière de formation de l'Université de Lausanne, les autres étant des collègues des Universités de Lausanne, Genève et Chambéry travaillant sur des thèmes analogues. De plus, tous les articles présentés sont fondés sur une analyse rigoureuse et exhaustive de sources manuscrites ou iconographiques, soit inédites, soit insuffisamment exploitées à ce jour. Selon Michel Pastoureau, ce souci de bâtir le discours sur l'exploitation des sources constitue une des grandes forces de la collection historique lausannoise. Il convient encore de mentionner qu'un autre volume en hommage au professeur Paravicini a été édité parallèlement dans le cadre de la collection *Micrologus*. Cet ouvrage reflète le deuxième pôle d'intérêt du professeur Paravicini Bagliani, à savoir l'histoire des sciences au Moyen Âge (*Natura, scienze e società medievali. Studi in onore di Agostino Paravicini Bagliani*, a cura di Claudio Leonardi e Francesco Santi, Florence : SISMEL, Micrologus' Library 28, 2008).

Malgré une apparente dispersion thématique et un spectre chronologique s'étendant sur sept siècles, ces *Mémoires de cours* présentent une cohérence certaine. À quelques exceptions près, les études portent toutes sur l'histoire du Pays de Vaud médiéval ainsi que sur un sujet connexe : la Maison de Savoie. Ces deux thèmes demeurent d'ailleurs indissociables pour qui cherche à comprendre l'évolution de notre région à cette époque. Par ailleurs, les éditeurs ont judicieusement découpé l'ouvrage en trois parties homogènes. Le premier chapitre est consacré à l'histoire religieuse et culturelle, le deuxième à l'histoire politique du Pays de Vaud et de la Maison de Savoie et le troisième aux normes et pratiques juridiques.

La première partie se révèle la plus volumineuse et la plus complexe de l'ouvrage. Elle est constituée de onze articles chronologiquement répartis entre le début du XIe et la fin du XVIIe siècle. Elle englobe également un espace spatial important. Ainsi, quoique centrée sur Lausanne et sa cathédrale, elle nous emmène également en Viennois, à Besançon, Padoue et Florence. Finalement, les sources exploitées se révèlent plus hétérogènes que dans les autres parties. Elles sont en réalité de type iconographique pour la description par Serena Romano de la salle capitulaire de la basilique Saint-Antoine de Padoue et manuscrites pour les autres articles, ce second genre offrant cependant des variantes plus ou moins courantes : littérature savante pour les coqs de Pierre Dubuis, collection d'*arenga* réunies par un chanoine lausannois pour Ernst Tremp, recueils d'*exempla* relatant des excommunications d'animaux chez Catherine Chêne et, enfin, des documents plus familiers issus des diverses chancelleries. En ce qui concerne les sources documentaires les plus anciennes, Laurent Ripart étudie un serment de paix datant de la première moitié du XIe siècle tandis qu'Alexandre Pahud évoque la situation politique du couvent de Payerne éclairée par un *deperditum* du tout début de ce même siècle. Trois articles illustrent ensuite la vie religieuse lausannoise. Le thème de la pauvreté est abordé par Georg Modestin au travers d'une donation effectuée par un dominicain lausannois dans la seconde moitié du XVe siècle. Prisca Lehmann rappelle la fondation de la chapelle des Innocents dans la cathédrale au début du XVe siècle en s'appuyant sur son acte de fondation ainsi que sur deux procès-verbaux de visites plus tardifs. Arthur Bisseger tempère quelques idées reçues à propos de l'absentéisme des chanoines à la veille de la Réforme en exploitant les nombreuses données contenues dans un registre intitulé « Calendrier de l'Église de Lausanne » datant du deuxième quart du XVIe siècle. Pour terminer, deux articles sortent du cadre lémanique. Yann Dahhaoui décrit le curieux rituel de l'élection d'un pape des Innocents grâce à la lecture d'un ordinaire-coutumier remontant à la moitié du XIIIe siècle, et Ilaria Taddei présente une synthèse sur les associations de jeunes à Florence au XVe siècle.

Le deuxième chapitre, consacré à l'histoire politique et à l'administration du Pays de Vaud et de la Maison de Savoie, présente un plus grand équilibre. Laissant de côté le monde clérical, le spectre chronologique se réduit également, étant donné que la production documentaire laïque ne prend réellement son essor qu'au XIIIe siècle. La période couverte s'étend jusqu'à la fin du XVIe siècle. Les thèmes principaux traités ici sont, d'une part, l'administration du Pays de Vaud (Clémence Thévenaz-Modestin, Franco Morenzoni) et le processus de curialisation de la Maison de Savoie aux XVe et XVIe siècles (Guido Castelnuovo, Eva Pibiri, Thalia Bréro). D'autre part, les deux articles de Christine et Jean-Daniel Morerod et de Bernard Andenmatten démontrent une fois de plus le rôle crucial joué par les princes savoyards dans l'évolution politique de la région.

La troisième et dernière partie de l'ouvrage est consacrée aux normes pratiques et juridiques. Les premières touchent un des domaines les mieux étudiés dans le cadre de la Section d'histoire médiévale de l'Université de Lausanne, à savoir la répression des crimes de sorcellerie dès la fin du Moyen Âge. Dans les trois articles qui y sont consacrés (Kathrin Utz Tremp, Chantal Amman-Doubliez, Lionel Dorthe), l'accent porte sur les implications directes d'enquêtes menées par les pouvoirs laïques dont l'objectif principal visait à rétablir la paix et l'ordre publics au sein des communautés. Les normes juridiques sont illustrées par deux grands spécialistes du droit médiéval romand: les professeurs Jean-François Poudret et Denis Tappy. Le premier étudie la cession de biens en cas d'excommunication pour dettes, une pratique très particulière du droit médiéval. Le second traite de la diffusion des prescriptions canoniques relatives aux fiançailles et au mariage.

Au terme du vaste tour d'horizon présenté par cet ouvrage, le lecteur aura pu se forger une image assez exhaustive des champs de recherche historiques actuels dans notre région. On peut espérer que les étudiants et chercheurs qui succéderont désormais au professeur Agostino Paravicini Bagliani garderont en mémoire l'impulsion qu'il a su donner aux études médiévales lémaniques et que de nombreux volumes des CLHM viendront encore en apporter la preuve. Ce sera là sans doute le plus bel hommage qu'on pourra lui rendre.

Claude Berguerand

Caroline BRUNETTI *et al.*, *Yverdon-les-Bains et Sermuz à la fin de l'âge du Fer*, Lausanne: Cahiers d'archéologie romande 107, 2007, 638 p.

Participer au remontage morcelé des premiers temps d'Yverdon-les-Bains, à l'époque où la ville d'eau s'appelait *Eburodunum*, la «forteresse des ifs», voilà ce que nous propose Caroline Brunetti dans la publication de sa thèse. Son approche est précise et savamment menée entre les bribes recueillies dans l'une des rues de la ville et le mobilier façonneur du temps. Le point de départ de ses recherches lui a été fourni par une série d'interventions dans la rue des Philosophes, les premières d'envergure après celles d'Albert Naef, grand archéologue vaudois qui s'est penché lui sur le *castrum*, le fort du IVe siècle après J.-C. situé au sud du bourg. C. Brunetti insère habilement son travail dans celui de ses prédécesseurs et fournit une étude détaillée de chacune des fouilles menées dans les années 1990. Des plans ponctuent régulièrement le discours et facilitent la lecture et la compréhension des résultats.

La ville antique s'est établie logiquement sur un cordon littoral (III) stable et va très tôt prendre place à l'endroit du *castrum* tardif. Le sous-sol humide du site a permis la conservation de bois qui ont fourni de précieuses datations dendrochronologiques: un imposant ouvrage défensif voit le jour vers 80 avant J.-C. et le fort est construit vers 325-326 après J.-C. La description des différents chantiers a l'avantage d'assurer la restitution finalement proposée, malgré le caractère incomplet des fouilles conduites sur place, vingt-six interventions ayant livré des vestiges ou du matériel de l'âge du Fer à Yverdon (répertoire aux pp. 30-32). Dès le début du IIe siècle avant J.-C., le terrain a nécessité le creusement de fossés pour lesquels l'auteure privilégie de manière convaincante la fonction drainante, en relation avec une agglomération proche et peut-être la construction d'une fortification. Des piquets de bois ont révélé ailleurs une date d'abattage entre 308 et

305 avant J.-C., assurant ainsi l'existence d'une première palissade. Elle sera suivie par une deuxième palissade avant la construction du rempart du début du Ier siècle avant J.-C. Celui-ci a droit à une étude attentive tant sa structure est exemplaire, comprenant en outre l'attestation d'une réfection partielle : il fait partie des fortifications à poteaux frontaux, que l'on nomme généralement sous leur vocable allemand de *Pfostenschlitzmauer*, bien connues en Suisse, en particulier avec les exemples de Berne-Engehalbinsel et du Mont Vully. Sa restitution sous forme de maquette ou de dessins (fig. 105-108) rend bien compte du système mis au point pour la défense des lieux à l'époque de la Tène finale, imposant avec ses 5 m de hauteur estimée. Le rempart devait longer le rivage antique du lac d'un côté, l'ancien cours de la Thièle de l'autre, faisant d'Yverdon un site de plaine fortifié qui, à ce jour, ne trouve aucun rapprochement. L'ouvrage est démantelé au milieu du Ier siècle avant J.-C. En bordure extérieure et intérieure du rempart, des bâtiments ont été mis au jour dont l'un, semi-enterré, a permis la restitution architecturale d'un édifice à poteaux plantés à deux nefs (fig. 117-118), qui a le plus vraisemblablement servi d'atelier autour du milieu du Ier siècle avant J.-C.

C. Brunetti n'a pas délaissé les constructions romaines du secteur de la rue des Philosophes, alors qu'elles n'entraient pas directement dans son propos. Elle nous offre ainsi l'avantage de considérer l'évolution de la zone dans sa globalité : l'*oppidum* celtique est abandonné laissant place à la tourbe avant des travaux de remblayage importants vers 10-20 après J.-C. dans le secteur oriental. Ce remblai d'installation du *vicus* avait déjà été repéré sous l'atelier de Faustus, potier yverdonnois. Au sud du secteur, le remblai n'est installé que quelques décennies plus tard et ne suscite pas de développement urbain. Celui-ci se fait visiblement le long de la voie qui longe le rivage antique. Le bourg sera occupé jusqu'au milieu du IIIe siècle, comme l'atteste le cuvelage en bois d'un puits daté de 240 après J.-C. Le site semble abandonné ou en cours d'abandon lorsqu'une volonté sans doute impériale décide d'aménager le *castrum eburodunense* ; il constituera le siège du préfet de la flotte des nautoniers jusqu'au Ve siècle en tout cas, selon la *Notice des Dignités*.

Un imposant chapitre de l'ouvrage traite du mobilier archéologique, donnant un apport capital à la connaissance des objets de la première moitié du Ier siècle avant J.-C. dans nos régions, à la charnière entre deux phases de la période de La Tène finale, LT D1 et LT D2 pour les spécialistes. L'auteure a mis au point une typologie et une nomenclature éprouvées qui font de son catalogue une référence désormais obligée pour la céramique de cette époque. La précision accordée à l'analyse du matériel de l'*oppidum* n'est pas oubliée en abordant celle du *vicus* : l'occupation de l'ensemble du site est auscultée. À l'aide du passage en revue du mobilier des fouilles anciennes, une évolution des répertoires céramiques est même proposée, s'étendant aux questions de commercialisation, de romanisation et de modes de production (pp. 290-301). Des études spécialisées ont été confiées à différents collaborateurs, de l'analyse pétrographique du rempart à celle des monnaies (la première vers 80 avant J.-C., la dernière vers la fin du IVe siècle après J.-C.), en passant par l'étude du travail du bois (les pieux du rempart sont essentiellement en chêne, deux sont en hêtre), l'analyse statique du rempart, l'étude des restes osseux et de la métallurgie. Une mention particulière doit être faite pour le chapitre que C. Brunetti consacre à la statue celtique en chêne trouvée devant la fortification gauloise d'Yverdon et au dépôt votif du second âge du Fer dont elle faisait partie : le bois sculpté est très vraisemblablement la représentation d'une divinité, peut-être tutélaire, portant un torque autour du cou, offrande des hommes, et tenant un torque en main droite, signe des bienfaits apporté par le dieu.

Pour une meilleure compréhension de la période envisagée à l'ouest du lac de Neuchâtel, il était indispensable de rendre compte du *murus gallicus* de Sermuz, conservé sur place et visible depuis 1990. Philippe Curdy, l'un des responsables de la fouille, fait ici la publication de ce rempart protohistorique établi à proximité d'Yverdon. Sa construction se caractérise par la présence de deux fronts parementés en pierre sèche et d'une grille de poutres horizontales dans les remblais, selon un système que décrit Jules César (*Guerre des Gaules*, VII, 23) et qui lui a valu son nom (cf. la restitution de la fig. 312). Forte de l'analyse du matériel du site, C. Brunetti conclut, en un chapitre de réflexions bienvenues, par la terminologie des remparts celtiques et leur rôle en Suisse occidentale, par une synthèse autour de l'occupation d'Yverdon et les raisons de la présence d'une fortification sur le site tout proche de Sermuz. Des troupes d'auxiliaires gaulois ont sans doute séjourné sur les hauts d'un bourg qui ne cesse d'être occupé durant tout le Ier siècle avant notre ère. Par son étude approfondie, C. Brunetti nous offre là une base solide pour toute recherche sur la fin de l'âge du Fer et la romanisation du territoire helvète.

Michel Fuchs

Jean CHAUMA, *Poèmes et récits de plaine*, Lausanne: Éd. Antipodes, A contrario, 2008, 69 p.

Ce recueil a été écrit par un ex-détenu des ÉPO, Jean Chauma, incarcéré à la suite d'un certain nombre de braquages à main armée retentissants.

D'une forme brève, incisive même, les poèmes et récits déclinent les thèmes de la vie en prison, de la vie avant la prison aussi. Y apparaissent des images simples tirées du quotidien (bruits et odeurs de l'atelier, givre du matin). Le langage est concis, cru quelquefois, contrastant avec certaines pages où c'est la recherche lexicale qui prime (comme dans le poème intitulé *Secret*, énonçant non sans une pointe d'humour: *Trusquiner et dégauchir à la varlope*), et d'autres où filtre l'amour des sons, avec l'usage d'allitérations par exemple.

On sent tout au long du recueil l'envie de ne faire qu'un avec le monde, avec le ciel, avec le paysage, avec l'établi et les outils de l'atelier. Parfois, l'auteur accède à un moment de révélation, de grâce presque; il arrive alors à s'unir au cosmos, mais, on l'imagine, ces moments sont rares, car il y a énormément d'attente, une attente interminable dans la grande plaine, il y a les limites physiques du pénitencier, celles qui touchent la psyché, il y a beaucoup de mélancolie, et quelque chose de désespéré dans cette existence. Quelque chose de doux aussi, qui tranche complètement avec le précédent ouvrage, un roman dur et sauvage, *Bras cassés*, dont on ressort groggy, à la fois fasciné et nauséeux, également publié aux Éditions Antipodes.

Chez Chauma, malgré les circonstances tragiques, ou peut-être grâce à celles-ci, il y a encore beaucoup de rêve, d'enfance, d'évasion aussi…; il y a une formidable pulsion de vie qui arrive à le projeter, en emmenant le lecteur avec lui, hors et au-delà d'une existence trop cloisonnée. En cela, ce recueil est bouleversant.

L'auteur n'emploie pas de ton revendicateur ou revanchard sur sa condition, bien au contraire, on a même l'impression que les ÉPO lui apportent une forme de rédemption, ou plus simplement de sérénité. Par ailleurs, son écriture ne se borne pas à décrire le quotidien, elle le transcende, et révèle une vraie portée littéraire.

Le jeu de mots est facile mais tentant: Jean Chauma sait faire sauter les conventions, tout comme il a si bien su faire sauter la banque. Ses paroles parlent au cœur de chacun, car elles expriment la condition fondamentale de l'homme, son «urgence» de vivre, tout comme les limites de son existence. La prison n'est-elle finalement pas la meilleure métaphore de notre condition humaine que l'enfermement pousse à son paroxysme?

Ici

Ici les visages et les corps se crispent, se tordent, se figent et se tendent.
Ici on ne se parle pas, on va d'enculade en va chier et bande d'enfoirés.
Ici on ne pense pas on geint.
Ici on ne vit pas on attend de vivre.
Ici les bonjours sont des contrôles, les bons appétits des passages obligés, les bonsoirs des fermetures.
Ici l'autre est odeur et hurlement, l'autre est mélange impudique et ennemi.
Ici.
Des hommes vivent.

Catherine Schmutz

Le Plaict Général de Lausanne de 1368 «translaté de latyn en françois», **édité par Yann Dahhaoui et commenté par Jean-François Poudret**, Lausanne: Cahiers lausannois d'histoire médiévale 43, 2008, 93 p.

On sait que Lausanne a bénéficié au Moyen Âge d'un plaid général, soit d'une assemblée remontant vraisemblablement à l'époque carolingienne, qui a exercé jusqu'au XIVe siècle des fonctions judiciaires et de police des voies publiques, mais a joué aussi un rôle important dans la transmission, d'abord orale, des droits réciproques du seigneur et des habitants qu'elle reconnaissait périodiquement. De cette reconnaissance, on est passé en 1368 à une rédaction officielle, qui a fait dès lors figure de charte fondamentale, codifiant les libertés et franchises de cette ville. Rapidement appelé Plaict général, d'après le nom de l'assemblée dont il est issu[1], ce texte est resté la principale source écrite du droit lausannois jusqu'à son remplacement par un coutumier du même nom rédigé à l'époque bernoise (*Coustumier et Plaict général de Lausanne* de 1618). Il s'agit donc d'un monument majeur pour l'histoire juridique et institutionnelle de la cité épiscopale, qui a fait l'objet de plusieurs études ces dernières décennies, dont tout récemment un ouvrage du professeur zurichois Simon Teuscher consacré au passage de la tradition orale à la rédaction écrite sur le territoire de la Suisse actuelle[2], où le cas lausannois est amplement traité.

Si le texte original latin du Plaict général de 1368 et le commentaire, en latin également, qui en a été rédigé au XVe siècle ont fait l'objet de plusieurs éditions scientifiques, pour la dernière fois en 1977 (SDS Vd B I N°s 190, pp. 219 ss. et 192, pp. 239 ss.), il n'en existait à ce jour pas de version française aisément accessible. Une traduction de la fin du Moyen Âge, avec une numérotation des articles et un répertoire en français également, est pourtant conservée dans les archives de la ville de Vevey. Découvert en 1942, ce document était resté inédit et largement ignoré jusqu'ici. Yann Dahhaoui et Jean-François Poudret se sont unis pour en donner une édition critique.

Le défi était de taille: retrouvés dans l'épaisseur d'une couverture, les feuillets supportant cette traduction ont en effet été partiellement rognés, d'où la disparition ou la mutilation de multiples passages. En se fondant sur la version latine, les auteurs ont néanmoins pu reconstituer un texte pratiquement complet. Il est édité avec en chiffres romains sa numérotation d'époque ainsi qu'en chiffres arabes la numérotation, différente, utilisée par les historiens modernes. Chaque disposition est en outre accompagnée de notes qui en facilitent la compréhension.

L'édition elle-même est précédée d'une ample présentation, qui récapitule ce que l'on sait de l'assemblée du plaid général et de la rédaction de 1368 (pp. 5 ss.) et décrit le manuscrit veveysan ainsi que les principes

---

1 S'il n'apparaît pas dans ce texte lui-même, le terme de «Plaict général» pour désigner la rédaction précitée est attesté dès 1389 en tout cas (*littera placiti generalis*, cf. *Les sources du droit Suisse, XIXe partie, Les sources du droit du canton de Vaud, Moyen Âge (X[e]-XVIe siècle), B. Droit seigneuriaux et franchises municipales, I. Lausanne et les terres épiscopales*, éd. Danielle Anex-Cabanis et Jean-François Poudret, Aarau: Sauerländer, 1977, ci-après Vd B I N° 337, p. 567) et devient usuel au XVe siècle, tant en latin qu'en français, mais la graphie utilisée n'est pas alors unifiée. Afin de distinguer l'assemblée de la rédaction de 1368, les historiens modernes ont pris l'habitude d'orthographier la première «plaid» et la seconde «Plaict».

2 Cf. S. Teuscher, *Erzähltes Recht. Lokale Herrshaft, Verschriftlichung und Traditionsbildung im Spätmittelalter*, Frankfurt/New York: Campus Verlag, 2007. Plus spécialement sur le Plaict général de Lausanne, cf. aussi du même auteur «Notiz, Weisung, Glosse. Zur Entstehung ‹mündlicher Rechtstexte› im spätmittelalterlichen Lausanne», in Ludolf Kuchenbuch *et al.* (éds), *Textus im Mittelalter. Komponenten und Situationen des Wortgebrauches im Schriftsemantischen Feld*, Göttingen: Vandenhoeck & Ruprecht, Veröffentlichungen des Max-Planck-Instituts für Geschichte 216, 2006, pp. 254-284.

d'édition suivis (pp. 19 ss.). Il n'est possible en l'état ni d'identifier le traducteur, ni de déterminer dans quel contexte il a effectué son travail, ni de localiser ou dater précisément celui-ci. Les auteurs penchent cependant pour une œuvre du XVe ou du début du XVIe siècle et une provenance de la région de Vevey même, d'autant plus plausible que le droit lausannois s'appliquait dans cette ville et les alentours (p. 24 et p. 30 n. 8). Ils relèvent une erreur à l'article 152 (*ad altitudinem* rendu par *alentour*, ce qu'une faute de transcription d'un texte déjà en français, qui aurait pu porter par exemple *à l'auteur*..., expliquerait mieux qu'une faute de traduction directe), et d'autres bizarreries qui pourraient indiquer que le manuscrit veveysan est lui-même la copie d'une traduction préexistante (p. 23 n. 95). Bien qu'un document montre que la ville de Lausanne possédait en 1482 une telle traduction, aujourd'hui perdue, le titre donné par cette source est différent de celui du manuscrit veveysan, de telle sorte que les auteurs estiment peu probable une filiation (p. 23).

L'existence d'une telle version française pose la question de la maîtrise du latin par les utilisateurs de documents officiels, restés en général rédigés en cette langue dans nos régions jusqu'en 1536. Le manuscrit veveysan n'est pas un exemple isolé, et les auteurs appellent à une comparaison avec d'autres actes qui ont été traduits à la fin du Moyen Âge en Suisse romande, comme la *Handfeste* de Fribourg, les Franchises de Genève, ou celles de Moudon (p. 2). On pourrait ajouter pour Lausanne la confirmation des droits et libertés de la ville par l'empereur Frédéric III en 1469, dont cette ville avait commandé une traduction à son syndic Jean Bagnyon (cf. SDS Vd B I N° 38, p. 28 et Mémoires et documents publiés par la Société d'histoire de la Suisse romande XXXV, 1881, pp. 154 ss.) et qui est également mentionnée dans le document de 1482 précité (cf. Clémence Thévenaz Modestin, *Un mariage contesté. L'union de la Cité et de la Ville inférieure de Lausanne (1481)*, Lausanne: Cahier lausannois d'histoire médiévale 38, 2006, p. 249 n. 78). Ces exemples s'inscrivent d'ailleurs dans un mouvement plus ample: ainsi, en 1528, le duc Charles III fit établir une traduction française des *Statuta Sabaudie* de 1430, qui fut remise aux États de Savoie, mais qu'il renonça à faire imprimer dans l'attente d'une révision générale de ces statuts (cf. *Parlamento Sabaudo*, Bologne: N. Zanichelli, 1928 ss., IX N°s 4805 p. 600, 4807 p. 605, 4821 p. 620, 4822 p. 621 et 4824 p. 625). Relevons qu'il s'agit dans tous les cas de traductions en français et non en patois, même si quelques termes ou formes témoignent d'une influence du franco-provençal (par exemple, l'usage, à deux reprises, du terme *disande* au lieu du français samedi, qui apparaît cependant aussi, cf. p. 49, n. 72).

Certaines inexactitudes de la traduction montrent que son auteur a parfois mal compris (par exemple à l'art. 148, où il a traduit *hospitium* par *hoste* au lieu de «demeure», cf. p. 68 n. 144), voire mal lu (par exemple à l'art. 147 où il a sans doute lu *delicto* pour *debito*, cf. p. 68 n. 143), certains passages du texte de 1368. Il lui est arrivé aussi de sauter quelques mots (par exemple à l'article 155 où il n'a pas traduit *quibus [diebus] tenebitur curia secularis*, cf. p. 71 n. 152). À l'inverse, il peut aussi cependant se montrer plus précis que sa source (par exemple, à l'art. 3, où le latin *raptores* est rendu par *rapteours* de femme). En général, le manuscrit veveysan contient cependant bien une simple traduction, qui ne prétend pas ajouter des compléments au Plaict général de 1368. À aucun moment, il ne se réfère directement au commentaire du XVe siècle déjà mentionné. En se fondant sur deux passages dont la traduction s'écarte du texte littéral latin dans un sens rejoignant des indications du commentateur, les auteurs estiment que le traducteur a pu en avoir connaissance (pp. 24, 32 n. 19 et 54 n. 91). Ils signalent cependant d'autres cas où la traduction s'en tient aux indications de la rédaction de 1368, alors même que des changements survenus depuis sont signalés dans le commentaire (pp. 41 n. 43 et 47 n. 66). Ajoutons que le manuscrit veveysan traduit également littéralement un passage de l'art. 2 (*canonici... debent regi processiones* rendu par *les chanoyne... doivent aut roy processions*) là où le commentateur a lu *canonici debent regere processiones*, sans faire mention du roi. Il nous semble ainsi que les indices en faveur d'une utilisation du commentaire par le traducteur sont contrebalancés par au moins autant d'indices contraires...

En définitive, la publication de Yann Dahhaoui et de Jean-François Poudret captivera toutes les personnes intéressées par l'histoire du droit et des institutions de Lausanne. Ils y trouveront abondance de renseignements sur la manière dont le Plaict général de 1368 était compris à la fin du Moyen Âge en même temps que, grâce à l'appareil critique accompagnant chaque disposition, des explications et des pistes de recherche renvoyant tant à d'autres documents médiévaux qu'à des travaux historiques récents. De la numérotation d'époque et du répertoire qui termine le manuscrit, ils pourront aussi tirer d'intéressantes indications sur la manière dont les praticiens pouvaient utiliser un tel document. Celui-ci devrait d'ailleurs retenir aussi l'attention des philologues et linguistes pour tous les renseignements que ce rare témoignage peut fournir sur la manière dont le latin médiéval était rendu en langue vernaculaire et, en général, sur le français utilisé dans nos régions à cette époque. Plus simplement, cette traduction pourra aussi rendre service aux historiens non latinistes, aujourd'hui toujours plus nombreux, désireux d'accéder au contenu du Plaict général de Lausanne. Relevons encore à cet égard que l'ouvrage est encore complété par un glossaire, établi avec l'aide des rédacteurs du *Glossaire des patois de la Suisse romande*, qui donne le sens de divers mots rares ou locaux apparaissant dans cette traduction et en facilite ainsi la compréhension.

Denis Tappy

François DEMOTZ, *La Bourgogne, dernier des royaumes carolingiens (855-1056). Roi, pouvoirs et élites autour du Léman*, Lausanne: Société d'histoire de la Suisse romande, Mémoires et Documents publiés par la Société d'histoire de la Suisse romande, 4e série, t. IX, 2008, 764 p.

Défendue en juillet 2002, à l'Université de Lyon III[1], la thèse de François Demotz a été retravaillée pour les besoins de la publication. La comparaison des deux versions démontre des modifications formelles, sans pour autant enlever à la démarche son caractère monumental et l'impressionnante masse d'informations accumulées.

Au final, 764 pages, 2314 notes de pied de page, 20 cartes, 19 tableaux généalogiques, 16 tableaux, 27 illustrations, autant d'éléments bienvenus et essentiels de la démarche. La bibliographie occupe 25 pages, alors qu'un index entremêlé des noms de personnes et de lieux s'étend des pages 735 à 751. La table des matières est judicieusement détaillée, ce qui permet de repérer rapidement les informations utiles et donne à l'ensemble des blocs d'information bien délimités. La matière est répartie entre quatre parties de longueur décroissante qui imposent à l'ensemble un découpage chronologique et qui sont autant d'étapes du développement du pouvoir des rois de Bourgogne et scandent l'intégration progressive de la Bourgogne à l'Empire. «La force des traditions carolingiennes (855-vers 950)», pp. 39-257; «Le royaume post-carolingien. L'enracinement aristocratique et seigneurial» (vers 950-vers 1000), pp. 295-421; «L'ampleur de la réorganisation royale (973-1016)», pp. 423-580; «Un royaume en sursis (1016-1057)», pp. 581-760. Chaque partie dispose d'une conclusion spécifique. À la conclusion générale des pages 703 à 708 fait écho, en début de volume, une introduction générale (pp. 13-25), suivie d'un «État de la documentation», panoramique et sobre. Un chapitre intitulé «Prologue» (pp. 33-37) permet de dégager le contexte historique qui précède les années traitées par l'auteur. Les dates extrêmes choisies, 855 et 1056, trouvent leur justification par l'apparition, à partir du règne de Lothaire II (855-869), du duché de Transjurane, en rupture avec l'époque mérovingienne durant laquelle

1   Titre original: «La Bourgogne transjurane (855-1056). L'évolution des rapports de pouvoir dans le monde post-carolingien», annoncé comme accessible en ligne sous http://doc.rero.ch/record/10633?ln=fr – en fait, il s'agit du texte publié en 2008. Elle est citée pour les documents que la version imprimée ne reprend pas, cf. p. 195, note 347. Quelques menues incorrections parsèment le livre (p. 27, «siècle dernier», en fait XIXe siècle; p. 704 («Rodoplphiens»). Des ouvrages ont été publiés entre-temps. Ainsi cf. p. 396, note 187, p. 446, note 71, p. 449, note 89, p. 572, note 209.

un duché s'étendait sur les deux versants du Jura. En 1056, avec la mort d'Henri III, la Bourgogne transjurane n'est plus considérée comme une zone royale. Son poids politique s'estompe, le pouvoir public se disloque au profit des seigneurs laïques dès la seconde moitié du XIe siècle.

Le choix de la longue durée autorise l'auteur à placer précisément les mutations du royaume et l'implantation graduelle, puis centrale de la zone d'influence des rois de Bourgogne sur la région de l'actuelle Suisse romande pendant plus d'un siècle. Elle démontre à l'envi la force de la politique menée par les rois de Bourgogne à établir leur pouvoir sur les structures religieuses, en renforçant les institutions ecclésiastiques, en faisant de l'abbaye de Saint-Maurice, dès la constitution du royaume, le «pivot du pouvoir royal» (p. 492), le centre de gravité de leur pouvoir et le rayonnement de leur *honor*. Les rois de Bourgogne, principalement Rodolphe III (993-1032), vont tout spécialement s'appuyer sur les évêques en leur cédant des droits publics, à l'exemple de ce que font les souverains germaniques dans leur propre royaume. Ils donnent ainsi les pouvoirs comtaux à l'archevêque de Tarentaise (996), aux évêques du Valais (999), de Lausanne (1011) et de Vienne (1023). À travers les diplômes royaux en faveur de couvents, ils garantissent la sécurité des voies de communication. L'abbaye de Romainmôtier est, avec celle de Payerne, le relais de l'expansion clunisienne dans l'actuelle Suisse romande. Elle compose, sur la volonté de Rodolphe III, un des quatre éléments du réseau clunisien sur lequel le roi de Bourgogne s'appuie dès les dernières années du Xe siècle pour définir de nouveaux réseaux de l'exercice du pouvoir, à côté de ceux des évêques, et des églises qui se mettent en place au tournant de l'an mil. Ainsi, les fondations clunisiennes sur des sites déjà occupés antérieurement de Bevaix en 998 et de Saint-Victor, à Genève, peu après l'an mil, complètent le dispositif de contrôle des routes et les zones d'influence. Il y a derrière ces dates la détermination de Rodolphe III à former des circonscriptions territoriales organisées autour d'un établissement religieux. Le couvent de Romainmôtier se vit d'ailleurs reconnaître, au milieu du XIe siècle, un périmètre de sécurité autour du monastère et par là deviendra une entité politique autonome. L'espace territorial est systématiquement quadrillé par des pouvoirs confiés par les rois de Bourgogne aux évêques et aux églises, ainsi qu'à des membres proches de leur famille. Il offre (cela est constaté pour le couvent de Romainmôtier et l'abbaye de Saint-Maurice) des zones de convergence, sans qu'elles soient des zones de dispute. En tout cas, les documents sont muets sur de tels conflits. Au lieu de laisser des pouvoirs se fragmenter, les rois de Bourgogne les segmentent et les tiennent dans une ampleur parfaitement contrôlée.

Entre 888 et 1032, quatre souverains se succèdent à la tête de la Bourgogne. Rodolphe Ier (888-912), Rodolphe II (912-937), Conrad dit le Pacifique (937-993) et Rodolphe III (993-1032) s'intitulèrent le plus souvent «roi», sans précision géographique, le temps d'un royaume aux contours mouvants, «roi des Bourguignons», exceptionnellement «roi des Jurassiens», une fois la stabilité des frontières établie. Avec l'accession de Rodolphe Ier au pouvoir, la Bourgogne, pour la première fois depuis le début de son histoire, n'est pas englobée dans un grand organisme politique dont l'avenir appartient à un lieu de décision extérieur à son espace. Elle reste néanmoins profondément marquée par des facteurs géopolitiques et par la politique réaliste et pragmatique menée par les empereurs germaniques. Elle s'affirme comme une région intermédiaire et de transit entre le nord et le sud de l'Europe. Par leur politique expansionniste, Rodolphe Ier et Rodolphe II tentèrent plusieurs fois d'élargir leur sphère d'influence politique et familiale vers l'est, le nord et le sud. Les bénéfices ne furent en réalité que temporaires. Dans son expression large, atteinte au milieu du Xe siècle, la Bourgogne était composée de diverses circonscriptions territoriales s'étendant de Bâle à Marseille, en passant par les centres de Besançon, d'Aoste, de Lyon, de Grenoble, de Vienne, de Lausanne et de Saint-Maurice. Quant à la Bourgogne transjurane, elle débordait les frontières actuelles de la Suisse romande. Le Jura et les Alpes formaient des frontières nettes, les aires d'influence furent manifestes dans les régions parcourues par l'Aar et le long du Rhône; en revanche, au nord et à l'est, les limites étaient floues, s'estompant entre Moutier et Bâle, Bümplitz et Soleure, l'Aar et la Reuss. Trois archidiocèses assuraient le fondement territorial du royaume: Besançon (avec les diocèses de Bâle et de Lausanne), la Tarentaise (avec ceux de Sion, Saint-Jean-de-Maurienne et Aoste), Vienne (avec celui de Genève). On franchissait les Alpes par les cols du Mont-Joux et du Mont-Cenis.

Rodolphe III renforça son pouvoir dans les parties centrales de la Bourgogne, donnant à cet espace une forte cohérence politique et territoriale. Ce n'est pas peut-être un hasard si le diocèse de Lausanne et le pourtour du lac Léman sont les régions du royaume les mieux documentées. Grâce à l'abbaye de Saint-Maurice d'Agaune, le Valais est un peu mieux connu, alors que le diocèse de Genève souffre d'une grande faiblesse de sources.

En 888, l'Empire est définitivement disloqué en entités politiques qui vivront chacune une évolution sociale, culturelle et institutionnelle propre – même si les structures héritées des Carolingiens perdurent encore longtemps, en particulier le pouvoir des évêques et de l'aristocratie. Parmi les royaumes nés de l'éclatement de 888, celui de Bourgogne est le plus modeste, mais il est l'un des plus durables. C'est la seule zone de l'ancienne Lotharingie qui survive comme entité politique, encadrée par deux puissances redoutables, la Francie occidentale et la Germanie. Bien plus, le nouveau royaume représente un remarquable cas de continuité: les usages carolingiens se maintiennent plus longtemps qu'ailleurs, ce qui fait des Rodolphiens les seuls successeurs des Carolingiens à régner continûment jusqu'au XIe siècle. La Bourgogne transjurane a connu plus tardivement que les régions voisines les phénomènes de la féodalité et l'accaparement des terres par les familles seigneuriales Le titre de la thèse trouve dans ce fait sa justification.

Différents facteurs ont concouru à la stabilité du royaume: le faible nombre de souverains à sa tête, et la longévité des règnes des principaux dignitaires du royaume de Bourgogne, en particulier autour de Rodolphe III, parmi lesquels les évêques des diocèses de Genève, de Lausanne et du Valais, l'abbé de Cluny, Odilon (993-1049). Les modèles de gouvernement de la *Kirchenpolitik* et de l'*Adelspolitik* sont empruntés aux puissants qui environnent la Bourgogne. Le territoire est dépourvu d'une aristocratie laïque capable de s'opposer aux pouvoirs royal et religieux. La principale nouveauté sur le plan territorial réside dans l'existence de circonscriptions organisées autour des établissements religieux, et non d'un comité. Il est probable que le fait de s'appuyer sur l'Église détourna la dynastie du souci raisonné, à long terme, d'une clientèle. Il en découle l'absence originale d'influence du roi sur la condition des terres et des personnes et une grande homogénéité dans l'exercice du pouvoir. La féodalité est alors balbutiante, voire peu appréciée, la société n'est seigneuriale qu'à partir de la fin du XIe siècle et l'aristocratie ne se transforme pas en noblesse avant au moins deux siècles. Autour de l'an mil, il n'est nullement question dans les actes privés de charges féodales ou de rapports de dépendance personnelle. On constate au contraire une forte allodialité chez les hommes libres, une vassalité faible et un mouvement seigneurial lent.

Bâti autour des routes qui relient l'Allemagne à l'Italie et à la Francie, le royaume résiste de manière étonnante, non sans habileté et sans stratégie familiale, aux velléités de mainmise. Les rois germaniques, dont les intentions sont manifestes depuis 926, devront attendre la mort de Rodolphe III, en 1032, pour reprendre à leur compte les terres de Bourgogne.

Déjà amorcé dans des études antérieures auxquelles les noms de Guido Castelnuovo et de Gilbert Coutaz sont associés[2], le jugement d'une vision renouvelée de la période et des rois de Bourgogne trouve en François Demotz un défenseur convaincant[3]. L'interprétation qui a longtemps prévalu d'un royaume faible et de rois falots, en particulier Rodolphe III, entretenue par l'historiographie allemande, déjà à l'époque des rois de Bourgogne, est battue en brèche. L'étude est d'autant plus importante pour les historiens suisses qu'entre 888 et 1032, les rois de Bourgogne ont eu leur véritable assise patrimoniale et ont exercé le pouvoir de manière continue dans les régions de la Suisse romande. L'époque autour de l'an mil fut un moment privilégié de l'histoire de cette région. Dès le XVIIIe siècle, des historiens et des essayistes lui donnèrent un rôle fondateur. Qui plus est, certains en firent le premier référent de l'identité de la Suisse romande. Ce qui est inexact sous l'an-

---

[2] Agostino Paravicini Bagliani, Jean-Pierre Felber, Jean-Daniel Morerod et Véronique Pasche (dir.), *Les pays romands au Moyen Âge*, Lausanne: Payot, Territoires, 1997, pp. 109-114 et 580.

[3] La notice du *Dictionnaire historique suisse*, t. 2, 2002, p. 531 (Hans-Dietrich Kahl) ignore le travail de Demotz et souffre dans sa formulation d'une présentation stéréotypée.

gle de la conscience historique ou d'un sentiment ethnique, mais exact dans le sens d'une période particulièrement féconde et dynamique. Ces constats sont d'autant plus évidents, quand on compare la Bourgogne transjurane entre 888 et 1032 aux périodes qui précèdent et qui suivent. Après 1056, le glas de l'indépendance bourguignonne a sonné, elle n'est plus qu'une région que l'on peut abandonner à un duc et un des accès à l'Italie. Elle perd son rôle de centre politique, tout en gagnant une incontestable autonomie. En l'absence d'un souverain fédérateur, son unité politique se désagrège, les grands issus du royaume de Bourgogne deviennent les maîtres de situations politiques locales variées. «Né de l'empire carolingien finissant et parmi d'autres royaumes, celui de Bourgogne est le dernier à mourir, non sans s'être transformé.» (p. 705).

L'étude classique de René Poupardin[4] a trouvé désormais son successeur, un siècle après sa parution. Comblant une longue période de disette historique sur la période, la thèse de François Demotz s'inscrit désormais comme la publication de référence, elle donne le cadre chronologique et documentaire, ainsi que les lignes directrices. Elle présente l'atout indéniable du choix de la longue période et du vaste espace. Par son approche monographique et panoramique, elle assure le soubassement nécessaire aux travaux de détail. À l'évidence, elle constitue le signal pour de nouvelles études sectorielles dont la thèse défendue en novembre 2008 à l'Université de Lausanne par Alexandre Pahud constitue la plus belle réussite[5].

Gilbert Coutaz

Cédric HUMAIR, Hans Ulrich JOST (dir.), *Prométhée déchaîné: technologies, culture et société helvétiques à la Belle Époque*, Lausanne: Éd. Antipodes, Les Annuelles 11, 2008, 129 p.

Entre 1890 et la fin de la Première Guerre mondiale s'étend une période qu'il est convenu de qualifier de «Belle Époque». À la fois créative, inventive et flamboyante, mais aussi cynique et dépressive, cette période de progrès techniques est aussi celle des conflits «entre le matérialisme capitaliste et les mythes de la modernité» pour citer les auteurs de la substantielle introduction, Hans Ulrich Jost et Monique Pavillon. Derrière l'explosion des avant-gardes artistiques (impressionnisme, cubisme, fauvisme, Art nouveau, etc.) et des sciences (transmission de l'électricité, ondes radio, rayons X, radioactivité, physique des particules, etc.) se profile un débat philosophique sur culture et civilisation aux accents parfois très pessimistes, d'autant que les connaissances nouvelles sont souvent mises au service de causes sociopolitiques telles que le racisme, le sexisme, le colonialisme et finalement l'impérialisme, alors à son comble.

L'accélération des transformations urbaines sous le coup de fouet des techniques modernes et des facilités accrues de transport entraîne une crise des identités et l'apparition d'une culture de masse, «qui, pour la première fois dans l'histoire humaine diffuse au jour le jour (…) les nouvelles représentations sociales communes simplifiées» (Christophe Charle, *La crise des sociétés impériales*…, Paris: Seuil, 2001, cité par les auteurs).

Les contributions qui suivent – présentées aux «Journées suisses d'histoire» de 2007 – illustrent comment «l'introduction de nouveaux procédés technologiques influencent, voire bouleversent de façon parfois

---

[4] René Poupardin, *Le royaume de Bourgogne (888-1038). Étude sur les origines du royaume d'Arles*, Paris: Honoré Champion, Bibliothèque de l'École des hautes études. Sciences historiques et philologiques fasc. 163, 1907, 508 p.

[5] Alexandre Pahud, *Le couvent de Romainmôtier du début de l'époque clunisienne à la fin du XIIe siècle. Étude archivistique, diplomatique et historique, suivie de l'édition du chartrier*, Lausanne, 2008, 498 p. La thèse a été dirigée par le professeur Agostino Paravicini Bagliani. Elle est la première thèse de lettres de l'Université de Lausanne en histoire du haut Moyen Âge.

violente la société» et comment ces «innovations technologiques puis leurs applications et leur évolution dépendent elles-mêmes du contexte historique de la période concernée».

La démonstration en est faite de manière circonstanciée par Cédric Humair à propos des réseaux hydroélectriques et leurs conséquences sur les villes de la Belle Époque, par Marc Gigase à propos du développement des tramways à Lausanne, par Christophe Simeon qui analyse la promotion et la réception de l'aviation en Suisse, par Hans Ulrich Jost qui s'est intéressé à l'avènement du béton armé en Suisse et enfin par François Vallotton qui narre «la mécanisation négociée des imprimeries helvétiques» de 1880 à 1914.

Dans une postface très stimulante, Cédric Humair analyse la notion de progrès technique et ses avatars depuis la Renaissance, s'arrêtant, pour la Suisse de la Belle Époque, sur les «trois principaux griefs (...) portés au compte de la modernité technique: le risque de catastrophes, la dissolution des liens sociaux et la destruction esthétique du patrimoine national». Ce faisant, il souligne les liens avec notre époque, «où les innovations technologiques et les mutations socioculturelles sont reliées par un dynamisme quasi explosif» (conclusion de l'introduction).

Au total, cette nouvelle livraison des *Annuelles* confirme avec brio le rôle d'explorateur de territoires historiographiques encore en friche que s'est donné cette revue qui entame sa deuxième décennie.

Olivier Pavillon

Peter KURMANN (dir.), *La cathédrale Saint-Nicolas de Fribourg: miroir du gothique européen*, Fribourg: Fondation pour la conservation de la cathédrale Saint-Nicolas de Fribourg; Lausanne: Bibliothèque des Arts, 2007, 254 p.

«Tenue en haute estime et pourtant méconnue» (p. 7). La cathédrale Saint-Nicolas de Fribourg, important témoin culturel et artistique de cette ville, attendait sa première monographie pour présenter les différentes tendances architecturales et de décor qui composent cet édifice dès le XIIIe siècle. Abouti en 2007, ce projet a été soutenu par la fondation pour la conservation de la cathédrale dans le but de proposer «un ouvrage de référence destiné aussi bien à un large public qu'au monde des initiés» (p. 5), disponible aussi en langue allemande: Peter Kurmann (éd.), *Die Kathedrale St. Nikolaus in Freiburg: Brennspiegel der europäischen Gotik*, Lausanne: La Bibliothèque des Arts; Fribourg: Stiftung für die Erhaltung der Kathedrale St. Nikolaus, 2007, 255 p. Le volume a été réalisé sous la direction scientifique de Peter Kurmann (professeur à l'Université de Fribourg, chaire d'histoire de l'art médiéval) avec la collaboration de treize spécialistes: historiens, historiens de l'art et musicologues.

La construction de Saint-Nicolas s'est déroulée sur deux siècles, entre 1283 et 1490. L'édifice a été conçu à l'origine comme une église paroissiale, et elle acquerra le statut de cathédrale seulement en 1924. Bien que le style gothique prédomine à Fribourg, en l'absence d'une monographie qui traite de l'ensemble de la cathédrale, d'autres époques ont aussi été étudiées dans cet ouvrage, notamment des œuvres d'art très importantes qui ont marqué la mémoire de ce lieu comme les vitraux du polonais Józef Mehoffer créés entre 1895 et 1936. La cathédrale nous est ainsi présentée sur une longue période et sous tous ses aspects; en effet, bien qu'il n'ait heureusement pas subi de destructions ou de rénovations importantes, ce monument à l'aspect résolument gothique porte l'empreinte de chaque époque.

Le volume est subdivisé en six grandes parties thématiques. Il s'ouvre par une section consacrée au cadre historique, afin de rendre compte des enjeux politiques, religieux et culturels qui ont caractérisé la construction de la cathédrale et ses changements successifs. Un vaste regard chronologique nous est proposé: de l'origine de l'église Saint-Nicolas exposée par Hans-Joachim Schmidt (pp. 14-29), aux trois siècles (de 1530 à 1803) caractérisés par la Confessionnalisation, les Lumières et la Révolution illustrés par Volker Reinhardt (pp. 30-36), pour conclure avec une étude de Francis Python (pp. 37-41) sur la genèse d'une «République chrétienne» au XIXe siècle. L'église est mentionnée pour la première fois – comme église paroissiale – dans un document de 1177/1178, puis elle a été consacrée en 1183 par l'évêque de Lausanne Roger de Vico Pisano, élevée au rang de collégiale par le pape Jules II en 1512 et, enfin, seulement en 1924, à celui de cathédrale. Elle est dédiée à saint Nicolas, protecteur des mariniers et des commerçants, un saint typiquement urbain.

La deuxième partie est introduite par une contribution de Stephan Gasser (pp. 42-56) qui offre une description minutieuse de l'architecture générale de l'édifice – église paroissiale conçue sur le modèle d'une cathédrale dont la construction a été vraisemblablement commencée en 1283 – et de l'histoire de sa construction, en particulier des raisons qui ont poussé les bourgeois de Fribourg à entreprendre l'édification d'une nouvelle église. Elle propose en outre une chronologie relative de l'édifice et le compare au contexte architectural de la Suisse occidentale. Ensuite, Marc Carel Schurr (pp. 57-64) retrace l'histoire de la tour grâce aux comptes détaillés relatifs au chantier rouvert de 1470 jusqu'à 1490 et de la chapelle du Saint-Sépulcre fondée par Jean Mossu (dont on connaît le testament datant de 1432), ainsi que l'architecture de la cathédrale dans le contexte européen – en particulier la Haute-Rhénanie, la cathédrale de Strasbourg, Prague et les Parler (pp. 91-108). Enfin, Peter Kurmann (p. 102-109) dévoile un des chefs-d'œuvre du gothique flamboyant européen et ses modèles: la tour (d'une hauteur de 80 m) achevée en 1490 et complètement construite en pierre. Il présente en outre l'évolution architecturale de la cathédrale du «gothique des temps modernes» (XVIIe-XVIIIe siècles) au néogothique du XIXe siècle (pp. 109-120).

La sculpture monumentale constitue le troisième volet de la monographie. Stephan Gasser (pp. 121-128) étudie en détail l'histoire, le style et le programme iconographique du portail sud – appelé aussi dès le Moyen Âge «porte du dimanche» – érigé vers 1340. Le portail du Jugement dernier – à l'entrée principale dans le porche de la tour occidentale – qui date de 1380 environ et le groupe de la Mise au tombeau du Christ, une œuvre d'importance européenne réalisée dans les années 1430 et mentionnée pour la première fois dans une source de 1442, sont analysés par Peter Kurmann (pp. 129-157).

La quatrième partie traite des vitraux de la cathédrale et s'ouvre avec une introduction générale de Brigitte Kurmann-Schwarz (pp. 158-161). Suivent les contributions d'Uta Bergmann (pp. 162-165) sur les vestiges des vitraux du Moyen Âge aux temps modernes et sur ceux de Carignan réalisés entre la fin du XVe et le milieu du XVIe siècle (placés à Saint-Nicolas en 1876), de Valérie Sauterel (pp. 166-180) sur les vitraux de Josef Mehoffer (exécutés entre 1895 et 1936) et de Brigitte Kurmann-Schwarz (pp. 181-188) sur ceux d'Alfred Manessier achevés entre 1974 et 1988.

L'église Saint-Nicolas conserve une part importante de son mobilier liturgique datant du Moyen Âge. Cet aspect est pris en compte par Peter Kurmann (pp. 189-193) dans le chapitre sur les restes de l'installation liturgique médiévale, en particulier du groupe de la Crucifixion (années 1430); sur la grille du chœur commandée à Richard Wagner de Munich (forgée entre 1464 et 1466); sur les fonts baptismaux réalisés en 1498-1499 par Hermann et Gylian Ätterli et sur la chaire sculptée dans les années 1513-1515 par un maître zurichois prénommé Hans. Le volume propose en outre un article de Brigitte Kurmann-Schwarz et Stephan Gasser (pp. 194-200) sur les stalles gothiques appartenant au groupe dit des «stalles savoyardes», exécutées sous la direction d'Antoine de Peney entre 1462 et 1465. Brigitte Kurmann-Schwarz (pp. 201-204) présente aussi la peinture de la voûte de la chapelle du Saint-Sépulcre qu'elle met en relation avec le vitrail des Dix-Mille-Martyrs du chœur de l'ancienne collégiale de Berne réalisé vers 1450 par les verriers bâlois de la famille Glaser. Peter Kurmann (pp. 205-208) étudie – d'après divers inventaires – les autels baroques et néogothiques qui étaient au nombre de 17 dans la nef, au milieu du XVIIIe siècle, et ont été réduits à 13 à la suite de mesures prises en 1748 afin de régulariser la liturgie. L'historien de l'art fournit aussi une présentation de quelques objets liturgiques appartenant au trésor de l'église (pp. 209-211): un bras reliquaire de saint Nicolas (peu après 1514), une crosse prévôtale du XVe siècle, un baiser de paix (XIVe siècle) et un chandelier pascal transformable en chandelier des ténèbres du XVe siècle.

La dernière partie de la monographie est consacrée à la musique. Matthias Walter (pp. 212-215) présente les treize cloches qui se trouvent à la cathédrale et datant de cinq siècles différents (du XIVe au XVIIIe siècle);

elles sont abritées dans la tour occidentale et la flèche du chœur de Saint-Nicolas. François Seydoux (pp. 216-1228) propose une histoire des orgues, depuis celui de Sebald Manderscheidt de 1657 et d'Aloys Mooser (1834) – réaménagé par Louis Kyburz (1859-1863) –, à sa restauration/reconstruction entre 1974 et 1982 par Neidhart & Lhôte.

Cet ouvrage est enrichi par une bibliographie exhaustive, un glossaire utile et un index des personnes et des lieux. Les nombreuses illustrations sont également remarquables, dont celles du photographe Yves Eigenmann. Seul regret, notamment pour la partie historique, le choix éditorial de ne pas avoir de notes limite les références à quelques ouvrages fondamentaux et ne permet pas de renvois aux sources.

Prisca Lehmann

Michel PORRET (dir.), *Sens des Lumières*, Chêne-Bourg: Georg, L'équinoxe, 2007, 290 p.

Organisé en neuf chapitres suivis de trois entretiens avec Bronislaw Baczko, Jean-Marie Goulemot et Daniel Roche, l'ouvrage introduit et dirigé par Michel Porret est ponctué par trois essais sur l'actualité morale et politique des Lumières: «Enseigner les Lumières», «Utopie, Lumières, Révolution, démocratie: les questions de Bronislaw Baczko» et «Les Lumières fraternelles de Daniel Roche».

Fruit d'un colloque organisé dans le cadre de l'École doctorale des Lumières, co-dirigée par Pascal Griener et Michel Porret, réunissant les Universités de Genève, Lausanne et Neuchâtel, cette stimulante réflexion dessine les *Sens des Lumières* en inscrivant le débat de la *réponse* de Kant à la question posée, dès 1784, par une gazette berlinoise «Qu'est-ce que les Lumières?» dans trois axes de réflexion: la philosophie, la pratique et, enfin, la recherche et l'enseignement des Lumières. Bien que la Révolution française revendique l'héritage des Lumières pour détruire la monarchie de droit divin, les Lumières ne préparent pas la Révolution; cet ouvrage induit quelques nouvelles pistes polysémiques pour repenser les Lumières à l'aune des pratiques politiques, économiques, sociales ainsi que des sensibilités collectives.

Dans l'introduction, Michel Porret rappelle comment les Lumières constituent un moment d'affrontement idéologique: l'histoire, les sciences, la religion instruisent le débat philosophique, marqué par ceux qui résistent à la mutation culturelle et qui dénoncent, tel l'abbé Bergier dans le *Journal helvétique*, les articles «impies» du *Dictionnaire philosophique* de Voltaire. Selon Thierry Masseau, les anti-Lumières privilégient «l'existence d'une totalité transcendante» alors que les Lumières tendent à «desserer les liens qui relieraient l'individu aux ordres divin, institutionnel et juridique» (p. 88). La rationalité et la foi trouveront alors un terrain d'entente dans la démarche intellectuelle qui évalue la part d'autonomie du sujet. Déployé dans l'espace public, le nouvel esprit critique pourra alors s'arroger le droit de délimiter les champs relevant désormais du religieux ou du pouvoir civil.

Daniel Roche réfléchit sur les nouveaux équilibres issus de la synergie entre l'intelligence et la culture matérielle au temps des Lumières. La dynamique démographique, croisée à celle urbaine, entraîne une mobilité accrue du commerce des hommes et des choses et une «nouvelle hiérarchie des régions policées» (p. 93). Par ailleurs, le recul de l'analphabétisme – surtout celui des garçons, car celui des filles reste important – allié à la mobilité des corporations et des compagnonnages, crée des espaces de transmission de la pensée et du savoir-faire qui rendent compte de la capacité d'ouverture égalitaire issue des Lumières, marquée aussi par l'essor des salons et des sociétés littéraires. L'élargissement de la consommation modifie les bases de la production mais il relance aussi les débats moraux qui relaient l'économie et s'interrogent sur l'aliénation des hommes par les choses et la croissance. Ainsi Daniel Roche rappelle que l'économie de la profusion vantée par Voltaire débouche sur des analyses qui visent à canaliser la tyrannie des besoins et la nécessité du superflu.

L'essai de Bronislaw Baczko constitue le noyau de l'ouvrage: convoquant Voltaire, Rousseau, Diderot et Condorcet, il investit le *Poème sur le désastre de Lisbonne* pour réfléchir sur le débat des Lumières. Voltaire invoque le mal qui s'acharne au sein même du monde rationnel et qui constitue « un absurde et irréductible défi à la raison ». Le philosophe « secoue » (p. 133), « incrimine » (p. 135) la Providence, tout en montrant que le mal fait partie intégrante de notre monde. Pour Rousseau, au contraire, il faut distinguer un mouvement sismique, soit un « événement naturel » qui s'inscrit dans l'« ordre physique » de la catastrophe humaine, laquelle constitue un « fait social » inséré dans l'« ordre moral »: ainsi, c'est le mode aliéné d'« existence sociale » qui dépossède les hommes de leur essence. Le désastre de Lisbonne représente la contradiction entre ce que l'homme *est* selon sa nature et ce que les hommes *sont devenus* de par leur histoire et leur vie sociale. Condorcet, éditeur des œuvres complètes de Voltaire, illustre sa propre perception des Lumières: le monde est sans Providence, l'histoire humaine est un fragment de l'histoire naturelle: la foi dans le progrès et un optimisme historique clament les inquiétudes métaphysiques, alors que Diderot, dans la *Lettre sur les aveugles*, rappelle la capacité humaine d'accomplir des actions héroïques, sans réfléchir, sans raison apparente. Les hommes peuvent encore espérer en leur propre solidarité.

Carlo Capra, quant à lui, aborde la pratique du « bonheur public » à travers l'action réformatrice des hommes de l'*École de Milan*, confrontés à l'idéologie caméraliste de l'espace germanique. Comme Diderot, Pietro Verri attribue à l'échange social le passage possible de l'individu d'animal à celui d'homme pour obtenir la liberté, inexistante dans l'état de nature. Alors que Cesare Beccaria, plus rousseauiste, pense que les hommes, attachés au pacte social, ne renoncent qu'à une partie minime de la liberté dont ils jouissaient auparavant. L'ouvrage *Des délits et des peines*, rédigé par Beccaria mais nourri conceptuellement par Verri, représenterait alors, selon Capra, un compromis entre la vision du monde de Beccaria, plus individualiste, et celle de Verri, plus attaché à la question de la préséance de la communauté sur l'individu. Ces attitudes expliquent en partie la raison pour laquelle Beccaria se serait réfugié dans le service de l'État en fonctionnaire modèle, alors que Verri illustre le type d'homme qui n'abandonne jamais le combat et qui recherche les circonstances favorables pour marquer son engagement dans la vie publique.

Pour prolonger le débat, Michel Porret interroge l'enseignement des Lumières afin d'éclairer le sens humaniste du monde contemporain, sous la forme de trois entretiens majeurs qui rendent compte, à notre sens, de l'expérience des Lumières et constituent des documents précieux pour l'enseignant. Parmi eux, le dialogue avec Bronislaw Baczko nous livre sa riche expérience d'intellectuel et de professeur – confronté à l'idéologie communiste – dont les travaux sur Rousseau et l'utopie interrogent la Révolution. L'entretien avec Daniel Roche rend compte de l'historicité des Lumières dans l'actualité du monde scolaire et universitaire. Intellectuel engagé dans la démocratie universitaire, « celui dont la parole compte pour ses élèves » et pour qui l'« élection [universitaire] ne fait pas le larron » (p. 240) interroge la figure du professeur et son statut: comment penser la « République des Lettres », alors que pour « publier un texte, certains pousseront la fraternité jusqu'au fratricide voire jusqu'au parricide » (p. 260)? Comment le fonctionnement d'une institution des savoirs et de culture peut-il se référer à un modèle social plus ancien? Daniel Roche réaffirme l'importance de la démocratisation des études qui doit prôner l'intégration de tous, selon le principe de fraternité intellectuelle issue de l'idéal démocratique et de l'égalité adossés au cosmopolitisme; celui-ci doit, pour le moins, nuancer le modèle constitutionnel de l'État-nation.

Avec la complicité intellectuelle de Michel Porret, les auteurs et les interlocuteurs de cet ouvrage essentiel dialoguent sur l'urgente nécessité – dans notre défense de l'État de droit et de sa modernité démocratique – d'actualiser les Lumières. Ils rappellent surtout, à travers leur expérience scientifique, individuelle et collective, que l'humanisme des Lumières permet de penser un contrat social égalitaire, que leur idéal pédagogique réévalue leur apport dans le débat contemporain sur l'école, que leur modération légaliste mesure le droit de punir d'aujourd'hui et, enfin, que leur tolérance jauge notre laïcité.

Élisabeth Salvi

Jean-Pierre Tabin, Arnaud Frauenfelder, Carola Togni, Véréna Keller, *Temps d'assistance. L'assistance publique en Suisse de la fin du XIXe siècle à nos jours*, Lausanne: Éd. Antipodes, Existences et société, 2008, 336 p.

Les polémiques récentes autour des «profiteurs sociaux» *(Sozialschmarotzer)* semblent à première vue paradoxales: comment des programmes d'aide aux plus démunis qui ne représentent qu'une part minime des dépenses sociales peuvent-ils provoquer autant de controverses? Comme le démontre avec brio cet ouvrage issu d'une recherche conjointe entre historien·ne·s et sociologues, les préoccupations qui accompagnent aujourd'hui la question, en grande partie fantasmée, des «abus» ne représente que la dernière péripétie de la longue trajectoire séculaire du «gouvernement des pauvres».

Afin d'exposer les lignes de force qui unissent les passés et le présent de l'assistance publique, les auteur·e·s explorent la «sociogenèse» des politiques d'assistance dans deux cantons romands (Vaud et Neuchâtel) entre 1880 et la fin du XXe siècle. La proximité géographique des terrains d'étude choisis est trompeuse. En effet, si c'est le principe traditionnel de l'assistance au lieu d'origine qui prime tout d'abord dans un canton de Vaud encore largement agraire, Neuchâtel choisit précocement l'assistance au lieu de domicile afin de répondre aux défis de l'industrialisation horlogère et des flux de population qui en résultent. Malgré ces points de départs divergents, l'ouvrage souligne ensuite l'uniformisation progressive des politiques cantonales. À la suite des crises économiques qui émaillent l'entre-deux-guerres, le canton de Vaud, à l'image d'autres cantons, adopte le principe de l'aide au domicile, puis, une douzaine d'années après Neuchâtel (1949), adhère en 1961 au concordat intercantonal réglant les modalités de l'assistance. La «nationalisation» de l'assistance se poursuit après l'adoption, en 1977, d'une première loi fédérale en la matière et culmine, en 1999, avec l'inscription dans la Constitution fédérale d'un droit à l'assistance basée non plus sur l'origine ou le domicile, mais bien sûr la notion de dignité humaine.

À chacune de ces étapes, la délimitation des groupes de personnes à aider, la nature et le montant des aides versées, ainsi que la désignation des autorités responsables de l'administration de l'assistance ont fait débat. En effet, comme le montrent les nombreuses sources (débats parlementaires, textes législatifs, etc.) récoltées avec soin par l'équipe de recherche, la définition des normes de la solidarité envers les plus démuni·e·s mobilise les esprits, en temps de crise comme en tant de prospérité. Après avoir été délestée d'une partie de ses terrains d'intervention par le développement de solutions assurantielles dans le domaine du chômage (dès les années 1920) ou des retraites (avec la fondation, en 1947, de l'AVS), l'assistance devient une simple «instance complémentaire» du système de protection sociale. Toutefois, il s'agit toujours d'une instance de proximité, puisque l'assistance publique, même régie par des principes édictés au niveau cantonal, puis fédéral, reste en large partie administrée au niveau local.

De plus, cette rationalisation progressive des normes de l'assistance ne signifie pas la fin des controverses à son sujet. Bien au contraire. La deuxième partie de l'ouvrage propose ainsi une analyse de la mise en œuvre contemporaine de l'assistance au travers d'entretiens réalisés avec des destinataires de l'aide sociale, des responsables politiques et administratifs qui gèrent cette aide, ainsi que des assistants sociaux et des assistantes sociales. Ce corpus complète les parcours législatifs décrits ci-dessus en soulignant la permanence des efforts de définition des pauvres «méritants» et «déméritants» et des préoccupations liées aux raisons provoquant la situation d'assistance (délitement des liens familiaux, difficultés d'insertion des jeunes, processus d'exclusion du marché du travail, etc.). En donnant la parole aux destinataires de l'assistance, l'équipe de recherche révèle également la permanence des stigmates, de la honte et de la disqualification sociale ressentis par celles et ceux que le système d'assistance continue à vouloir aider et (ré)intégrer. L'assistance publique constitue, en effet, un dernier filet qui ne fait pas que retenir mais qui impose des contraintes parfois difficiles, voire contradictoires. Comment concilier les pratiques d'activation et les appels à l'autonomie des individus dans une société qui exclut et marginalise?

En combinant histoire et sociologie, cet ouvrage très riche et bien construit explore avec succès les espaces territoriaux, politiques et sémantiques à travers lesquels se meut l'assistance publique depuis plus d'un siècle. Trop souvent négligée et considérée comme un domaine marginal des politiques sociales, cette dernière est pourtant le lieu où se croisent des lignes de force fondamentales. En contribuant au déchiffrage de ces lignes de force, Jean-Pierre Tabin, Arnaud Frauenfelder, Carola Togni et Véréna Keller nous offrent des outils indispensables pour comprendre la solidarité à géométrie variable qui structure nos sociétés contemporaines.

Matthieu Leimgruber

Marc WARNERY, *Seul au milieu de 128 nègres. Un planteur vaudois en Guyane hollandaise au temps de l'esclavage. Lettres à ses parents, 1823-1835*, texte préfacé, établi et annoté par Thomas David, Olivier Pavillon et Janick Marina Schaufelbuehl, Lausanne: Éditions d'en bas, 2008, 240 p.

La correspondance dont est composé cet ouvrage a été dénichée au fond d'une commode genevoise. Acheté par un couple d'antiquaires lausannois, ce fonds d'une soixantaine de lettres a été acquis en 2004 par la Bibliothèque cantonale universitaire (BCU). Destinées à ses parents restés en pays de Vaud, elles sont écrites entre 1823 et 1835 par Marc Warnery. À une époque où l'émigré économique cherchant à s'assurer une vie meilleure par le biais de l'exil est quelquefois suisse, ce jeune Morgien issu de bonne famille part tenter sa chance dans le Nouveau Monde suite à une déconfiture financière ayant causé des dommages à la fortune familiale.

Débarqué dans la colonie hollandaise du Surinam à 26 ans, il y meurt treize ans plus tard, pas plus riche qu'à son arrivée. Situé entre les Guyanes française et britannique, ce territoire a été échangé par la Grande-Bretagne contre New York en 1667. L'esclavage et le système de plantations, de sucre et de café principalement, y sont pratiqués à une large échelle. Les jeunes immigrés occidentaux venus tenter leur chance se frottent pour la première fois de leur existence à un système de travail tout à fait particulier.

Ce premier contact est vécu de l'intérieur grâce au regard neuf et curieux de Warnery, improvisé esclavagiste débutant dès son arrivée dans la colonie. Le lecteur chemine à ses côtés tout au long du voyage de Suisse en Amérique. La route jusqu'à Amsterdam puis la traversée de l'Atlantique et la découverte d'un monde inconnu proposent un aperçu multicolore des aléas auxquels se confronte le voyageur de l'époque. Suit une description luxuriante de la société coloniale, de ses codes et de ses obligations, de la faune et de la flore locales, ou encore de la meilleure façon de s'accommoder d'une main-d'œuvre majoritairement composée d'esclaves. L'Helvète ne s'émeut guère de la privation de liberté d'êtres humains dont les incartades durement réprimées lui causent «beaucoup de chagrin», se considérant comme «presque un père au milieu de ses enfants» (p. 175).

Le travail de sélection et de retranscription des lettres manuscrites de Warnery par Thomas David et Janick Marina Schaufelbuehl, historiens à l'Université de Lausanne (IHÉS), et Olivier Pavillon, ancien conservateur du Musée historique de Lausanne, rend possible l'accessibilité au plus grand nombre d'un document historique de première main. Si cet ouvrage constitue une source tout à fait fiable pour l'historien amateur, il offre l'extrême avantage de se lire comme un roman.

Une introduction d'une trentaine de pages permet la mise en perspective du contexte historique en Suisse, aux Provinces-Unies et au Surinam, à l'aide d'une riche bibliographie plurilingue (français, allemand, anglais et néerlandais). Des notes explicatives de bas de page, qu'on souhaiterait parfois plus détaillées, éclaircissent les termes les moins compréhensibles et développent certains points évoqués succinctement dans le texte. En fin de volume se trouvent deux index géographique et onomastique.

Si les témoignages d'Occidentaux découvrant les colonies ne sont pas rares, l'originalité de ce texte réside dans l'origine romande de son auteur, ses talents d'observateur et d'écrivain, ainsi que son lieu d'expérimentation et sa langue d'écriture. Il nous permet de découvrir une colonie dont l'histoire reste mal connue et peu accessible à tous ceux qui ne maîtrisent pas le néerlandais, nous rappelant que nombreux ont été ces Suisses partis à la découverte du monde. Des trouvailles de brocante d'un tel intérêt ne peuvent qu'encourager à considérer d'un tout autre regard les galetas romands.

Frédérique Beauvois

Denis Weidmann, Gervaise Pignat, Carine Wagner, *Vu du ciel. Archéologie et photographie aérienne dans le canton de Vaud, Catalogue d'exposition, Espace Arlaud, 29 septembre 2007-13 janvier 2008*, **Lausanne: Musée cantonal d'archéologie et d'histoire, 2007, 119 p.**

Le canton de Vaud est sans doute le canton qui, le premier, a su tirer parti du précieux apport à l'archéologie que constitue la photographie aérienne. La ténacité des initiateurs, Denis Weidmann, le frais retraité de l'archéologie cantonale, et son collaborateur François Francillon, et la régularité des prises de vue nous valent de posséder plus de 12 000 clichés à ce jour, témoins uniques de vestiges du passé que seul un peu d'altitude permet de contempler. Quelques images seulement ont été choisies pour l'exposition tenue à l'Espace Arlaud en 2007 et pour le catalogue qui l'accompagnait. Elles suffisent à donner une idée de la richesse de la documentation à disposition. Avant de passer au commentaire des photographies, un chapitre introductif de *Vu du ciel* nous indique la démarche suivie par la Section de l'archéologie cantonale de l'État de Vaud: profitant surtout de deux saisons de sécheresse, en 1976 et en 2003, complétées par des vols ciblés, la carte archéologique du canton a été largement augmentée grâce à ce qu'il faut bien appeler la prospection aérienne. Celle-ci tient compte de trois types de rendu des vestiges: les structures apparentes, les ruines reconnaissables par leur relief et celles révélées par la croissance différenciée des végétaux, principalement des céréales. Les résultats sont impressionnants et le catalogue fait une place appréciable à la photographie des sites sélectionnés, des vingt-et-une rangées de maisons de la station de l'âge du Bronze final de Chabrey, dans le lac de Neuchâtel, au tracé du canal d'Entreroches construit au XVIIe siècle et abandonné en 1829. Chaque période a droit à un témoin parlant, les photographies alliant esthétisme et prise stricte d'informations. La technologie apporte elle aussi des précisions, à travers les modèles numériques d'altitude à haute résolution permettant la lecture d'un relief même sous une couverture forestière, comme c'est le cas pour l'enceinte du «Château de la Motte» à Écublens. Le repérage d'un bâtiment avec abside et trois nefs, en 1976, à Orbe-Boscéaz conduira à sa fouille vingt ans plus tard et à la mise au jour d'un mithraeum, un sanctuaire dédié au dieu oriental Mithra. Dans ce survol, la préhistoire et la protohistoire sont désavantagées, laissant des témoins plus difficilement repérables, à l'exception des stations lacustres à l'exemple de Concise ou de Préverenges. C'est l'époque romaine qui se targue du plus grand nombre de témoins paysagers, entre Vy d'Étraz à Orny, mausolées d'En Chaplix à Avenches, pourtour du domaine agricole d'Orbe-Boscéaz ou d'Yvonand-Mordagne et résidences de La Chaux, de Pomy, Champagne. Ursins a le rare privilège de connaître une église construite sur un temple encore visible; le village est devenu centre religieux gallo-romain depuis la révélation en 2003 d'au moins deux temples supplémentaires et de bâtiments attenants. Du discret haut Moyen Âge à l'époque moderne, le panorama est vaste et laisse augurer nombre de découvertes que les vues ariennes auront permis de situer, pour une meilleure protection de notre patrimoine. En fin de lecture, le seul regret est de ne pas disposer d'un ouvrage rendant généreusement compte de ces archives exceptionnelles du passé vaudois.

Michel Fuchs

CHRONIQUE ARCHÉOLOGIQUE 2008

Denis Weidmann

CHRONIQUE ARCHÉOLOGIQUE 2008

Le 4e titulaire de la fonction d'archéologue cantonal vaudois achève son activité en 2008. Notre service produit ainsi sa 31e chronique, selon la formule des notices inaugurée en 1979, laquelle a relativement peu évolué depuis lors. La tradition des «rapports de l'archéologue cantonal» ou du Service cantonal publiés dans la RHV remonte bien plus haut, et on en trouve dès 1928, consacrés indifféremment aux fouilles archéologiques et à la conservation des monuments. L'archéologue cantonal gérait alors l'ensemble du domaine qui a été subdivisé dès 1973 dans la nouvelle organisation au Service des bâtiments de l'État. Nos notices n'ont traité que les affaires concernant l'archéologie, dès 1972, pour les fouilles, études, publications ou travaux de conservation de monuments à caractère exclusivement archéologique.

L'organisation mise en place progressivement pour l'introduction de la Loi du 10 décembre 1969 sur la protection de la nature, des monuments et des sites a fait ses preuves au cours des quatre décennies écoulées. Elle garde toute sa pertinence et elle poursuit donc son développement. L'année 2008 a ainsi vu l'effectif régulier de la Section de l'archéologie cantonale s'augmenter d'une dizaine de personnes. Ces collaborateurs, archéologues pour la plupart, œuvraient déjà pour le service, dans divers projets de recherches ou de grands travaux ou pour des activités de conservation du patrimoine.

La Section de l'archéologie cantonale est ainsi constituée pour les années qui viennent de collaborateurs expérimentés, afin de poursuivre ses tâches de protection du patrimoine cantonal et d'élaborer les résultats obtenus à partir des recherches sur le terrain.

L'activité économique, et par conséquent celle de la construction, qui induit des interventions archéologiques préventives, n'a guère fléchi en 2008 en terre vaudoise. Les importantes recherches entreprises sur les sites du Mormont et d'Yverdon, qui concernent principalement l'époque de La Tène, ont connu de nouvelles étapes, jalonnées de découvertes surprenantes.

À Avenches, les travaux tentaculaires d'équipement qui ont marqué la dernière décennie s'achèvent enfin, accordant un répit plutôt bienvenu aux archéologues qui les ont accompagnés.

En revanche, dans l'autre colonie romaine du territoire vaudois, à Nyon, les chantiers s'enchaînent toujours, renouvelant l'image d'une cité encore passablement méconnue.

Enfin, pour la plupart des grands chantiers de ces dernières décennies, l'étude des résultats se poursuit et donne lieu à une riche série de publications, pour laquelle 2009 devrait être une année faste.

ABRÉVIATIONS

Chronologie

P	Paléolithique et Mésolithique
N	Néolithique
Br	Âge du Bronze
Ha	Hallstatt
L	La Tène
R	Époque romaine
HM	Haut Moyen Âge
M	Moyen Âge
AP	Archéologie préindustrielle
I	Indéterminé

Institutions, entreprises

AAM	Atelier d'archéologie médiévale, Moudon
AC	Section de l'archéologie cantonale, Département des infrastructures du canton de Vaud
GRAP	Groupe de recherches en archéologie préhistorique. Département d'anthropologie et d'écologie, Université de Genève
IASA	Institut d'archéologie et des sciences de l'Antiquité, Université de Lausanne
LRD	Laboratoire romand de dendrochronologie, Moudon
MCAH	Musée cantonal d'archéologie et d'histoire, Lausanne
MHL	Musée historique de Lausanne
MR	Musée romain
AS	Archéologie suisse. Bulletin de la Société Archéologie Suisse
AAS	Annuaire de la société Archéologie Suisse
BPA	Bulletin de l'Association Pro Aventico
CAR	Cahiers d'archéologie romande

Sauf mention contraire, les notices ont été rédigées par DW: Denis Weidmann, SE: Susan Ebbutt, CMC: Catherine May Castella, GP: Gervaise Pignat, SR: Sandrine Reymond, CW: Carine Wagner; BM: Benoît Montandon.

CONCISE – District Jura-Nord vaudois – CN 1183 – 544 910 / 188 760
N-Br – Stations littorales

L'année 2008 marque une étape importante dans l'étude des stations littorales de Concise-sous-Colachoz, avec la publication par A. Winiger du premier ouvrage de la série consacrée à ce gisement palafittique, fouillé entre 1995 et 2000. Ce volume regroupe l'ensemble des données sur la stratigraphie générale du site, le contexte environnemental et la chronologie des occupations.

Elle marque également la fin de l'analyse de la plupart des matériaux du Néolithique moyen, tels que les outillages lithiques ou en bois de cerf, alors que l'étude des séries du Bronze ancien et du Néolithique final a déjà débuté (céramique, objets en roche dure). Ces données sont consignées dans divers rapports internes.

GP

Rapport: Jérôme Bullinger, *L'industrie lithique du Néolithique moyen de Concise-sous-Colachoz*, Rapport non publié (10 p., 15 fig. et 16 pl. hors texte), Lausanne, Section de l'archéologie cantonale, août 2008.

Elena Burri, *Les outils en pierre non polie du Bronze ancien de Concise-sous-Colachoz*, Rapport non publié (9 p., 11 fig. et 3 pl. hors texte), Lausanne, Section de l'archéologie cantonale, avril 2008.

Elena Burri, *La céramique Bronze ancien de Concise-sous-Colachoz*, Rapport non publié (28 p., 63 fig. et 12 pl. hors texte), Lausanne, Section de l'archéologie cantonale, avril 2008.

Florence Cattin, *Rapport des analyses métalliques menées sur les objets à base de cuivre de Concise-sous-Colachoz (Vaud)*, Rapport non publié (28 p.), Genève, Département d'anthropologie et d'écologie de l'Université de Genève, 30 octobre 2008.

Sophie Maytain, *Le bois de cerf du site de Concise. Les villages du Néolithique moyen, approches typologique, technologique et spatiale*, Rapport non publié (51 p., 59 fig. et 19 pl. hors texte), Lausanne, Section de l'archéologie cantonale, août 2008.

Publication : Ariane Winiger, *La station lacustre de Concise, 1. Stratigraphie, datations et contexte environnemental*, CAR, 111, Lausanne, 2008.

FAOUG – District Broye-Vully – CN 1165 – 571 645 / 194 825
N – Poudrechat I – Station littorale

En 1888, J. Heierli signale ce site au lieu-dit Seeli, à l'est du village de Faoug, découvert lors du creusement d'un puits pour la maison du garde-barrière, proche de la ligne de chemin de fer. Cette station s'étend à l'ouest de Faoug, en zone émergée, sous le passage à niveau de la route cantonale et du chemin de fer à une centaine de mètres du lac de Morat (cf. J. Heierli, « Der Murtnersee », in J. Heierli (éd.), *Pfahlbauten. Bericht, 9. Mitteilungen der Antiquarischen Gesellschaft in Zürich*, 22, 2, 1888, pp. 59-62 ; C. Muller, « Les stations lacustres du lac de Morat », *Annales fribourgeoises*, 4, 1913, pp. 145-160 ; D. Viollier, *Carte archéologique du canton de Vaud des origines à l'époque de Charlemagne*, Lausanne : F. Rouge, 1927).

En août 2007, le sommet de la couche archéologique est mis au jour et fouillé lors du terrassement d'une tranchée technique reliant Avenches à Faoug (fouille de la partie supérieure de la couche anthropique, relevé de coupes de terrain, prélèvement du matériel archéologique et des pilotis). De nombreux outils en os et en bois de cerf, des objets en silex taillé, une lame de hache en pierre polie, quelques tessons de céramique mal conservée ont été récoltés. La faune est abondante : bovidés, sangliers, ovicaprinés, cervidés.

Les observations révèlent un site important, autrefois mal connu, comprenant sans aucun doute plusieurs occupations au Néolithique final. La couche anthropique est épaisse d'environ 150 cm et bien conservée. Le mobilier archéologique est abondant.

La séquence stratigraphique est constituée d'humus, de limons de colluvionnement, de craie argileuse, de sables oxydés et de gravillons, de limons humiques tourbeux et d'argiles et de limons organiques. La couche archéologique surmonte de la craie, puis des sables grossiers. Ce sont des sédiments lacustres de plateforme littorale sur substrat molassique. La couche archéologique est comprise entre les altitudes 429,20 et 431,0 m.

L'état actuel de conservation de cet établissement, partiellement recouvert par la route et la voie de chemin de fer, est excellent. Une hauteur de 1,2 à 2,0 m de sédiment protège le sommet de la couche archéologique.

Christiane Pugin, Pierre Corboud

Investigations et documentation : E. Burri, B. Montandon, G. Pignat, AC ; P. Corboud, Ch. Pugin, GRAP.

Rapport : Christiane Pugin, Pierre Corboud, *Mur, Vallamand et Faoug – VD. Inventaire et étude des stations littorales des rives vaudoises du lac de Morat. Travaux réalisés en 2007 et 2008 sur les sites préhistoriques de Faoug/Poudrechat I et II, Vallamand/Les Garinettes et Les Grèves*, Université de Genève, septembre 2008.

Dendrochronologie : Rapport d'expertise dendrochronologique LRD08/R5950, Laboratoire romand de dendrochronologie, Moudon.

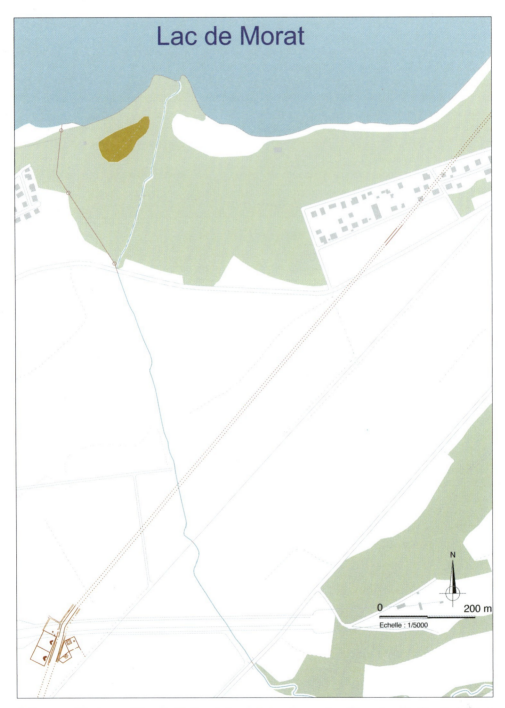

1 Faoug – Pâquier aux Oies. Restitution du tracé de la voie romaine d'Avenches/En Chaplix à Faoug (dessin H. Amoroso, Fondation Pro Aventico).

FAOUG – District Broye-Vully – CN 1165 – 571 500 / 194 775
N – Poudrechat II

Découvert de manière fortuite le 17 avril 2008 par les archéologues de la Fondation Pro Aventico (cf. ci-dessous la notice FAOUG – Pâquier aux Oies – Voie romaine), ce nouveau site préhistorique a été mis au jour lors de la surveillance de chantier d'une tranchée technique dans une parcelle destinée à la création d'un nouveau lotissement de villas.

Le site se trouve en bordure de la route cantonale Sugiez-Faoug, à environ 170 m de la rive actuelle du lac de Morat. Une dizaine de pilotis et du mobilier archéologique Néolithique moyen ont été récoltés au centre de la parcelle. Les objets comprennent des fragments de céramique à pâte grise de facture fine, dont des écuelles portant des incisions à cru et quelques éclats de silex gris dont une lame à dos à retouches bifaciales.

En juin 2008, lors de l'étude d'une tranchée le long du chemin du Pâquier-aux-Oies, 100 m à l'est de la trouvaille précédente, on découvre une couche archéologique sans mobilier, mais contenant des pilotis en chêne. Quatre pieux ont été datés par dendrochronologie, aux environs de -3850 et de -3835. Ils appartiennent vraisemblablement au même site, dont l'extension est d'au moins 150 m.

La séquence stratigraphique est constituée de 40-50 cm d'humus et de remblais, de 30-50 cm de sables gris et jaunes oxydés, et 75-85 cm d'argile; la couche archéologique, de 20-30 cm d'épaisseur de charbons de bois ou limon organique, repose sur un limon fin beige ou de sables grossiers.

Ce sont des sédiments lacustres de plate-forme littorale peu pentue reposant sur un substrat molassique. Le site culmine à 430,0 m, en zone littorale actuellement émergée. Apparemment, la conservation est excellente. Une épaisseur de sédiment d'environ deux mètres recouvre le sommet des vestiges archéologiques.

Christiane Pugin, Pierre Corboud

Investigations et documentation: P. Corboud, Ch. Pugin, GRAP.
Rapport: Christiane Pugin, Pierre Corboud, *Mur, Vallamand et Faoug – VD. Inventaire et étude des stations littorales des rives vaudoises du lac de Morat. Travaux réalisés en 2007 et 2008 sur les sites préhistoriques de Faoug/Poudrechat I et II, Vallamand/Les Garinettes et Les Grèves*, Université de Genève, septembre 2008.
Dendrochronologie: Rapport d'expertise dendrochronologique LRD08/R6091, Laboratoire romand de dendrochronologie, Moudon.

FAOUG – District Broye-Vully – CN 1165 – 571 500 / 194 600
R – Pâquier aux Oies – Voie romaine

Les travaux d'équipement d'un futur quartier d'habitation à l'entrée ouest de la commune de Faoug, dans un secteur où du mobilier de l'époque romaine avait été repéré en prospection en 1984, ont motivé la surveillance du creusement des différentes tranchées.

Sous un important épandage de tuiles et de céramiques romaines, un tronçon de voie d'une largeur d'environ 5,5 m a été mis au jour. Ce dernier est constitué d'une succession de couches graveleuses plus ou moins bien conservées de 0,3 m d'épaisseur reposant sur un radier de galets et de boulets morainiques. Cette portion de chaussée s'aligne parfaitement avec la route repérée en 1989 dans la zone cultuelle et funéraire d'Avenches/En Chaplix, dont la date de construction se situe aux alentours de 20/25 après J.-C. Cette voie dite du «Nord-Est» sortait d'Avenches et se dirigeait en ligne droite vers En Chaplix (cf. Daniel Castella, «Territoire et voies de communication», *AS* 24/2, 2001, pp. 15-19; Hugo Amoroso, «Chroniques des fouilles archéologiques 2008», *BPA* 50, 2009, pp. 268-269). De là, elle bifurquait vers l'est en direction du lac de Morat où elle a été découverte lors de nos travaux. La route longeait ensuite la rive sud du lac (un tronçon lui appartenant a été observé en 2003 à Montilier, à l'est de la ville de Morat).

La présence de cet axe routier si proche du lac, dans une zone fortement inondable, peut en partie s'expliquer par l'existence d'un port, dont les restes auraient été observés au début du XXe siècle près de la zone d'intervention. D'autres vestiges ont également été mis au jour. Leur relation avec la route reste difficile à établir. Il s'agit de différents fossés ou paléo-chenaux contenant du mobilier archéologique romain, d'un petit radier et d'un drain se trouvant à environ 2,5 m au nord de la route, d'un tracé plus ou moins parallèle à celle-ci.

Du mobilier préhistorique et des pieux ont été prélevés au fond de la fouille, dans sa partie centrale, ainsi qu'aux extrémités est et nord-est des tranchées (cf. Faoug – Poudrechat II).

Hugo Amoroso

Investigations et documentation : H. Amoroso, Fondation Pro Aventico.

LA SARRAZ – District de Morges – CN 1222 – 530 760 / 167 500
Ha-L – Le Mormont – Sanctuaire helvète – Habitat hallstattien

Les fouilles programmées entreprises entre juin 2006 et mars 2007 ont permis d'explorer l'un des plus grands ensembles de fosses à dépôts rituels datés de la fin de l'époque de La Tène connu en Europe. Suite à cette découverte, la Section de l'archéologie cantonale a élaboré un programme de fouilles préventives dans les zones menacées par l'avancement de l'exploitation de la carrière Holcim. Les sondages réalisés en juillet 2008 ont révélé des vestiges similaires au sanctuaire déjà fouillé et les restes d'un habitat daté du Hallstatt.

La fin de l'âge du Fer est représentée par seize fosses à dépôt et deux foyers. Ils sont implantés dans deux failles calcaires longilignes d'une longueur respective d'environ 70 m et 30 m pour une largeur d'environ 15 m. Ce sont les seuls endroits où l'épaisseur du dépôt sédimentaire dépasse 60 cm et permet alors le creusement d'une fosse. Cette observation confirme l'hypothèse émise lors de la première campagne que seule la présence d'une certaine épaisseur du substrat délimite l'implantation des fosses et donc du sanctuaire. Contemporaines de celles fouillées en 2006-2007, ces nouvelles fosses présentent, à une exception près, des modes de dépôts différents : très peu de métal et des céramiques très fragmentées.

La profondeur des fosses varie en fonction de l'épaisseur du substrat moraïnique (de 1 à 3 m environ). Le fond est toujours le bedrock calcaire, qui, à plusieurs reprises, fut encore entaillé pour gagner en profondeur. Dans l'un des cas (anomalie 414), une fissure du rocher fut élargie sur 60 cm de profondeur, dans laquelle on déposa un bracelet en bronze, un fragment de céramique et une crémaillère en fer.

La faune est omniprésente, mais, contrairement à la zone fouillée en 2006-2007, on constate une nette prédominance de restes de boucherie (fig. 2).

Les découvertes les plus spectaculaires de cette année sont deux fosses comprenant des restes humains. La première contenait un individu enterré dans une position assise (anomalie 417) (fig. 3). À la différence de celui fouillé en 2006, le squelette présente des absences d'os, indices qui confirment l'hypothèse d'une dessiccation préalable à son inhumation.

La seconde (anomalie 422) se composait de deux ensembles distincts. Le niveau supérieur renfermait un corps en décubitus dorsal, associé à des restes de cheval. Trente cm en dessous, trois nouveaux corps ont été déposés sur des restes de faune. Deux adultes placés côte à côte en décubitus ventral et un enfant en décubitus dorsal. Les deux sujets adultes ne sont représentés que par le tronc et les membres du côté gauche. Les fémurs ont été cassés au milieu des diaphyses. Les avant-bras ont également été brisés aux extrémités distales. Il s'agit bien d'un dépôt de deux corps incomplets en connexion. Ces trois corps présentent des traces évidentes de brûlures à des températures ne dépassant pas 400° C. La disposition des traces de feu est identique pour les deux adultes : les crânes sont très touchés, de même que les deux coudes gauches, les extrémités des deux avant-bras et des deux fémurs. La similitude des traces de feu et les absences d'os (côtés droits) indiquent clairement qu'il ne s'agit pas des restes d'une incinération mal conduite. Les corps ont subi un démembrement avant une cuisson, qui a noirci l'os dans les zones non recouvertes de muscles (crânes,

2 La Sarraz – Le Mormont. Fosse contenant une vache complète, accompagnée d'une centaine d'os appartenant aux espèces suivantes : bœuf, porc, capriné, cheval, chien et oiseau (photo Archeodunum SA).

3 La Sarraz – Le Mormont. Fosse contenant un individu enterré en position accroupie ; les fragments d'un grand récipient en céramique forment le fond de l'inhumation (photo Archeodunum SA).

coudes et clavicules) mais laissant des connexions strictes et de la chair probablement grillée sur les autres parties du corps. Nous n'avons pas trouvé de trace de feu sur l'enfant lors de la fouille, mais l'observation des os après lavage a permis de constater que la face inférieure de la mandibule au niveau du menton était également brûlée. Il faut donc admettre que les trois corps ont reçu le même traitement.

Sous les restes humains et au contact de ceux-ci, se trouvaient des restes d'animaux composés essentiellement de chevilles osseuses de boviné, de fragments de mandibules de porc et de bœuf, ainsi que trois dépôts de *scapula* (boviné et suidé) strictement associés à chacun des individus. Les restes de faune présentaient également des traces discrètes de feu, notamment sur les fragments de mandibules de porc.

La nouveauté de la fouille 2008 est la découverte de vestiges qui attestent clairement d'une occupation du site datant du Premier âge du Fer et plus précisément de la période Ha D.

Ces vestiges comprennent les restes d'une construction, quelques petites fosses dépotoirs et quelques trous de poteaux, mis au jour dans la partie sud du site. La construction en terre consiste en un alignement de torchis orienté NE-SO avec des traces de clayonnage. Les négatifs de branches sur les nodules, les fragments en terre cuite qui présentent une surface lisse, parfois avec des traces de doigts, permettent d'interpréter cet aménagement comme une paroi. Il s'agit d'une construction de 40 cm de large implantée dans un fossé d'une profondeur d'environ 20 cm et repérée sur une longueur d'environ 5 m (fig. 4). Les traces de rubéfaction observées sur les bords de cette structure et sur les meules, tout comme la forte quantité de charbon mêlée au torchis, indiquent que la paroi a brûlé sur place. La fouille n'a mis en évidence que l'extrémité N-E, l'autre étant endommagée par les lessivages de la couche et par les creusements des fosses laténiennes. Dans l'effondrement de la paroi, plusieurs objets dont deux meules, un lissoir à céramique et des fragments de trois ou quatre anneaux d'argile, ont été repérés. Dans le prolongement de cette paroi en torchis, on trouve un alignement de tessons présentant de très rares traces de feu. Cet aménagement, large également de 40 cm, que l'on est tenté d'interpréter comme une base de paroi, a été repéré sur 3 m de long. Les tessons (des fragments de fond, de panses et de bords de grands pots) étaient disposés à plat, en plusieurs strates.

Malgré une fouille extensive, seuls de rares fragments de torchis et de poterie ont été découverts dans le reste du site. L'érosion naturelle de la couche et le creusement des fosses LT D1 sont à l'origine de la destruction de l'occupation Ha D. En effet, on retrouve de nombreux tessons en position secondaire dans le remplissage de ces fosses. Le mobilier le plus riche est représenté par la céramique (fig. 5). Les restes de faune, tout comme le mobilier métallique, sont totalement absents. Une rapide évaluation de la céramique faite sur le terrain nous permet seulement de proposer une datation au Ha D. La découverte de cette année confirme les observations faites lors de la campagne de sondages en février 2006 qui avait livré au sommet de la colline du Mormont des tessons de poterie de cette même époque. La fouille de 2008 nous a ainsi permis de documenter un site de hauteur du Premier âge du Fer installé à une altitude moyenne de 560-565 m, à proximité du sommet de la colline.

Claudia Nitu, Eduard Dietrich et Patrick Moinat

Investigations et documentation : C. Nitu, E. Dietrich, Archeodunum SA ; P. Moinat, AC.

4 La Sarraz – Le Mormont. Habitat hallstattien. Restes de la paroi effondrée. On remarque dans la partie gauche le pourtour circulaire d'une fosse laténienne qui a perturbé le niveau Hallstatt (photo Archeodunum SA).

5 La Sarraz – Le Mormont. Détail des céramiques dans le niveau de démolition hallstattien (photo Archeodunum SA).

 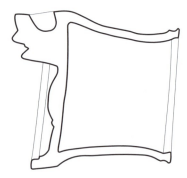

6 La Tour-de-Peilz − Rue du Léman 11. Catelle de poêle au décor inédit datant de la seconde moitié du XIVe siècle (photo A. Conne, Lausanne; dessin V. Chaudet et C. Grand, AC). Échelle 1:3.

LA TOUR-DE-PEILZ − District Riviera-Pays-d'Enhaut − CN 1264 − 555 135 / 144 850
M − Rue du Léman 11 − Ville médiévale

En mai et juin 2008, une parcelle alors affectée en jardin a fait l'objet de travaux pour la construction d'un bâtiment. Lorsque la Section de l'archéologie cantonale est intervenue, la plus grande partie du terrassement pour la création d'un sous-sol était malheureusement effectuée. Les bords de fouille laissaient apparaître des maçonneries arrachées qui attestent la présence de constructions. Au nord-ouest de l'emprise des travaux, une portion de terrain intacte subsistait. Cette dernière fut dégagée manuellement, mettant au jour l'angle d'un local avec son escalier d'accès, soigneusement appareillé en dalles de molasse rougeâtre. Le remblai de cette ancienne cave, qui indique que le bâtiment a été détruit par un incendie, a livré de nombreuses catelles de poêle aux décors d'une qualité remarquable, datant de la seconde moitié du XIVe siècle et de la première moitié du XVe siècle (fig. 6). Ce matériel sera prochainement publié dans un *Cahier d'archéologie romande* consacré aux catelles de poêle du pays de Vaud du XIVe siècle au début du XVIIIe siècle.

Valentine Chaudet

Investigations et documentation: V. Chaudet et S. Ebbutt, AC.

LAUSANNE − District de Lausanne − CN 1243 − 535 010 / 152 630
R − Les Prés-de-Vidy

Mis au programme du projet «Métamorphose», le vaste périmètre des Prés-de-Vidy a fait l'objet d'une première campagne de sondages au printemps 2008. Elle a permis de définir deux zones significatives de vestiges à traiter, en périphérie ouest du *vicus* de *Lousonna*. À la transition des terrasses de 3 et 10 m, des horizons riches en mobilier romain ont été repérés. Ils recoupent des séquences de sables et graviers lacustres contenant des lentilles de tourbes datées par C14 du Bronze final (2940±45 BP).

Des pieux circulaires de chêne, dont cinq à six suivent un alignement nord-sud, étaient par endroits scellés par un empierrement sans organisation précise. Les phases d'abattage des échantillons se situent en 104/105 et 169/170 de notre ère. À plus de 200 m en retrait de la rive présumée du lac antique, ces dispositifs en bois pourraient correspondre à des aménagements de chenal ou de bassin intérieur. Légèrement plus en amont, des éléments en bois ayant probablement appartenu à un système de clayonnage de branchages (datés avec réserve par dendrochronologie de 16/17 après J.-C.), ainsi que quatre structures romaines en creux de fonction encore indéterminée, ont également été observés.

Outre ces structures de l'époque romaine, l'exploration a mis au jour, dans les sables de la terrasse des 10 m, un simple amas de pierres éclatées au feu ou fortement rougies, entouré de sédiment noir et avec pour seul mobilier un petit éclat de débitage en silex blanc. L'attribution de ce foyer entre le Néolithique et l'âge du Bronze ne peut être précisée.

SE

Investigations et documentation: S. Ebbutt, C. Hervé, P. Moinat, AC.
Rapport: Susan Ebbutt, Patrick Moinat, *Commune de Lausanne. Les Prés de Vidy. Projet Métamorphose. Rapport des sondages archéologiques février et mai 2008*, AC, juillet 2008.
Dendrochronologie: Rapport d'analyse par le radiocarbone et d'expertise dendrochronologique LRD08/R6072 et R6072A, Laboratoire romand de dendrochronologie, Moudon.
Analyse C14: ETH Zürich – Laboratory of Ion Beam Physics: ETH-36624, ETH-36625, ETH-37057.

LAUSANNE – District de Lausanne – CN 1243 – 535 390 / 152 270
R – Route de Vidy – *Vicus*

La mise en place de conduites industrielles le long de la route de Vidy a nécessité une surveillance archéologique entre le poste EXPO et la STEP. Insérée entre les quartiers du *vicus* des fouilles autoroute et la rive du lac antique, la première étape des travaux a traversé sur plus de 200 m une zone encore peu explorée de *Lousonna*.

Un niveau archéologique, fortement arasé par les aménagements de l'Expo 64 et seulement préservé sur la moitié sud de la tranchée, a mis en évidence plusieurs murs qui semblent suivre l'orientation générale du *vicus*. Un niveau de sol en mortier de tuileau subsistait entre deux structures. Contrairement aux attentes, aucune voie d'accès n'a en revanche été trouvée.

Par ailleurs, au droit du Château de Vidy, un mur, suivi par une couche d'incendie contenant de nombreuses briques brûlées (18 × 8 cm), est sans doute en lien avec des aménagements plus tardifs (cf. *RHV*, 2007, pp. 346-347). Plus loin, la poursuite de la tranchée en direction du lac a permis de faire un nouveau pointage sur les limites du rivage antique.

SE

Investigations et documentation: S. Ebbutt, AC.

LAUSANNE – District de Lausanne – CN 1243 – 538 290 / 152 470
AP – Quartier du Rôtillon – Puits

Le projet de construction d'un établissement médico-social s'est concrétisé au début de l'année 2008 à l'emplacement de l'îlot C «Zizanie», rue du Rôtillon 5. Ces travaux se sont déroulés sous la surveillance de la Section de l'archéologie cantonale, intéressée par la démolition d'un puits figuré sur le plan Berney (1838) et par les fondations du bâtiment qui l'abritait. Le puits, dont le diamètre mesurait environ 160 cm pour une profondeur de 390 cm, était construit en moellons morainiques de différentes tailles sans liant. Son fond était implanté dans le substrat molassique naturel. Il n'a pas livré de cuvelage en bois, bien que plusieurs bois aient été extraits de son remplissage. Les analyses dendrochronologiques effectuées ont déterminé des abattages entre 1790 et 1792. Au cours des terrassements, le fond d'une seconde structure circulaire de fonction incertaine a été découverte. D'un diamètre d'environ 110 cm pour une profondeur conservée de 120 cm, ses parois étaient constituées de blocs de molasse grise, taillés en arc de cercle et posés sur une dalle en molasse. Par ailleurs, une tranchée ouverte en amont du chantier a révélé un mur de façade ou de terrasse implanté à plus de 3 m de profondeur.

Les fondations des anciennes bâtisses qui formaient l'îlot n'ont en revanche livré aucun élément de réflexion concernant des constructions médiévales antérieures.

SE, BM

Investigations et documentation: S. Ebbutt, B. Montandon, C. Wagner, AC.
Dendrochronologie: Rapport d'expertise dendrochronologique LRD08/R6014, Laboratoire romand de dendrochronologie, Moudon.

LAVIGNY – District de Morges – CN 1242 – 520 786 / 150 439
M-AP – Le « Petit Lavigny » – Tombes

En avril 2008, des travaux de canalisations aux abords du château de Lavigny (le « Petit Lavigny ») ont permis de découvrir un nouveau site archéologique. En effet, réagissant à l'appel des ouvriers et de l'ingénieur du projet inquiétés par la présence d'ossements dans leur fouille, la Section de l'archéologie cantonale a pu mettre au jour deux sépultures distinctes. Ces deux tombes, en pleine terre, ne présentaient aucun aménagement particulier et aucun mobilier. Elles sont donc difficiles à dater sans d'autres investigations. Le château a été édifié en 1732 par Gabriel-Henri de Mestral, seigneur de Lavigny, sur l'emplacement d'une ancienne maison forte.

BM

Investigations et documentation: B. Montandon, AC.

LEYSIN – District d'Aigle – CN 1284
Br – Plan du Signal – Prospections

Des travaux de prospection menés en juillet 2007 sur une éminence située à 1260 m d'altitude ont permis la découverte de deux artefacts en bronze distants d'une centaine de mètres l'un de l'autre. Il s'agit d'un fragment de faucille, attribuable à la fin du Bronze moyen ou au Bronze final, et d'un objet difficilement identifiable (extrémité de faucille ou de hache), qui semble être un raté de coulée ou un fragment à nouveau soumis à un feu suffisant pour transformer la matière.

CW

Prospection: C. Ansermet.
Détermination des objets: M. David-Elbiali.

LUCENS – district Broye-Vully – CN 1204 – 553 935 / 173 395
M – Terrasses du Château – Vestiges du bourg médiéval

L'implantation, sur la terrasse sud-ouest du château, d'un bassin pour la protection contre les incendies a motivé une fouille du secteur concerné par le terrassement. Cette zone était en effet identifiée grâce aux documents d'archives comme l'emplacement du bourg-refuge médiéval.

Lors de la fouille, quatre phases d'aménagement distinctes ont été constatées, sans pour autant pouvoir être datées avec précision, en l'absence de matériel caractéristique.

Les vestiges les plus anciens sont cinq locaux semi-excavés, creusés dans le socle molassique, et dont les parois étaient parfois complétées par des murets maçonnés (fig. 7). Aucun de ces locaux n'a pu être fouillé entièrement, en raison de la faible emprise des travaux. On peut néanmoins évaluer les dimensions de l'un d'entre eux à 4,5 m sur 3,5 m. Ces aménagements sont interprétés comme de possibles fonds de cabanes. Il semble que l'un d'entre eux ait subi un remaniement postérieur.

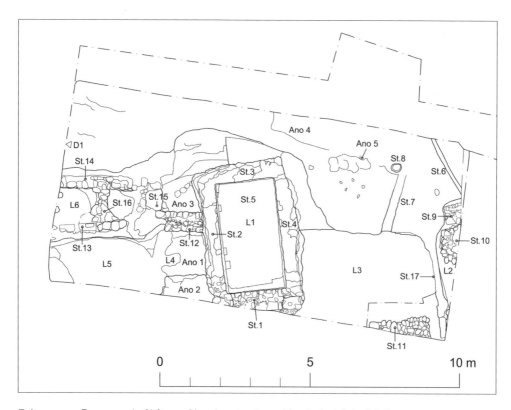

7 Lucens – Terrasses du Château. Plan des structures (dessin Archéotech SA).

Par la suite, un édicule maçonné de petite dimension (3,5 m sur 1,85 m) est construit. Son sol est constitué de carreaux de terre cuite. Il s'agit vraisemblablement d'une cave ou d'une glacière (fig. 8).

Un empierrement non maçonné, de fonction indéterminée, est l'aménagement le plus récent repéré.

Par ailleurs, diverses structures n'ont pu être rattachées à l'une ou l'autre phase. Citons notamment un trou de poteau et une rainure creusés dans la molasse. Cette dernière est interprétée comme un logement de sablière. Un constat archéologique a en outre été effectué sur le mur de terrasse sud. Il a permis de mettre en évidence au moins trois phases de construction. La première concerne la partie inférieure du mur de terrasse, qui peut être considérée comme l'ancien mur de braie, à l'origine doté d'un crénelage. Dans un deuxième temps, a lieu une reprise de l'angle sud-ouest. D'après l'étude documentaire effectuée par Monique Fontannaz, les deux contreforts coiffés d'une corniche ont été ajoutés en 1607-1608 aux murs de braie du côté du ressat. La troisième phase est la reprise du couronnement du mur en 1713-1716, parallèlement à la construction d'un petit édifice à l'angle sud-ouest.

Anna Pedrucci, Christophe Henny, Alain Jouvenat, Olivier Feihl

Investigations et documentation: Archéotech SA, Épalinges.
Rapport: A. Pedrucci, Ch. Henny, A. Jouvenat, O. Feihl, *Lucens. Terrasses du Château. A-Fouilles de la terrasse sud-ouest pour l'implantation d'un bassin ECA. B-Constat archéologique sur le mur de terrasse sud*, Archéotech SA, Épalinges, juillet 2008.

8 Lucens – Terrasses du Château. Cave en maçonnerie aménagée au-dessus d'un des locaux semi-excavés (photo Archéotech SA).

LUTRY – District Lavaux-Oron – CN 1243 – 542 040 / 150 400
M – Bourg extérieur et port médiéval

Les investigations menées par François Christe en 1999 et 2000 au sud-ouest du bourg de Lutry (cf. *RHV*, 2000, pp. 128-129 et *RHV*, 2001, pp. 223-224) ont mis au jour des murs de berges, des ouvrages défensifs ainsi que des aménagements portuaires et des halles. La reprise de ces données par Valentine Chaudet a donné lieu à une étude de synthèse qui retrace le développement du rivage médiéval de Lutry et l'établissement de son bourg extérieur. Bien qu'il soit nommé «bourg neuf» au XVIe siècle, le faubourg ouest est déjà bien développé hors les murs avant le milieu du XIIIe siècle. La présence d'un port et de halles-entrepôts atteste l'importance du bourg extérieur dès sa création.

SR

Publication: Valentine Chaudet, «Le bourg extérieur de Lutry et son port médiéval», *Moyen Âge. Revue de l'Association Suisse Châteaux forts*, 13, 2008/3, pp. 119-128.

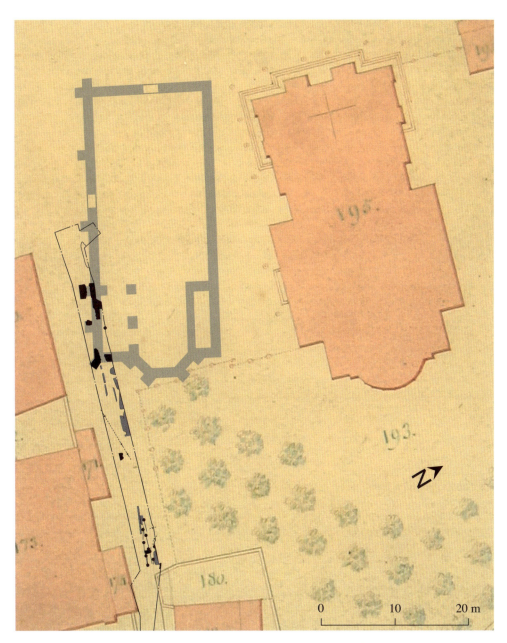

9 Morges. Détail du plan de 1837 (ACV/GB 175/c) figurant la place de l'Église, avec le report des vestiges mis au jour et la situation, en grisé, de l'ancienne église (dessin V. Chaudet, AC).

MORGES – District de Morges – CN 1242 – 528 000 / 151 435
M – **Place de l'Église et rue du Bluard** – **Ville médiévale**
Le remplacement des canalisations et des services dans la rue du Bluard, ainsi que dans son prolongement côté lac et sur la place de l'Église, a donné lieu à une investigation archéologique, après la découverte d'ossements humains par l'entreprise de génie civil. La zone concernée par les travaux est une tranchée de 3 m de large au maximum, comportant des canalisations et infrastructures modernes, et ne permettant, par conséquent, qu'une observation partielle de la plupart des structures.

Les vestiges de l'ancienne église ont été mis au jour (fig. 9). L'emplacement de ce monument, dont la façade nord est formée par le mur de ville, est connu par le plan cadastral de 1737 (ACV / GB 175/b). L'édifice, attesté dès 1306, est sans doute contemporain de la fondation de la ville de Morges vers 1285-88 (Paul Bissegger, *La ville de Morges*, Bâle: Les monuments d'art et d'histoire du Canton de Vaud V, 1998, pp. 131 ss.). Il est démoli en 1769, et les matériaux sont récupérés pour la construction du nouveau temple établi non loin, hors de l'enceinte médiévale. Les travaux de 2008 ont permis de dégager les fondations de la chapelle méridionale qui épaule le chœur de l'ancienne église. Celles-ci sont faites de boulets liés au mortier de chaux, à l'exception du contrefort occidental, qui vient renforcer le dispositif primitif et qui comporte également des blocs de molasse de récupération et quelques briques de calage. Ces maçonneries couvrent partiellement un mur de même orientation qui appartient peut-être à un état antérieur du monument.

Dix-sept squelettes et quatorze fosses, ainsi que des tombes, sont apparus à l'est de l'ancienne église, à l'exception d'un individu enseveli à l'intérieur de la chapelle (une étude anthropologique des tombes a été effectuée par Audrey Gallay pour le compte du Musée cantonal d'archéologie et d'histoire). Dans la portion orientale du cimetière où l'entier de la séquence archéologique a été observé, les tombes sont en grande concentration, se recoupant et se superposant fréquemment les unes aux autres (cf. fig. 9).

En aval, dans la rue du Bluard, la maçonnerie bordant la rue et tournant à angle droit pour former l'ancienne berge, telle qu'elle figure encore sur le plan de 1837-39 (ACV/GB 175/c) a été dégagée. Au-delà, en direction du lac, le quai de la fin du XIXe siècle a également été observé.

Valentine Chaudet

Investigations et documentation: V. Chaudet et S. Ebbutt, AC.

MOUDON – district Broye-Vully – CN 1224 – 550 530 / 168 900
M – **Grand-Air** – **Quartier médiéval**
Des macrorestes végétaux carbonisés – froment et seigle principalement – en provenance d'une fosse à fond de bois découverte sur l'Esplanade du Grand-Air en 1985 et recoupée en 1991 (cf. *RHV*, 1992, p. 213) ont été soumis à une analyse C14. La datation obtenue situe cette structure dans le courant du XIIIe siècle (775±30 BP).

SE

Analyse C14: ETH Zürich – Laboratory of Ion Beam Physics: ETH-37056.

NYON – District de Nyon – CN 1261 – 507 935 / 137 710
R – **Chemin du Crozet/Rue de la Vy-Creuse (parcelles 354, 355, 1192)** – **Urbanisme gallo-romain**
Un important projet immobilier nous a permis d'explorer une parcelle de 120 m de longueur, sur un axe NO-SE, à travers ce quartier situé au nord de l'amphithéâtre sur une croupe morainique face au lac. Cette zone n'avait pas fait jusqu'alors l'objet d'interventions archéologiques d'ampleur. Notre fouille a permis de montrer que cette surface était densément construite à l'époque romaine (fig. 10). Malheureusement, les vestiges sont for-

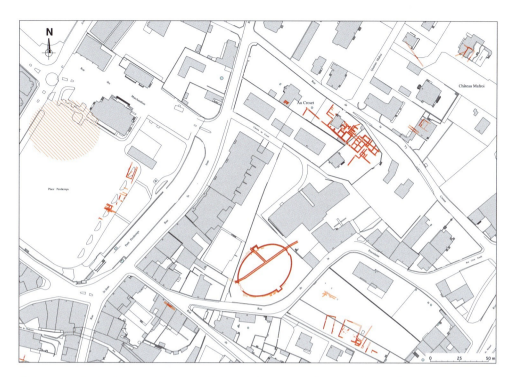

10 Nyon – Chemin du Crozet/Rue de la Vy-Creuse. Plan des fouilles (dessin C. Cantin, Archeodunum SA).

tement arasés et les fondations des murs sont, elles-mêmes, majoritairement récupérées (fig. 11). Cet état de conservation nous empêche de définir avec précision des étapes de construction du site. L'orientation des constructions – perpendiculaire à la pente et face au lac – est identique à celle du bâti relevé lors de deux opérations mineures réalisées dans la première moitié du XXe siècle au nord de la Vy-Creuse. Ce quartier ne s'inscrit pas dans le carroyage du centre ville romain et s'adapte à la topographie du lieu. À ce stade de la recherche, il est difficile de se prononcer sur le type d'habitat auquel nous avons affaire, mais la dimension de certaines fondations conservées fait penser à des constructions d'importance, probablement de type résidentiel.

Le matériel archéologique récolté est maigre; la présence de deux fosses comprenant de la démolition de peintures murales est à mentionner ainsi que la découverte en remblai d'une anse de seau romain en bronze, décorée de deux bustes de divinités.

Le principal acquis de cette opération est d'avoir montré l'extension de la ville romaine au nord de l'amphithéâtre. La récupération massive des structures à cet endroit explique aussi partiellement l'absence d'observation de vestiges romains dans le troisième quart du XXe siècle lors de la construction des immeubles dans ce quartier.

Christophe Henny

Investigations et documentation: Archeodunum SA, Gollion.
Rapports: Christophe Henny, *Nyon. Chemin du Crozet 6. Aff. 176. Rapport de sondages préliminaires 26-27 septembre 2007*, Archeodunum SA, Gollion, octobre 2007.
Christophe Henny, *Nyon. Vy-Creuse 4 (parcelle 354) (Aff. 176). Sondages préliminaires 15-16 septembre 2008*, Archeodunum SA, Gollion, septembre 2008.

PAYERNE – District Broye-Vully – CN 1184 – 561 600 / 185 460
M – Les Platanes – Mur de ville

Le mur de ville, documenté en 2007 et dont l'état de conservation n'était pas suffisamment important pour justifier sa conservation, a fait l'objet d'un marquage au sol sur plus de 54 m de long et une largeur de 1,60 m. Cette mise en valeur s'insère dans le prolongement du tronçon émergé qui se retourne en équerre vers le nord jusqu'à la tour des Rammes.

SE

SAINTE-CROIX – District Jura-Nord vaudois – CN 1182 – 187 100 / 527 500
Br-L-R-M – Col des Étroits – Passage d'Entre Roches

Des prospections au détecteur à métaux ont livré un abondant mobilier métallique de la transition entre les périodes gauloise et romaine. Ce mobilier, issu principalement de l'éperon bordant le passage obligé d'Entre-Roches en contrebas du Col des Etroits, constitue un ensemble inédit d'artefacts liés à une occupation militaire tardo-républicaine et/ou laténienne. Elle se marque principalement grâce à plus de 200 clous de *caligae* à décor de croix et de globules, des pointes de *pila* (tordues et frappées), une attache de suspension de fourreau, des traits de catapulte, une pointe de lance à échancrures et une sardine de tente. Elle est en outre démontrée par une attache de seau à tête de bovidé, un fragment de *simpulum*, un crochet de crémaillère, des fragments de couteau et des clous de construction (fig. 12). Sa datation peut être située entre 50 et 15 avant J.-C. grâce à des fibules à arcs filiformes et de type Alésia, ainsi qu'à deux demi-as républicains. Elle est confirmée par les diamètres et les décors des clous de *caligae* correspondant aux exemplaires tardo-républicains. Ce faciès matériel offre plusieurs hypothèses de caractérisation du site, qui peut être interprété comme un *castellum* helvète remplacé par un fortin romain avec ou sans combat ou comme un fortin romain sans antécédent laténien. Cette occupation permet d'identifier la principale voie à travers le Jura avant les remembrements d'Auguste dont le tracé correspond à un itinéraire militaire d'Agrippa mentionné par Strabon (IV, 6, 11). Une fonction de point de contrôle dans un système de verrouillage du Plateau suisse peut aussi être évoquée.

Les prospections ont également livré du matériel médiéval ainsi que deux dépôts de l'âge du Bronze. Le premier se présente sous la forme d'un lingot d'alliage cuivreux de 991 g, avec une hache à rebord prise dans sa masse. Le second ensemble, interprété comme un dépôt de type Bühl-Briod, se compose d'une panne et d'une douille de marteau, de lingots et de quatre fragments d'une épée de type Vernaison, datés de la fin du Bronze moyen ou du début du Bronze final.

Suite à ces prospections, des sondages de diagnostic ont mis au jour plusieurs structures. Un fossé peut être daté de l'Antiquité ou de la Protohistoire grâce à un clou de chaussure découvert sur les déblais de son creusement ainsi que par un stylet, une pointe de trait de catapulte et un gobelet à paroi fine pré-augustéen *(Soldatenbecher)* en contrebas. Sur le rebord sud de l'éperon, un amas de pierres correspondrait à une hypothétique structure de fortification, très mal conservée et sans mobilier datant. Deux autres sondages ouverts dans la pente entre le passage d'Entre-Roches et le Col ont mis en évidence une voie antique soutenue par un muret de blocs calcaires (datation fondée sur la découverte de clous de *caligae* tardo-républicains et du Bas-Empire). Enfin, un mur massif, aménagé sur un affleurement, a été dégagé sur plus de 17 m. Constitué de blocs calcaires de moyen module (Ø 20-40 cm) appuyés sur un noyau d'éléments plus massifs (Ø 50-80 cm), cette structure imposante ne peut être datée avec précision. La découverte de clous de *caligae* à proximité ne permet que de postuler une fréquentation de cet aménagement durant l'Antiquité, n'excluant pas une datation protohistorique pour sa construction.

Matthieu Demierre

Prospections: Groupe de recherche *Caligae*, Sainte-Croix (M. Montandon *et al.*).
Investigations et documentation: IASA, Université de Lausanne (prof. T. Luginbühl), en collaboration avec les Universités de Genève et Neuchâtel dans le cadre du partenariat soutenu par le Triangle Azur.

11 Nyon – Rue de la Vy-Creuse 4. Vue d'ensemble nord-ouest (photo Archeodunum SA).

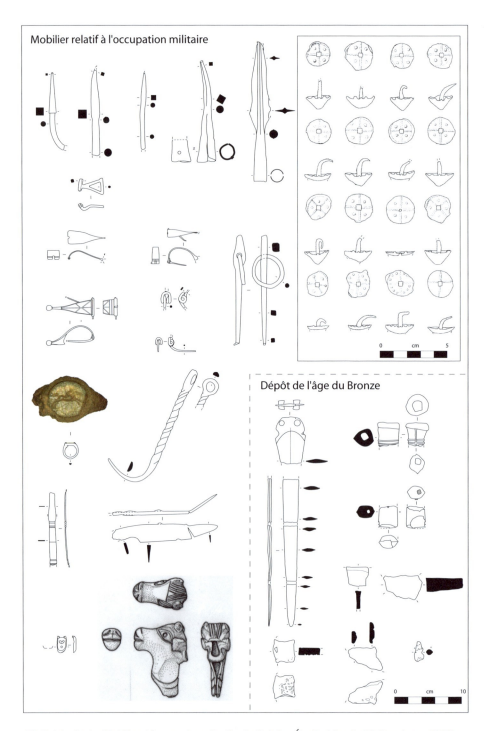

12 Sainte-Croix. Mobilier découvert sur le site du Col des Étroits (dessin M. Demierre, IASA).

SAINTE-CROIX – Disctrict Jura-Nord vaudois – CN 185 200 / 531 000
R-HM – **Gorges de Covatanne** – **Secteur du Fontanet** – **Abri et sanctuaire**

Les prospections du groupe de recherche local *Caligae* en 2006-2008 ont permis la découverte de plus de 2000 artéfacts ou fragments d'artéfacts antiques dans les Gorges de Covatanne, reliant Vuiteboeuf (et le Plateau) à Sainte-Croix. Une large majorité de ces découvertes a été réalisée sur un cône d'éboulis du secteur du Fontanet (fig. 13), caractérisé par la hauteur de ses falaises (plus de 100 m) et par un système karstique particulièrement complexe (sources pérennes, saisonnières et occasionnelles, grottes profondes, abris, etc.). Analysé par M. Demierre (Unil) et par Y. Mühlemann (Musée monétaire de Lausanne), ce mobilier comprend une statuette de Mercure, plus de 220 monnaies (IIe au Ve siècle, majorité du IVe), le même nombre de fragments de tôle de bronze (para-monétaires ?), plus de 60 éléments de parures (fibules, bagues, bracelets, épingles, etc.), près de 40 pièces d'armement (pointes de *pila*, de lances et de flèches, éléments de ceintures militaires), une trentaine d'ustensiles de cuisine (couteaux, meule, récipients, etc.), des outils, une pince de chirurgien et un grand nombre de pièces de quincaillerie (clous, clous de souliers, serrures, clés, chaîne, ferrures, etc.). L'essentiel de ce mobilier est attribuable à l'Antiquité tardive, mais différentes pièces datent de l'âge du Bronze, du Haut-Empire (un marqueur augustéen) et du Haut Moyen Âge (VIe siècle).

L'intérêt particulier de cet ensemble de mobilier et du site du Fontanet a conduit l'IASA de l'Unil à intégrer Covatanne dans son programme de recherche consacré à la religion gallo-romaine dans le Jura (sanctuaires du Chasseron et du Lac d'Antre, notamment) et à proposer un projet de fouille dans un petit abri perché dans la falaise, immédiatement à l'aplomb du cône d'éboulis prospecté par le groupe *Caligae*. Autorisée par la Section de l'archéologie cantonale, cette intervention a été réalisée en deux temps au printemps 2007 ; elle s'est concentrée sur les côtés de l'abri et a permis de découvrir une couche d'occupation et d'abandon antique, scellée par les éboulis du plafond et reposant directement sur la dalle rocheuse. La fouille de ces secteurs a révélé plusieurs aires de feu, le bord d'un aménagement central et un mobilier relativement abondant présentant le même faciès que celui retrouvé en prospection (monnaies, fragments de tôle, parures, représentation de déesse sur une plaquette en alliage cuivreux, céramiques et récipients en pierre ollaire du Bas-Empire).

En 2008, une seconde campagne a mis au jour la partie centrale de l'abri et une large banquette d'environ 6 × 3 m, aménagée dans une coulée d'argile rouge taillée et aplanie pour constituer une sorte de « podium ». Deux foyers principaux occupaient le centre de cet aménagement, également pourvu d'aires de feu secondaires. Des monnaies, des fragments de tôle de bronze, ainsi qu'une coupelle en sigillée grise paléochrétienne et des fragments de bouilloires en céramique commune grise ont été retrouvés lors de sa fouille. Un test réalisé sur une petite partie des sédiments prélevés atteste la présence de graines de millet calcinées dans les fosses centrales (C. Jacquat).

S'il ne fait guère de doute que l'abri du Fontanet a vu le déroulement de pratiques rituelles durant la fin de l'Antiquité, ce site a peut-être également eu d'autres fonctions (refuge notamment). Il ne constituait probablement que l'un des secteurs cultuels des Gorges, à l'entrée desquelles une statuette de Mercure a été découverte anciennement.

Thierry Luginbühl

Prospections : Groupe de recherche *Caligae*, Sainte-Croix (M. Montandon *et al.*).
Investigations et documentation : IASA, Université de Lausanne (Prof. T. Luginbühl), en collaboration avec les Universités de Genève et Neuchâtel dans le cadre du partenariat soutenu par le Triangle Azur et la Commune de Sainte-Croix.

13 Sainte-Croix – Gorges de Covatanne. Abri du Fontanet, avec au premier plan le cône d'éboulis et sur la gauche la source perchée du Fontanet (photo IASA).

SAINT-SULPICE – District Ouest lausannois – CN 1261 – 533 110 / 152 085
R – Hôtel et Logements pour étudiants EPFL – Captage romain
À l'occasion de la construction d'un hôtel en lien avec le site de l'ÉPFL, en contrebas de la Route du Lac (RC1), un captage romain et deux fossés non datés ont été découverts lors d'une campagne de sondages préliminaires, dans une ancienne zone marécageuse.
Le captage orienté NE-SO comprend un drain empierré alimentant un bassin carré en bois, duquel part une canalisation en tuyaux de bois, dont deux conduites sont conservées (fig. 14). Le bassin est construit en planches de chêne. Les conduites sont constituées de troncs non équarris d'épicéa, évidés à la tarière. Le raccord liant les deux éléments est un parallélépipède de chêne. La date d'abattage des éléments en chêne de la structure est le printemps 166 après J.-C. Le mode de construction de la conduite est en tous points identique à celle de la canalisation de Pomy-Cuarny, La Maule (cf. Pascal Nuoffer et François Menna, *Le vallon de Pomy et Cuarny (VD) de l'âge du Bronze au haut Moyen Âge*, Lausanne, CAR 82, 2001); la seule différence notoire entre ces deux structures est leur débit lié au diamètre interne des tuyaux, soit 6 cm à Saint-Sulpice contre 6 à 10 cm à Pomy.
Le captage devait alimenter un établissement romain proche de l'ancien village de Saint-Sulpice. Il est fait mention de matériaux romains en remploi dans cette localité, notamment dans les fondations de l'église, attribués jusque-là au site de *Lousonna* et de deux aires d'incinérations romaines.

14 Saint-Sulpice – Hôtel EPFL. Installation de captage, vue nord-est (photo Archeodunum SA).

La parcelle à l'ouest de notre intervention a fait l'objet d'une campagne de sondages et d'une surveillance de terrassement. Sur ce site, où vont être construits quatre immeubles de logements pour étudiants, nous avons pu observer la continuité de la zone marécageuse dans laquelle le captage est implanté. Seuls deux fossés au remplissage tourbeux et un pieu non datés ont été relevés.

Le matériel céramique romain récolté sur l'ensemble du site couvre la période du Ier au IIIe siècle après J.-C.

Christophe Henny, Lucie Steiner

Investigations et documentation: Archeodunum SA, Gollion.
Rapports: Christophe Henny, Lucie Steiner, *Saint-Sulpice. ÉPFL. Logements pour étudiants (Aff. 271 /SSE 08). Rapport de surveillance de terrassement (tranchées drainantes) et de sondages 16-25 juin 2008*, Archeodunum SA, Gollion, juillet 2008.
Christophe Henny, *Saint-Sulpice. Hôtel ÉPFL. Aff. 272. Surveillance et fouille archéologique juillet 2008*, Archeodunum SA, Gollion, septembre 2008.
Dendrochronologie: Rapport d'expertise dendrochronologique LRD08/R6098, Laboratoire romand de dendrochronologie, Moudon.

VALLAMAND – District Broye-Vully – CN 1165 – 570 090 / 197 700
N-Br – Stations littorales

À la suite des travaux de prospection systématique conduits sur les rives du Lac de Neuchâtel, un programme de recherche sur les rives vaudoises du Lac de Morat a été entrepris en 2007. Des travaux et des observations effectués ces dernières années ont révélé un potentiel archéologique inattendu, offrant la possibilité de découvrir des sites préhistoriques encore inconnus, comme à Mur/Chénevières de Guévaux ou à Faoug.

Lors d'une campagne de sondages effectués en avril 2008 à Vallamand/Les Garinettes, à l'ouest du site du Bronze final Les Grèves, une couche archéologique profonde et des pilotis furent découverts. Ce nouveau site n'est pas daté pour l'instant.

GP

Investigations et documentation: P. Corboud, Ch. Pugin, GRAP.
Rapport: Christiane Pugin, Pierre Corboud, *Inventaire et étude des stations littorales des rives vaudoises du Lac de Morat. Travaux réalisés en 2007 et 2008 dans les communes de Mur, de Vallamand et de Faoug, sur les sites de Faoug/Poudrechat I et II, de Vallamand/Les Garinettes et de Vallamand/Les Grèves*, Université de Genève, septembre 2008.

YVERDON-LES-BAINS – District Jura-Nord vaudois – CN 1203 – 539 300 / 180 860
L-R – Les Jardins-des-Philosophes – *Oppidum* et *vicus* d'*Eburodunum*

À la suite d'un projet immobilier au N° 20 de la rue des Philosophes, l'archéologue cantonal Denis Weidmann a autorisé l'entreprise Archeodunum SA à entreprendre des investigations archéologiques sur les surfaces menacées. La première partie des travaux, qui s'est déroulée entre la fin du mois de janvier et le milieu du mois de mars, consistait à documenter une tranchée de direction nord-sud, servant à l'implantation des canalisations des futurs bâtiments. À cette occasion, soixante-quatre structures ont été dégagées, dont plusieurs recharges de route correspondant à la voie principale traversant le *vicus* d'est en ouest. Contrairement à nos attentes, les vestiges d'époque romaine ne comprennent que quelques murs non maçonnés en molasse et des fosses. Il est fort possible que les travaux d'envergure, mis en évidence en différents endroits du site, entrepris lors du réaménagement de la ville au Bas-Empire, aient également touchés ce secteur.

15 Yverdon-les-Bains – Jardins-des-Philosophes. Four à sécher ou fumer les aliments (photo Archeodunum SA).

Les aménagements de la fin de l'âge du Fer sont, en revanche, mieux représentés et se rattachent à des vestiges d'habitat. Plusieurs occupations successives ont été mises en évidence, notamment des bâtiments munis de sols en argile et de foyers, dont le plan est malheureusement incomplet en raison de l'exiguïté de la zone explorée. Dans une seconde phase, la zone dégagée en plan a livré plus de 230 structures. En premier lieu, on relèvera le fort arasement des vestiges des différentes époques. Cet état de fait est en grande partie assignable à l'action du lac, dont le niveau paraît avoir varié à plusieurs reprises durant les périodes de la fin de l'âge du Fer et de l'époque romaine. L'analyse des coupes stratigraphiques témoigne de ces phénomènes d'apport d'eau à haute intensité par d'importants niveaux sableux.

Pour la période romaine, nous mentionnerons la découverte de deux puits (ST 184 et 182), dont le cuvelage, bien que conservé, n'a malheureusement pas pu être daté par dendrochronologie. Un aménagement servant probablement à sécher ou à fumer les aliments a été découvert dans la partie sud de la parcelle (ST 96). Cette structure, qui devait être à l'origine partiellement enterrée, a une forme de fer à cheval (fig. 15). Conservée sur trois assises, composées de boulets, de blocs de molasse et de calcaire, elle présente quatre orifices servant probablement à laisser s'échapper la fumée. Soumis à une analyse archéomagnétique (I. A. Hedley), il apparaît que cet aménagement livre deux solutions pour l'âge de la dernière utilisation de la structure, soit vers la fin du Ier siècle, soit au IVe siècle de notre ère (52-194 ou 218-474 après J.-C. à 95 % de probabilité). Comme le mobilier associé à cet aménagement est en cours d'étude, il n'est pas possible de se prononcer pour l'une ou l'autre hypothèse.

Dans la partie centrale de la parcelle, une série de fossés profonds d'environ 0,30 cm pour une largeur de 0,60/0,70 cm dessinent une pièce rectangulaire d'une superficie d'environ 40 m². Il pourrait s'agir des tranchées de récupération de murs d'un bâtiment qui s'étend en dehors de la zone de fouilles.

La fortification celtique, qui retranche l'*oppidum* d'*Eburodunum* à partir de 80 avant J.-C., déjà découverte en 2006 dans le secteur voisin des Résidences du Castrum, a été dégagée sur cette parcelle sur près de 16 m de long (fig. 16). La muraille est assez mal conservée dans son ensemble. En effet, il ne subsiste en place que les pieux avant de la structure ; le parement est entièrement détruit, et les pierres constitutives de l'ouvrage, en majorité des calcaires jaunes, sont très érodées et témoignent de l'action du lac. Deux trous de poteaux, repérés en stratigraphie à 4 m à l'arrière du front du rempart, appartiennent probablement à la seconde ligne de pieux du rempart à poteaux frontaux. Il apparaît donc que la fortification côté lac présente de nombreuses similitudes dans son mode constructif avec les tronçons dégagés dans les années 1990 en bordure de la plaine alluviale de l'Orbe (Philosophes N°s 21 et 27) et du côté de l'entrée orientale du site (Philosophes N° 13). On relèvera qu'aucun aménagement de la fin de l'âge du Fer n'a été repéré à l'extérieur de la muraille et que celle-ci fixe donc une limite à l'expansion nord des occupations de cette époque, probablement en raison de la proximité du lac. En revanche, comme les vestiges d'époque romaine s'étendent sur toute la zone fouillée, le niveau des eaux a dû baisser par la suite et permettre ainsi l'extension du vicus en direction du rivage. Ce phénomène a déjà été mis en évidence dans des secteurs voisins, fouillés en 2006 (cf. *ASSPA*, 2007, pp. 180-181). Un grand nombre de trous de poteaux et quelques fosses d'époque indéterminée ont été découverts au sud de la fortification gauloise. Comme les travaux d'élaboration sont en cours, il n'est pas possible de préciser leur chronologie et leur éventuel rattachement à des constructions en terre et bois. Les niveaux de sol correspondant à ces structures ne sont pas conservés.

Le plus ancien niveau repéré sur cette parcelle est un limon sableux brun-noir dans lequel a été retrouvé une fibule à col de cygne en bronze caractéristique de la période Hallstatt D1. Il est possible que cette occupation doive être rapprochée des traces de labours découvertes en 1992 au Parc Piguet par Philippe Curdy (cf. *ASSPA*, 1995, US 2, p. 10), qui étaient datées de la fin du IIe/début du Ier millénaire avant J.-C.

Ces fouilles ont mis en évidence l'extension du village de la fin de l'âge du Fer en direction du rivage. Elles apportent en outre de précieuses indications quant aux fluctuations des eaux du lac de Neuchâtel et à leurs incidences, parfois dévastatrices, sur les occupations humaines. L'analyse approfondie des résultats nous apprendra peut-être si ces catastrophes naturelles ont engendré un abandon temporaire du site ou non.

Caroline Brunetti

Investigations et documentation : Archeodunum SA, C. Brunetti et F. Menna.
Dendrochronologie : Rapport d'expertise dendrochronologique LRD08/R6107, Laboratoire romand de dendrochronologie, Moudon.

Pour un état de la question : Caroline Brunetti et Denis Weidmann, «Eburodunum, entre deux eaux», *AS*, 31.4.2008, pp. 22-29.

YVERDON-LES-BAINS – District du Jura-Nord vaudois – CN 1185 – 539 140 / 180 820
L-R – Parc Piguet – *Oppidum* – *Vicus* – *Castrum*

Pour la troisième année consécutive, l'IASA de l'Université de Lausanne (professeur T. Luginbühl), avec l'autorisation de la Section de l'archéologie cantonale, a continué les investigations débutées en 2006 et 2007 dans la partie occidentale du Parc Piguet (cf. *RHV*, 2007, pp. 356-357 ; *RHV*, 2008, pp. 323-324), et a fouillé un nouveau secteur au nord de la parcelle (700 m²).

16 Yverdon-les-Bains – Jardins-des-Philosophes. Le rempart celtique, avec la rangée avant des poteaux. À droite, un fossé d'époque romaine (photo Archeodunum SA).

Quelques vestiges antérieurs à l'*oppidum* ont été découverts sous les sables lacustres et fluviatiles, dans des tranchées opérées à la pelle mécanique. Le vestige le plus ancien est un pieu daté sous réserve, par dendrochronologie, de 690 avant J.-C. (fig. 17, 1a). Une palissade a également été mise au jour à proximité, datant probablement de la Tène moyenne (fig. 17, 1b).

La structure la plus importante liée à l'occupation du secteur durant la fin de l'âge du Fer est le rempart (fig. 17, 2a), interprété les années précédentes comme un aménagement de berge. De construction similaire au tronçon fouillé entre 1990 et 1994 à l'est et au sud-est de l'*oppidum*, cet aménagement se caractérise par deux rangées de poteaux et un parement de dalles calcaires étalées lors de son démembrement. Les poteaux arrière ont été parfois doublés, voire triplés. La rangée avant est constituée de poteaux inclinés vers l'arrière, dont le bois a fourni une datation de 81 avant J.-C. (date correspondant à l'abattage des bois de la portion déjà connue du rempart). Des couches de la Tène finale ont également été découvertes dans l'angle sud-est du chantier, conservées dans un ancien lit de la Thièle (fig. 17, 2b).

Durant le Haut-Empire, la zone est densément occupée. Outre le bâtiment 3 (fig. 17, 3), déjà fouillé lors des deux précédentes campagnes, de nombreuses structures en creux ont été repérées dans le secteur sud, sans qu'il soit possible de les interpréter globalement. Une partie d'entre elles était implantée dans des remblais de la fin du Ier siècle après J.-C., alors que l'autre partie, repérée dans les sables d'inondation, constitue la première occupation du site à l'époque romaine. La suite du bâtiment à trois nefs découvert en 2007, aménagé à la fin du Ier siècle après J.-C., a pu être fouillée (fig. 17, 4), confirmant ainsi une largeur de 20 m pour cet édifice. L'annexe n'a fourni aucune trace de fermeture. Il semblerait qu'il faille l'interpréter comme un « couloir » d'accès à la grande halle.

Sans lien stratigraphique mais à proximité, une structure de calcaire et de terre cuite interprétée comme un fumoir-séchoir a été dégagée (fig. 17, 5). L'analyse de son remplissage est en cours.

La partie nord du nouveau secteur a également livré de très nombreux vestiges du Haut-Empire (fig. 17, 6), mais leur mauvais état de conservation et le manque de temps pour les fouiller ne permettent pas encore d'en faire une lecture claire. Néanmoins, la zone connaît au moins deux grandes périodes d'occupation. La première, caractérisée par des constructions légères implantées dans des remblais, n'a pas encore été fouillée intégralement. Elle est remplacée, dans le courant du IIe siècle, par des constructions maçonnées, remaniées à plusieurs reprises. Le plan des structures, qui devra être précisé lors de prochaines fouilles, dessine un ou plusieurs bâtiments divisés en petites pièces. Outre un mur et un puits, de nombreux aménagements de sols (radiers, *terrazzi* ou plancher calciné) ont été mis en évidence. Ce complexe semble avoir la même orientation que le bâtiment à plan basilical. Cette raison ainsi que sa proximité avec le cours antique de la Thièle inciteraient à le mettre en relation avec des bâtiments à vocation commerciale.

Hormis les systèmes viaire et défensif du *castrum* découverts en 2006 (fig. 17, 7), aucun autre élément du Bas-Empire n'a été découvert cette année. Il faut toutefois relever que les couches du Haut-Empire, dans la partie nord, ont été arasées par les travaux de remblaiement du XIXe siècle ; il n'est donc pas impossible qu'une hypothétique occupation contemporaine au *castrum* ait été détruite.

Fanny Lanthemann

Investigations et documentation : IASA, Université de Lausanne.
Dendrochronologie : Rapport d'expertise dendrochronologique LRD08 / R6122, Laboratoire romand de dendrochronologie, Moudon.

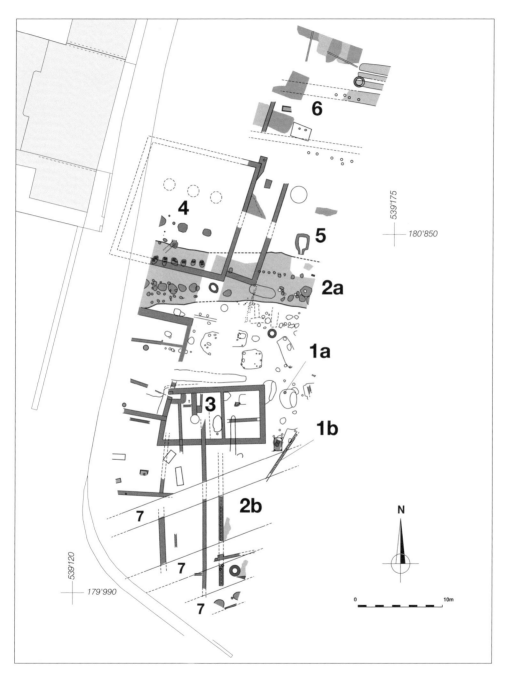

17 Yverdon-les-Bains – Parc Piguet. Plan des vestiges. En gris clair, structures de l'âge du Fer; en gris foncé, structures gallo-romaines (dessin J. Bernal, IASA).

SOCIÉTÉ VAUDOISE D'HISTOIRE ET D'ARCHÉOLOGIE

Rapport d'activité 2008 présenté à l'Assemblée générale du 20 juin 2009
(Estavayer-le-Lac, salle du Conseil général « La Grenette »)

La dernière assemblée générale de notre société s'est tenue le 14 juin 2008 au Grand Hôtel de Territet, salle « Sissy ». Mmes Éléonore Rinaldi et Évelyne Lüthi-Graf des Archives communales de Montreux ont fait revivre ce qui fut autrefois l'un des hauts lieux de l'économie et de la culture touristiques du canton de Vaud. La personnalité d'Ami Chessex, promoteur local de grande envergure, servit de fil rouge à l'après-midi. Quittant le bâtiment de la Belle Époque, après un verre de l'amitié chez Mme Liliane Desponds, les membres de la SVHA ont eu le privilège de visiter la demeure privée d'Ami Chessex, profitant de l'hospitalité des propriétaires actuels. Les paysages naturels lémaniques découpés par les grandes fenêtres et les terrasses contrastaient avec les paysages fantaisistes se déroulant sur des papiers peints d'Alsace dans un état de fraîcheur remarquable.

    Les membres de la Société se déplacèrent en car à l'occasion de la sortie d'été, en direction du Jura : une sortie particulièrement arrosée par saint Médard, patron des agriculteurs, faiseur de pluie, fort compétent pour soigner les migraines et les maladies mentales (les membres présents de notre Société n'ont pas eu recours à ses services). La matinée fut consacrée à la visite de l'abbatiale de Romainmôtier, sous la conduite vivante de M. Michel Gaudard, ancien syndic. Après un repas à l'Auberge du Morez, à Vaulion, en la présence de François Marthaler, chef du Département des infrastructures de l'État de Vaud, les participants se scindèrent en deux groupes. Le premier, plus imperméable, se rendit comme prévu à la ferme des Mollards-des-Aubert, maison familiale et atelier du peintre Pierre Aubert, une bâtisse typiquement jurassienne, construite en 1720, où ils furent accueillis par la présidente de la Fondation, Mme Christiane Betschen, et par l'écrivain et journaliste Raphaël Aubert, fils du graveur Pierre Aubert, qui lut une série de textes évoquant ses souvenirs des lieux. Les membres les plus perméables visitèrent l'espace Pierre Aubert à Romainmôtier sous la conduite du soussigné. Passant le col du Mollendruz, transitant par Bassins (autre site roman), nous fûmes accueillis à Bursins, autre site clunisien, par les mots de bienvenue du syndic Yvan Parmelin, par les gâteaux de son épouse et par le vin du cru, avant de poursuivre avec une visite de l'église sous la houlette de Jean-Marc Roland, antiquaire de son état, et membre de notre société.

    L'assemblée générale se tint le jeudi 30 octobre 2008 à salle du Conseil communal à l'Hôtel de Ville à Lausanne. À cette occasion, trois nouveaux membres du comité furent élus : Mme Lise Favre, notaire à Ollon, juge puis vice-présidente du tribunal de district, auteure d'une thèse sur *La condition des enfants légitimes dans les pays romands au Moyen Âge (XIIIe-XVIe siècles*, BHV, 1986); M. Dave Lüthi, professeur assistant au sein de la section d'histoire de l'art de l'Université de Lausanne, spécialisé dans le domaine de l'architecture et du patrimoine, auteur d'une thèse intitulée *Le compas & le bistouri. Une histoire de l'architecture médicale vaudoise 1760-1940* (2008); Mme Danièle Tosato-Rigo, professeure d'histoire moderne à l'Université de Lausanne, auteure de nombreuses publications sur la République helvétique et d'une thèse de doctorat sur *La chronique de Jodocus Jost, miroir mental d'un paysan bernois au XVIIe siècle* (2000). La partie officielle fut agrémentée par deux conférences, préliminaires au volume de la *RHV* en 2010 consacré à la justice. Mme Salima Moyard, licenciée ès lettres de l'Université de Genève, évoqua le « Crime de poison et procès politique à la Cour de Savoie: l'affaire Pierre Gerbais (1379-1382)» et Mme Martine Ostorero, chargée de cours à l'Université de Lausanne, analysa «Les procès de sorcellerie au XVe siècle en Suisse romande».

C'est aux Archives cantonales vaudoises que s'est tenue, le samedi 21 mars 2009, l'Assemblée générale, accompagnée de la traditionnelle vente de livres et par une conférence de M. Nicolas Quinche qui parla de la personnalité qui est l'objet de sa thèse en histoire à l'Université de Lausanne, «Rodolphe Archibald Reiss (1875-1929): une vie au cœur du crime». C'est sur cette note criminalistique que s'achèvent les activités de la SVHA en 2008, précédées toutefois par une annonce moins horrifique faite par le soussigné: conséquence d'un ensemble de mesures (changement d'éditeur, démarchage pour renforcer le subventionnement de la *RHV*), les comptes de la Société sont en train de se stabiliser et de basculer franchement dans les chiffres noirs.

Finances

L'année 2008 se termine par un bénéfice de 2603 fr. 45, premier bénéfice depuis plusieurs années. Le capital au 31.12.2008 est de 4849 fr. 36, et les fonds totalisent un montant de 50 375 fr. 60. L'augmentation des cotisations dès 2008 porte ses fruits, la différence par rapport à 2007 est de 5000 fr. Toutefois, nous perdons malheureusement chaque année un nombre élevé de membres, par exemple: 28 nouveaux membres ont été admis de juin 2008 à juin 2009, 18 membres sont décédés, 45 membres ont démissionné et l'adresse de certains membres reste introuvable ou ils ont été radiés pour non-paiement des cotisations! Des subsides pour un montant total de 10 500 fr., qui ont contribué à la réalisation de la *Revue historique vaudoise* 2008 sur *L'Histoire du sport dans le canton de Vaud* ainsi que la subvention généreuse de 9000 fr. de l'État de Vaud, nous ont permis de sortir des chiffres rouges. Nous remercions vivement ces institutions. Nous remercions aussi très chaleureusement nos membres de leur fidèle soutien ainsi que toutes les personnes qui nous ont généreusement appuyés avec leurs dons.

Décès

Depuis le 14 juin 2008, nous déplorons le décès de 18 membres, à savoir:
M. Jean Bettems, Aubonne; M. Gérard Caillet, Pully; M. Jean-Jacques Danthe, Prilly; M. André De Giuli, Saint-Légier-Chiésaz; M. Patrick de Leonardis, Lausanne; M. Henri Décombaz, Lutry; M. Jean-Claude Dony, Renens; M. Alain Dubois, Lausanne; Mme Jacqueline Exchaquet, Lausanne; M. Jules-Louis Gachet, Morges; M. Jean-Jacques Glayre, Morges; M. Pierre Isoz, Préverenges; M. Robert Jaccard, Saint-George; M. Marcel Losey, Lausanne; M. Louis-Samuel Prod'hom, Pully; M. Jacques Tuscher, Lausanne, Mme Jacqueline Varidel, Renens; M. Pierre-Maurice Veillon, Cully.

Nouveaux membres

Séance du 30 octobre 2008 à l'Hôtel de Ville à Lausanne (6):
Mme Véronique Bernard, Leysin; Mme Lise Favre, Ollon; M. Pierre-André Goumaz, Lausanne; M. Olivier Reymond, Lausanne; Mme Nathalie Sofia, Mézières; M. Frédéric Steputat, Lausanne.

Séance du 25 mars 2009 aux Archives cantonales vaudoises (17):
M. Franco Ardia, Yvonand; M. Jean-Pierre Bastian, Cully; M. Alexandre Bukumirovic, Lausanne; M. Raynald Christinet, Chéserex; M. Axel de Pontbriand, Servion; Mme Brigitte Esteve, Lausanne; Mme Marie-Claude Frey, Apples; Mme Tamara Garlet, Saint-Maurice; M. Marc Gigase, Lausanne; M. David Glauser, Lausanne; M. Jean-

Luc Grand, Le Locle; Mme Nicole Keller, Vevey; M. Dave Lüthi, Lausanne; M. Pascal Morisod, Ollon; Mme Sandy Rosset, Bioley-Orjulaz; Mme Nicole Staremberg Goy, Lausanne; Mme Monique Thorimbert, Nyon.

Séance du 20 juin 2009 à Estavayer-le-Lac (5):
M. Jean-Claude Broillet, Genève; M. Martin Chevallaz, Épalinges; M. Nicolas Ray, Prangins; M. Blaise Schwerzmann, Crassier; M. Olivier Thiébaud, Chexbres.

Effectifs de la Société

Membres abonnés à la *Revue*	563
Membres non abonnés	86
Membres étudiants	22
Membres à l'étranger	8
Membres à vie	67
Membres d'honneur	4
Total des membres au 20.06.2009	750
Total des membres au 14.06.2008	785
Total des membres au 23.06.2007	800
Total des membres au 24.06.2006	829
Total des membres au 18.06.2005	850

Estavayer-le-Lac, le 20.06.2009
Le président en exercice: *Philippe Kaenel*

CERCLE VAUDOIS D'ARCHÉOLOGIE

Rapport d'activité 2008

Le Cercle vaudois d'archéologie (CVA) a connu une année de fonctionnement normale en 2008, offrant à ses membres et au public intéressé onze manifestations, principalement sous forme de conférences données par des spécialistes de divers domaines de l'archéologie. Suivant une tradition née il y a quarante-cinq ans, lancée par la Société suisse de préhistoire (aujourd'hui Archéologie Suisse), le CVA s'attache avant tout à informer ses membres des recherches archéologiques vaudoises, ce qui constitue l'essentiel de ses programmes. Comme le font les organisations analogues développées depuis lors dans les autres cantons romands notamment, le CVA reste ouvert à l'archéologie des autres régions et de l'étranger, comme le montrent ses programmes.

Le CVA cherche à toucher un public le plus large possible; ses présentations sont ouvertes à toute personne intéressée et bien entendu aux membres de la SVHA qui ont un intérêt également pour l'archéologie.

Notre fichier d'adresses des membres reste d'une ampleur constante depuis quelques années (environ 350 adresses postales et/ou électroniques). La fréquentation de nos manifestations reste également stable, constituée principalement par des membres particulièrement assidus, que nous remercions pour leur fidélité. En dépit d'un programme planifié pour tenir compte des horaires et activités universitaires, nous déplorons une participation particulièrement faible des étudiants, pour lesquels les conférences peuvent représenter un complément d'information et une actualisation des connaissances non négligeables.

Conscient de cet intérêt, le Département de la formation, de la jeunesse et de la culture, Service de l'enseignement supérieur du canton de Vaud soutient régulièrement l'activité du CVA, tout comme le fait la SVHA, par une contribution annuelle.

Les manifestations de l'année 2008 ont été les suivantes:

17 janvier	Elena Burri et Ariane Winiger. Les villages lacustres de l'âge du Bronze ancien de Concise entre 1801 et 1570 avant J.-C.: architecture et céramique.
31 janvier	Nicole Pousaz. Recherches archéologiques suisses en Mongolie.
21 février	Marquita et Serge Volken. 2500 ans d'histoire de la chaussure.
13 mars	Pierre Blanc. Découvertes archéologiques 2007 à Avenches.
10 avril	Caroline Brunetti. Yverdon-*Eburodunum* à la fin de l'âge du Fer.
24 avril	Denis Weidmann. Les églises coptes des Kellia (Basse-Egypte).
15 mai	Sophie Delbarre-Bärtschi. Les mosaïques romaines en Suisse.
29 mai	Thierry Luginbühl, Matthieu Demierre et Fanny Lanthemann. Les Gorges de Covatannaz et le Col des Étroits: découvertes antiques et protohistoriques sur la commune de Sainte-Croix.
23 octobre	Visite commentée par Laurent Flutsch de l'exposition «Les murs murmurent. Graffitis gallo-romains», au Musée romain de Lausanne-Vidy.
27 novembre	Pierre Barde et Jérôme Bullinger. Présentation et commentaire du film «L'homme de Pincevent. Enquête sur le comportement des Magdaléniens de la préhistoire».
11 décembre	Fanny Lanthemann, Caroline Brunetti, Claudia Nitu et Denis Weidmann. Actualités archéologiques vaudoises.

En règle générale, les conférences ont lieu les jeudis à 18h30 au Grand Auditoire de l'École de Médecine, Rue du Bugnon 9, à Lausanne (bâtiment IBCM).

Les programmes et informations du CVA sont consultables sur le site de la SVHA: www.svha-vd.ch ou sur le site du Musée cantonal d'archéologie et d'histoire: www.mcah.ch.

Adresse du CVA pour renseignements ou inscriptions:
Cercle vaudois d'archéologie – Palais de Rumine – 1005 Lausanne – info@mcah.ch

Denis Weidmann

CERCLE VAUDOIS DE GÉNÉALOGIE

Rapport présidentiel 2008

Malgré ma nature positive, je suis hélas obligé de qualifier cette année 2008 pour le Cercle d'«*Annus horribilis*», parodiant ainsi le discours d'une célèbre souveraine.

En effet, le Comité a été cruellement touché par le décès de notre ami, le Dr René Favre, trésorier du Cercle, mais encore par des sérieux problèmes de santé de plusieurs de ses membres.

Ceci a donc affecté le fonctionnement du Comité et par là-même du Cercle.

Néanmoins, le Comité s'est réuni à trois reprises, sans parler de rencontres informelles, des échanges téléphoniques et des nombreux courriers électroniques afin de remplir sa mission, celle de vous servir au mieux. De plus, une délégation du Comité a rencontré des personnalités de la Genealogical Society of Utah (généalogistes mormons) qui numérise actuellement des terriers aux Archives cantonales vaudoises.

Durant cette année, il a fallu reprendre la trésorerie, ce qui a engendré un important travail administratif; de ce fait, l'appel de cotisations 2008 n'a pu être réalisé que récemment, suite à l'agrément de Postfinance pour l'impression des factures électroniques.

Deux *Bulletins généalogiques vaudois* ont été publiés; celui de 2007, année du vingtième anniversaire, recense fort utilement tables et index des *BGV* 1988 à 2006.

Hormis la possibilité de consulter notre site, www.ancetres.ch, il y a eu la parution de seulement trois numéros des *Nouvelles du Cercle* permettant, notamment, de signaler les manifestations ou rencontres du Cercle. Citons les cinq «Stamm»: celui du 31 janvier, relatif aux Chollet (de Maracon) par MM. Rémy Schroeter et Reynald Chollet; celui du 28 février concernant les familles de Bottens, par M. Pierre Fiorellino; celui du 3 avril traitant diverses questions, mais aussi au cours duquel M. Pierre-Yves Favez nous parla de son enquête généalogico-héraldique sur la famille Varacat (de Morges); M. Daniel Golliez anima la rencontre du 23 octobre relative à sa famille; et le 20 novembre dernier, M. Vincent Deluz, jeune étudiant ès lettres, nous parla de son travail de maturité exceptionnellement consacré à la généalogie et intitulé: «Des papiers de famille à l'histoire de la famille, les Deluz de Crissier et Romanel».

Il y eut encore, le 19 juin, une conférence de presse étonnamment convoquée à Vaulion pour rappeler, entre autres, le parcours d'un étonnant personnage local nommé Pierroton Guignard. Les rédacteurs, MM. Gilbert Marion et Guy Le Comte, présentèrent les derniers bulletins publiés. Remercions-là encore toutes les personnes qui ont contribué à l'élaboration de ces publications!

Puis, le 28 juin, M. Pierre-Yves Pièce mena la «Sortie estivale» à Berne pour les visites des Archives d'État de Berne et de l'exposition mémorable sur Charles Le Téméraire, au Musée historique.

Et enfin à Anières, le 20 septembre dernier, le Comité participa activement, par la tenue d'un stand, à la «Rencontre généalogique des 4 (sic!?) Chablais» organisée par la Société genevoise de généalogie et notre amie Yvette Develey. Différents membres du Cercle participèrent à cette intéressante journée.

Ainsi, sans parler de la présente Assemblée générale, il y eut tout de même des occasions permettant de traiter de généalogie, même si nous avions prévu d'en faire plus. Mais n'oublions pas que le Comité est totalement bénévole et que les montants des cotisations du Cercle ont pu être maintenus depuis de nombreuses années, malgré des publications coûteuses!

Durant cette année, le Cercle a malheureusement perdu plusieurs membres, dont des figures marquantes et bien connues, MM. Denis Duvoisin, René Favre, Claude Michel, Étienne Froidevaux et Raymond-L. Cavin, membre fondateur. Je vous prie donc d'observer une minute de silence en leur mémoire.

Prospectivement, le Comité est tout à fait serein pour l'avenir du Cercle et n'hésitera pas à faire appel à des membres pour des tâches ponctuelles, comme par exemple pour le projet en cours aux ACV.

Afin de ne pas trop chargé la caisse du Cercle, le *BGV* 2008, semble-t-il bien avancé, ne devrait paraître que lors du prochain semestre.

Arrivant bientôt au terme de mon second mandat à la présidence, je tiens à exprimer mes remerciements à mes collègues et à leur dire la joie que j'ai en leur compagnie. En effet, l'état d'esprit qui règne au sein du Comité du Cercle serait envié par beaucoup d'autres associations !

Château de L'Isle, le 6 décembre 2008
Frédéric R. Rohner, président

SOCIÉTÉ VAUDOISE D'HISTOIRE ET D'ARCHÉOLOGIE

Bilan au 31 décembre 2008

		Actifs	Passifs
1000	Caisse	268,70	
1010	Compte de chèques 10-4287-9	10 471,36	
1030	Banque cantonale vaudoise (épargne)	4 894,65	
1032	Banque cantonale vaudoise (oblig. 4,375% - 2010)	37 682,40	
1035	Banque cantonale vaudoise (Euro Swisscanto)	9 715,45	
1045	Impôt anticipé à récupérer	547,70	
1051	Débiteurs membres	1 975,00	
1070	Stock RHV et livres	1,00	
1075	Matériel de bureau	1,00	
1080	Actifs transitoires	520,00	
2000	Fonds des Éditions		15 083,95
2100	Fonds des Tables		24 198,75
2200	Fonds des Illustrations		4 068,90
2300	Fonds Thorens	6 724,00	
	- Intérêt forfaitaire 2008	+ 300,00	7 024,00
2600	Passifs transitoires		10 852,30
2900	Capital au 1.1.2008	2 245,91	
2950	Bénéfice de l'exercice 2008	+ 2 603,45	
	Capital au 1.1.2009		4 849,36
		66 077,26	66 077,26

Compte de pertes et profits du 1er janvier au 31 décembre 2008

		Doit	Avoir
600	Cotisations des membres		31 898,0
610	Dons des membres en faveur de la SVHA		821,88
615	Vente RHV 2008 aux membres à vie		860,00
620	Ventes RHV et livres du stock		1 493,00
625	Ventes RHV 2008 aux abonnés (non membres)		2 310,00
630	Intérêts Banques et CCP		1 511,82
640	Subvention État de Vaud	9 000,00	
	– pour échanges RHV	./. 4 000,00	5 000,00
400	**Revue historique vaudoise 2008**		
	Éditions Antipodes, mise en page, impression	30 220,00	
	Éditions Antipodes, reconstitution maquette Xpress	3 000,00	
	Éditions Antipodes, achat police Corporate	216,00	
	Lavigny, mise sous plis et cartons d'emballage	1 442,90	
	La Poste, frais d'expédition	4 677,60	
	Divers frais reproductions et rédacteur	471,00	
	Salaire rédacteur	7 000,00	
	Salaire rédacteur 1.8.2007 au 31.12.2007	2 000,00	
		49 027,50	
	Subvention État de Vaud pour échanges RHV	./. 4 000,00	
	Subside Service éducation et sport	./. 5 000,00	
	Subside Fondation Sandoz	./. 3 000,00	
	Subside Service du Sport de la Ville de Lausanne	./. 2 500,00	
	Participation Monuments historiques pour		
	Chronique archéologique	./. 5 532,30	28 995,20
	Frais généraux		
410	Bureau	701,10	
420	Séances et sortie d'été	991,70	
430	Ports et taxes CCP	3 564,45	
	– Participations pour diffusions prospectus	./. 812,00	2 752,45
440	Salaires	5 300,00	
450	AVS/AI/APG	1 086,80	
460	Cotisations et Dons aux Associations	350,00	
470	Divers	492,40	
480	Site internet www.svha-vd.ch	621,60	
		41 291,25	43 894,70
490	Solde pour balance : bénéfice	2 603,45	
		43 894,70	43 894,70

INDEX

A

Adalbertus, scolasticus : 16
Albert le Grand, commentaire à l'*Éthique* d'Aristote : 23
Albin : 202, 215
Albin, André : 198
Albin, Marguerite : 210
Albin, Michel : 198, 210
Albin, Pierre : 198, 205, 209
Alibertis, Henri de : 195
Allamand, François-Louis : 65
Allemagne : 146
Amaudruz (Amoudruz) : 215
Amédée IX : voir Savoie
Amédée V : voir Savoie
Amédée VIII : voir Savoie
Amérique du Sud : 128
Amérique latine : 127
Andry, Nicolas : 97
Anselmi, Humbert : 23
Ansermet, Ernest : 239
Archives cantonales vaudoises : 141
Archives de l'État de Berne : 37
Aretius, Benedikt : 39
Aristote : 27
Argovie : 72
Aron, Raymond : 181
Auberjonois, René : 229, 230, 233, 236, 238, 239, 246, 250, 252, 253, 254
Aubonne : 69
Aubonne, collège : 71
Audemars, Mina : 127
Avanchy, Jean d' : 24
Avanchy, Louis d' : 24
Aymon : voir Savoie

B

Bâle, concile de : 24
Ballaigues : 71
Barbier : 201, 216
Basset, Edmond : 161
Bastian : 201, 204, 208, 216
Bastian, Claude : 209
Bastian, Étienne : 209
Bastian, Jean : 203, 204, 209
Bastian, Pierre : 209
Bastian, Pierre (l'aîné) : 198, 207
Bastian, Pierre (le jeune) : 198
Bastian, Vuiffray : 209
Bauverd-Demiéville, Maurice : 259
Bayet : 201, 209, 216
Bayet, Jean : 204
Bayet, Mignet : 198
Bayet, Monet : 202
Bayet, Thivenaz : 204
Belgique : 149
Belmont-sur-Lutry : 202
Benatruz, Jacques : 209
Benoît, Antoinette : 79
Benoît de Tarentaise : 22
Bergier : 216
Bergier, Augustin : 198
Bergier, Gabriel : 54, 57
Bergier, Jacques : 213
Bergmann, Alexander : 184
Berlin, mur de : 177
Berne : 29, 38, 39, 42, 43, 48, 49, 50, 51, 52, 55, 60, 191
Berne, Conseil de : voir Berne, Ville et République de
Berne, Dispute de : 42
Berne, syndicat des ouvriers typographes du canton de : 118
Berne, Ville et République de : 39, 41, 43, 44, 45, 46, 48, 49, 50, 53, 55, 60, 65
Berthod, Nicolas : 210
Berthoud : 67
Bettex, François : 161
Bèze, Théodore de : 51
Bidal, Claude : 209
Bidal, Jacques : 209
Bidal, Laurent : 209
Bidaux (Bidal) : 215
Bidaux (Bidal), Berthod : 198, 203, 209

Biéler, Ernest : 250
Binz, Louis : 193, 194, 211
Biord : 201
Birod, Françoise : 204
Blanchet, Alexandre : 234, 246, 254
Blonay : 195
Boening, Holger : 68
Bologne : 21
Boltanski, Luc : 174
Bonnard, Bernard de : 84
Bonvin, Joseph : 236
Bonvin, Ludivine : 228-257
Bottens : 204
Bourdieu, Pierre : 168
Bourdoncle, Raymond : 165
Bourges : 51
Bourgogne : 28
Bourgogne, Philippe le Bon, duc de : 29
Bourquin, Henri : 143, 144, 150
Bovet : 209, 215, 216
Bovet, Barthélémy : 200
Bovet, Jean : 198, 209
Bovet, Jordan : 198
Braye : 216
Bridel, Philippe-Sirice, dit le Doyen : 71
Bron : 201, 208, 216
Bron, Ansermet : 198
Bron, Georges : 209
Bron, Pierre : 203, 208, 209
Bron : 201, 208, 216
Bron, Ansermet : 198
Bron, Pierre : 203
Budry, Paul : 238, 254, 255
Bullicat : 201
Bureau international d'éducation (BIÉ) : 156
Burnod : 215
Burnod, Claude : 210

C

Cabulo (de) : 215
Calvin, Jean : 37, 41, 43, 48, 49
Candaux, Pierre : 164
Carrier, Nicolas : 189, 193, 194, 211, 212
Cassina, Gérard : 189
Cathelin : 201
Caton, *Distiques* : 25

Caussade, Jonathan, baron de : 57
Caymossin, Antoine : 209
Cellier, Céline : 239, 243, 246
Centre d'enseignement supérieur du Nord vaudois (CESSOV) : 158
Certeau, Michel de : 181
Cézanne, Paul : 229
Chablais : 28, 35, 192, 195,
Challant, Guillaume de : 17, 20
Chambéry : 18
Champagne : 31
Chandolin : 239, 252
Chantemerle : 206
Chapelle-sur-Moudon (Chapelle-Vaudanne) : 202
Chappuis : 215
Chappuis, Mermet : 207
Chardonne : 202
Charvet : 215
Charvet, Michel : 199
Chassot, Jean : 30
Chavassinaz (de la) : 215
Chelin : 236
Chêne-Paquier : 68
Chevallaz, Georges : 164
Chevallaz, Jean : 164
Chevalley, Humbert : 210
Chevance : 215
Chiapello, Ève : 174
Claparède, Édouard : 127, 135
Clémenty, Jean : 29
Clerc : 215
Clerc, François : 210
Combe, Adolphe : 91
Compeys, François de : 24
Condillac, Étienne Bonnot de : 71
Condorcet, Marie Jean Antoine Nicolas de Caritat, marquis de : 65
Confédération : 29
Conférence des directeurs de l'instruction publique (CDIP) : 157
Conseil de la réforme et de la planification scolaire (CREPS) : 156, 160
Constant, Cécile : 75-87
Constant, César François de Rebecque : 77, 79, 80, 83
Constant (née Rosset), Sophie Marie Antoinette : 77, 79, 83
Cordey : 201, 216

Corsier-sur-Vevey : 202
Cossonay, Louis II, seigneur de : 26-27
Cossonay, seigneurie de : 26
Cottet, Claude : 210
Covelle, André : 211
Crinsoz, Théodore de Bionnens : 57
Crissier : 73
Cuénod : 254
Cullaz : 215

D

Dallèves, Raphy : 250
Davel, Jean Daniel Abraham : 56
De Baumes : 201
Dechavassine, chanoine : 189
De Lachat : 201, 216
De Lachat, Gérard : 202, 216
Delacrétaz, André : 165
De les Mellierex : 209, 216
De les Mellierex, Louis : 198
Delessert (De Lessert) : 201, 204, 205, 209, 216
Delessert, Claude : 204
Delessert, Collet : 200
Delessert, Étienne : 204
Delessert, Henri : 204
Delessert, Humbert : 204
Delessert, Jean : 200
Delessert, Pierre : 200, 204, 207
Delessert, Reymond : 204
De Nombridoz, Claude : 202
De Nombridoz, Pierre : 202
De Passy : 201, 216
Depierre, Guillaume : 27
Desfaux : 215
Desfaux, Choselet : 215
Desfaux, Claude : 198, 199
Desfaye (Fayet) : 201, 209, 216
Desfaye (Fayet), Bernard : 198, 202
Desfaye, Jean : 209
Desvy : 215
Devallonné (Vallon) (de) : 215
Develey, Isaac-Emmanuel : 71
Diderot, Denis : 151
Dole : 21, 29
Dommartin : 200, 202, 205, 214
Dompierre, Pierre de : 35

Donat, *Ars Minor* : 25
Doriot, Hannelore : 255
Dubois, Michel : 161
Dubosson : 215
Dubosson, Jean : 198
Duc : 215
Ducros, François-Barthélémy : 65
Du Crot (Crot) : 201, 209, 216
Du Crot, Claude : 198
Dunoyer (Noyer) : 215
Du Quesnoy, Eustache : 41, 42
Duret : 215
Duret, Henri : 198, 199, 209
Duverney : 206, 215
Duverney, Claude : 206
Duverney, François : 206
Duverney, Jacques : 206, 209, 210
Duverney, Jean : 198
Duverney, Pierre : 206

E

École d'études sociales et pédagogiques : 257
École polytechnique fédérale de Lausanne (ÉPFL) : 168
Édouard : voir Savoie
Épalinges, Discipline des Croisettes : 140, 142, 145, 147
Épalinges, École de réforme des Croisettes : 142, 143, 146
Épalinges, Ferme disciplinaire des Croisettes : 154
Épesses : 229, 253
Épinay, Louise-Florence-Pétronille Tardieu d'Esclavelles, marquise d' : 76
Estavayer-le-Lac : 18
Eugène IV, pape : 17
Europe : 127, 128, 138, 145, 148

F

Farel, Guillaume : 42, 43
Farkas, Leonardo : 167
Faucigny : 189, 192, 193, 194, 195, 206, 211
Favey, Georges : 70
Favre : 215
Favre, Claude : 203
Favre, Jean : 198, 199
Félix V, pape : voir Savoie, Amédée VIII

Fénelon, François Salignac de la Mothe: 75
Fer, Claude: 210
Ferrier, Vincent: 218
Ferrière, Adolphe: 127, 128, 132, 133, 134, 135, 138
Fillion, Marthe: 127
Fischer, André: 69
Fleury, André Hercule de: 75
Florence: 31
Forel: 203
France: 17, 21, 33, 49, 65, 76, 145, 146
Franche-Comté: 28- 29, 189
François: voir La Sarraz
François, Jean-Samuel: 71
Fribourg: 29, 35, 103-114, 119, 166
Fribourg, Conseil d'État: 106

G

Galien, Claude: 90
Gantin, Georges: 199
Gaules, Girard de: 25
Genève: 16, 89, 119, 156, 194, 211, 214, 233, 239, 255
Genève, cathédrale Saint-Pierre: 18
Genève, diocèse de: 192, 193, 201, 209
Genève, Institut Jean-Jacques Rousseau: 127, 132, 138
Genlis, Stéphanie Félicité du Crest de Saint-Aubin, comtesse de: 76, 79, 86
Gerbais, Guigue: 24
Gérando de, Joseph-Marie: 259
Gérôme, Colette: 189
Gervereau, Laurent: 179
Geschinen: 250
Gessner, Konrad: 51
Gindroz, Mermet: 209
Gindroz, Pierre: 210
Girod, Michel: 210
Gisoenus, *scriptor*: 16
Godineau, Dominique: 77
Goens, Daniel Don: 138
Goffman, Erving: 134
Galofaro, Lily: 255
Grande-Bretagne: 146
Grandjean, Marcel: 189, 212
Guignard, André: 159, 161, 162, 163
Guillaume, maître d'école de La Sarraz: 28
Guillaume, premier lecteur du couvent de la Madeleine à Lausanne: 22

Guillet: 209, 215
Guillet, Humbert: 198
Guillet, Mermet: 210
Guillet, Pierre: 210
Guillon: 215
Gwalther, Rudolf: 41

H

Haller, Johannes: 39
Hamel, Thérèse: 155
Hartog, François: 177
Haute école pédagogique (HÉP-Vaud): 163
Haut Giffre: 189-216
Hémery: 216
Hémery, Janette: 204
Hémery, Michel: 204
Herminjard, Aimé-Louis: 37
Héroard, Jean: 84
Hippocrate: 90

I

Isopet: 25
Italie: 17, 21
Institut de l'histoire du temps présent (IHTP): 178

J

Jacquemod: 215
Jatton: 201, 205, 216
Jatton, Bernard: 203, 209, 216
Jatton, Guillaume: 200
Jatton, Henri: 200
Jatton, Pierre: 203, 208
Jean de Gênes, Catholicon: 27
Jenot: 201, 216
Jorat: 189-216
Jordan: 215
Jordan, Ansermod: 198, 209
Jordan, Pierre: 209
Jordan, Sermoz: 210
Jouxtens: 73
Junod, Raymond: 161, 163, 165

K

Kirsanoff, Dimitri: 239

L

Lafendel, Louise : 127
La Fléchère, Jacques de : 26
La Sarraz : 28
La Sarraz, François de : 27
La Sarraz, Marguerite : 27
La Sarraz, seigneurie de : 26
La Sarraz, seigneurs de : 35
La Tour Landry, chevalier de : 26
Lance, chartreuse de la : 35
Latran, conciles du : 16
Lausanne, 15-17, 21, 23, 28-31, 35, 37-51, 56-59, 71, 89-101, 162, 217-227
Lausanne, Académie de : 33, 37-51, 64
Lausanne, Asile de nuit : 258, 259, 260, 263
Lausanne, assemblée pastorale : 58-59
Lausanne, bailliage de : 214
Lausanne, Bureau central d'assistance (BCA) : 257-266
Lausanne, cathédrale, chapelle des Saints-Innocents : 17
Lausanne, cathédrale, maîtrise des Innocents : 35
Lausanne, Centre cantonal de Vennes : voir Maison d'éducation de Vennes
Lausanne, Centre d'orientation et de formation professionnelles, Les Prés de Valmont (COFOP) : voir Maison d'éducation de Vennes
Lausanne, Centre social des Églises protestantes : 257, 265-266
Lausanne, Chapitre de : 199, 207, 214
Lausanne, Cité, 16-17
Lausanne, Classe de : 39, 41, 43, 48
Lausanne, Colloque de : 39, 41, 42, 43, 48, 49, 50, 51
Lausanne, Comité central de secours (CSS) : 260
Lausanne, confrérie Sainte-Anne : 217-227
Lausanne, Consistoire de : 59
Lausanne, couvent des frères Prêcheurs : 217, 218
Lausanne, couvent dominicain de la Madeleine : 21-23, 217
Lausanne, couvent franciscain de Saint-François : 21, 23
Lausanne, diocèse de : 191-192
Lausanne, Direction des œuvres sociales : 264
Lausanne, École de charité de : 56-57, 65
Lausanne, École normale de (ÉNL) : 155-166
Lausanne, évêché de : 194, 195
Lausanne, Home « Chez Nous » : 127-139
Lausanne, La Discipline : voir Maison d'éducation de Vennes
Lausanne, Maison de Discipline : voir Maison d'éducation de Vennes
Lausanne, Maison d'éducation de Vennes (MÉV) : 140-154
Lausanne, Municipalité de : 260, 261, 262
Lausanne, Office communal d'assistance : 263, 264
Lausanne, Office communal du chômage : 262
Lausanne, porte de Pépinet : 31
Lausanne, prieuré : 200
Lausanne, Service social de la Ville de : 261
Lausanne, Société industrielle et commerciale (SIC) : 122
Lausanne, Université de : 9, 37, 51
Lavanchy, Albert : 164
Lavanchy, Gonina : 204
Lavaux : 189-216
Leipzig : 127
Léman, canton du : 64-66
Lens : 228-257
Leresche, Jean-Alphonse-Guillaume : 64
Les Diablerets : 239
Les Tavernes : 202, 203
Lippe, Simon-Auguste, comte de : 58
Lisod, Pierre : 209
Lobstein, Suzanne : 127
Lochner, Lilli : 127
Locke, John : 75, 76, 80
Loèche : 238
Lutry : 190, 191, 193, 194, 195, 196, 197, 198, 199, 200, 201, 202, 203, 204, 205, 206, 207, 208, 209, 210, 211, 212, 213, 214, 215
Lutry, prieuré : 195, 199, 200, 205, 207, 214
Louis II : voir Cossonay
Loys, Étienne : 21
Loys, Sébastien : 21

M

Maillardoz, Jean, donzel de Rue : 27
Maintenon, Françoise d'Aubigné, marquise de : 75
Mandard, Serge : 174
Manuel Hieronymus : 51
Marguerat : 215
Marguerat, Catherine : 203

Marguerat, Claude: 209, 210
Marguerat, Gérard: 206
Marguerat, Guillaume: 209
Marguerat, Jacques: 207
Marguerat, Jean: 207, 210
Marguerat, Laurent: 198, 199, 206, 207, 209
Marguerat, Mermet: 205
Marguerite: voir La Sarraz
Marquet (Morquet): 201, 216
Martherenges: 202
Maurienne: 28
Mayor: 195
Mellioret: 215
Mennet, Jean: 210
Menthonay, Guillaume de: 218
Mestral, Jean: 209
Mézery: 73
Mézières: 204
Mézières-le-Jorat: 202
Michaëlis, Juliette: 84
Moccand: 201, 205, 216
Moccand, Jean: 200
Moccand, Nicod: 200
Moccand, Pierre: 200
Moccand, Sermod: 200
Mojonier: 201, 216
Mojonier, Antoine: 200
Mojonier, Sermoz: 200, 202
Mollie-Margot: 203
Montesquieu, Charles-Louis de Secondat de: 60
Montheron: 207
Montpreveyres: 200, 202, 203
Montreux: 158, 162, 199
Morel, Claude: 204
Morges: 229, 253
Morrens, Guillaume de: 28
Mottaz, Jean: 161, 162, 163
Moudon: 18, 27-28, 30, 31
Moudon, bailliage de: 202
Moudon, église Saint-Étienne: 18
Muret, Albert: 228-257
Muret-Cart, Marianne: 253, 254
Muret, Claire: 229, 239, 249, 253, 254, 255
Muret, Jean-Pierre: 255
Muret, Jules: 253
Muret, Marc-Antoine: 229, 239, 253
Musculus, Wolfgang: 39

N

Nachon: 215
Nachon, Pierre: 202
Nambridge: 202, 208, 209
Neuchâtel: 119, 156
Nombridoz: 201, 216
Nombridoz, Bernard: 202
Nombridoz, Claude: 202
Nombridoz, Pierre: 203

O

OCDÉ: 156, 170
Olivieri, Marianne: 233, 255
Orbe: 30, 97
Orbe, Colonie pénitenciaire d': 144
Orbe, église Notre-Dame: 18
Ostervald, Jean-Frédéric: 54, 71

P

Pacolet, Hymbert: 41
Panchaud, Georges: 68
Paris: 21, 35, 233, 254
Paris, couvent Saint-Jacques: 22
Paris, Université de: 22
Passy: 204, 209
Pegnay (Peney): 215
Peneveyre, Pierre: 210
Peney-le-Jorat: 200, 202, 203, 204, 208, 209, 216
Peraulaz, François: 210
Pestalozzi, Johann Heinrich: 138
Philippe le Bon: voir Bourgogne
Piccard, Gérard: 199
Pichard, François: 66
Pierre Lombard, *Sentences*: 23
Pierrefleur, *Mémoires*: 35
Pigney, Ansermod: 198
Pigney, Pierre: 200, 202
Pillicier: 215
Pin: 201
Piusverein: 112
Plantin, Jean: 209
Polier, Antoine de Saint-Germain: 60-62
Polier, Georges de Bottens: 57, 58
Polier, Henri: 66
Pomian, Krzysztof: 180

Portugal: 135
Pouly: 201, 216
Pranier: 201
Praz, Pierre de: 27
Pro Juventute: 264
Prost, Antoine: 182, 186
Pully: 202, 239
Python, Georges: 109

Q

Québec, Fédération des Écoles normales: 163

R

Ramuz, Charles Ferdinand: 8, 227-257
Ramuz, Marianne: 239
Ravoire, Louis de la: 24
Regnand (Regnend): 201, 215
Reims: 35
Reinhart, Werner: 239
Reymond, Daniel: 162, 163
Reymond, Louis: 68
Reynaudaz: 201
Rhyner Friedrich: 58
Ribit, Jean: 41, 48, 51
Richard: 201, 208, 216
Richard, Claude: 200, 209
Richard, Pierre: 198, 202, 209
Richardet: 201, 216
Rochat, P.-Eugène: 149, 151
Romont: 30
Rouge: 215
Rouge, Claude: 209
Rouge, Étienne: 209
Rouge, Louis: 198
Rouge, Mermet: 210
Rouge, Pierre: 198
Roullandi, Bertrand: 30
Rousseau, Jean-Jacques: 76, 79, 81
Roustan, Antoine-Jacques: 71
Rouvroy, Maurice: 150
Rufer, Alfred: 63
Ruffy: 215
Ruffy, Jean: 198
Ruffy, Pierre: 209

S

Saint-Cierges, Michel de: 199
Sainte-Anne, confrérie: voir Lausanne
Saint-Germain, Rodolphe de: 27
Saint-Jean d'Aulps: 203
Saint-Maurice, abbé de: 35
Saint-Saphorin: 192, 202, 203, 216
Samoëns: 189, 190, 192, 193, 194, 198, 199, 200, 201, 202, 203, 206, 207, 208, 209, 210, 211, 215, 216
Savièse, école de: 250
Savigny: 204, 206
Savoie: 28, 189, 214
Savoie, Amédée IX, duc de: 18, 26
Savoie, Amédée V, comte de: 24
Savoie, Amédée VIII, duc de: 24
Savoie, Aymon de: 24
Savoie, cour de: 15, 27
Savoie, Édouard, comte de: 24
Savoie, États de: 18, 24, 191, 194
Savoie, Yolande, duchesse de: 18, 26
Scholder, Charles: 91, 99, 100
Schulthess, Wilhelm: 98, 99
Séminaire pédagogique de l'enseignement secondaire (SPES): 158, 161
Séminaire pédagogique de l'enseignement primaire: 164
Sérix-sur-Oron: 146
Serniou: 229, 238
Simon: 216
Singly, François de: 134
Sion: 16, 232, 233, 247
Sixt: 189, 192, 193, 194, 198, 200, 201, 202, 203, 204, 205, 207, 208, 209, 211, 212, 215, 216
Société pédagogique vaudoise (SPV): 160, 161
Société suisse d'hygiène scolaire: 98
Société vaudoise des maîtres secondaires (SVMS): 161, 162
Society for Promoting Christian Knowledge (SPCK): 57
Sonnet, Martine: 76
Stapfer, Philipp Albert: 63, 66, 67, 68, 70
Steiger, Hans: 51
Steiger, NN, conseiller: 50
Stravinsky, Igor: 229, 233, 236, 238, 239
Strickler, Johannes: 63
Struve, Henri: 64

Suède : 91
Suisse : 63, 64, 89, 97, 115, 116, 118, 148, 168, 170, 189, 261, 262
Sulzer, Simon : 48, 50

T

Thomas, maître d'école de Moudon : 28
Thonon : 194, 195
Timisoara : 179
Tornier (Tornare) : 201, 208, 216
Tornier, Jean : 204, 208
Tornier (Tornare), Pierre : 198
Tosato-Rigo, Danièle : 253
Touraine, Alain : 182
Traz, Robert de : 247
Troillet, Roland : 164
Tronchet : 202, 216
Tronchet, Mermet : 198
Turchebise : 201
Turin : 18
Turrettini, François-Alphonse : 54

U

Ulmann, Jacques : 132
UNESCO : 156, 265
Union suisse des arts et métiers (USAM) : 117
URSS : 177

V

Valais : 166, 189, 192, 211, 228-257
Vallon : 200
Valloné, Aymon de : 199, 200, 207, 214
Valloné, Jean de : 205, 207
Valloné, Guillaume de : 199, 200, 202, 214
Vaud, canton : 51, 65, 68, 103-114, 118, 119-120, 121, 127, 145, 146, 149, 167-175, 253
Vaud, Conseil cantonal d'apprentissage (CCA) : 119, 122, 123, 125
Vaud, Conseil d'État : 107, 120, 122, 141, 143, 146, 160, 164
Vaud, Département de justice et police : 143, 144, 149
Vaud, Département de l'instruction publique et des cultes (DIPC) : 158, 161, 162, 166
Vaud, Département de l'intérieur : 144, 263
Vaud, École normale du canton de : 155, 164
Vaud, Grand Conseil : 109, 120, 122, 141, 164, 165, 166
Vaud, Office médico-pédagogique : 153
Vaud, pays de : 15, 27-29, 31, 38, 43, 52-62, 69
Veillard, Maurice : 149
Venel, Jean-André : 97
Venise : 31
Verchaix : 207
Verdeil, François : 64
Vernets, François de : 36
Verney, Jean : 198, 210
Vers, Jacques : 210
Vevey : 28, 71, 202
Villars-Mendraz : 199, 200, 202, 205, 207, 216
Villars-Tiercelin : 202
Villette : 190, 192, 193, 194, 195, 196, 197, 198, 201, 202, 203, 204, 205, 207, 208, 209, 210, 211, 212, 213, 215
Vincent, Luc : 69
Violet : 216
Viollet, Aymé : 210
Vionnet, Marc-Louis : 71
Viret, Pierre : 38, 41, 42, 43, 48, 51
Volmar, Melchior : 51
Vuicherens, Jean : 18
Vuippens, Girard de : 27

W

Weith, Auguste : 91
Werlen, Ludwig : 250
Wingarten, NN conseiller : 50
Winock, Michel : 181
Wittel, Clémentine : 79, 83

X–Y

Yersin, André : 162
Yolande de France : voir Savoie
Yverdon : 29-30, 138, 162
Yverdon, chapelle Notre-Dame, autel Saint-Éloi : 18
Yverdon, Conseil d' : 29
Yverdon, École normale d' : 158

Z

Zermatten, Maurice : 241, 246, 247, 249
Zurich : 72, 254

ADRESSES DES AUTEURS

Bernard Andenmatten
Université de Lausanne
Faculté des lettres
Section d'histoire
Quartier UNIL-Dorigny
1015 Lausanne

Jean-Pierre Bastian
Université de Strasbourg
Centre de Sociologie des Religions
et d'Éthique Sociale (CSRÉS)
Place de l'Université 9
F-67084 Strasbourg CEDEX

Fabrice Bertrand
Université de Genève
Section des Sciences
de l'éducation, FPSÉ
Uni-Mail
Bd Pont-d'Arve 40
1205 Genève

Acacio Calisto
Ch. des Faverges 12
1006 Lausanne

Martine Clerc
Rte du Chêne
1145 Bière

Joseph Coquoz
Haute école de travail social
et de la santé Vaud (ÉÉSP)
Ch. des Abeilles 14
1010 Lausanne

Karine Crousaz
Université de Lausanne
Faculté des lettres
Section d'histoire
Quartier UNIL-Dorigny
1015 Lausanne

Théodora Delacrétaz
Av. d'Ouchy 24
1006 Lausanne

Sylvie Doriot Galofaro
Rte de la Combaz 2
3963 Crans-Montana

Farinaz Fassa
Faculté des sciences sociales
et politiques
Institut des sciences sociales
et
Institut interdisciplinaire d'étude
des trajectoires biographiques
(ITB)
Bâtiment Vidy 341 A
1015 Lausanne

Geneviève Heller Racine
Av. Jomini 20
1004 Lausanne

François Jequier
Université de Lausanne
Faculté des lettres
Section d'histoire
Quartier UNIL-Dorigny
1015 Lausanne

Mariama Kaba
Haute école de travail social
et de la santé Vaud (ÉÉSP)
Ch. des Abeilles 14
1010 Lausanne

Prisca Lehmann
Université de Lausanne
Faculté des lettres
Section d'histoire
Quartier UNIL-Dorigny
1015 Lausanne

Sylvie Moret Petrini
Université de Lausanne
Faculté des lettres
Section d'histoire
Quartier UNIL-Dorigny
1015 Lausanne

Eva Pibiri
Université de Lausanne
Faculté des lettres
Section d'histoire
Quartier UNIL-Dorigny
1015 Lausanne

Anne-Françoise Praz
Université de Genève
Faculté des SÉS
Études genre
40, bd du Pont d'Arve
1211 Genève 4

Nicole Staremberg
Université de Lausanne
Faculté des lettres
Section d'histoire
Quartier UNIL-Dorigny
1015 Lausanne

Danièle Tosato-Rigo
Université de Lausanne
Faculté des lettres
Section d'histoire
Quartier UNIL-Dorigny
1015 Lausanne

TABLE DES MATIÈRES

117ᵉ année 2009

Liste des abréviations 5

Nicole STAREMBERG
Éditorial 7

Dossier
Éducation et société

Danièle TOSATO-RIGO
Éducation et société. Introduction 9

Bernard ANDENMATTEN, Prisca LEHMANN, Eva PIBIRI
Les écoles et l'enseignement à Lausanne et dans le pays de Vaud au Moyen Âge .. 14

Karine CROUSAZ
Lieux de pouvoir de l'Académie de Lausanne au XVIᵉ siècle 37

Nicole STAREMBERG
Contrôle social, religion et éducation à l'époque des Lumières.
Débats sur la discipline ecclésiastique et projets de réforme
des consistoires vaudois 52

Danièle TOSATO-RIGO
Éduquer le nouveau citoyen : un défi de l'ère révolutionnaire
en territoire lémanique 63

Sylvie Moret Petrini
Le « journal de Cécile Constant », miroir d'une éducation éclairée
dans l'élite vaudoise au début du XIXe siècle 75

Mariama Kaba
Quand éducation rime avec déviation.
La scoliose chez les filles et les garçons comme enjeu
de la médecine scolaire à Lausanne (fin XIXe-début XXe siècle) 89

Anne-Françoise Praz
Égalité des sexes et enjeux de l'école dans les cantons de Vaud
et de Fribourg (1880-1930) 103

Acacio Calisto
Apprentissage : vers la formation en série de main-d'œuvre qualifiée 115

Joseph Coquoz
Les ambiguïtés d'un modèle éducatif :
le Home « Chez Nous » dans l'entre-deux-guerres 127

Geneviève Heller Racine
Maison de discipline ou maison d'éducation ? 140

Fabrice Bertrand
Des instituteurs et des institutrices bacheliers ou bachelières ?
Enjeux et déroulement de la réforme législative vaudoise de 1976 155

Farinaz Fassa
Informatique dans l'école vaudoise (1970-2000) :
se servir d'une technologie ou la servir ? 167

François Jequier
Comment enseigner l'histoire du temps présent ? 177

Mélanges

Jean-Pierre BASTIAN
La colonisation des Monts de Lavaux et du Jorat
par les paysans du haut Giffre au tournant du XVe siècle 189

Théodora DELACRÉTAZ
Un aspect inédit de la vie religieuse à Lausanne à la veille de la Réforme :
la confrérie Sainte-Anne 217

Sylvie DORIOT GALOFARO
Ludivine, la servante d'Albert Muret et l'amoureuse de C.F. Ramuz.
Les acteurs, le décor et les réseaux 228

Martine CLERC
Histoire du Bureau central d'assistance de Lausanne 257

Comptes rendus

Comptes rendus thématiques

Le cartable de Clio. Revue romande et tessinoise sur les didactiques de l'histoire GDH,
N° 8, Lausanne : Éd. Antipodes, 2008, 280 p. *(Dominique Dirlewanger)* 267

Martine RUCHAT, *Le « Roman de Solon ». Enfant placé – voleur de métier 1840-1896,*
Lausanne : Éd. Antipodes, 2008, 158 p. *(Geneviève Heller Racine)* 268

Michèle E. SCHÄRER, *Friedrich Froebel et l'éducation préscolaire
en Suisse romande : 1860-1925,* Lausanne : Cahiers de l'ÉÉSP, 2008,
231 p. *(Fabrice Bertrand)* 269

Tamlin SCHIBLER, *Fées du logis. L'enseignement ménager dans le Canton
de Vaud de 1834 à 1984,* Lausanne : Bibliothèque historique vaudoise 132,
2008, 255 p. *(Corinne Dallera)* 270

Comptes rendus généraux

Emmanuel ABETEL, *La gigantomachie de Lousonna-Vidy*;
suivie de *Considérations sur la transmission du motif de l'anguipède*, Lausanne:
Cahiers d'archéologie romande 106, Lousonna 10, 2007, 200 p. *(Michel Fuchs)* .. 271

Bernard ANDENMATTEN, Catherine CHÈNE, Martine OSTORERO, Eva PIBIRI (éds),
*Mémoires de cours. Études offertes à Agostino Paravicini Bagliani
par ses collègues et élèves de l'Université de Lausanne*, Lausanne:
Cahiers lausannois d'histoire médiévale 48, 2008, 553 p. *(Claude Berguerand)* .. 273

Caroline BRUNETTI et alii, *Yverdon-les-Bains et Sermuz à la fin de l'âge du Fer*,
Lausanne: Cahiers d'archéologie romande 107, 2007, 638 p. *(Michel Fuchs)* 275

Jean CHAUMA, *Poèmes et récits de plaine*, Lausanne: Éd. Antipodes,
a contrario, 2008, 69 p. *(Catherine Schmutz Nicod)* 277

Le Plaict Général de Lausanne de 1368 « translaté de latyn en françois »,
édité par Yann DAHHAOUI et commenté par Jean-François POUDRET, Lausanne:
Cahiers lausannois d'histoire médiévale 43, 2008, 93 p. *(Denis Tappy)* 278

François DEMOTZ, *La Bourgogne, dernier des royaumes carolingiens (855-1056).
Roi, pouvoirs et élites autour du Léman*, Lausanne: Société d'histoire
de la Suisse romande, Mémoires et Documents publiés par la Société
d'histoire de la Suisse romande, 4ᵉ série, t. IX, 2008, 764 p. *(Gilbert Coutaz)* 280

Cédric HUMAIR, Hans Ulrich JOST (dir.), *Prométhée déchaîné: technologies,
culture et société helvétiques à la Belle Époque*, Lausanne: Éd. Antipodes,
Les Annuelles 11, 2008, 129 p. *(Olivier Pavillon)* 283

Peter KURMANN (dir.), *La cathédrale Saint-Nicolas de Fribourg:
miroir du gothique européen*, Fribourg: Fondation pour la conservation
de la cathédrale Saint-Nicolas de Fribourg; Lausanne: Bibliothèque des Arts,
2007, 254 p. *(Prisca Lehmann)* 284

Michel PORRET (dir.), *Sens des Lumières*, Chêne-Bourg: Georg, L'équinoxe,
2007, 290 p. *(Élisabeth Salvi)* 286

Jean-Pierre TABIN, Arnaud FRAUENFELDER, Carola TOGNI, Véréna KELLER,
*Temps d'assistance. L'assistance publique en Suisse de la fin du XIXe siècle
à nos jours* Lausanne: Éd. Antipodes, Existences et société, 2008, 336 p.
(Matthieu Leimgruber) 288

Marc WARNERY, *Seul au milieu de 128 nègres. Un planteur vaudois
en Guyane hollandaise au temps de l'esclavage. Lettres à ses parents, 1823-1835*,
texte préfacé, établi et annoté par Thomas David, Olivier Pavillon
et Janick Marina Schaufelbuehl, Lausanne: Éditions d'en bas, 2008, 240 p.
(Frédérique Beauvois) 289

Denis WEIDMANN, Gervaise PIGNAT, Carine WAGNER, *Vu du ciel.
Archéologie et photographie aérienne dans le canton de Vaud*,
Catalogue d'exposition, Espace Arlaud, 29 septembre 2007-13 janvier 2008,
Lausanne: Musée cantonal d'archéologie et d'histoire, 2007, 119 p.
(Michel Fuchs) 290

Chronique archéologique 2008

Denis WEIDMANN, Chronique archéologique 2008 291

Rapports d'activités

Société vaudoise d'histoire et d'archéologique (2008-2009) 323
Cercle vaudois d'archéologie préhistorique et historique (2008) 326
Cercle vaudois de généalogie (2008) 328
Comptes 2008 de la Société vaudoise d'histoire et d'archéologie 330

Index 333

Adresse des auteurs et de la rédactrice 341

BULLETIN D'ADHÉSION À LA SVHA

Fondée en 1902, la Société vaudoise d'histoire et d'archéologie est ouverte à tous : elle se veut apolitique, mais participe au débat sur l'identité vaudoise et soutient la recherche. Seule société d'histoire à vocation cantonale, elle est une interlocutrice écoutée des autorités lors de commémorations historiques, auxquelles la SVHA est particulièrement attentive. Elle compte dans ses rangs près de 850 membres, appartenant à des milieux les plus divers, aussi bien des amateurs occasionnels que des passionnés, des enseignants, des étudiants, des archivistes, des conservateurs de musée, ou des collectivités publiques. Vous êtes le bienvenu ! Il n'est pas nécessaire d'être parrainé, il suffit de choisir la qualité de membre individuel, collectif ou donateur et d'envoyer votre adhésion à :

Société vaudoise d'histoire et d'archéologie
p.a. Archives cantonales vaudoises
Rue de la Mouline 32
CH-1022 Chavannes-près-Renens
Tél. 021 316 37 11 – Fax : 021 316 37 55 – e-mail : info@svha-vd.ch

Raison sociale ....

Nom/Prénom ....

Adresse exacte ....

NPA et lieu ....

Téléphone ....

E-mail ....

demande son admission à la SVHA en qualité de :
- ❏ membre individuel en Suisse avec abonnement à la *Revue historique vaudoise*, 50 fr./an
- ❏ membre individuel à l'étranger avec abonnement à la *Revue historique vaudoise*, 50 fr./an + port
- ❏ membre individuel sans abonnement, 25 fr./an
- ❏ membre étudiant avec abonnement à la *Revue historique vaudoise*, 30 fr./an
- ❏ membre collectif, 150 fr./an + port
- ❏ membre donateur dès 300 fr./an

Lieu et date : ....

Signature : ....

DERNIERS NUMÉROS PARUS

116/2008, 40 fr.

115/2007, 39 fr.

114/2006, 40 fr.

113/2005, 40 fr.

112/2006, 40 fr.

111/2005, 39 fr.

Impression
La Vallée - Aoste
Septembre 2009